U0138919

第二版

教育測驗與評量

——教室學習觀點

王文中、呂金燮、吳毓瑩、張郁雯、張淑慧 合著

（依姓氏筆劃排序）

五南圖書出版公司 印行

二版序

　　20 世紀最大的教育革命莫過於教育測驗的改革。20 世紀初對於心智遲緩兒童的研究啟開了現代心理測驗的序幕。隨著家長與一般社會人士對辦學績效日漸關心，教育測驗與評量就成為校長、老師必須面對的問題。透過測驗與評量，向大眾交代辦學效果。為此，必須對大量的學童進行施測。選擇題也就因應而生，並成為最好的題型。電腦與讀卡機的問世，更令選擇題變為大規模教育測驗的主流，例如性向測驗、成就測驗、基本學力測驗、聯考、國家考試等。

　　到了 20 世紀末，逐漸有學者對於選擇題提出批判。他們認為考題形式會影響學習，間接影響教學。選擇題會鼓勵考生死記零碎的事實，而輕忽觀念的理解和問題解決。這個反思，帶動了建構反應式的評量，如寫作、申論題、證明題、計算題、以及其他實作題，如操作儀器、製作企畫等。這類評量雖然表面上遠比選擇題必須付出更大的經濟成本，例如評分的花費，不過如能因而激發學生深度與真正的學習，那麼所得到的報酬應該遠比這些花費大得多了。

　　在 21 世紀的今天，教育測驗與評量的目的不再侷限於早期的辦學績評鑑效，而變為增進學生個人的學習效果，達成教育目的。簡單的說，就是從機構本位變為學生個人本位。同樣的，評量的方式也是由原先的單一的紙筆測驗（尤其是選擇題），變為多元評量，例如建構反應評量方式、實作評量，甚至利用非正式的口語溝通進行評量。

　　為了幫助學生學習，教師必須隨時掌握其學習缺失，據以調整教學方法，因此評量必須持續進行，而不是在學習告一段落後，才進行綜合性的評量（如期末考）。透過這種動態評量，可以追蹤學習的軌

跡，調整教學，達到最大的學習效果。換言之，評量不再是靜態的，而是動態評量。

　　本書建立在這樣的評量思潮上，期能使讀者具體理解各種評量的方法，並靈活使用於課堂的教學情境中。我們先介紹測驗與評量的理論基礎，接著說明各種評量方式的適用時機與具體實施步驟，最後則是評量結果的解釋與應用。

　　自從 1999 年第一版上市以來，本書廣受歡迎，也得到許多批評和建議，繼而在 5 年後第二版更新出書。新版中的每個章節後面都新增思考問題，以利讀者反思運用各章的重要觀念，新知補給站則增添一些熱門的測驗與評量議題的討論。此外，為了讓讀者更容易將書本的概念運用於實務，新增附錄說明如何以 EXCEL 分析本書相關的統計問題。本書可供大學生修習教育測驗與評量、教育與心理測驗、心理測驗等課程之用，也可當作各級學校教師進行評量，以及一般工商業界進行人力資源管理之參考。

#

　　20 世紀最大的教育革命莫過於教育測驗的改革。二十世紀初對於心智遲緩兒童的研究啟開了現代心理測驗的序幕。隨著家長與一般社會人士對辦學績效日漸關心，教育測驗與評量就成為校長、老師必須面對的問題。透過測驗與評量，向大眾交代辦學效果。為此，必須對大量的學童進行施測。選擇題也就因應而生，並成為最好的題型。電腦與讀卡機的問世，更令選擇題變為大規模教育測驗的主流，例如性向測驗、成就測驗、基本學力測驗、聯考、國家考試等。

　　到了 20 世紀末，逐漸有學者對於選擇題提出批判。他們認為考題形式會影響學習，間接影響教學。選擇題會鼓勵考生死記零碎的事實，而輕忽觀念的理解和問題解決。這個反思，帶動了建構反應式的評量，如申論題、證明題、計算題，以及其他實作題，如操作儀器、製作企劃等。這類評量雖然表面上遠比選擇題必須付出更大的經濟成本，例如評分的花費，不過如能因而激發學生深度與真正的學習，那麼所得到的報酬應該遠比這些花費大得多了。

　　至此，教育測驗與評量的目的不再侷限於早期的辦學績評鑑效，而變為增進學生個人的學習效果，達成教育目的。簡單的說，就是從機構本位變為學生個人本位。同樣的，評量的方式也是由原先的單一的紙筆測驗（尤其是選擇題），變為多元評量，例如建構反應評量方式、實作評量，甚至利用非正式的口語溝通進行評量。

　　為了幫助學生學習，教師必須隨時掌握其學習缺失，據以調整教學方法，因此評量必須持續進行，而不是在學習告一段落後，才進行綜合性的評量（如期末考）。透過這種動態評量，可以追蹤學習的軌

跡，調整教學，達到最大的學習效果。換言之，評量不再是靜態的，而是動態評量。

　　本書建立在這樣的評量思潮上，期能使讀者具體理解各種評量的方法，並靈活使用於課堂的教學情境中。我們先介紹測驗與評量的理論基礎，接著說明各種評量方式的適用時機與具體實施步驟，最後則是評量結果的解釋與應用。本書可供大學生修習教育測驗與評量、教育與心理測驗、心理測驗等課程之用，也可當作各級學校教師進行評量，以及一般工商業界進行人力資源管理之參考。

　

二版序

一版序

第一章　測驗與評量的意義與趨勢 ·············· 001

　第一節　測驗與評量的昨日與今日／003

　第二節　測驗與評量的關係／006

　第三節　測量與量尺／008

　第四節　測驗與評量的道德議題／012

　第五節　評量的趨勢／016

　第六節　本書的架構／020

第二章　評量與教學目標的連結 ················· 027

　第一節　教學評量的傳統包袱／031

　第二節　評量與教學連結的基礎／036

　第三節　連結評量與教學的階段／048

　第四節　結　語／053

第三章　效　度 ······························· 057

　第一節　效度的涵義／059

　第二節　效度的性質／063

　第三節　效度在內容代表性上的證據／068

　第四節　效度在效標關聯上的證據／072

　第五節　建構效度作為效度概念的核心／078

　第六節　效度概念的綜合考量／085

　第七節　影響效度的因素／088

第八節　結　語／089

第四章　信　度 095

第一節　信度的意義／097

第三節　信度評鑑／119

第四節　效標參照評量的信度估計／123

第五節　測量標準誤／125

第六節　信度概念在教學評量的應用／127

第七節　結　語／128

第五章　發展評量計畫 131

第一節　學習成果的分類／133

第二節　評量的方式／136

第三節　試題的類型／138

第四節　評量方式與學習成果的結合／140

第五節　建立課堂測驗細目表／145

第六節　選擇評量方式／147

第七節　結　語／150

第六章　選擇性題目與題組的編製 157

第一節　選擇題的性質／159

第二節　選擇題的優點／163

第三節　選擇題的缺點／167

第四節　編寫選擇題的注意事項／170

第五節　題組的性質／182

第六節　題組的優點、限制、與編製建議／188

第七節　其他議題／191

第八節　結　語／196

第七章　建構性題目的編製 ················· 201

第一節　建構性題目的適用時機／204

第二節　建構性題目的題型／204

第三節　建構性題目的優點與限制／216

第四節　建構性題目的出題建議／217

第五節　建構性題目的計分建議／217

第六節　結　語／218

第八章　實作評量──理論 ················· 221

第一節　發展背景／225

第二節　實作評量的本質／229

第三節　實作評量的類別／235

第四節　國內實作評量之應用研究／246

第五節　實作評量應用上的優點／257

第六節　實作評量應用上的限制／260

第七節　結　語／264

第九章　實作評量──應用 ················· 269

第一節　決定評量的標的／271

第二節　設計題目／274

第三節　評分規準的設計與記錄的方式／278

第四節　評量結果的分析／291

第五節　優良實作評量的評鑑標準／292

第十章　檔案評量 ················· 297

第一節　檔案評量是什麼／299

第二節　檔案評量的理論基礎──情境／社會歷史觀點的
　　　　認知與學習理論／307

第三節　如何實施檔案評量／309

第四節　對檔案評量的評鑑／317

第五節　結　語／319

第十一章　情意評量 ･･････････････････････････････････････ 327

第一節　情意評量的原則與範疇／331

第二節　自我陳述式的評量／334

第三節　同儕評量／337

第四節　軼事錄／345

第五節　心智習性的評量／349

第六節　結　語／353

第十二章　題目分析 ･･････････････････････････････････････ 357

第一節　題目分析的重要性／359

第二節　主觀的題目評鑑／359

第三節　客觀的題目分析／361

第四節　測驗總分分配形式／373

第五節　結　語／376

第十三章　評量結果解釋 ･･････････････････････････････ 379

第一節　效標參照與常模參照的分數解釋／382

第二節　常　模／384

第三節　發展性常模／385

第四節　組內常模／388

第五節　常模的評鑑／400

第六節　解釋測驗分數的守則／402

第七節　結　語／403

第十四章　學期成績‥‥‥‥‥‥‥‥‥‥‥‥‥‥‥‥‥‥‥‥‥‥‥　405

　　第一節　學期成績的意義與功能／407

　　第二節　學期成績所包含的內容／409

　　第三節　學習成果評定如何考慮學習過程／411

　　第四節　分數形式的期末成績／414

　　第五節　等第形式的學期成績／417

　　第六節　學期總評量的效度想法／421

　　第七節　結　語／426

附錄一　自然科定期成績考查試題案例‥‥‥‥‥‥‥‥‥‥‥‥　429

附錄二　黃敏老師之「閱讀及寫作」學習檔案評分規準‥‥　433

附錄三　利用 Excel 進行資料分析‥‥‥‥‥‥‥‥‥‥‥‥‥‥　435

人名索引‥‥‥‥‥‥‥‥‥‥‥‥‥‥‥‥‥‥‥‥‥‥‥‥‥‥　447

漢英索引‥‥‥‥‥‥‥‥‥‥‥‥‥‥‥‥‥‥‥‥‥‥‥‥‥‥　449

英漢索引‥‥‥‥‥‥‥‥‥‥‥‥‥‥‥‥‥‥‥‥‥‥‥‥‥‥　456

第一章

測驗與評量的意義與趨勢

王文中

　　假設你是老師，一定想知道你的教學是否成功？教法或教材是否需要修改？學生有哪些學習困難？在哪些地方表現良好？如果你是學生，你會想知道自己在哪些地方已經精熟？哪些地方還需加強？比起其他同學你是否領先還是落後？和過去相比是進步還是退步？如果你是家長，你會關心兒女的表現。如果你是教育行政當局（如校長或其他教育行政人員），你會關心辦學的效果。如果你是社會的一般人士，你可能也會關心今天的學生是否已經習得必備的能力和正確的價值觀？和過去相比是進步還是退步？要回答這些問題，必須有系統、周延、效率的蒐集學生多方面的資料，客觀分析，作成結論，這必須仰賴測驗與評量。

第一節　測驗與評量的昨日與今日

　　測驗與評量有著悠久的歷史，中國人早在漢朝就發展出非常複雜和精緻的步驟來選取公職人士，隋唐時代的科舉制度更是一套完整的取士制度。西方則早在 13 世紀大學畢業考試就開始使用口試，不過廣泛實施筆試卻要等到紙張便宜後才開始。19 世紀起，人們對於測驗與評量的興趣蓬勃發展。英國和美國開始公職人員考試。精神醫學對於心理測驗的發展有著莫大的影響。法國醫生 J. E. D. Esquirol 研究心智遲緩和瘋子的差別，指出心智遲緩仍有程度之分，而且語言表達最能判別遲緩程度。另位法國醫生 Seguin 也同樣的致力於心智遲緩的研究，並於 1837 年設立學校教育心智遲緩的兒童。後來，Alfred Binet 促使法國公共教育部改善心智遲緩兒童的處置，並促使智力測驗的問世。

　　英國生物學家 Francis Galton 爵士（1822～1911）可以算是現代心理測驗運動之父。他於 1884 年在國際博覽會中設置人體測量實驗室，測量視覺和聽覺的敏銳度、肌肉強度、反應時間和其他感覺動作的功能。展示結束後，該中心移至倫敦。Galton 爵士認為人類在這些感官測量上的差異，反映出他的智力程度。例如心智遲緩的人，比較無法

Francis Galton　　　　　　　　　　　Karl Pearson

區分冷熱和疼痛。他還用評等表（rating scale）、問卷、自由聯想等技術的應用，也發展統計方法來分析個別差異，後來 Karl Pearson（1857～1936）延伸其方法，分析變項間的關聯，稱為Pearson積差相關。

　　1890 年，美國心理學家 Jams McKeen Cattell（1860～1944）在其論文裡，首次使用「心理測驗」（mental tests）這個名詞。這篇論文介紹用以評估大學生智力的測驗，內容包括肌肉強度、行動速度、痛覺敏感度、視覺和聽覺的敏銳度、重量區分感覺、反應時間、記憶力等。Cattell於 1888 年在劍橋大學講學，期間與Galton爵士接觸並受其影響，因此其所謂的心理測驗，仍有著濃厚的Galton色彩：用感覺動作與反應時間來測量智力。後來這類的測驗被使用到學童、大學生和成人中。不過這類的測驗的成效卻大受質疑，因為各種測驗間的結果並不一致，而且和教師對學童智力狀況的評量，學童的學業表現的關聯性也不高。

　　對這類測驗的質疑引發 Alfred Binet（1857～1911）等法國心理學家對智力測驗的反思與革命。他們認為當時的心理測驗只強調感官知

James McKeen Cattell   Alfred Binet

覺，以及一些單一和專門的能力，忽略高階的心理功能。所以提出各
樣的測驗，用以評估記憶力、想像力、注意力、理解力、美感等。
1905 年，Alfred Binet 和 Theodore Simon（1873～1961）發表著名的比
西量表（Binet & Simon Scale）。該測驗涵蓋判斷、理解、推理等能
力，這才是他們所認為的智力表現（詳見 Anastasi & Urbina, 1997）。

　　早期的心理測驗都採個別施測。到了第一次世界大戰，由於大量
徵召軍人，因此需要快速的分派這些軍人到適當的職務，也就促使團
體測驗的盛行。現今的選擇題測驗就是當時的產物。在第一次世界大
戰後，測驗運動開始轉型。首先是技術的突破，尤其是電腦的發明，
配合掃描器，計分可以變得既快速又正確。電腦也使得施測方式有了
改變，例如增加三度空間、色彩與音效。電腦還可以隨著受試者作答
情形，選擇適當難度的試題給受試者作答。例如受試者這一題答錯的
話，下一題就會變得比較簡單。反之，如果這一題答對的話，下一題
就變得比較難。這就是所謂的電腦適性測驗（computerized adaptive tes-
ting）。現今一些大型考試，如 TOEFL（Test of English as a Foreign Lan-
guage）、GRE（Graduate Record Examinations）、GMAT（Graduate

Management Admission Test）均已採用這種測驗方式，詳見美國教育測驗服務社（Educational Testing Service, ETS）的網站 http://www.ets.org。

電腦還可以診斷受試者的錯誤型態，判斷迷思所在，並據以進行線上教學，然後再進行施測、診斷、教學，直至迷思消除為止。這種系統泛稱為智慧教導系統（intelligent tutoring system）。除此之外，隨著網路的發達，電子化學習（e-learning）也逐漸蓬勃發展。21世紀時，電腦在教育的各層面（包括教育測驗與評量）所扮演的角色將更為重要，電腦會像空氣一樣無所不在，當然也會像空氣一樣可以方便使用。

第二節　測驗與評量的關係

在詳細探究測驗與評量之前，必須先對考試（examination）、測驗（testing）、評量（assessment）這三個觀念接近的名詞進行解釋。大家對「考試」應該不會誤解，因為我們從小被考到大。一般人對考試的印象是坐在考場內，揮筆作答，例如小考、段考、聯考等。雖然對大多數人而言，考試等於筆試，甚至只是認知能力的筆試。其實考試可以是多變化的，其形式可以不限筆試。它也可以是口試、資料審查，例如大學各科系在進行推薦甄選或申請入學時，對考生進行資料審查與口試。它也可以是教師對學生的有系統的觀察與溝通。也可以是實地操作，如作文、演講、表演等。

所謂測驗，在英文字方面有兩個字彙：test 和 testing。就前者而言，指的是材料或工具，例如智力測驗、成就測驗、人格測驗等。如果是後者，由於是動名詞，因此特別強調過程，如測驗材料的編製、施測、信度與效度驗證、解釋分數等。本書比較強調後者。根據心理測驗學者 Anne Anastasi（1908～2001）的看法，心理測驗指的是「對行為樣本之客觀與標準化的測量」（Anastasi & Urbina, 1997）。由於所欲觀察或測量的行為無法仔細一一記錄，所以必須抽樣，然後據以

推測。例如想瞭解學童對第一課至第五課的學習成果，由於無法將所有的內容都變為考題，因此只能有系統的抽取少數幾個重要項目，據以編製試題，希望經由學童在這些試題的表現來推論他在第一課至第五課的學習表現。又如想瞭解某位學童的同儕關係，我們無法時時刻刻跟在他的身旁，然後用攝影機拍錄下來。只能有系統的抽取某些時段，觀察某些重要行為指標，然後據以推斷他的同儕關係。如果當初的抽樣不具代表性，這個推論就會有很大的誤差。

　　除了行為抽樣要有代表性外，對行為樣本的測量還要「客觀」。具體而言，所謂客觀（objective）就是儘量要將人為的主觀因素降低。一個高度客觀的測驗，即使是由不同的主試者來實施、評分或解釋，皆可獲致相同的結果。要達到高度客觀的境界，從測驗的編製開始，就要有嚴謹的理論作支撐。以對同儕關係的測量而言，必須清楚的界定何謂同儕關係？有何外顯的行為指標可以推斷同儕關係？如何有系統的抽取行為樣本或編寫試題、量表？在測驗的實施方面也要客觀，例如在下課的 10 分鐘內觀察小華與同學們的互動行為，每天隨機抽取 3 次下課時段，持續 2 週。所謂「互動行為」必須清楚界定，如遊戲、爭執、合作等。這些詳細的實施方式都要具體的寫下來，當作實施者的指引。除此之外，如何對所觀察到的行為加以評分，也必須具體與清楚的界定。最後在分數解釋上，也應該有套清楚的規範，避免過度推論與揣測。以上的種種措施都在提升測驗的客觀性。

　　所謂標準化（standardization），強調的是測驗的實施情境不能因人而異，計分也是如此。如果某項考試的時間是 40 分鐘，那麼不管誰是受試者或主試者都應該遵照這項規定。例如甲班考試時間 40 分鐘，乙班卻是 50 分鐘，測驗的分數就不能比較。又如甲班的考試情境既悶熱，光線不足，外面又在施工非常吵。乙班則是在冷氣教室裡，光線充足且安靜，這樣的考試情境就不是標準化。在計分方面也要標準化，例如甲班的考卷是由同學們互相批改，乙班則是由老師獨自批改，這樣的考試分數恐怕就不易比較。到底對於標準化的要求，

必須達到什麼樣的程度呢？必須視其對考試結果的影響程度而定。如果不標準的程度足以影響測驗的結果，那就不被允許。

　　如果依照上述對測驗的定義，一般課堂的考試未必吻合測驗的要求。不過仍希望課堂考試能夠往此目標邁進，例如清楚界定所要測量的學習成果，然後有系統的進行行為抽樣，據以編寫試題或設計觀察的情境。考試的情境也要力求標準化，計分的規則最好事先寫明，尤其是實作題（如問答題、證明題、作文等）等。避免看到學生的作答反應後才來調整計分規則，因為這通常會使得評分的嚴苛程度變化太大。在本書中，除非特別提及，否則並不對「考試」與「測驗」作明顯的區分。

　　評量和考試或測驗在意義上大同小異。只不過評量特別強調對所蒐集到的資料進行價值判斷，而考試或測驗比較強調客觀的蒐集與分析資料。其實，教師的任務不僅僅只是編寫試題、實施考試、評分而已，更重要的是對考試或測驗的分數進行解釋與價值判斷。分數解釋和價值判斷必須建立在與學生的長期互動的基礎上，期能針對個別差異，作出最富教學意義的判斷。具體而言，價值判斷必須涵蓋學童的背景、過去的表現、學習方式等。例如同樣是考 80 分，對甲生而言，可能是嚴重的退步，但對乙生而言，卻是今人驚喜的表現。另一方面，雖然得 80 分，詳細探究仍然可能顯示出該學童在某些單元有學習上的困難與迷思，某些單元已經精熟。如果有著困難與迷思，教師應該據以設計相對應的補救教學。除此之外，教師還要判斷相對於學生自己過去的表現，此次考試是進步還是退步。他的學習成果與班上同學相比，是領先還是落後。這種兼具綜合性與診斷性的價值判斷就是評量的主要目的。

第三節　測量與量尺

　　「測量」（measurement）和上述三個名詞「考試」、「測驗」、

「評量」常常被放在一起使用。一想到測量，通常會令人聯想到量身高、體重、體溫、血壓等。一般認為測量是根據某種規則對受測物的屬性分派數字的過程。例如欲測量身高，必須藉由「尺」，然後讀尺上的數字就是身高。教師可以像測量身高一樣，測量學童的學業表現、興趣、價值觀等。不過值得注意的是，要像測量身高一樣，對所測的屬性有透徹的理解，也要有明確的「規則」，否則就算不上測量。

我們對事物的測量，依照測量的精緻度，可分為四種測量尺度（measurement scale; Stevens, 1946）：名義量尺、順序量尺、等距量尺、比率量尺，依序說明如下。

☪ 名義量尺（nominal scale）

性別、宗教等變項屬於名義量尺，即使在電腦的建檔登錄上，男性為 1，女性為 2，但這並不表示 2 大於 1，或 1 大於 2。1 和 2 只是代號，沒有順序的差別。又如出生的月份，雖有數字 1 到 12 之分，但這也是名義量尺，因為 12 並不大於 11，11 也沒大於 10。畢竟用月份不能來計算年紀，除非是同一年次。同樣的，每個人的幸運數字（0～9）、門牌號碼、球衣號碼等表面上雖是數字，但本質上無大小之分，僅屬於名義量尺。

☪ 順序量尺（ordinal scale）

顧名思義，順序量尺有著大小的意義，例如甲生的學業成績 90 是班上第一名，乙生的學業成績 89 是第二名，丙生的學業成績 88 是第三名。表面上 90、89、88 雖然有著 90 － 89 ＝ 89 － 88 的關係，但是本質上，很難說甲乙兩人之間學業程度差異，恰等於乙丙兩人的差異。不過基本上，90＞89＞88 的順序關係是成立的。此時，學業成績只是順序量尺而已。就好像是說在學業成績上，第一名比第二名來得好，第二名又比第三名好。不過無法區分第一名和第二名的差距是否和第二名與第三名的差距一樣。因此學業成績雖有順序意義，但卻無

法精確描述其間的差距。

在問卷調查裡，常會要求受試者以所謂的五點的李克特氏量尺（Likert-type scale）來作答，例如：非常不同意、不同意、差不多、同意、非常同意。研究者常分別以 1，2，3，4，5 代表這五點，但這其實不是等距量尺，應該只能算是順序量尺，因為沒有證據顯示 1～2 的差距會等於 2～3 的差距。將這些題目的得分加總後的總分也只是順序量尺。

又如想研究一般人的社會支持（social support）程度，請其列出「有急難時可以尋求協助的人」，然後計算人數，人數愈多，表示他的社會支持強度愈高。此時，某甲的人數為 7，某乙的人數為 6，某丙的人數為 5。大致可以說某甲的社會支持強度大於某乙，某乙大於某丙。但無法確知，到底他們之間社會支持強度的差異有多大。儘管表面上數字為 7，6，5，但只有 7 > 6 > 5 的意義而已，並不表示 7−6 = 6−5。

在自然科學裡，「硬度」的測量只能達到順序量尺而已。若要比較物品的硬度，只能兩兩碰撞，若某個物體的表面受損，就表示其硬度較小。利用這種方法，可以將所有物品的硬度加以排序（如鉛球 > 石頭 > 雞蛋），但無法說明兩物品間（如雞蛋和石頭）的硬度差異是多少。這是因為吾人對於硬度的成因還不清楚，因而對其測量只能停留在順序量尺。未來若能對硬度的成因建構出完整的理論體系（就像溫度的理論一般），屆時對硬度的測量也就可以達到更高的境界。

☪ 等距量尺（interval scale）

等距量尺不僅有順序意義，還有差距的意義。例如攝氏 10 度和 11 度之間的差距，等於 11 度和 12 度之間的差距。簡言之，1 度的差距在任何度數上都是相等距離，因此謂之等距量尺。此時，12−11 = 11−10。這個 1 度的差距表現在水銀汞柱的刻度上。

☾ 比率量尺（ratio scale）

在 Stevens 所提出的四種量尺中，最高階的量尺是比率量尺，它除了具有等距量尺的特性外，還具有所謂「自然的零點」，例如身高和體重，有所謂零點。但是溫度並沒有。因此身高和體重是比率量尺，溫度只是等距量尺。身高 200 公分者是 100 公分者的 2 倍，這個倍數並不會隨著採用公制還是英制而改變。溫度可就沒有這個特性，例如說攝氏 20 度是攝氏 10 度的 2 倍，但如果換做華氏，則變為 68 度和 50 度，也就不是 2 倍。

值得注意的是，Stevens（1946, p. 679）特別指出：「事實上，心理學家所經常使用的量尺是屬於順序量尺。嚴格來說，凡是會牽涉到平均數和標準差的統計方式，都不可以使用在順序量尺上，因為這類的統計分析對量尺的要求，不單只是順序就足夠。」可惜 Stevens 的警告似乎沒有喚起多少人的注意，所以在現實中，仍然普遍的將順序量尺直接當作等距量尺，以進行平均數和標準差等計算。

Stevens 對於量尺的四種分類方式，至今仍廣受大家採用，因為它的確能夠非常簡潔的表達出變項的差異。不過這個分類法有非常嚴重的缺點（Michell, 1990, 1994, 1999）。對此感興趣的讀者請參見補給站。嚴格的說，社會科學中關於心理變項（如智力、成就動機、自尊、學業成績等）的測量缺少等距量尺的證據。可是等距量尺又是推論統計的基礎（如計算平均數和標準差），因此通常會將順序量尺視為等距量尺來處理，這是不得已的權宜做法。近來，已有學者（Rasch, 1960）提出將心理變項量化為等距量尺的方法，如果測驗、量表、問卷的資料通過該模式的檢測，所獲得的量尺具有等距的特性。有興趣的讀者可參考網站 http://www.rasch.org。

名義量尺其實算不上「測量」量尺，畢竟性別、宗教等名義變項不是測量得到的。順序量尺只是一個邁向等距量尺的過渡期。就以溫度的測量而言，早期民智未開時，只能憑著手的感覺去比較兩物體的

溫度。但隨著知識的進步，人們瞭解到熱脹冷縮的原理，因此透過水銀汞柱的刻度變化，可以精確的測量溫度，甚至透過 PV = nRT 的公式，毋需測量，就可以直接計算出溫度 T。

　　現今對於硬度的測量，就像早期人們對於溫度的知識，仍停留在民智未開之時。當時人們不曉得熱脹冷縮的原理，也不知道 PV = nRT 的公式。同樣的，現在人們仍不知道何種因素會影響硬度，也不知道硬度會有何具體的外在表現，因此硬度的測量只能停留在兩兩比較上。不過一旦知識大進，對於硬度的成因和理論有所突破後，測量也會跟著精進，而達到等距量尺。

　　等距量尺和比率量尺的區分，其實並無多大意義。又或者可以說，所有的等距量尺其實都是比率量尺，因為要產生等距必須要有個參照點，關鍵在於這個參照點（或謂零點）。有人說溫度沒有自然的零點，身高則有。但事實上，所謂自然的零點，一點都不自然，因為零根本看不到，摸不到。零不是自然數！只要大夥對於參照點有共識，那麼等距量尺就是比率量尺。例如從高雄起算，到台北的距離就是到台中的 2 倍。如果沒有共識（從高雄起算），就不知道到台北的距離是到台中的幾倍。

　　若我們同意以攝氏 0 度為參照點，那麼攝氏 20 度就是攝氏 10 度的 2 倍。攝氏 0 度、10 度、20 度換算為華氏的話分別為 32 度、50 度、68 度。此時變為：「若以華氏 32 度為參照點，那麼華氏 68 度就是華氏 50 度的 2 倍。」因此溫度是比率量尺。

第四節　測驗與評量的道德議題

　　測驗與評量就像是教師的一把尚方寶劍，有著至高無上的權威。這把尚方寶劍，將學生和教師的地位明顯的區分開來。一把利器，可以利人，也可以傷人，就看使用者如何運用。使用巧妙，可以提升教學效果，引導學生成長。使用不當，反而會阻礙學習，甚至對學生造

成永難抹滅的傷害。因此在賦予教師對學生進行測驗與評量的責任與權利之前，要先認清測驗與評量所可能帶來的道德爭議和負面影響（Linn & Gronlund, 1995; Sax, 1989）。這些負面影響就像是副作用，很難完全消除，只能儘量降低其傷害。本書稍後幾章將會陸續說明測驗與評量的功能與具體做法，但在此要提醒讀者在進行測驗與評量之前，應先對其所可能造成的副作用進行評估，這就像在進行重大工程建設之前，應對環境進行影響評估一樣。否則未蒙其利，先受其害，那還不如不要評量。

　　1. 測驗可能侵犯學童的隱私。雖然教師受家長與政府所託，可以對學童施教，這並不意味著所有的測驗都可以毫無禁忌的實施，尤其是關於人格（如焦慮、妄想等）或態度（如性傾向、政治傾向等）方面的測驗更應謹慎。如果事關重大，應該組成委員會或小組，討論可能的議題，例如施測的必要性，對受測學童可能造成的焦慮和人格傷害，所選用的測驗的精確度和效度，改採匿名以保護受測者的可行性，徵求志願替代強迫受測，或者不施測而改採其他資料蒐集方法（如公共資料、普查資料等）。

　　教師在課堂的教學上，也常會觸及學童的隱私問題。例如教師不宜將學童的考試成績連同姓名加以公布。教師在發放改好的考卷時，不宜讓學童們知曉他人的分數。教師不宜讓學童舉手表示他是否答對或答錯某試題。不可任意公布學生的作品或考卷當作樣板，除非學童願意，且無傷其隱私。不宜叫學童互相改考卷，因為這會造成某些學童的尷尬。每位學童或其家長對隱私權的要求各有不同，例如有些學童（或其家長）可能不願意讓人知曉其家庭狀況，有些學童可能不願意讓人知道他昨晚或暑假做了些什麼事。

　　2. 測驗可能帶來焦慮並干擾學習。有研究（Kirkland, 1971）指出中度的考試焦慮通常有助於學習，不過高度焦慮則會阻礙學習。通常能力較差的學童會有較高的焦慮。事先熟悉考試題型有助於降低焦慮。焦慮通常會隨著年級增加而增加。有鑑於此，教師應該在不妨害

學習的狀況下，儘可能的降低考試焦慮。例如，向學童和家長說明考試的目的主要在於診斷學習困難，評判是否已經精熟，提供學習和教學上的回饋，而非用來懲罰那些表現不符教師或家長期望的學童。避免整學期只有一次考試，以致「一試定終身」，而該採用多次考試。在學童的考卷上，指出他已經有何進步，哪些地方該加強，避免只用他在全班的排名來呈現分數的意義。儘量降低考試的競爭意義。注重學生學習的長處，而非其缺點。考試應該事先通知，避免突擊考試。讓學生事先練習考題類型，教他們如何準備如何有效作答。有必要的話，讓學童再考一次，以鼓勵他們矯正錯誤。注重每位學童考試成績的隱密性。

　　3.測驗難免會將學童分類，以致影響學生的自尊。任何測驗或考試最後都會提供受測者一個或數個分數，這些分數除了有教學的意義外（如會做某些試題，但不會做某些試題），也會有互相比較的意義（如在全部受測者或班上的排名）。無論教師有心或無意，學童多多少少就會被分數貼上標籤，例如資賦優異、學習困難、情緒障礙、甚至更為通俗的「笨蛋」、「傻瓜」等。學生在這種標籤之下，其自我概念的發展是扭曲的，如過度的狂妄或自卑。

　　教師必須儘量降低標籤化對學童心靈的傷害。其實任何一種測驗都只是一些片段的訊息，用以判斷學童的表現，只有等資訊蒐集較為詳細之後，才可能對學童做出較為恰當的判斷。不過由於資訊永遠不可能蒐集完整，判斷就不可能完全準確。換句話說，任何判斷都有可能出錯，而且人有無限的可能性，一時的失意，並不代表永遠無法翻身。除此之外，教師在對學童表現作結語時，應該儘量參照該學童過去的表現與平常的努力程度。避免只給一個期末分數，不加任何評語。

　　4.測驗可能對創意高或聰明的學童不公平。通常測驗（尤其是筆試）會有標準答案。可是每位考生對試題的解讀並不見得完全一樣，聰明和高創意的學童，對試題的解讀往往會超出教師的想像。此時，如果硬是要求答案必須和所謂的標準答案完全一樣，才算答對，不見

得完全公平。這個狀況在選擇題或是非題上尤其嚴重，因為教師無法瞭解學童對試題的解讀及其推理。一般總以為選擇題和是非題的計分最能夠完全客觀，其實未必。就以聯考的選擇題而言，當聯招單位公布選擇題的參考答案時，社會各界對這些答案未必信服，各自提出一套說法，往往因而導致更正答案。這種事先公布參考答案的做法，可以讓考試更為公平周延。也許在課堂考試上，很難施行，不過教師至少應該允許學童對標準答案提出質疑，如果學童的解釋合理的話，應該更改其分數。

　　5.測驗可能對語文能力較差的人不公平。由於絕大多數的試題都是以語文形式呈現，因此對原本語文能力不佳的學童而言，可能因為無法完全瞭解題意，導致作答錯誤。如果降低試題的語文複雜度，他也許就會作答。有時，教師為了增加試題的難度，故意加入一些無關的詞句，這樣反而干擾題意。語文能力較差的學童受制於這些詞句，摸不清題意而無法正確作答。這對他們而言，顯然不公平。畢竟該測驗想要瞭解的不是語文能力，而是其他能力（如算數）。為了避免這種情形發生，教師在命題時，應該採用全班學童可以瞭解的語文。

　　6.測驗的範圍只能涵蓋學習成果的一部分。測驗的內容只能涵蓋少數幾項被認為重要的學習成果，因此測驗的結果不能完整的呈現學生的學習狀況，只能利用這些測驗結果去猜測。如果測驗涵蓋的範圍愈廣，測驗的工具愈精良，這項猜測就愈準確。反之，這些猜測將會有很大的誤差。教師必須理解此項限制，在有限的測驗結果下，避免做無限度的擴張解釋。教師也應儘量改善測驗的缺失，例如擴大測驗的範圍（如問題解決、創意、情意、技能等，而不要只著重死背的知識），採用適當的評量方法（如兼採實作評量、觀察或口語溝通），編寫適當的試題和測量的工具，客觀解釋測驗的結果等。

　　7.測驗可能會帶來自我應驗的效果（self-fulfilling prophecies）。教師在看了學生的測驗分數後，可能會認為那些表現良好的學生資質優異，因此無形中對其充滿期望，另眼看待，盡心教學。反之，教師

可能認為那些表現較差的學生資質駑鈍，無形中對其未抱任何希望，置之不理，以致學生的表現江河日下。學生在這種不恰當的期望下，長期受到不公平的待遇，以致後來真的驗證當初教師的期望。教師應該避免因為測驗分數所帶來對學生的個人偏見，公平對待每一位學生，客觀評估學生的優缺點，擬定適用於個別學生的教學計畫和學習計畫。

第五節　評量的趨勢

　　隨著時代的進步，現今對於測驗與評量的看法與過去大有不同。過去的做法著重靜態的評量，通常定期舉辦評量，如段考、月考、期末考等。現今的做法則特別關心學生學習的變化與成長。過去的評量大多為了配合學校或教育行政單位的措施，如給學期分數、排名、選拔成績優良等。現今的目的則強調學生個人本位，評量其學習成果，以便為他量身訂作教學和學習計畫。過去的評量只重智育，甚至只重視智育中較為低階的死背，忽略高層次的問題解決和創意。遑論五育中的其他四育：德、體、群、美。現今的評量不僅重視問題解決和創意，同時也兼顧情意、技能等學習成果。不僅評量的內容多元化，評量的方式也非常多元，不侷限於筆試，可以採用口試、實作評量、直接觀察學生、教師與學生的互動與溝通等方式，多方面蒐集學生的資料。過去的評量常會使用虛假的測驗題材，並不重視題材的生活化和應用化，而且所學與評量的層面也侷限在表象能力（例如記憶和背誦）。現今的評量希望能夠讓學生所學與其日常生活相結合，因此測驗的題材必須真實，至少儘量與其生活有直接關聯，並且強調內在的深層成長。以下逐一詳細說明近年來測驗與評量的趨勢。

☾ 靜態評量（static assessment）變為動態評量（dynamic assessment）

　　傳統上，教師常以期中考和期末考來評量學生的學習成果。教師較不關心學生的改變狀況，而關心某段時間之後，學生的整體表現到底如何。基本上，教師將學習視為靜態，因此只從學習的某一個時間點來評量，如每月、或期末。教師關心的是學生在每次評量中的表現，如及格或不及格、班上的排名等。每次的評量都是獨立的，教師並不試圖從中發覺學生的改變狀況。

　　相反的，在動態評量裡，教師關心的是學生學習的軌跡和改變的情形。學習是動態的，會因時間不同，而產生質和量的變化。評量的重點擺在隨時間而產生的改變。就量的改變而言，可以是線性的，也可以是非線性的。除此之外，也可能產生質的變化，例如因認知系統的改變，而有著不同的推理和問題解決。每次的評量都是緊密聯繫著，教師試圖從每次評量中，勾畫出學生的改變狀況，進而為他設計出適當的教學模式。

　　近年來盛行的檔案評量（portfolio assessment，或譯為卷宗評量），就是基於動態評量的理念。例如在寫作或美術課裡，教師要求學生保留整個學期內重要的作品、作業、考試結果、教師所給的回饋和評分、學生的心得與感想等。將這些東西放在自己的檔案內，教師詳細分析這整個檔案，藉以瞭解學生的改變狀況，以及目前的程度。當然在實行上，並不可能也沒必要保留所有的資料，而是針對幾件事先規劃好的東西加以保留，如課前、期初、期中、期末各保留一些重要的作品、考試結果、教師的回饋、學生對自己改變的看法等。這種方式不僅可以讓教師清楚掌握學生的狀況，也可以讓學生瞭解自我，以及應該可以達到的境界。

　　這種動態評量或檔案評量的理念，可運用至每一科的教學情境中。雖然在初期實施上，也許會因為不熟悉，而降低其效果。或者因為必須付出額外的心力，而令教師卻步。不過只要經驗累積，就可達

到良好的評量效果。畢竟學生是活的，評量也應該是活的，而不是靜態的。

☪ 機構化評量（institutional assessment）變為個人化評量（individual assessment）

從評量的目的而言，傳統的評量通常是為了支援機構（如學校）的行政決定，例如學校透過評量以瞭解教育目標達成的程度，比較本校與其他學校的差距，評估課程設計的優缺點，教師的教學效能等。同時，也可決定誰可以得獎學金，誰該接受補救教學，每個學生的排名如何，班與班之間的程度差異如何，給學生打分數以便跟他們的家長和社會交代其子弟的學習狀況。即便是聯考，也是為了找出誰可以上榜。無可否認的，這種機構化的評量理念，深深的烙印上教師的心中。

透過機構化的評量，有的學生因而獲利，如獲得獎學金或考上聯考，有的學生則喪失某些權利。評量等於考核，透過考核來分派權利。由於評量的結果對學生的影響是深遠的，所以學生對於這種評量的焦慮也最高。相反的，個人化評量理念視學生個人的成長為評量的主要目的。希望透過評量學生的學習狀況，改進教學的方式，設計適合學生的課程規劃和學習策略，提供學生輔導和諮商，以解決其學習障礙等。評量並不是考核，而是輔導。

雖然表面上這兩種評量理念是不同的，不可否認的，評量的結果同時要肩負起滿足行政和個人的雙重需要。但在教室內，教師宜多注重個人化評量，而非機構化評量，而且也應向學生清楚表達這個立場，以降低學生對評量的偏見和焦慮，使學生視評量為助力。為了要達到個人化評量的目的，教師要採動態評量，隨時掌控學生的學習狀態，瞭解學生的學習困難，以設計適當的課程和補救措施。教師就像諮商者或醫生，對每個學生的問題都能夠設計一套完整的辦法，並隨時追蹤改進。

☾ 單一評量（single assessment）變為多元評量（multiple assessment）

　　傳統上，評量只強調認知，而忽略情意和技能。即使是認知的部分，也常只強調零碎的記憶、片段的知識而已，因此評量的的內容是單一的。除此之外，傳統的評量常只用紙筆測驗，甚至只用紙筆測驗中的是非題和選擇題，因此評量的方式也是單一的。

　　相反的，在多元評量裡，我們體認到教學目標和學習成果的多樣性，因此除了認知的評量外，還要兼顧情意和技能的評量。即使是認知的部分，也要兼顧推理、問題解決、創造的能力。因此，在評量的內容上是多元的。同樣的，因為了解到各種評量方式有其最適用的範圍，因此要配合學習成果，採用最適當的評量方式，因此在評量方式的使用上，也是多元的，除了筆試外，可考慮使用實作評量、口試、師生間日常的溝通與觀察，蒐集學生的學習狀況。彈性的評量方式才能全面的理解學生。評量者也可以是多元的，除了老師擔任評量者之外，學生自己可以自評，同儕間也可以互評。

☾ 虛假評量（spurious assessment）變為真實評量（authentic assessment）

　　傳統上，評量的題材常利用一些虛假的資料或事件，例如國文的考試常使用古文來評估考生的國文能力，數學的問題解決也常使用一些捏造或虛假的情境。由於題材的虛假，或和學生的真實世界差距太大，以致往往困惑學生，降低學習興趣，也難以判斷學生是否可以有效的應用知識。除此之外，所欲評量的層面也常常只限於表象的能力、態度、行為，例如背誦、記憶、枝節的態度、和片段的行為。根據心理學家皮亞傑（Piaget, 1896～1980）的理論，學生認識外在世界時，是以既有的體系去吸收和解釋外在現象，這就是所謂的同化（assimilation）。除此之外，學生也會根據外界刺激，調整現有的機制，加以因應，這就是調適（accommodation）。簡言之，學習的發生，必

須將新的事物同化入既有的體系,如與現有體系不完全吻合,則調適現有體系做出因應。學習除了必須和個人的經驗結合外,現代的教育心理學也指出:學習不能獨立於文化—情境體系之外(Lerner, 1991; Vygotsky, 1978)。

既然學習與學生個人的經驗和所處的文化情境有著密切的關係,測驗與評量當然也要加以配合。在評量的情境方面,要與學生的經驗世界相結合。如果學生會在紙上回答 5−3＝2,但不知道拿 5 塊錢買 3 塊錢的東西應該找回 2 元,那麼這種學習有意義嗎?果真如此,要瞭解學生這一方面的學習效果,就可以直接觀察他在日常生活的應用。在測驗的材料方面,要與學生的認知和經驗有關,例如學生的日常經驗通常不會背誦事件發生的具體年月日,那麼關於歷史事件的發生年代的考題實在沒有多大學習意義。在評量的內涵上,現今的趨勢強調內在深層結構的改變與成長,而不是表象的外顯行為而已。例如國中「基本學力」測驗的做法,就是呼應這種趨勢。總而言之,不僅教學要有趣生動,測驗與評量也要活潑真實。

第六節 本書的架構

本書共分十四章,內容分量大約是一個學期。每一章後面附有補給站和思考題,以供讀者進一步思考之用。本書的構造基本上與測驗的流程呼應:編製、實施、解釋。本書的第一部分:測驗與評量的理論基礎,範圍包括第一章至第五章。在此我們介紹編製測驗之前必須考慮到的理論與實務的議題,例如測驗與評量的趨勢,如何建構好的測驗與評量,具體的編製流程等。第一章簡單介紹測驗與評量的歷史,澄清考試、測驗、與評量之間的關係,測驗與評量可能帶來的道德爭議和副作用,測驗與評量的新趨勢。第二章的「評量與教學目標的連結」旨在闡述評量會有哪些傳統的包袱,如何連結教學和評量,會有哪些重要階段等。一份好的測驗必須具備良好的效度與信度,這

就是第三章「效度」和第四章「信度」所探討的主題。主要包括效度的涵義和性質，效度的證據，效度的實用考量。在信度方面，我們介紹信度的意義，計算信度係數的方法，信度的評鑑，測量誤差與信度的關係。在具體的編製測驗之前，必須先瞭解重要的學習的成果有哪些，如何評量，如何挑選適當的評量方法，如何規劃試題編寫，這就是第五章「發展評量計畫」的重點。

　　第二部分：測驗與評量的方式，包括第六章至第十一章的各種評量方法。第六章「選擇性題目與題組的編製」和第七章「建構性題目的編製」是兩種主要的筆試題型。這兩章說明該題型的性質、優缺點、編寫的注意事項。第八章和第九章分別敘述「實作評量」的理論與實務。在理論方面，介紹實作評量的發展背景、本質，評量方式的分類，以及實作評量的優越性。在實務方面，逐一說明實作評量的具體步驟：決定標的、設計題目、計分、結果分析。第十章「檔案評量」和第十一章的「情意評量」分別說明這兩種評量方法的特性、理論基礎、以及具體的實施步驟。

　　第三部分：測驗分數解釋，包括第十二章至第十四章。在此闡述如何從學生作答反應中評估試題的好壞，進行分數解釋，給予學期成績的注意事項等。第十二章「題目分析」說明進行題目分析的目的、主要的分析方式。第十三章「評量結果解釋」說明何謂效標參照和常模參照，以及這兩種分數解釋的原則。最後一章「學期成績」闡述學期總評量的目的，學習成績的內涵，以及在給定分數或等第時所需考慮的注意事項。此外，本書附錄三展示以 EXCEL 進行相關分析以及計算內部一致性係數。

　　本書闢有專章闡述「實作評量」和「檔案評量」，這兩種評量方式可以說是現今評量趨勢的具體化。在 21 世紀的今天，測驗與評量應該有一番新的風貌。我們認為除了傳統的筆試之外，實作評量和檔案評量會成為下一波評量的主流。尤其在小班級的情境下，要實施這兩種評量方式就不是那麼遙不可及。此外，本書省去了關於各式各樣

標準化測驗的介紹，如智力測驗、性向測驗、成就測驗、人格測驗等。主要的考量在於這類測驗的實施通常是由學校的輔導中心主辦，一般的教師並沒有多大的機會去挑選標準化測驗、實施、計分與解釋。讀者若對標準化測驗有興趣，可參考坊間關於心理測驗的專門書籍。亦可參考網站 http://www.unl.edu/buros 或 http://www.ets.org/testcoll 查詢各類測驗介紹。

💡 思考問題

1. 如果將測驗的重要因素：行為樣本、客觀、和標準化，拿掉或者淡化，那麼會造成何種影響？你認為教師的課堂評量要如何儘量達到這三種因素的要求？

2. 就你的個人的求學經驗而言，學習的評量對你的意義是什麼？當你在接受老師的評量時，你有何感受？

3. 除了本章列的四種評量趨勢外，你覺得還有哪些趨勢上的改變？例如在你就讀小學時，當時的評量方式，和今日小學的評量方式有何不同？近年來評量的改變是在深層結構上的具體改變，還是只是在技巧上的皮毛變化？舉例說明之。

4. 一旦面臨升學壓力時（如國中升高中、高中升大學），評量的理念和做法要如何調整？是否會受到扭曲？如果你是老師，當學生家長只重視智育成績的排名，你要如何因應？

補給站 1-1

量尺的分類爭議

根據 Michell 的說法，Stevens 的分類方法至少存在以下五種問題：

1. 測量的量尺並沒有種類之分，或者可以說所有的測量尺度都是比率的。因為測量的量尺來自選定一個單位，然後所有的物體和這個單位來作比較，再觀察其數值的比例。名義量尺不是測量的量尺，因為根本沒有測

量發生。例如性別不是測量得到，也沒測量誤差。但我們仍然可以將男生登錄為1，女生為2。不過這不是測量，而是數字登錄。順序量尺也算不上測量的量尺，由於測量不完整或失敗，無法精確說明其間的差距，只能判斷其順序，因此這個測量是失敗的。

2. 並不能因為某工具產生了數字，就宣稱該變項已被測量到了，或者宣稱該變項一定就是量的變項。在社會科學裡，人們發明了很多的測量工具，也產生了數字分派。如評等量尺（rating scale）、問卷、或者心理物理學的實驗裡的感官強度評量等。但這並不能保證測量已經在進行著，我們還需要更多的證據。

3. 在 Stevens 的理論裡，數字只是表徵，完全沒有實證基礎，背後的變項可能根本不是量的變項，因此才會特別強調某些統計方式不適用於某些尺度。例如順序尺度的平均數並無意義可言，因此不能進行任何有關平均數的統計分析。

4. 變項是量還是質，必須經過實證，不能就認定它是量的變項而不加以驗證。測量不只是產生數字（number-generating）的過程，而不去操心該變項是否為量的變項。

5. 檢定變項是否為量的變項，就是在找尋「可加性」的證據。這需要一些可以檢測該假設是否為真的情境，而不能直接就接受假設為真。

除了上述缺點外，等距量尺和比率量尺的區分，並無多大意義。以所謂「自然的零點」來區分比率量尺和等距量尺並不恰當，因為零本身就不自然（0不是自然數！）。例如身高並沒有自然零點，因為我們找不到任何一個人，他的身高是零。體重也是如此。最後，比率量尺和等距量尺在統計分析方法上，並沒有差別。

目前在社會科學裡，比較被接受具有等距特性的量尺是所謂的 Rasch 量尺（Rasch, 1960）。讀者若有興趣瞭解為何 Rasch 量尺具有等距特性，可參見 Bond 和 Fox（2001）、Embretson 和 Reise（2000）、Fischer 和 Molenaar（1995），或網站 www.rasch.org。

1-2

影響心理測驗發展的四位重要人士

Francis Galton 爵士

Galton 爵士於 1822 年出生於英國的 Birmingham。對於近代的科學有著相當全面性的影響，舉凡地理學、氣象學、遺傳學、心理學、統計學、人類學、犯罪學、優生學都有其不可抹滅的貢獻。Galton 爵士是 Charles Darwin（1809～1822）的表弟。在心理學的研究方面，他設立實驗室探討人與人之間的差異，首創「差異心理學（differential psychology）」。在統計學上，他運用一些新的統計方法如迴歸分析來探討遺傳上的問題。他的學生 Karl Pearson 在統計學上繼續發揚光大。除此之外，Charles Spearman 也深受其影響，後來發展了因素分析（factor analysis）。Galton 爵士的研究也啟發 Cyril Burt 爵士對於智力與遺傳的研究。

Karl Pearson

Pearson 於 1857 年的 3 月 27 日出生於倫敦。於 1879 年從英國劍橋大學畢業，主修數學。在 1901 年，他和 Galton 以及另位學者共同創立 *Biometrika* 期刊，並擔任主編直至去世。在 1911 年於倫敦大學學院（University College London）成立世界上的第一個（應用）統計學系，並於 1911～1933 年擔任系主任。該系融入生物統計和 Galton 的實驗室。他在統計學上最有名的貢獻在於線性相關、迴歸，指數家族分布（如常態分布）、一般線性模式等。除了學術研究外，他對於社會也非常關心。由於他對於社會主義的關心，他甚至拒絕英國皇家所授予的騎士勳位。

James McKeen Cattell

Cattell 於 1860 年出生於美國賓州。他大學時攻讀文學，於 22 歲時進入 Johns Hopkins 大學，開始接觸心理能力的測量。後來到歐洲跟 William Wundt 學習哲學（含心理學），於 26 歲取得博士學位。於 28 歲時成為世界上第一位心理學教授（University of Pennsylvania, 1888），於 35 歲時成為美國心理學會第四屆主席。他將心理學帶回美國，促使心理學的

發展。他畢生致力於將心理學提升為科學，採用實驗和測量的方法進行研究，對於智力的測量更是貢獻非凡。

Alfred Binet

Binet 於 1857 年出生於出法國的 Nice，21 歲獲得法學學位和執業執照後決定習醫。他對於心理學的接觸完全是自修而來。1890 年起他開始關心自己兩個小孩的心智發展。1891 年他進入位於法國 Sorbonne 的生理心理學實驗室工作，展開對於心智歷程的研究工作。當時法國正推行 6～14 歲的義務教育，重點任務就是區分一般人和智能障礙、學習困難者。Binet 開始進行這方面的研究工作，於 1903 年出版《智力的實驗研究》一書，說明這些研究成果。他與助理 Theodore Simone 共同編製許多的測量方法，他們於 1905 年出版比西量表。在 1984 年的科學期刊中，比西量表被譽為 20 世紀最重要的 20 種發現或發明之一。

參考書目

Anastasi, A., & Urbina, S. (1997). *Psychological testing* (7th Ed.). NJ: Prentice-Hall.

Bond, T. G., & Fox, C. M. (2001). *Applying the Rasch model: Fundamental measurement in the human sciences*. Mahwah, NJ: Erlbaum.

Embretson, S. E., & Reise, S. P. (2000). *Item response theory for psychologists*. Mahwah, NJ: Erlbaum.

Fischer, G. H., & Molenaar, I. W. (Eds.) (1995). *Rasch models: Foundations, recent developments, and applications*. New York: Springer.

Kirkland, M. C. (1971). The effects of tests on students and schools. *Review of Educational Research, 41,* 303-350.

Lerner, R. M. (1991). Changing organism-context relations as the basic process of development: A developmental contextual perspective. *Developmental Psychology, 27,* 27-32.

Linn, R., & Gronlund, N. E. (1995). *Measurement and Evaluation in Teaching.* (7th Ed.).

NJ: Prentice-Hall.

Michell, J. (1990). A*n introduction to the logic of psychological measurement*. Hillsdale, NJ: Erlbaum.

Michell, J. (1994). The relevance of the classical theory of measurement to modern psychology. In M. Wilson (Ed.), *Objective measurement: Theory into practice* (Vol. 2), Norwood, NJ: Ablex.

Michell, J. (1999). *Measurement in psychology: Critical history of methodological concept*. Cambridge: Cambridge University Press.

Rasch, G. (1960). *Probabilistic models for some intelligence and attainment tests*. Copenhagen, Denmark: Danmarks Paedogogische Institut.

Sax, G. (1989). *Principles of educational and psychological measurement and evaluation* (3rd Ed.). CA: Wadsworth.

Stevens, S. S. (1946). On the theory of scales of measurement. *Science, 103,* 667-680.

Vygotsky, L. S. (1934/1987). Thinking and speech. In the collected works of L. S. Vol. 1. *Problems of general psychology*. (N. Minick, Trans.). New York: Plenum.

第二章

評量與教學目標的連結

呂金燮

民國 85 年 10 月 29 日《中國時報》報載：

> 　　題型：整合測驗題「省長選舉時，宋楚瑜在電視上數度落淚，賺得人民同情，高票當選；但此次風災如此慘重，卻未見宋省長掉一滴淚，這是因為：①風災是天災，與省長職務無關，②政治與環保無關，③政客個人前途重於百姓生命，④男子漢大丈夫有淚不輕彈，何況為官者落淚有失身分」，參考答案是③，校方決定此題不計分。

　　民國 85 年彰安國中的公民段考考題引起了社會熱烈的討論，使得一向處於附屬地位的教學評量，頓時受到不少青睞。據報載出題的公民老師表示「公民科教學本來就應教導學生分辨是非，政治人物舉動、社會上的熱門話題都是很好的活教材」。老師出題的目的在以偶發事件，給予學生將現實政治與公民知識融合思考的機會，達到公民科教導學生分辨是非，活化學生思考的目標。老師用心地將評量與教學目標連結，且將評量視為教學與學習的另一種延伸，實在是評量與教學連結的最佳實踐。但若從公民教育貴在啟發學生的是非判斷及道德實踐，而評量題目仍以標準答案來界定學生的回答，評量方式的適切性卻是值得商榷。評量的目的是引導學生批判性思考，卻以標準答案來界定學生的答案，不但抹殺了出題的美意，也扭曲了批判性思考教學的目標。段考或月考是目前國小至高中的學生，每學期都要接受的評量方式，一般教師仍在乎既然是段考測驗，就該有標準答案以利老師閱卷及打分數，也是無可厚非。但如此，用心設計的思考型問題，又落入舊往評量求分數、打等第的死胡同，恐怕是評量與教學目標急需連結的落差，這樣的落差非但扭曲了教學的目標，也使評量對教學的基本功能盡失。

　　具體而言，評量指的是「任何可以用來瞭解學生目前學習狀況的方法」。學生目前學習狀況指的是學生的學習不斷累積，會改變而非

固定不變的。評量結果可以是老師的一個主觀等第與評語，也可以是4～5個小時考試下來的評分結果，也可以是實地操作之後，評審老師給予的評量結果，評量結果會影響成績、等第、跳級、安置、教學需求及課程安排。有系統的教學評量往往需要大量的時間與精力，從隨堂考、月考、期末考等，到引起動機與課堂的隨時評量，教師以正式與非正式的方式直接參與評量的活動，教師需要花40%以上的教學時間在評量的設計與執行上（Stiggins, 1994），但是一般的教師並未接受過評量設計的訓練，也未準備好面對這樣的需求。上面彰安國中的試題風波，只是國內評量與教學未能連結產生問題的冰山一角。

　　評量的方式傳達我們對學習的信念，也影響學生相信什麼是學習最終的目的，也就是所謂的價值觀。如果評量的最終是以標準答案來界定學生的學習，那麼在學生的心中，學習的目的就是知道什麼是標準答案。因此，界定評量的功能與目的是評量最重要的關鍵。經過這麼多年評量與教學理論的變遷，教學的目標及主動延續學習仍是評量最重要的角色，評量的最終目標在提供教師教學與學生學習有用的資訊。但至今評量與教學二者無法連結，卻仍是不可否認的現象。對於彰安國中的試題風波，一直強調教育改革的教育部未給予正面回應，只強調應由教育專家來研究；而行政院教育改革委員會執行秘書則表示：教改會主張專業自主，這份考題恰當與否，應由校內教學研討會討論決定；而彰安國中雖未討論考題的適當與否，但決定今後各科段考試題改由任教班數最多的教師命題，交由同學科其他教師複閱後才付印，並修訂此次段考較有爭議的試題標準答案。於是一場試題風波又如往常以修訂標準答案收場。卻鮮少人問「老師為什麼出這樣的題目？」、「老師上課時是怎麼教的？」、「學生答對或答錯代表什麼意義？」。爭議的重點仍在評量的分數排序功能，而非評量在教學上的意義。

　　這許多評量與教學上的問題就在「意義」被忽略了或誤解了。評量是整體教學的方法或過程之一，它是系統性的過程，用來觀察及界

定學生所有與教學相關的表現。評量的方法或過程必須讓學生表現出有意義的學習結果，有意義的學習結果就是評量與教學連結的關鍵。而何謂有意義的學習結果呢？會背九九乘法或默寫課文？還是所謂的陳述性知識（知道這是什麼）與過程性知識（知道如何做）的不同？如果知識僅止於背誦與應付考試，任何形式的知識都僅是表面的知識（surface knowledge）。事實上，有意義的學習結果指的是深度的知識（deep knowledge），強調知識的創造或建構，而非知識的複製。知識的創造或建構又該如何評量呢？不論是傳統評量方式或真實性評量，能讓學生表現出他們的學習與瞭解，就是適當的評量。教師的責任就在於用各種方式看出學生的瞭解程度，知道何時以及如何去蒐集學生學習與瞭解的證據，並將其與學生特質和課程內容一併考慮，做出對學生最適當的教學決策。

基於以上這些考量，本章將從三個主要部分來討論評量與教學的連結，在討論教學與評量的連結之前，我們應該澄清一些評量的傳統包袱，方能將其回歸教學的本色，因此，第一部分將探討來自社會對教學評量結果過度誤用的傳統包袱。第二部分從新近的認知理論對教學評量的影響，討論依據學習的最終目標來發展適切性教學評量所應考量的基礎。第三部分以教學為核心，討論連結評量與教學的階段。

第一節　教學評量的傳統包袱

教學評量應該是對學生各方面學習情形完整的蒐集過程，蒐集的資料應是可供診斷與監控學生的學習情形以及提供學習成就參考，是非常具有實際教學功能的。但是在聯考制度，分數與名次的傳統包袱下，往往使得成就測驗的功能遠勝於學習診斷與進度監控的功能。若能擺脫標準答案、結果排名、過分強調缺點的包袱，評量才能還清其教學功能的本來面貌。

☾★ 標準本位

　　如彰安國中的公民試題，這些類似「宋省長掉淚原因」的是非或選擇題考題，引起議會立委及社會輿論熱烈關切的是「答案不是標準答案」。大家關心的是標準答案是哪一個，標準答案對不對。這樣的心態，不僅扼殺了學生自發學習的興趣，也養成了凡事尋求唯一標準答案的習慣。學生為了追求標準答案，常得等待別人跟自己說：「答對了。」而何謂標準呢？如果根據有權威的人說的就是標準答案，那學習的目的就在追隨權威。學校中的考試為利於評分，每題都要有標準答案，沒有標準答案，老師閱卷都成問題。於是學生在乎的是「標準答案」是什麼？而不是針對問題應回答什麼。有了標準答案，答案只有兩種可能「對」或「錯」，對的才能得分，這些分數總和起來，就是學生的成就，於是「成就」的定義來自符合標準答案的個數。從小學生到大學生非常一致的口頭禪是「對不對？」，他們等著老師或父母跟自己說：「答對了」，才有自信。許多高中生進了大學，碰到創意與批判性思考的問題，就手足無措，等著教授告訴他如何做，寫些什麼，才會安心。大學生畢業後，到了職場，沒有上司說「對了」，就不知要不要進行下一步。只要答對了，沒有人管你是否真的知道或懂了。教室和社會就像馬戲團，只是大小不同，只要懂得跳圈圈，就可以得到掌聲。這樣的結果，絕對不是我們所期待的教育結果。

☾★ 常態分配本位

　　根據計量測驗理論，不論哪一種團體，表現最好及最差的皆是少數，而普通中等者，則占團體的多數。於是一年級丁班小朋友的國語月考分數和身高體重的數字，按小至大排序之後的人數，都會得到相同的曲線，稱之為「鐘形曲線」，也稱「常態分配」。學校教師的任務之一即是評量結果要使學生的分數呈現鐘形曲線，否則就違反了「常態分配」的假設。這些努力果真讓這個假設成真，於是某某公立大學要求老師打分數時，全班最高分與最低分最少要相差 25 分，大

部分的學生則應該集中在 70～80 分左右。

　　基本上，因為常態分配的觀念，老師往往下意識就將學生訂了位。有些學生答對了，有些就一定得被當，大部分學生都在平均數左右，而只有極少數的學生可以得高分。每每考試結果出來後，教育當局在乎的是全國考試的平均分數有無提高至 80 分以上（代表優）；社會在乎的是哪個學校分數是優等？哪個學校平均分數是丙等？校長注意的是哪些班級平均分數低於 60 分屬劣等；家長看的是學生在鐘形曲線的哪一邊，而學生看的是最後自己排第幾名。於是各種評量最後用來決定學生成績是甲還是丁，學生最終在乎的也就是成績單上的甲、乙、丙、丁了。

　　在聯考的制度下，國內教學評量成了比較學生高低的工具。經過聯考制度的洗禮，有幸進入大學的僅占 15%，為了公平區分這種鐘形曲線最右邊的 15%，分數與等第自然成了最具說服力的方式，有人在右邊則一定要有人在左邊。而目前教改會大聲疾呼批判性與創造性思考的教學，若不在聯考範圍內，教學的成效唯恐大打折扣，聯考的壓力與教育改革的衝擊，再加上教師沒有足夠的評量的專業知識，檢核自製的評量試題，大部分中小學的試題幾乎成了市售參考書的總匯三明治，已是不爭的事實。這些因素也就構成了類似彰安國中等教學評量的窘境。

　　事實上，常態分配的優點在於容易將學生的表現分類，分成優、甲、乙、丙、丁等級。鐘形曲線對生活上某些事物也許是很好的分類工具，如製鞋子大小號碼的分量，學生的身高體重和對電視台收視率的統計等，常能發現大部分人的平均數。但是很不幸，人類的知識累積、道德情操甚至運動技巧卻並非依照這樣的曲線成長或發展的。以這樣的曲線來代表學習及智慧的增長，對人類實在是一大恥辱。Wiggins（1989）認為這樣的評量假設，對學生的傷害不只是道德上，而且是智力的最大殺手，這個鐘形曲線，往往成了評量上的陷阱，而非隨機的統計結果。

常態分配鐘形曲線圖

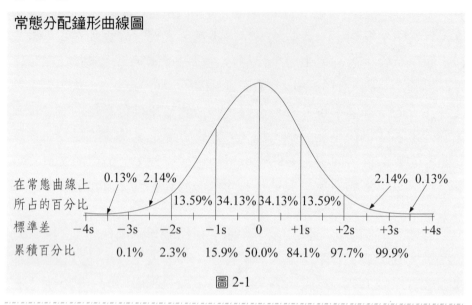

圖 2-1

☾ 缺點本位

　　我們所做的大部分評量，不論是智力測驗或學校成就測驗都是
「缺點本位（deficit base）」（Lazear, 1995）。我們常以尋找負面、缺
陷及障礙的立場來對學生進行評量。評量結果除了在於得出總分外，
就是看學生錯了幾題，國內的評量系統忠實地沿用西方的方式，不論
智力測驗或教學評量，都致力於發掘學生的缺點－錯了幾題，哪裡不
會。而非對了幾題，會了什麼。幾乎每個人從小就怕考試，因為考試
的目的在於告訴老師或家長，學生哪裡錯了，並以其結果為補救教學
之依據，當然也成了補習的藉口，一直補到考試卷上沒有任何的錯誤
為止。國內從重視特殊教育以來，標準智力測驗成為主要的評量工
具，從此，我們多出了許多不同類型的孩子：肢障、啟智、自閉症、
過動兒……，以至現今十分流行的感覺統合失調和學習障礙的孩子，
這些標記都來自學生在測驗或量表上呈的缺點總和。

　　有一位非常憂心的母親和級任教師談過之後，決定讓小朋友接受專業醫師的診斷，因為老師懷疑小朋友有某類學習障礙。評量自此和這位小朋友形影不離，診斷醫師非要用各種評量工具與方式，確切告訴家長，小朋友是哪類障礙，否則不能使家長安心。許多家長若聽醫生說沒什麼問題，將繼續忐忑不安地生活，若能將兒童歸類，卻穩定了不少人心，何其悲哀！這樣勇於發現缺點的心態，自然無心去發現兒童的潛能與優點，更遑論給予兒童翻案的機會。即使教學上的評量亦然，專家學者一致強調評量學生的學業進步情形，是想讓學生有一個得以學習瞭解自己，培養自知之明的機會；但實際的情況卻往往適得其反，評量成為指出學生缺點與失敗的機會。如果班上的學生都能考 100 分，學生對老師的崇拜自然而然的少了好幾分。從小到大，學生在學校學習的過程中，老師以各種方式告訴學生他們如何錯了，如何失敗了。而今情緒智商（Goleman, 1995）漸形重要的趨勢下，我們在檢討為什麼學生的自信心低，自我概念薄弱甚至自我放棄，是否也應檢討我們是如何用評量在摧殘學生的自我概念。

☾ 評量本位

　　分析學校中的各種考試，不難發現為了求公平標準，評量卷上的題目如神聖般不可任意更換，甚至彌封上印。對評量卷的尊重保護，遠勝於莘莘學子；殊不知，評量想要知道的是學生的學習，而非名單上名字的先後，是學生要用這些評量結果來檢討自己，而非用學生的結果來檢討評量。

　　從古至今，學生只有接受評量的義務，沒有決定評量的權利，以往的教育評量，因為學生還在「學習」階段都處於被動，學生一開學即被告知何時考試、考試範圍及考試方式。在考試時，學生只要依據題目，在有限的時間內將答案填妥即可。即使目前教學上一直強調以學生為本位，但是讓學生自行選擇用什麼方式或資料，來評量自己，或決定哪些表現最能代表他們自己學習的結果，仍是許多教師無法認

同。評量結果討論的時候，強調的是評量題目的答案，而非學生的學習。學生答對的題目就不再討論，雖然答對並不表示學生全然的學會，也許是運氣好猜中題目，也許是背得好的結果；答錯的題目，必須一而再，再而三地複習，同樣的，雖然答錯了，也許是根本看不懂題目；那麼到底是學生考差了？抑或是題目出差了？在評量至上的觀念裡，答案是十分清楚了。

　　這些教學評量的傳統包袱，在於評量重在將評量的有效性發揮，而非將教學的有效性發揮，而評量的有效性卻又侷限在結果等第分類上。要使教學評量能發揮其教學上的功能，我們必須先摒棄這些外加於評量結果的包袱，才能避免評量沒有與教學連結的不良結果，如：一、老師和學生都可能對學生學習的進度與困難，得到錯誤的訊息。二、學生的學習動機將減弱，或養成分數至上的價值觀。三、對學生所做的教學決策錯誤，補救教學或課程進度的安排上產生偏誤。四、教學的有效度未能被適切地瞭解或改變（Nitko, 1992）。

　　如果評量在於瞭解學生學習的所有向度，如果評量的結果對教學有具體的回饋，如果評量的內容是學生值得去學習的，那麼「考試領導教學」就不會是一句這麼刺耳的話。突破傳統的包袱後，我們接下來，就得澄清哪些是值得學生學習，而且值得花時間去評量的；之後，老師的責任則在提供機會給學生用各種評量方式表現他們瞭解的程度，讓學生從評量中體會到自己的成功而非只是失敗了。

第二節　評量與教學連結的基礎

　　若要設計一個評量使之能真正測量到它所要評量的特質，使得對學生的學習有適切的推論，我們首先必須對學習的成就目標，也就是評量的標的有清楚的共識。當學校必須為教育結果而負責時，評量在於反應學習與教育的結果。什麼樣的教育結果是我們所要產生的，或是說什麼是教育成功的目標，那就是評量的標的。成功的定義隨著時

間而變，如何掌握那些重要的學習結果才是成功的學習，顯見是教師設計教學評量時最大挑戰。如果教師無法與學生一起共同營造一個清楚的成功的學習定義，教學策略與評量方式的選擇都將有困難。如果一位教師評量學生的寫作能力，卻不知相對於學生的年齡與經驗，優良的作文作品是如何？其評量將會是無效度的結果。

　　在統整教學與評量的前提下，教學者必須先思考三個基本且重要的問題：一、成為未來世界的成功者，學生需要知道或學會什麼，也就是成功的學習的評量指標。二、多元的評量向度。教學與評量可以從哪些方面或用哪些方法讓學生具體瞭解自己的學習，這些方式的組合是連續性且多元的。三、成功的評量情境。可以讓學生瞭解到自己的成功，教師要思考的就是學生的特質、課程的特質和內容等因素。

◔ 成功的學習之評量指標

　　不論是處於教育的哪個層次或學科，只有對學習目標的結果有清楚敏銳的看法，才能對學生的學習產生有效的評量結果。對值得學及值得教的內容與過程有共同的體認，並將評量統整為教學的一部分，教與學的過程才算圓滿。

　　要達到這樣的目標，Stiggins（1994）認為今日的教師要面臨三個挑戰：

　　首先是社會教育改革的輿論。我們處於多元文化的社會，對於教育或學校的教學應有的結果，各方意見分歧，這些分歧的看法源自多層次觀點，例如議會看預算時效，教改看國家發展，社會在乎「大家理念一致」，要求的做法迥異。身為教育第一線的教師卻是很清楚一點，那就是教育部談教育是百年大計，得從長計議，教改會的短程目標得等院會通過，但是我們的學生不能等到社會對這些議題有一致性的看法才開始上課，他們不能等二年、三年甚至十年後再回到學校來上課，學生現在即仰賴我們指引他們達到「成功」的目標。他們期待教學者知道他們下一步該往哪兒，或知道如何幫他們自己找出下一步

的目標。因此，在社會政府單位尚未有一致共識之前，每位老師必須清楚知道，什麼是我們相信學生需要知道並知道如何去做，至於什麼是我們該相信的，稍後再談。現在關切的是：明天到學校來的學生是無法等我們的議會輿論，甚至等到教改院會通過。他們現在就需要學英文、算數學、做實驗及上電腦網路，而非擔心搖擺不定的英語教學或聯考制度的存廢。

　　第二個教師要面臨的挑戰，則是社會漸趨多元化後，學習結果的定義將是更複雜。對電腦複雜的解題歷程，近年來都有研究結果呈現。甚至最近十分熱門的情緒智商，更使得情意教學的目標，從原有副學習的目標提升為主學習，這些都使得教學或評量的內容漸趨複雜。因此，如何將我們所瞭解的學習層次轉化入評量與教學中，對教師無疑是個挑戰。

　　第三個面臨的挑戰，則是社會變遷的速度。曾有學生笑稱「五年一代」，目前的老師是舊舊舊人類，而學校的學生則是新新新人類，在未來二十一世紀時，當現在的幼稚園兒童從大學畢業後，對他們會被聘去擔任什麼樣的工作，我們知道的不多。因此，我們該努力的是，如何幫助學生成為終身學習者，使其能因應時代變遷而調整自己的學習。

　　面臨所有的挑戰之際，教學者非但得跟著時代的脈搏，看著未來的世界，以新的方式來評量未來的主人翁，使得學生能適應且創造未來的社會，亦得兼顧現勢的需求，才能掌握「成功的真諦」。

　　我們在尋找的「成功」是一種有意義，可以達到更有力、有效且滿意的教育與學習方式。學習包含各種不同的層次以及不同的方式，是複雜且個人的過程。學生只有在體會到知識的用處、知識的意義，才能理解何謂「知識就是力量」，這才是成功的學習。有用的知識是個人的自然知識（natural knowledge），成為個人心智的一部分，可以依不同的情境調整應用，經驗的過程深入而產生更多有意義的知識，就是深度的知識。這種知識不像表面的知識，以機器加上設計程式就

可以學得的。表面知識對個人而言沒有太多意義，經驗的過程就不花心思，當然無法與其他社會性或情緒性的知識連結。表面的知識也就是Whitehead（1929）所謂的僵化的知識（inert knowledge），可以背得起來，卻用不出來。深度或自然的知識才值得教師花時間去教，值得學生花時間去經驗，當然也才是值得去評量的目標。

可在不同的情境下表現，也能夠對經驗的事物或知識提出問題；經驗與知識自然成為個人的知識，也就成為個人學習的心智思考習慣與態度的基礎。因此多元情境下，對知識瞭解後的表現、發現與解決問題的能力，以及學習的心智習慣與態度也就成為學習評量的重要指標。

㈠瞭解的表現

不管任何學科，學習之後教學者需要知道的是「學生瞭解嗎？」，何謂「瞭解」？Gardner（1983）認為在中國傳統的評量觀念下，「瞭解」是非常「表現」也就是實作傾向。子曰：「知之為知之，不知為不知」。知道了就能舉一而反三。相對的西方在蘇格拉底產婆法的哲學思考下，「瞭解」意謂著能看出言下之意，瞭解因果關係及分析。不論是實作或言下之意，學生的瞭解程度能被教師充分的瞭解，只有在學生表現出來才看得到。我們無法知道學生是否瞭解物理原則，除非他能製造或修復一個電動馬達，正確地用公式解釋X軸和Y軸的關係、或預測糖及冰棒在何種情況下會融解。

Bloom（1956）將知識學習分為五個層次——知識、理解、分析、應用及綜合，教學者往往很容易就以這五個層次為單元教學目標的指標，但是談到如何評量這些層次時卻又含糊不清，事實上，學生對知識徹底瞭解了就能分析並應用它，當學生應用出來時，我們才能知道他們理解了。因此，在評量上教師最重要的是提供學生需要應用知識與技能的真實評量情境。

在現今資訊充斥的社會中，對知識的瞭解必須是整體而非片斷。

各科的學習應是經由探索之後,將生活與知識科技整合的連結,而非單一的事物或事實,這樣整體的瞭解才是學習的目標。但是很少有學校能具體說出希望學生最終能表現出的「瞭解」為何?目前我們所評量的「瞭解」,在於將課本或老師所說的以選擇、填充或問答方式在考卷上重述一遍,看誰的答案最接近原來的字句。這樣的「瞭解」是單一向度的瞭解,而非概念性的瞭解。許多研究指出這種片面的評量導致片斷的學習,使得學生所習得的知識廣多而無法應用。學生對學習的瞭解是多元的,瞭解學生學習的評量情境也應是多元。

(二)發現問題與解決問題的能力

當學者強調將片斷的學習轉移至全面或整體的瞭解時,同樣地也強調,學習中的學生應是主動探索的問題解決者。知識的建構必須是在學習者的學習活動中持續改變,學習是持續不斷,從與情境主動互動下而導致的生涯過程(Brown, Collins, & Duguid,1989)。知道何時應用知識,如何調適自己的知識以及如何規劃自己的學習,才能不斷建構自己的學習,而成為終身的學習者,而這學習「如何學習」的重要過程,事實上就是學者一再強調的問題解決能力。最近十分熱門的未來學(Parker, 1991),更是期待教室的學習,能使學生具備足夠的學識與能力,預測未來的問題。學生不但具備解決未來問題的能力,更能就現今考慮,想像選擇不同的未來取向,不斷從解決問題中學習,積極建立未來。

一個適切的評量應反映該領域的問題解決能力,問題解決並不一定得是現實生活上的問題,而是評量應提供一個習得能力可以應用的問題情境,給予學生去應用或調適習得的知識,去探索新問題的機會。Csikszentmihalyi(1988)更強調學習發現問題對創造世界未來的重要性。他認為學科的學習應重在學生發問與批判性思考,而不應再將現成的問題給學生去解答。Sternberg & Lubart(1995)和 Gardner(1993)更在智力理論強調發現問題等於是創造的開始,而評量則應

是讓學生能接受像專業或專家一樣的現實挑戰，從雜亂的資訊中理出頭緒，並找出問題的所在。就如 Dewey（1965）所說：發現了問題，等於解決了問題的一半。

(三)學習思考與態度

　　知識的力量要完全發揮就在於其成為技能或表現的一部分，也就是當知識成為習慣時，才能有所助益。豐富的知識必須在不同的情境下練習修正，而成為個人思考的習慣，甚至是詮釋外在事物的信念與特質，這種習慣稱之為心智習性（habit of mind）。專家與生手的研究中強調信念及個人特質對適當學科課程的推論是相當重要的（Schoenfeld, 1985; Deweck, 1989），很多科學家對自然有共同的基本信念，包括宇宙的物理法則、哥白尼理論及進化論等存在的問題，這些共同的信念可以去質疑，也可因實驗結果而改變，甚而推翻真理的追求，因此將這種態度與概念清楚讓學生學到，並在評量中充分強調是很重要的。

　　不可否認，好奇、創造、工作承諾、毅力及對知識領域的尊重是教學者在知識教授之餘，希望藉由潛移默化的功能而達到的目標，但是這些都會因認知風格的不同，影響學生對學習的詮釋角度，而動機、努力及自我信念也決定他們對所學知識相信的程度。教學者不僅需要扮演各領域專業學者的信念及特質，且必須在評量中強調其重要性才能啟發學生的心智與態度。因此，對人類的尊重及對環境的愛護不僅是人文學家該有的素養，更應是地球村每一份子的責任，而科學上，實事求是的精神，也應是人文學家可以發展的另一類胸襟。如何將這些信念與情意態度融合於評量設計中，鼓勵學生從實際生活問題著手並與個人經驗連結，引導學生討論努力與結果間的關係，鼓勵集體創作的評量方式，並與學生共同討論得失，會是很好的開端。

　　既然自然且深度的知識並非記憶或背誦即可的知識，學生對這類知識的表現必然也是十分複雜，教師必須瞭解這些成功的學習指標，並將這些指標內化成為自己的知識，方能在教學時，給予學生的表現

適當的評量。不論何種評量方式，只要能讓學生表現出他們的瞭解都可以使用。這並不排除傳統的標準測驗，只是這些標準測驗會是整個評量過程中相當小的一部分。

 **2-2**

心智習性（Costa & Kallick, 2000/ 2001a）

1. 堅持。努力堅持；撐到最後，毫不鬆懈。
2. 控制衝動。慢慢來，三思而後行；頭腦冷靜、深思熟慮、小心謹慎。
3. 以瞭解和同理心傾聽。試著瞭解別人：投入一些心思感受他人的思想和觀點：先暫停自己主觀的思考，仔細體會別人的觀點和情緒。
4. 彈性思考。以另一種角度來思考：想辦法改變觀點、創新解決方案，並且想出替代方法。
5. 反省思考方式（後設認知）。瞭解自己的思考模式：注意自己的思想、策略、感受和行為，並想想看這些行為對他人有什麼影響。
6. 力求精確。檢查再檢查：培養追求精確、準確和技巧的渴望。
7. 質疑並提出問題。「我怎麼曉得？」：發展求知詰問的態度，想想看：我還需要哪些資訊？要怎樣找到這些資訊？找出問題，並尋求解答。
8. 應用舊知識於新情境。應用所學：取用過去的知識，並將知識運用到其他情境。
9. 清楚、精準的思考和溝通。思路要清晰：不管是口頭或書面溝通，都應該力求精確：避免過於類化、扭曲事實，以及疏漏失誤。
10. 用各種感官察覺。利用自然感官：透過各種感覺：味覺、嗅覺、觸覺、肢體動作、聽覺，還有視覺，察覺周遭變化。
11. 創造、想像、創新。試試另闢蹊徑：想出新奇的點子，並且力求通暢和創意。
12. 保持好奇和讚嘆之心。對自然界的現象和美景感到新奇有趣：發掘世間令人敬畏和神秘的事物。

13.願意冒險並且承擔後果。勇於冒險：挑戰自己能力的極限。

14.有幽默感。微笑一下：尋找古怪新奇、不期而遇的事物，常常自我解嘲。

15.能共同協力思考。共同工作：在互惠的情境下，真正和他人共事並向他人學習。

16.敞開心胸不斷學習。向過去經驗借鏡：充滿自信但心懷謙卑，不知為不知：避免志得意滿。

成功的多元評量向度

　　要能配合「實作」與「言下之意」的瞭解，讓學生能在多元的情境下表現，強調引發問題解決的評量情境，以及提供學生信念、動機與毅力等的態度訊息等，基本上，並非單一評量方式可以達成的。強調在深度有用的知識學習下，評量多元化就成了必然趨勢，那就是多元處方箋理論（Prescriptive assessment）的觀念了。

　　當教學情境與學生學習目標確立時，教學評量的設計就是評量方式的處方箋，能針對教學與學習的特性，開出評量的方式、內容、組織、施測方式與過程、評分方式及結果的使用等處方。若無法提供教學相關資訊，這樣的評量將是無目的與無用的。為符合教學目標，評量必須能對學生的學習及課程提出建設性的目標。不像一般診斷分類功能的測驗方式，處方箋的評量過程在於連結評量—教學—評量的連續性。符合學習理論的學習項目成為評量與課程設計的目標。不論這類過程是否被視為「為考試而教」或「為教學而考試」，這個評量模式中，評量的項目和課程的重點或許十分相似，但是兩者的項目與學習目標是絕對吻合的。

　　處方箋的多元觀點指的是從學生學習的各向度去評析學習，如評量學生數學解題能力時，同時需從閱讀能力、動機、書寫能力及自我控制能力等觀點來看。它給予教學者瞭解學生學習的全貌，而非僅從一份考試結果來分析學生的學習。處方箋的教學評量理論有幾項特

點：㈠多元評量、㈡多元資訊、㈢多元領域、與㈣多元目標。

　　所謂多元評量指的是應用各種不同的評量方式，組合成可以得知學生學習的最有效評量工具組。這類的工具組可能包括傳統成就測驗的標準測驗、是非題、選擇題的考題及實作評量的長期作業。這類的評量不僅評量認知成就，對注意力、人際互動及問題解決能力亦能提供有利的資料。而提供判斷與分析的資料既來自不同評量方式，同時也應來自不同的人力資源，如教學者、同儕、父母、不同環境（家中、學校）及不同的情境等，傳統的統一考試時間恐怕是無法提供這類多元的資訊。處方箋式評量既強調評量的完整性，就得從不同的領域整合來看學習，尤其是被摒除於傳統評量方式的自我規劃、互動、情緒表達及動機等，甚至數學能力與閱讀能力之間可能的互相影響多元領域。最後，多元目標，指的是評量能符合教學上多元的目標如：安置／分組、進度監控／規劃及課程教學評估等。

☾ 成功的評量情境設計要素

　　既然深度有用的知識不是記憶或背誦的知識，我們必須設計一個能讓學生全心參與，表現出他們所有能力的評量情境。既然評量與教學是整合的一體，當教學者決定能使學生觀念、學習改變或達到某個學科目標的最佳教學方法時，也就能設計評估這些改變與學習的多元評量向度，而教學上應考量的要素與限制亦必然地成為評量設計所需考量的要素。探討教學設計或學習評量主要要素有：㈠傳達清楚的成功指標；㈡個別差異，也就是學生的特質；㈢課程的內容和特性；㈣教學或評量的媒體與資源；㈤評量結果的決策與教學結果的回饋。評量者若無法確定何謂成功的學習要評量學生的哪些學習特質、課程的特性，及評量結果的使用等，對評量方式的選擇，界定適當的表現樣本及降低評量的誤差率等，都將有困難，這五個要素之間的關係如圖 2-2 所示。

㈠清楚傳達成功表現的指標

　　何謂「概念的瞭解」？何謂成功表現的指標？教師應於教學及評量前明確的界定「瞭解的表現」或「成功的表現」，並讓學生一起決定表現的方式，而不是在課程結束時要求學生做總結性呈現。當學生知道目標在哪兒，看見模範，知道自己的表現和標準如何比較時，往往能表現得更好。因此評量之前，應和學生討論目標，並和學生一起決定表現的方式，給予學生一些例子討論目標的特質，能自我評量及互評，並鼓勵學生一起設定瞭解的標準。學生需要從第一次參與開始練習這些表現；同樣地，學生也應積極成為評量過程的一份子。「評量」不應在學習最後階段才進行評量，亦不應操控於教師的手中。相反的，評量應是師生互動的活動，學生應視評量為平常學習活動之一，並逐漸負起大部分責任，以最直接自然的方式表現其自身所瞭解的程度，並改進自己的學習。明確的傳達評量所期待的目標，使得學生可以將表現的標準內化。

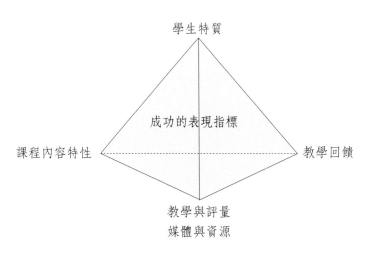

圖 2-2　成功的評量情境設計要素

㈡學生特質

　　學生身心發展與成熟度限制教學與評量方式的使用，發展的差異有二類，一為團體間差異，一為個體間差異。這點在學理上顯得十分理所當然，也往往易被教學者所忽略。國小三年級的學生和國中三年級的學生，因思考成熟度的團體間差異，所選擇的評量方式必然迥異，國三的學生適合實作，但對小學三年級的學生就未必適用。而對國小三年級視障學生和一般視力正常的學生之學習評量，必須針對個別差異設計適當的評量方式。瞭解學生於教學前的舊經驗及身心發展與未來的教學內容之配合或限制，也是教學評量前應瞭解的特質。

㈢課程內容與特性

　　課程的組織架構也會限制評量的本質，有些課程是依嚴謹的知識發展層次而設計，類似分級而上的課程，這類的教學評量重在評量學生是否已達該層次的程度，以便進入下一階段的學習。通常這類編序的學習，沒有複習的機會，學生的評量結果必須達某一標準，方能進行下一層次的學習活動，評量較強調成就的水準。另一類是螺旋式的課程，在下一個學習層次或單元，學生可以複習或擴展前一單元的學習。這類型課程的教學評量則強調學生的迷思概念與錯誤診斷，以進行新的學習。

㈣評量媒體與資源

　　媒體與資源是傳達教學與評量的方式，如教師、課本或電腦多媒體，資源的可用度及教材的廣泛使用度，常常決定了評量本質的發展。評量和教學的統整最終是評量必須成為教材的一部分。民國85年起，教育部開放教科書編輯，各國民小學可自行選擇教科書的版本，出版商的成套教科書，通常也包含教學的評量及習作或課後作業。另外電腦輔助教學或補助教學軟體日漸普及，但限於軟體設計者的教育

專業素養，大都趨向於以選擇性或是非題的方式作為進階的評量。當套裝的教學與評量教材日漸重要及普及後，以高科技的多媒體來輔助評量時，考驗的是教學者或套裝軟體使用者的專業判斷智慧，及套裝教材設計者的專業素養與社會教育使命。科技文明的進步將使教學者、課程、教科書、評量及軟體設計者必須以科際整合的方式，開發更方便並有效的教學與評量的教學系統，教師在這方面的素養不容忽視。

(五)教學回饋

　　教學過程中所用之評量過程，應能呈現對教學結果有用的學生行為與認知過程。教學模式常因對認知與概念學習的觀點不同而有所差異；同樣地，評量的模式與方法也因對認知及概念學習的看法不同而南轅北轍。評量的訊息對教學的回饋中，包括知識是如何建構的、教學模式的效果、以及學生的動機（Nitko, 1992）等，這些訊息是連結評量與教學的關鍵：

　　1. 知識的建構方面：當評量學生學習時，應考量學生對領域的知識是否有組織，對問題的瞭解是否有超越表面特徵，對現象的表徵是否符合問題的複雜度，知識的取得是否有效，問題解決策略是否有效等。這些學生的認知結構與特質可提供教學策略與教學方法十分具體的參考，評量的結果若只在指出學生通過與否，對學生的認知結構與特質則毫無助益。

　　2. 教學模式的效果：有效的教學評量設計需知道教學模式中，用來做決策的重要因素。國內目前教學模式有三：標準教學程序、開放教育或建構式教學以及特殊教育教學程序。一般高中、國中及國小課程都有教育部頒定的課程標準，教學程序以達到這個標準為原則。學習評量也以此為標準，未達此標準的學生以留級、退學為原則，未接受一般教育也可以依此標準評量而得到同等學力證明。開放式或建構式教學模式，重在學生知識的自我建構，而不強調團體的結果。另

外,目前國內特殊教育所用的教學模式著重個別化教育方案,以重視個別差異為原則,不以標準課程為依據,而以學生個別學習特質為中心,設計教學與評量。後二者評量的重點主要考量學生自我生理特質、處理及應用資訊的能力與認知過程,及學生之氣質型態與認知風格,這類評量通常較為複雜。

3. 學習動機:評量過程應能誘導學生對學習的熱愛,引起學生願意繼續學習的評量設計應穿插在正式與非正式的評量中。教學系統中,正式與非正式的評量應考量到對誘導正向學習的影響,如國中與高中的學生,二天一小考,三天一大考,如此太頻繁的測驗與評量的方式,常因焦慮而降低求知欲望,或導致學生對老師或課程難度抱怨連連,卻忘了檢討自己的努力程度。如果評量可以改進學生學習興趣,學生反省所學與所需的相關看法等,也就成為教學的一部分了。

第三節 連結評量與教學的階段

選擇評量最重要的是目的或教學決策而非對象,不同的決策需要配合不同的評量工具與方式及不同類型的評量策略。當評量能提供完整的資訊給予不同的決策層次時,即能幫助教學做更有效的發揮。評量的目的一般可依使用評量結果的決策而分為四類:教育政策決策、學校行政人員及策劃者(如校長、各類課程輔導團)、教師的教學決策、父母與學生的決策。

(1)教育政策決策的主要目的在設定標準與目標、監控教育的品質、賞/罰各教育單位或擬定教育政策、分配資源(包括人事與經費預算)、決定評量測驗的影響、評估各教育課程之優劣。

(2)行政人員及策劃者則重在監控課程方案的有效性、確定課程方案的優缺點、決定設計課程方案的優先順序、尋找資源、協助教師及支援教學、計畫與改造課程。

(3)教師的教學決策在鑑定特殊需求學生、分類、監控學生學習態

度、執行課程的評量與修正、提供精熟／提升／評分及其他回饋、引起學生學習動機、決定學生等第、評估自我教學。

(4)父母與學生的決策在掌控學習進度、確定學生之需求、評估學生優缺點、決定學校教學有效度、決定教育及生涯發展計畫等。

 **2-3**

透過評量回饋螺旋持續成長（Costa & Kallick, 2000/ 2001b）

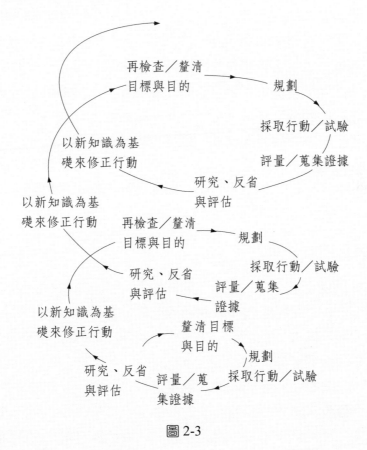

圖 2-3

*資料來源：Costa & Kallick, 1995, p. 27。

其中教學決策是教學評量的重心，這裡我們以Nitko（1992）所建議的以學生為中心的決策形式來討論在教學過程中連結評量教學的階段：

1. **安置決策**：決定學生應以怎樣的教學順序或順序中的哪個層次為起點來學習，以避免對已知的知識重複不必要的學習，而能更上一層學習新的內容。

2. **診斷決策**：決定哪些目標是學生未習得及可能導致學習障礙的因素，以便進行補救教學。

3. **監控決策**：決定學生是否全心學習，指定的學習活動是否有效，及是否需要增刪學習活動。

4. **成就決策**：在教學告一段落時，決定學生是否已達教學目標。

這些基本教學決策需要質與量並重的資料，每個決策形式所需的資料不能只依賴紙筆測驗，可經由不同的評量方式獲得。同時並非每次決策產生前都得做一次評量。最理想的是從短期及長期、正式與非正式的評量過程中，去蒐集有效的資料，這些過程包括直接觀察、每天學習的事件記錄、和學生討論及對學生的態度、興趣與學習風格的瞭解。

☪ 安置與教學前決策

學生是教學活動中的主角，因此學生的特質應當是設計有效的教學與評量首應考量的因素。教學前學生先備條件的評量，稱之為「前測」。前測一般有二種功能：決定學生在課程中的程度及決定學生在教學活動中分段或單元組合。

用來決定課程程度的前測，通常於教學前實施，主要在瞭解學生是否具備學習該課程的條件，或對該課程已知的部分為何，就是一般教學教案（或教師手冊）中常見教材分析中的教材地位。先備經驗的瞭解不只包括知識與技能，也包含學生知識架構與基模，教學可依前測的資料調整教學內容及過程，以更符合學生需求及經驗，此外亦可

用來作為分組或個別指導之依據。若教師對學生的能力及課程調整所知不多時，課程的前測與安置就是相當有用，但是若所有學生都在相等能力或老師已和學生相處一段時日，十分瞭解學生，或學生的書面資料十分翔實，前測就多此一舉了。當要決定是否該實施前測，應考量前測對教學的功用何在。

　　用來決定教學段落或單元的前測，課程往往會區分成一些小單元，這些單元通常有些順序。前測常用來瞭解學生對課程中的哪些單元已十分精熟，即可省略這些部分。單元前測的實施亦需以對教學的功能決定，如果課程本身沒有彈性，無法依學生的精熟程度而有所調整，進行前測則是徒勞無功。再則，即使課程本身富有彈性，前測所需時間是否能和所得資料之應用成正比，教師應審慎考量。若學生需花許多時間來回答前測，而教師需花時間安排前測事宜，則直接讓學生學習每個單元，或許更經濟有效。

☾ 監控與診斷決策

　　當教學進行，教師及學生都需要知道教學是否有效及是否需要補充其他的教學活動。如果教學沒有發揮效果，就需要探討其原因，以利補救教學之規劃與實施。這些稱為「監控與診斷決策」；有時稱為「形成性評量」。形成性評量首在監控學習與教學，隨時提供回饋給教學者及學習者，以利調整教學。

　　對學生的回饋是否有利於學習，則端賴評量設計的二個要素：評量項目的難度及評量資料對學生的解讀度。如果評量的答案遠超乎學生之理解，使學生盲目猜或題目過於簡單，這樣評量就無法提供有用的參考。如果評量要能對學生的學習提供有效回饋，評量設計者必須配合題目與學生經驗撰寫評量報告，以利學生瞭解自己的優缺點，並配合教學順序，以利學生複習已學或已評量的內容。

☪ 成就與後測決策

　　成就指的是教學單元結束後，學生的學習成果。系統化的教學通常順序為：前測─描述─教學─後測─補救教學（或新單元），處方箋教學即是符合這類教學評量系統的教學模式之一。

　　在系統化的教學情境中，前測與後測可視為同一種評量的對等形式，兩者都涵蓋了教學單元的最終學習目標。雖然後測若費時，常會犧牲了寶貴的教學時間，但與前測相較之下更有其必要性。主要是因為每個教學單元的主要學習目標，很可能是下個單元的必備經驗。在連續性的單元中，後測往往成為下個單元的前測。針對學生的不同能力和課程的需要，如資優生，可將前測作為後測，讓學生選擇更深入的主題或可以跳過整個課程而進入下個層次。後測重在重要的總結行為目標，然而，教育心理學研究指出，學生表徵知識的方法對問題解決能力及更深知識的學習發展十分重要，這些研究認為後測應對學生知識基礎有更多的探究。目前，具體評量學生知識結構的工具尚未發展，不過在許多研究中所採用的概念圖或基模評量，不失為新的思考方向。

　　成就與後測決策常用的評量，稱為總結性評量。總結性評量用來評估學生是否具有最基本的先備知識，及評估學生在未來學習情境中學習成就的潛能。以聯考制度而言，即用來篩選適合高中及大學教學課程潛能的學生，學期中的月考或期末考，則用來評估學生進入下個學習階段，所具有的先備知識是否足夠，這類在教學告一段落評估學生學習結果是後測。

　　能對學生學習表現提供有效及可靠的評估，使得教學者及教育決策者能做出適當決策的評量，即能符合評量效度與信度的要求。信度與效度的概念將於第三章及第四章分別討論。

第四節 結 語

我們設計教學以期符合學生的需要，那麼我們必須知道學生的需要是什麼，才能設計適切的評量，因此適切的評量即是在求知道學生的需求是什麼。評量不再扮演被動的結果檢核者，而是積極主動的策劃角色。要讓評量的教學功能完全發揮，有些傳統的評量包袱要先澄清：第一，學生知識與能力的深度與廣度並非數字或等第可以概括的。在學校以外的社會情境中，我們從不用一個數字代表一個人在某方面的成就，一個人的成就表現來自他許多方面的綜合判斷，我們的學生也應該受到同等的尊重。第二，評量結果的回饋與溝通方式，深深影響學生的自我概念以及社會的價值觀，任何一種評量方式都會影響我們對自己的看法，尤其兒童，我們希望透過教學與評量培養出有自信的國民，而非自卑或自我膨脹的學生，那我們就得從評量中讓學生看到自己的價值。第三，評量中要讓學生瞭解到自己的學習與價值，就應從優點與潛能的角度，而非缺點與標準答案。

在評量過程與教學目標缺乏共識時，評量與教學就沒有交集，如教學目標在改變學生對事物的基模，而評量卻重在學生知識外顯的結果而非學生知識的組織。評量設計應視某特定教學情境下及教學目標的教學過程而定，對成功的學習目標的討論，我們可以歸納出幾點設計適切性教學評量應注意的原則：(1)評量必須反映有價值的學科內容本質。(2)評量必須具備實用性，而不是訓練學生成為考試的機器。所以評量應該要具備生態效度，評量所要培養的能力，是未來公民在未來社會中所需具備的能力。(3)評量應該符合學習心理，包括動機、認知、信念與態度等，以培養學生成為主動，積極參與，並願意為自己的學習負責的主體。(4)評量必須是豐富的且是整合性的，需要學生對課程內容作連結和整合，所以對知識作深度的理解要比廣度的連結重要。(5)評量也應重發現問題和形成問題的技巧。不管在工作場所或高

等教育中，這二種能力都是最被期望的，所以評量必須也要求學生去形成自己的問題。不但要使學生成為問題解決者，同時也要是問題發現者。(6)評量應包括多元的解決方法和解決途徑，鼓勵學生有多元的表現。顯見地，這樣的評量沒有標準答案，但卻能適應個別差異及與適當的社會發展結合，這樣的評量設計原則重在強化教學的有效性而不在強化評量的有效性。

 **2-4**

教室測驗與評量的基本類型（引自 Linn & Gronlund, 1995）*

時間 功能	教學前		教學中		教學後
	準備度	安置	正式的	診斷的	總結性
評量的重點	既有技能	課程或單元目標	預設的教學部分	大部分共通的學習錯誤	課程或單元目標
樣本的本質	特定技能有限的樣本	所有目標的廣泛樣本	學習活動的有限樣本	特定錯誤的有限樣本	所有目標的廣泛樣本
題目難度	通常難度較低	通常難度分布較廣	因教學而不同	通常是低難度	通常難度分布廣泛
施測時間	課程或單元開始時	課程或單元開始時	教學中定期實施	教學中需要時	課程或單元結束時
結果的使用	補救落差或學習小組作業	教學計畫和優先安置	經由持續的回饋改進和引導學習	補救和持續出現學習困難有關的錯誤	等第評分成果證明評鑑教學

＊來源：改編自 Airasian, P. W & Madaus, G. F. (1972). Functional Types of student Evaluation. *Measurement and Evaluation in Guidane, 4,* 221-233.

討論評量與教學設計間之相關及統整的過程，本章強調許多教學設計上應考量的要素，也是設計評量時應考量的要素。如學習目標、學生成熟度及教育程度、課程架構及有限的資源。而評量連結教學目

標重點在教學決策，教學者可以調整教學決策的類別，並利用這些類別當作考量評量與教學連結應考量的要素。本章所討論的教學決策包括：安置與教學前測、監控教學與診斷、成果與後測決策。評量之設計用以提供各類決策所需訊息，前測通常被視為不需要且浪費教學時間的一類，而監控教學過程及學生學習的診斷測驗（如課程本位評量），則因常提供教學的回饋訊息而顯得較重要，而後測則作為對兒童學習的總結評量，提供成就的訊息，也就成為教師最常用的評量。然而，無論前測、監控診斷或後測，都提供提前教學或補救教學直接的建議，仍需教師對評量結果進一步分析後，方能設計配合教學。理論上，學生應因評量而加強學習動機，然而目前學生常因評量而提高了焦慮的指數，也常因評量而產生許多情緒困擾，這樣的評量設計或研究十分缺乏。另外，從 Goleman（1995）提出情緒智力理論，情意方面的因素也漸受重視，如何納入評量，本書第十一章的情意評量方式中將有詳細探討。

思考問題

1. 訪談 3～4 位國小或國中教師，談談他們對教學評量的看法，以及所使用的評量。

2. 如果評量成為教學的一部分，會有何優缺點？九年一貫課程精神之下，在國小教學中，作業單是十分常用的方式之一，作業單的應用，何時是教學？何時是評量？

3. 重新定義「成功的學習」與其具體指標，這樣的指標，可以如何評量？

4. 教學評量設計的五個要素中，哪些是教師在實施評量時最重視的？哪些是教師最容易忽略的？為什麼？

參考書目

Brown, J. S., Collins, A., & Duguid, P. (1989). Situated cognition and the culture of learning. *Educational Researcher, 18,* 32-42.

Costa, A. L. & Kallick, B. (2001a)。發現和探索心智的習性（李弘善譯）。台北：遠流出版社。（原著發表於 2000）

Costa, A. L. & Kallick, B. (2001b)。評量和記錄心智習性（李弘善譯）。台北：遠流出版社。（原著發表於 2000）

Csizkszentmihalyi, M. (1988). Society, culture, and person: A sysytem view of creativity. In R. J. Sternberg (Ed.), *The nature of creativity,* 325-339. NY: Cambridge University Press.

Deweck, C. S. (1989). Motivation. In A. Lesgold & R. Glaser (Eds.), *Foundations for a psychology of education.* Hilllsdale, NJ: Lawrence Erlbaum Associates, 87-136.

Gardner, H. (1983). *Frames of mind.* NY: Basic Books.

Gardner, H. (1993). *Multiple intelligence.* NY: Basic Books.

Goleman, D. (1995). *Emotional Intelligence.* NY: Bantam Books.

Lazear, D. (1995). *Multiple intelligence approaches to assessment: Solving the assessment conundrum.* Tucson, AZ: Zephyr Press.

Linn, R. L. & Gronlund, N. E. (1995). *Measurement and assessment in teaching.* Columbus, OH: Merrill.

Nitko, A. J. (1992). Designing tests that are integrated with instruction. In R. Linn (Ed.), *Educational Measurement*, (3rd Ed, 447-474). NY: Macmillan Publishing Company.

Parker, W.C. (1991). Reviewing the social studies curriculum. A lexandria, VA: Association for Supervision and Cur Development.

Schoenfeld, A. H. (1985). *Mathematical problem solving.* Orlando, FL: Academic Press.

Sternberg, R. & Lubart, T. (1995). *Defying the crowd.* NY: Free Press.

Stiggins, R. (1994). *Students-centered classroom assessment.* NY: Macmillan Publishing Company.

Whitehead, (1929). *The aims of education.* Cambridge: Cambridge University Press.

Wiggins, G. (1989). *A true test: Toward more authentic and equitable assessment.* Phi Delta Kappa, 27-32.

第三章

效　度

吳毓瑩

　　林老師與她在資源班任教的朋友陳老師聊天時，說起這麼一件事：「我曾用過魏氏智力量表去測驗一個被老師視為頭痛的孩子，測驗結果是他的智力在臨界邊緣，在綜合其他的相關資訊後，輔導室請我給個建議，要將這孩子留在原來的班級？還是轉到啟智資源班？我掙扎了好久，覺得讓他去資源班恐怕是一輩子的標籤。我最後還是建議讓他留在原來班級。」

　　在資源班任教的陳老師立刻回答：「我抗議你這麼說，為什麼去啟智班就是一種侮辱？我帶啟智班的孩子，有幾個也是從平常班級轉來的，他們曾經在學習中挫敗得抬不起頭來，但是在我的班中，他們重新恢復自信，每天上學都是一件快樂的事。」

第一節　效度的涵義

　　從上述的例子，我們可以得到一個一般性的程序：學習者經過測驗後，得到一些結果，根據測驗結果進行詮釋，根據詮釋產生行動，行動之後會導致不一樣的後果，這後果又繼續影響學習者。若將這一段歷程記錄下來，是一個連續的循環（如圖 3-1）。

　　如果我們要從中去判準一個好的評量，以使得評量結果的詮釋是恰當的，並造成後續對孩子及這社會良好的影響，那麼我們該如何思考、如何進行呢？這就是本章要討論的內容。瞭解了第二章所談的評量在學習中的功能及角色後，我們要來學習什麼準則可幫助我們知道什麼是好的評量，也就是如何去判準一個評量，如此，方能幫助我們在後面的章節中，於學習編製評量方式及詮釋評量結果時，有一個依循的準則。

　　本章所要闡述的概念叫做效度（validity），亦即有效的程度，檢驗及建立評量效度的過程稱為「有效化歷程」（validation）。至於什

圖 3-1　測驗使用與影響的歷程

麼才算是有效,必須先有清楚的定義。是否用測驗成功地選到標的學生是有效?例如研究所入學考試;還是評量過程使得孩子學習得更快樂是有效?例如數學闖關評量;有效是要看測驗編製的過程?還是要看施測後的影響?或是看測驗結果的詮釋?這些都有待本章一一釐清。

☾ 效度的字源

　　要解釋「有效」的定義,我們也許須先回溯此字的本義,較能瞭解它在被大量討論之前的面目。根據韋氏字典 1991 年版的釋義,效度(Validity)的字源是拉丁文 Valere,表示值得、強壯(To be worth, to be strong)。所以效度可界定為強壯的程度,引申為正確、合理的狀態。Valere 的拼法,容易使人聯想到價值(value)這個字。Messick 指出價值與效度來自同一個字源(Messick, 1989),價值的動詞則為評鑑(evaluate),就是去決定或設立價值。若我們要回復效度原本的意義,可將此三字融合起來,則效度在語言上可解釋成「評鑑價值適切之程度」。價值牽涉到主觀的判斷,主觀的判斷則反映當時社會的標準與期望。由於效度的本意含有反映價值並且反省價值的意思,故而在使用評量工具及詮釋評量結果時,顯然必須與當時的情境互相結合,才能將使用及解釋測驗時的價值思考呈現出來,而能據此討論效度。這是效度樸素的原貌。

☾ 效度的意義

　　依據上面的解釋,效度的內涵牽涉到主觀的價值取向及詮釋,這麼說似乎有點玄,不過在測驗的編製及使用上,效度較為測驗評量領

域所接受的定義乃是依循《教育與心理測驗歷程的標準》一書中所說：

　　　「效度乃指在測驗所規劃的使用情境下，證據與理論支持測驗
　分數之詮釋的程度。因此效度是發展與評估測驗時最重要且基本的
　考量。」（AERA, APA, NCME, 1999, p. 9）

　　在討論證據與理論支持之程度時，必將測驗置於其所使用的情境
中來考量。通常測驗有以下三種使用情境，因而發展出不同的評量型
態，蒐集不同的資料，以符合不同的目的：

　　㈠在教室中，評量可以幫助教師瞭解教學是否符應學生的需求，
因此評量在編製的過程時，便需注意所使用的題目或工作項目（items
or tasks）是否符合學生的學習歷程，可代表教學的內容；故而當評量
的結果在反映學習歷程時，我們希望能針對項目的代表性來解釋學生
的表現。

　　㈡如果評量是用來篩選學生或預測未來某種行為特徵，例如大學
聯考的篩選，或是特殊才能學生的安置（如本章前言所引的例子），
則評量必須提供與此行為表現有關的證據，以證明評量的結果，與未
來所預期的表現是相符的；因此在詮釋結果時，必須以此行為或表現
為依歸。

　　㈢如果評量的重點不在反映教學，也不在預測行為，而在描述某
種特質如學習動機或是自我概念，則評量的結果詮釋便需要充分解釋
此特質，並且與其他類似或不同的特質有所區分。

　　以上所談的這些結果的詮釋，如果因而導致評量的不當使用或是
對於社會產生不當的影響，則此評量的效度便需要重新再考量。以大
家最熟知的大學聯考為例，自民國 43 年大學聯招以降，雖然聯考能
夠達成篩選學生進入大學的目的，可是所實施的紙筆測驗之「一試定
終身（學校）」的方式，造成一般教師教學時過於強調考試內容、無
形中窄化教育目標、導致學生學習過程的挫折，是故儘管大學聯考有

很好的篩選功能，也要被質疑其有效的程度，更何況其篩選的責任是否做得很好，還需要徹底評估。另一方面，以此種評量結果對學生的表現作詮釋，也會傳遞出教師或社會大眾內心的價值觀，如所謂學習指的是學會大學聯考要考的內容、所謂成就指的是考個高分擠到愈前面的志願愈好、人生的目的在通過這道窄門後才開始……等等。這些傳遞出去的價值是否為我們教育的目標，也是大學聯考在效度上要考慮的面向。所以我國在民國 78 年成立專責機構「大學入學考試中心」，以徹底研究大學入學方式的有效性；並於民國 82 年改組為財團法人大學入學考試中心基金會，正式登記為文教財團法人，以強調大學入學考試之專業性與獨立性。末代大學聯考也在民國 90 年 7 月最後一次舉行後，走入歷史。這一歷程更是呈現出效度的意義在於「根據測驗／評量的結果做進一步詮釋及解釋時，是否適切、有其意義、而且有用，尤其要與社會脈絡結合，傳遞共識之後的價值。」

☾ 效度的責任歸屬

　　評量的效度，不是在評量編製好時便已完成，責任不是完全落在評量的編製者身上。事實上，效度的考量在構思時便已發生，而效度的實際影響乃發生在評量結果出來、推論成形的時候。上一段已提及，效度是否夠好，要看評量結果的推論，是否恰當、有意義、且有用。那麼要怎麼知道是否恰當？是否有意義？而且還要有用？這便牽涉到整個評量的歷程，從編製過程開始、到實施的情況、學生表現的歷程、評分得到的結果、對於結果的詮釋、詮釋後會產生的後果、及整個歷程所傳遞的價值，都是效度要考慮的範圍。不僅評量的編製者要負擔效度考驗的責任，評量的使用者，評量結果的詮釋者，對於效度的影響更大，責任更重。在一般的班級教學中，任課教師本身是評量的編製者，同時也是評量的使用者及結果的詮釋者，更是價值的傳遞者，因而效度概念及方法的學習，對於班級教師更是重要。

 **3-1**

關於效度意涵的參考書

　　關於效度的定義及方法，有兩本很好的參考書，有興趣的評量實務者、研究者、及學習者可深入閱讀。這兩本書詳實地反映出不同時代對效度的想法。一個是《教育測量》（*Educational Measurement*），由（美國）國家教育測量諮詢會（NCME）及美國教育諮詢會（ACE）共同編寫出版。從 1950 年的第一版，到最近的 1988 年第三版，書中「效度」一章皆請當代對效度有前瞻性想法的學者執筆，論述較具理想，也深具哲學思考，往往是未來十年至二十年效度概念的先鋒。另一個來源是美國心理學會（APA）、美國教育研究學會（AERA）及（美國）國家教育測量諮詢會（NCME）共同出版的《規範測驗標準的手冊》。從 1954 年的第一版，到 1999 年已是第五版。每一版手冊的書名稍有改變，也反應了測驗標準存在於何處的想法（Angoff, 1988）。例如 1974 年的第三版書名為《教育與心理測驗標準》（*Standards of Educational and Psychological Test*），而在 1985 年的第四版中，書名變成《教育與心理測驗歷程的標準》（*Standards of Educational and Psychological Testing*）。標題上原本為名詞的 test 在第四版時變成動名詞 testing，此轉換隱含對效度的思考，必須涵納測驗從發展、施測、到結果解釋的完整動態過程。可見效度的重點，不只存在於幕後的測驗發展工作，也強調幕前的測驗使用情況。不過因為此書的目標在提供一套研究者及實務者可循的標準，因此採取較保守的態度，總是等到效度的意義在當代經過論述而發展得很完全後，才納入標準之中。

第二節　效度的性質

　　在我們進入下一節檢驗效度的具體方法時，最好先瞭解效度的性質，因為本質會影響我們用什麼方法來討論它。

一、效度是一個整體的概念，此想法已廣被測驗評量的研究者所接受，而在 1985 年時的《教育與心理測驗歷程的標準》書中，已清楚地將它定義出來：

> 「一個特定測驗的分數，可能會產生很多種推論；同時，一種推論，也會有很多不同累積證據的方法。無論如何，效度，是一個整體的概念。」（Unitary Concept）（p. 9）

也就是一個理想的效度應該包含好幾種形式的證據，然而這些證據乃在相互支持一個整體的概念。

二、效度既然是一個整體的概念，它的核心思想為何？根據 1999 年的《教育與心理測驗歷程的標準》，及一向被視為教育評量經典教科書的《教學中的測量與評量》（Linn & Gronlund, 2000）這兩本書所示，此整體概念以構念之形成為核心。如此句話所述：

> 「重要的效度證據必須取自測驗內容與欲測的構念間之關係的分析。」（AERA, APA, NCME, 1999）

其實 Cronbach 和 Meehl 早於 1955 年時，便已寫了一篇文章專門討論建構效度，文中指出當時許多形式的效度證據都和建構效度有關。Loevinger（1957, p. 636；引自 Ang off, 1988）甚而更清楚而確切的要求：「因為預測，同時及內容效度，本質上都是發生在測驗建構之先，如果從科學的觀點來看，惟有建構效度來看才是完整的效度。」Messick（1989）所撰寫的「效度」一文，也是直指效度將以建構效度為核心。至於究竟什麼是建構效度，以及伴隨著建構效度同時出現的預測、同時、及內容關聯之效度證據，將於後面幾節中討論。然而效度作為一個整體的概念，以建構效度為核心，是已經發展成熟的想法。關於效度概念在各年代中的演變，可見補給站 3-2。

 **3-2**

效度概念的演變

APA、AERA 及 NCME 於 1954 年共同出版的《心理測驗與診斷技術的技術性建議》一書曾明白指出：「效度在提供測驗使用者關於測驗能否達成特定目標的訊息，對於各種不同的判斷及決策都涉及不同型態的效度。」（1954, p. 13，引自 Shepard, 1993）

這段話，有兩個明顯的涵義：1. 效度在檢驗測驗達成目標的程度，而目標是相當具體的，如入學考試能否預測入學後的表現，學校的測驗能否反映教學的內容。2. 各種效度型態可各自獨立，以符應不同判斷情境所需要的證據。手冊中列出四種型態的效度證據：內容、預測、同時及構念。例如入學考試與日後成就的相關（預測效度）即可充分說明預測的效果，而學習評量與教學內容的相符（內容效度）即可解釋學習評量的有效。在當時的經濟與世局下，各個國家皆努力的要從大戰的創傷中復元重建，測驗的功能與目標相當主導效度的涵義，一個無法達成具體目標（如篩選人才、預測行為、促進教學成效）的測驗，大概是不太有價值或利益的工具。從這個角度來想建構效度，手冊認為使用建構效度是在很不得已的情況下：「建構效度通常是在測驗發展者沒有明確、有品質的效標測量時，必須使用間接測量來檢驗理論的情況下，才會被研究討論的。」（APA, AERA, NCME, 1954, p. 14）因此建構效度被列在四個效度型態之最後，敬陪末座。它當時的使用情境是要去推論看不見的心理特質，如智力（Shepard, 1993）。

1966 年這本手冊再版，更名為《教育與心理測驗及指導手冊之標準》，此版本所談的效度概念與十二年前已有不同，它將同時效度與預測效度統合在效標關聯效度之下，不過基本的論點依然不變：不同的測驗在符應不同的目標，因而需要提供不同型態的資料。針對測驗的三個目標，效度因而也有三種，這就是一般學習者所熟悉的效度三種型態：內容效度、效標關聯、及建構效度。

　　十年之後，此書再版，基本結構沒有大變動，然而開始反省效度三個面向之間的關係（APA, AERA, NCME, 1974）：「效度的這些觀點，可分別獨立討論，但只是為了方便而已。在邏輯上及操作上，他們都是互相關聯的。要透徹地研究一個測驗，通常會需要所有效度型態的資訊。」（頁26）

　　建構效度的重要，一直到 1985 年第三版的標準，才得到正式的認可。這一年的標準，有兩個主要的改變。首先，書名更改為《教育與心理測驗歷程的標準》（*Standards of Educational and Psychological Testing*）。這個更名動作，從測驗的名詞變為測驗的動名詞，涵義深遠，我們已在效度的本質一節中談及。第二個重要的改變是概念結構上的變化。Loevinger 於 1957 年時所提的以建構效度為中心的想法，自 1985 年以降開始被較多的研究者所認同。1985 年的標準指出：「一個理想的效度狀態須包含各種形式的證據」。此時，傳統的效度分類依然存在，不同的是這些是作為討論效度時的證據之分類，而不是效度本身的分類。因而不只效標關聯效度仍保持關聯二字，其他兩種型態的效度都加上關聯二字，以明白表示效度是一個整體的概念，如內容關聯效度、建構關聯效度。建構效度的排序，首度從 1954 年時的末位，提到此時的首位。

　　以上是效度概念從 1955 年至今的發展。至於 21 世紀的效度概念，如本章所述，含納在使用上，在解釋上，及在影響上的考量，是更多元及全面的。

　　三、對於任何一種評量而言，它的效度端視結果的詮釋及使用的情境而定。例如分數加減能力的測驗，我們自然會將這測驗結果解釋為分數加減能力的高低。如果將之解釋為較廣泛的一般加減能力，則顯然這樣的解釋較不貼切。而若將此評量結果解釋成對顏色的敏感度或是預測繪畫的才能，則就完全無效了。例如本章前言所談的智力測驗結果，若將之解釋為根據魏氏所定義出來的各個能力面向的綜合表

現狀況，會比將之解釋為社會適應能力的表現來得貼切而較有效。所以效度的發生，要看我們如何詮釋得到的測驗結果。同樣的測驗結果，會因為我們不同的詮釋，而影響其傳達的意義。可知光是評量工具的完備，是無法檢驗效度的。效度必從結果的產生而後引發出詮釋，產生後果影響時，才有資料據以討論。因此，我們永遠無法單從評量的項目、內容、或方式來得知某個工具的效度。效度的討論是來自評量所產生的結果，繼而對結果進行推論，及推論之後所引發的一連串事件，而不是評量工具本身的特性而已。

　　四、效度是一個永遠在發展的過程，研究者及使用者可對一種評量媒介持續不斷地進行效度檢驗工作，不斷地質問：這樣的評量結果，產生的推論究竟恰當嗎？有意義嗎？有用嗎？「有效化歷程（Validation），就是一個不斷累積證據以提供測驗分數詮釋之科學基礎。」（AERA, APA, NCME, 1999, p. 9）科學的探究，乃在不斷地檢驗、質問、與尋找證據。只要一個評量方式持續地在使用，而其結果持續地被詮釋，則它的影響便繼續存在。近十年來的效度想法，強調透過不同來源的證據（此部分將在後面三節中討論）以詮釋評量結果，並將這詮釋與理論相互辯證及修正。效度的討論在這種情況下，連續不斷成為永遠在進行的過程。

　　五、在這樣一個永續討論及修正的過程中，效度因而不是全有或全無的狀態，而是程度上的問題。所以一個評量結果所產生的推論，不在它有效或是無效，而在什麼樣的使用情境下，有效的情況、程度如何？「雖然效度可以有很多種來源的證據，然而效度永遠指的是對於測驗結果的推論，有多少證據支持的程度。」（APA, 1985, p. 9）

　　瞭解以上所描述效度的性質後，可知建構效度是效度概念的核心，至於原因為何，希望讀者在讀完本章之後，會找到答案。評量方式及測驗結果之詮釋的有效性探討，是一個持續發展、不斷累積證據、彼此交互影響檢證的過程。至於效度的探討，會使用到哪些來源的證據，為了要使學習順利，本書不從較抽象的建構效度開始討論，

而是先從較具體，而且自 1955 年以降，即有充分文獻支持的兩個來源開始探討：1.效度在內容代表性上的證據，及2.效度在效標關聯上的證據。請特別注意在整體的效度概念之下，他們可視為效度的各種證據來源，而不是不同的效度類別。

第三節 效度在內容代表性上的證據

☽ 意 義

效度在內容代表性上的證據是一般在教室評量中，最容易取得的證據來源。內容上的證據，所依據的假設是評量的項目其實是來自一個很大的工作項目範圍，我們可稱為母群範圍，而這個大的範圍，又取決於教學範圍及教學目標。內容上的效度證據，指的是評量項目是否具有代表性，可以反應這個大的、可能有無限多的工作項目的範圍。流程如圖 3-2 所示：

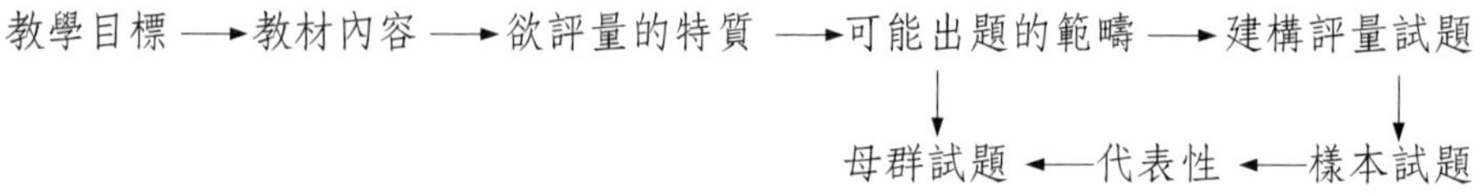

教學目標 ⟶ 教材內容 ⟶ 欲評量的特質 ⟶ 可能出題的範疇 ⟶ 建構評量試題

母群試題 ⟵ 代表性 ⟵ 樣本試題

圖 3-2 內容效度的思考流程

例如一個國小一年級的張老師希望學生能夠學會個位數字的加法，於是在這個教學目標下，她設計課程，也設計評量方式。要使這個評量有效，在內容上的考量就是她必須設計出能反應她所教的內容的題目。個位數的加法，從 1 配到 9，包含多的加上少的或少的加上多的，共有81題（例如1+2，1+3，…，9+1，…，9+9）。張老師不可能 81 題全部都出，因此她要從中選出具代表性的 10 題。她可以將這10題分為兩類：偶數加偶數，及奇數加偶數，再於這一層結構中訂定

兩數都是小於等於 3 的數，兩數都是大於等於 7 的數，以及兩數都是從 4 到 6 的數等。在試題內容上，張老師要考量的就是這些題目是否能適當代表母群題目。內容代表性上的證據是教室評量過程中既重要也最容易得到的證據來源。

☾ 判斷的方式

　　試題內容能否代表潛在的母群範圍，通常都是以邏輯判斷的方式決定、或有人稱之為專家效度，其義就是專家或是評量編製者依據本身在內容上的專業知識，判斷評量的內容代表性如何。至於專家如何選擇，一般指稱瞭解試題內容者，或是熟悉試題所評量的特質者（此特質即為構念，將於第五節中說明），是故專家也許就是隔壁班的老師，不必然就是從事研究的所謂測驗學者。專家效度不是效度的一種，它是指稱這種利用專家來判斷代表性的方式。如果教學目標是較複雜的高層思考能力，或是較大的教學範圍時，則可以利用雙向表細目將希望學生表現的思考能力配合內容的適切情況作一規劃。舉一個國小五年級下學期自然科的第三次段考試題為例，其雙向細目表如表 3-1，試題見附錄一。

　　表 3-1 是某個國小五年級下學期自然科第三次段考的雙向細目表，考試範圍涵蓋第六、七及八，三個單元。在教學目標上，則將認知層次由簡單至複雜分為概念知識、概念理解、以及概念應用。關於認知取向的教學目標之分類，可參考 Bloom 與同儕（Bloom et al., 1956）發展出來的教育目標認知領域的六個階層分類：知道（knowledge）、理解（comprehension）、應用（application）、分析（analysis）、綜合（synthesis）、評鑑（evaluation），愈上層認知複雜度愈高。由上表可看出這位編製試題的老師認為一個 40 分鐘考完的紙筆測驗在認知複雜度上，可到概念應用的程度，但還不及更複雜的層次。比較起來，第六單元黴菌所配的總分較少，屬於較高認知層次的概念應用分數也少於其他兩個單元。而在自然科的概念知識、概念理解、概念應用三

表 3-1　自然科第三次段考之雙向細目表

教材內容		教學目標						小計	合計
單元	活動	概念知識		概念理解		概念應用			
		題目	分	題目	分	題目	分		
六 徽菌	1. 徽菌的觀察	1-1, 8-1	11		0	1-2	3	14	
	2. 影響徽菌生長的因素	10-1	6	9-1	4		0	10	
	3. 徽菌對人類的影響		0	2-1	3	2-2	3	6	30
小計			17		7		6	30	
七 光合 作用	1. 有些植物含有澱粉	1-3, 1-4	6	2-6	3	2-5	3	12	
	2. 陽光與植物製造澱粉的關係		0	3-1	6	4-1	4	10	
	3. 二氧化碳與光合作用的關係	2-3	3	1-6	3	1-5	3	9	
	4. 植物行光合作用會產生氧氣	2-4	3		0		0	3	34
小計			12		12		10	34	
八 太陽 和 季節	1. 太陽高度角和氣溫的變化	1-7, 1-10, 5-1	9	1-8	3		0	12	
	2. 陽光的直射和斜射		0	2-7	3	7-1	3	6	
	3. 太陽高度角和季節的變化	2-8	3	1-9, 2-9	6	6-1, 2-10	9	18	36
小計			12		12		9	36	
合　計			41		31		28	100	100

個向度上，這份試題呈現著傳統教育對學習成果的期待：「知識為基、理解為棟、應用為輔」的金字塔形架構，分數比重從 41 遞減到 28，同時又三者皆包含，不致有所闕漏。由雙向細目表可清楚顯示出此份試題在內容上的代表性，以及該位出題教師心中的價值觀。

　　雙向細目表可以清楚表達出各單元教學內容的比重，以及不同能力層次的重要順序，不僅可幫助老師在建構評量時有一個依據，同時也可幫助老師選擇適當的現成測驗。一個好的坊間所出版的學習評量，應該要附上雙向細目表，以解釋評量的方向及出題的依據。然則讀者須特別注意，測驗試題的屬性並不是固定不變的。例如數學應用題，如果在測驗前的教學情境中已使用類似數字相同情境反覆練習數

次，則出現在評量情境中時，便是在測學生是否有基本的概念，達到知道的程度。若是測驗題目與平常數學課中的練習題比起來，在數字上有變動而情境修改但是類似，則可說已達理解的層次。而若測驗題目數字完全不同，情境更是迥異，但仍使用相通的核心概念，那就是在應用的層次了。

☾ 內容證據的限制

　　評量／試題內容在代表性上的證據如前所述，在於幫助評量的編製者及使用者判斷從教學目標所衍生出來的工作範圍（task domain）是否適切地由評量項目代表之。然而要注意的是，當一個評量結果出來時，如上述的自然科段考，我們會說：「小英這次自然科段考得到很高分，表示她在自然課這三個單元上的學習相當好，能充分理解並且應用老師所教的概念。」留心在這句話中，我們會從評量結果推論至學生的能力或是學習狀況，反而較少利用小英所考的題目來討論考試範圍，例如說：「小英這次段考得到很高分，表示這次的段考題目很能代表考試的範圍。」從小英的分數牽涉到考試的範圍，這樣說在邏輯上很奇怪，也就是在詮釋評量結果的過程中，我們強調的是小英在題目上的反應所推論的某種概念獲得狀況或是能力程度，而不是題目內容是否代表教材範圍。如果專家或評量編製者在判斷內容時，心中所想的純然是題目與教材內容間的一致，則會發生一個情況：評量工具在內容上相當具有代表性，可是受評者卻不瞭解題意，以致測不出她／他的能力，因為專家忘記從學生的角度去設想這樣的題目學生做起來時的反應是不是就是我們所要測的能力。一個例子如下：

　　在一張國小一年級的國語期考試卷上，有一個題目是：「說說看，媽媽如何愛你的。」此問題相當符合教材內容，因為出處是來自第十課，課名為「你喜歡我嗎？」。課文是：「天冷了，小狗在媽媽懷裡吃奶，媽媽的懷裡真溫暖，小狗問媽媽，你喜歡我嗎？媽媽說：你沒看見嗎？我把你放在心上。」。有一個小朋友對於這一題的回答

是:「媽媽和我玩數學遊戲愛我。」而更多一年級小朋友不瞭解「如何愛你」該如何回答。這是典型的測驗內容具有代表性,可是卻無法讓學生適切反應的例子。

另外一個例子也是我們常提到的,在回答選擇題時,有多種策略,例如正確答案是較長的那一個,先刪除完全不可能者以提高答對機率,猜題時最好猜測中間的答案等等。最後得到的考試結果,有某部分是考試技巧。這是測驗方式造成測驗結果反映出某些與原來欲測能力無關的表現,此部分也是純然考慮內容一致性時所顧及不到的。因此 Messick(1992)認為內容證據最後還是要回歸至受試者在題目上的反應歷程,及能力的結構面向上,而這個就是建構效度的概念了。測驗結果之詮釋是否有效,尚需不同來源不同角度之證據以支持說明之。內容關聯證據是其中的一種證據,而不是某種效度的類別。

第四節 效度在效標關聯上的證據

☾ 意 義

我們常有一種經驗,這學期期末的成績,大概可以幫助我們推測下學期的表現。我們很自然地會認為這學期的成績,與未來學習新的內容的表現,有些關聯,因此當我們做預測時,心中便頗有把握的。這就是一個很簡單的效標關聯想法。效標關聯指的是依據所獲得的評量結果去推估某種能力,效標意指這種被推估的能力,關聯則指此評量結果(例如英文學期成績)與效標(英語學習能力)之間的關係。效標一詞在回歸分析中專指被預測的變項,此概念用在本節中效度的效標關聯證據上,也是一樣的。評量的結果並不是我們主要的興趣,所獲得的評量結果,其意義在幫助我們得知另一種能力的表現。而之所以未去直接測量這個能力,可能是因為此能力尚未表現出來,我們無法得知,例如在晉用人員時以設計網頁的考題預測未來在工作職場

上的電腦能力，或是此能力過於複雜，測量起來耗時耗力，因此用另外一個具有效標關聯證據的工具取代，例如以人格測驗預測人際關係。

效標關聯證據可依據效標獲得的時間，分為預測效標及同時效標。預測效標意指評量結果與某項未來將要發生的效標之間的關聯，例如大學聯考的效度檢驗歷程即須包括預測效標的關聯證據，以證明聯考的結果與學生未來大學四年的表現具有某種程度的關聯，上段文中的網頁設計需要的也是與預測效標（工作所需的網頁設計能力）間如何關聯的證據。同時效標則指評量結果與當下同時發生的效標間的相關，本章前言所引的魏氏智力量表有研究者以學生同時的學業成績作為同時效標關聯證據，上段文中的人格測驗往往也會提出同時存在的人際關係測量結果以作為效標關聯的證據。

☾ 相關的計算方式及其特色

效標關聯證據基本上以兩個變項間的相關來表達。例如以一個 25 人的班級為例，班上的智力測驗結果與學期總平均成績如表 3-2 所示：

從上表中可知 1 號同學，智力分數高於平均 10 分，而其學期成績也高於總平均 12 分，2 號同學的智力分數低於平均 9 分，學期成績低於平均 20 分。3 號同學智力分數高於平均 5 分，其學期成績高於平均 8 分。這一群同學的兩個變項：智力分數與學期分數，相互之間的關聯有一個趨勢存在，即智力分數若高於平均者，其學期成績大約也高於平均，若其中一項高於平均很多，另一項好像也會高於平均很多。相關的意思，就是一群人彼此之間的相對地位，在兩個變項上有相似的趨勢。將這個趨勢畫成點分散圖如圖 3-3。

表 3-2 智力測驗結果與學期成績一覽表

座號	智力測驗	學期成績	智力測驗分數與總平均的差異	智力測驗的標準分數 z-score	學期成績與總平均的差異	學期成績的標準分數 z-score
1	110	92	+10	+.7506	+12	+.9806
2	91	60	−9	−.6755	−20	−1.6344
3	105	88	+5	+.3753	+8	+.6537
4	108	76	+8	+.6005	−4	−.3269
5	90	70	−10	−.7506	−10	−.8172
6	88	64	−12	−.9007	−16	−1.3075
7	121	83	+21	+1.5762	+3	+.2452
8	82	78	−18	−1.3511	−2	−.1634
9	96	94	−4	−.3002	+14	+1.1440
10	116	95	+16	+1.2009	+15	+1.2258
11	89	55	−11	−.8256	−25	−2.0429
12	106	81	+6	+.4504	+1	+.0817
13	76	59	−24	−1.8014	−21	−1.7161
14	80	83	−20	−1.5012	+3	+.2452
15	114	97	+14	+1.0508	+17	+1.3892
16	116	97	+16	+1.2009	+17	+1.3892
17	107	89	+7	+.5254	+9	+.7355
18	95	65	−5	−.3753	−15	−1.2258
19	109	81	+9	+.6755	+1	+.0817
20	98	89	−2	−.1501	+9	+.7355
21	100	86	0	0	+6	+.4903
22	104	78	+4	+.3002	−2	−.1634
23	82	72	−18	−1.3511	−8	−.6537
24	124	85	+24	+1.8014	+5	+.4086
25	93	83	−7	−.5254	+3	+.2452
平均	100	80				
標準差	13.32	12.24				

r =.6343   p =.001

註：全班的平均智力為 100，學期平均為 80。

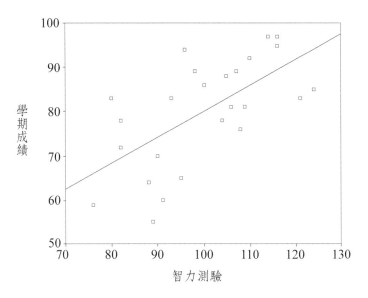

圖 3-3　智力測驗分數與學期成績之點分散圖

相關的計算公式為：

$$r_{XY} = \frac{\sum Z_X Z_Y}{n-1} = \frac{\sum (X-\overline{X})(Y-\overline{Y})}{\sqrt{\sum (X-\overline{X})^2 \sum (Y-\overline{Y})^2}}$$

　　上述資料計算出來的相關值為 0.63。也就是智力測驗以學期成績為效標時，其與同時效標線性相關的程度為 0.63。有研究者將之稱為效度係數（validity coefficient）（Linn & Gronlund, 2000, p. 92）。就上例而言，計算出來的相關值或說效度係數，乃指智力分數與學期成績有約 40%（.63 的平方）的變異量是重疊的，但不代表智力測驗此工具的有效程度為 63%或是 40%。前面已提及，效度是發生於詮釋評量結果時，在沒有詮釋發生的情況下，我們永遠無法得知使用者如何利用此工具及詮釋是否適切的情況。單純只從一個效標相關係數無法充分解釋效度，因此大家不要將某種係數或相關的高低視之為效度的高低，過度依賴特定數值，反而容易忽略其他與效度有關聯的證據。

效標的相關係數值為 0.63，算大還是小呢？相關值的範圍從−1～+1。在完全正相關及完全負相關時，兩個變項之間的關聯成一直線，也就是從一個變項上的分數，可以完全預測出另一個變項上的分數。所以相關值愈接近+1 或−1，表示關聯性愈強；愈接近 0，則關聯性愈弱。那麼 0.63 的值算大還是算小？這就很難說了。要看在哪一種效標關聯的情況而定。一般來說，智力測驗與其他認知學科之間的表現相關都很高，在此情況下，0.63 相對而言，就不算強。而情意類的測驗，例如以人格測驗的結果作為討論人際關係的指標，其相關一般都不很高，0.63 的相關值相較之下，是頗突出的。而最近教育界盛行的實作評量與其他測驗的同時效標關聯性，大多在.5～.6 左右（請見補給站 3-3 之說明）。總而言之，如何得知特定測量與某效標間的效標關聯係數多高，需要縱覽文獻做一綜合的判定。在教室評量情境中，效標關聯證據較少用到，教師一般多強調評量內容與教學目標間的一致，重視內容代表性的證據。雖然在教室中不常用到，然而這些知識，仍然可幫助教師們理解文獻以選擇適當的評量工具，或是單純地作為一種知識上的學習。

☾ 效標關聯證據的限制

一個智力測驗的結果，可以與數學能力進行相關，也可以與國語能力進行相關，每變換一個效標或是情境，都要有新的效標關聯證據。然而我們須特別注意，如果我們要利用數學科的學期成績來討論數理邏輯能力時，那麼這個數理邏輯能力本身（即效標自己），也是需要藉由某種方式以獲得有效的評量結果來與數學科的學期成績進行相關。亦即數理邏輯能力的評量結果，必須在完全有效的情況下，才能成為一個好的效標來檢驗數學科學期成績是否可作為討論數理邏輯能力的有效性。其歷程如圖 3-4 所示。

 **3-3**

實作評量與紙筆測驗間的相關

　　目前評量改革的重點強調評量方式的多元化，對於學科能力的測驗，不拘限於紙筆方式，實作評量（performance assessment）也漸被重視及研究。實作評量的結果與紙筆測驗的結果相關如何，是很多研究教室評量者所關心的。如果將紙筆測驗所得到的表現，作為一種效標，則實作評量須提供在效標關聯上的高相關證據。然而若是實作評量與紙筆測驗高相關，則顯示二者所測得的能力可能相當類似，在此結果下，實作評量既耗費人力、時間、與物資，又與紙筆測驗的結果高度相關，如此做下來，變成是多餘的了，不如不做，以紙筆測驗取代即可。根據桂怡芬及吳毓瑩（民86），及 Shavelson（1995）的研究結果，二者的相關在.5～.6之間，表示二種方法所測得的能力不全然相同。不論紙筆測驗的表現及實作評量的能力，二者之間是否可作為彼此的效標，中度的相關卻是倡導評量改革者所樂見的。

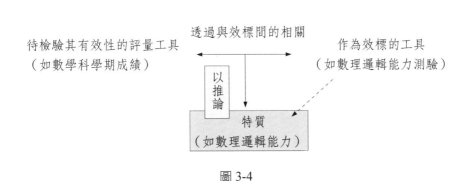

圖 3-4

　　所以某測驗所提供的效標關聯做的是二級分析，更原級的分析應該是效標本身的有效性須先確立。例如本節所提到的，在討論智力測驗與學期成績的關聯強度時，須先確立學期成績的建立是有效的，若是學期成績的效度證據不足以說服大眾其有效性，則此關聯證據也就

跟著無效了。也就是要確立效標本身的有效，才能討論評量工具（如智力測驗）所評量出的結果可推論至意圖要測的能力或特質，則這歷程，就是又回到了建構效度的驗證。換句話說，要有可資利用的效標關聯證據，須先確立此效標本身是否具有建構效度，其次確認效標與待檢驗有效性的評量工具二者推論的是共同的特質，因此 Messick（1989）認為效標關聯證據，依然涵蓋在建構效度之內。那麼什麼是建構效度？請見下節分析。

第五節　建構效度作為效度概念的核心

☾意　義

　　從以上內容代表性上的證據及效標關聯的證據這兩節中，筆者皆提及若欲提供有效的證據，仍須將效度的想法，回歸至建構效度上，因為內容或是效標關聯證據的完備，皆基於建構效度。本節在澄清什麼是建構效度以及如何確立建構效度的證據。早期的建構效度定義為當要去推論無法具體觀察到的心理特質，如智力結構、或自我概念時，所指稱的效度類別。如郭生玉在其《心理與教育測驗》一書中所定義：「所謂建構效度，就是指測驗能夠測量到理論上的構念或特質的程度（Anastasi, 1982, p.144），易言之，就是指測驗分數能夠依據某種心理學的理論構念加以解釋的程度。」（郭生玉，民74，頁103）。其他學者如陳英豪、吳裕益（民81，頁401）及余民寧（民84，頁297）大致都參照 Anastasi（1982, 1988）對於建構效度的定義，認為凡是根據心理學或社會學的所建構出來描述某種特質的理論，對測驗分數的意義所作的分析和解釋，即為建構效度的內涵。

　　以上的定義較傾向將建構、內容、及效標三方面的效度考量區分出來。換句話說，效度的概念有三種：建構、內容與效標。建構效度是要去推論某個心理特質，內容效度是要去保證內容的代表性，效標

效度是要去追求高相關係數。這樣的分法及對於建構效度如此的定義，有學者並不贊同。Loevinger 早於 1957 年時便宣稱建構效度就是效度概念的全部，「因為預測、同時、及內容效度，本質上都是發生在測驗建構之前就先存在了。如果從科學的觀點來看，惟有建構效度才是完整的效度。」Loevinger（1957, p. 636；引自 Angoff, 1988）這句話意指效標以及內容效度對於所測能力的定義以及證據的蒐集方式，早在測驗編製之前已先確立，較不符合科學的觀點。我們可以反過來問，為什麼在測驗建構之前，就事先構想好證據依據，會不符合科學的觀點？因為科學的探究，應該是一個不斷地檢驗與質問的過程。內容及預測效度多半在事前就已假想好測驗的範圍、結構及功能，於實施之後直接利用測驗結果，來認可或否決這個測驗，而無後續的理論驗證及相互修正的歷程。Loevinger 強烈認為任何效度證據，包括內容證據、效標關聯證據等都只是建構效度的部分證據。建構效度的歷程，強調以測驗資料來認可、拒絕、或是修正理論，乃是反應科學的研究歷程，也就是理論或說是我們所測量的特質——稱為構念，可以不斷地被修改及檢證。而蒐集不同考量的證據之目的，乃在討論測驗結果是否能夠適切且有意義地詮釋出想要評量的特質，同時，此特質背後的理論及建構亦同樣藉由得到的證據做一反省修改，此歷程，就是建構效度的概念。

　　本章之撰寫，乃以讀者較容易且具體瞭解的內容代表性證據及效標關聯證據來開始討論如何蒐集效度的證據，然若就效度理論本身的結構而言，構念的確立是其核心之想法，所有蒐集證據的方法，如內容證據、效標證據、及後面將要描述的概化證據等，都是建構效度想法中的證據來源。

　　效度的證據來源是多元的，包括內容上的代表性及效標關聯數據等。有學者認為建構效度的基本特色就是構念的代表性，也就是受試者在評量項目上的工作表現有其背後的理論機制，我們可將工作項目細分成更單純的反應歷程，再藉由組合這些單純的歷程以形成模式或

是歷程理論（Embretson, 1983）。例如智力測驗或是自我概念量表都是很清楚的在一個模式或是理論下，產生出一些構成這種特質的面向，再於各面向下產生單純的項目。反過來說，組合這些項目可反應出原先要呈現的單純面向，再結構這些單純面向，來代表這個特質。所以建構效度簡而言之就是在討論構念的代表性，也就是一個概念的結構（或說一個特質的各個面向），是否可被測量所得之結果充分代表之。例如魏氏兒童智力量表便認為「智力是一種總體性的行為表現」（陳榮華，民 86，頁 2），測驗編製採用 Wechsler 的定義，將智力界定為一種能力，使得個體能夠有目的地行動、理性地思考，並且有效地因應環境變化（the capacity of the individual to act purposefully, to think rationally, and to deal effectively with his or her environment）（Wechsler, 1944, p. 3）。它將智力的構念解析為第一層次兩個向度之能力：語文與作業，以及第二層次的各個分測驗面向：語文類之項下有常識、類同、算術、辭彙、理解、與記憶廣度，而操作類之項下有圖形補充、符號替代、連環圖系、圖形設計、物形配置、符號尋找、迷津測驗（陳榮華，民 86）。因此魏氏智力測驗的構念效度便在探討分測驗中的各個題目是否可聯合相互支持說明第二層次的分測驗面向；而第二層次的分測驗各面向又是否能夠相互支持解釋上屬第一層次的向度能力；最後，此二不同向度能力是否能夠組合起來解釋總體智力的運作狀況。如此階層性地將構念解析到最小單位——測驗題目，便是建立構念效度的第一步驟。

然而建構效度的探討，也不一定要等到成形的理論可充分描述特質的結構之後，才能開始進行。如果我們來看「教師效能」（teacher competence），此特質泛指教師所知道、所做、及所相信的事，也許有人質疑「教師效能」不像是一個理論構念（Mehrens, 1987, p. 215；引自 Messick, 1992, p. 1491），因此無法有建構效度的探討。但 Messick 認為這些能力、知識、技巧、或信念是不是構念並不是爭論的重點，如果我們能以這些概念來詮釋所得的測驗分數或是評量結果，配合輻

合證據及區辨證據，支持高分狀況就是高的教師效能，而不是其他無關聯的記憶能力、考試技巧、或是一般常識者，則在詮釋時，我們就能夠有充分證據排除其他的可能競爭假設（plausible rival hypothesis），這便是建構效度的思考。構念本身是無所不在的，只不過其理論基礎可能外顯清楚，例如智力結構或是學習動機，或是內藏不明，例如教師效能、偏心等。而當理論模糊未彰時，建構效度更顯重要，因為它是測驗所得結果的意義及詮釋的基礎。

☪ 方 法

瞭解以上建構效度的意義後，以下介紹具體的方法以提供建構效度之證據。Messick（1989, 1995）提出六個面向之證據以論述建構效度，分別是：在內容上、在本質上、在結構上、在概化上、在輻合及區辨上以及在後果上。AERA、APA 及 NCME（1999）則將概化、輻合與區辨、連同效標關聯整合為一個面向，共將建構效度之證據來源劃分為五類。以下分別解釋：

(一)在內容上

此點即本章第三節中所談的內容關聯證據。

(二)在反應歷程上（response process）

Embretson（1983）及 Messick（1995）皆強調效度的證據需超越內容上的代表性，進一步考量受試者在題目上（或說取樣內容上）的反應歷程。也就是評量編製者在取樣內容時，須考慮受試者在面對評量時的反應歷程，是否為編製者心中所以為的反應歷程，二者必須是一致的。反應歷程的證據來源同樣也有多種方法：例如以放聲思考及眼球移動來看受試者的認知歷程，以分測驗的相關所呈現的型態討論構念的性質，以反應時間與工作難度間的符合來討論能力的複雜度，或是以工作歷程的電腦模式分析來看受試者的能力結構等。效度在內容

上及本質上的證據,都在求代表性,但是內容上的證據討論的是所取材的項目內容,要能反應出構念內涵的範圍;而本質上的證據,要求的是受試者在工作項目(亦即題目)上的反應歷程可代表構念本身的反應歷程。具體的證據乃是以邏輯說理的方式蒐集。如本章第三節所引的「說說看,媽媽如何愛你的」的例子,就是反映出內容的代表性,但卻因為句子結構太難以致讓小學一年級小朋友讀不懂,使得他們在這題目上的反應歷程,不是試題編制者所希望看到的構念(特質),故而不符合反應歷程上的代表性。內容上與反應歷程上的代表性這兩點在編製實作評量時尤其重要,不僅內容的取樣範圍能夠完整,並且要能忠實反應構念的歷程,但往往二者不可得兼,必須有所取捨與衡量。進一步之解釋請見補給站 3-4。

㈢在內部結構上(internal structure)

受試者的反應結果需有一個評分的過程,建構效度在內部結構面向上的考量,指的是評分標準及規則能夠合理反映構念所指稱的行為之結構。換句話說,評分歷程的結構,即在模擬構念本身的結構。具體而言就是評分表上的配分比重及評分過程及主項目與子項目間的關聯,應該要反映構念範圍中各能力間的輕重及主能力與次能力間的結構與關係。實作評量中的評分表之建構,就是一個非常注意內部結構證據的例子,具體案例請參見第九章實作評量。如果所評量的構念是一個單維的能力,則題目本身也必須呈現出高同質性,亦即題目彼此之間高相關。如果假定某測驗的題目逐漸變難,則學生在題目上的表現也須愈來愈差以符合如此的假定。理想上,受試者在評量時的種種表現透過評分歷程後(例如觀察或是紙筆測驗)成為測驗的結果時,此結果便是這些表現背後的歷程動態結合的效果。所以評分過程的描述(給分)要能反映出這些動態的歷程,具體的證據蒐集可利用因素分析解析評分項目的結構並與理論中的構念結構相互參照。另外,若

 3-4

實作評量如何衡量內容代表性與反應歷程真實性

實作評量在民國90年代之所以興起的一個重要原因是Wiggins（1989）所呼籲的真實評量（authentic assessment），真實評量所強調的便是答題者在面對題目或是執行指定的工作項目時，所採取的策略與思考歷程，符合教育的目標——培育學生在真實生活情境中知道如何採取恰當的問題解決方式。為激勵教育家理想中的反應歷程，評量題目的設計便儘可能模擬真實生活的情境，以確保學生在執行評量任務時，使用到的是我們希冀他學得的某種能力，而非其他的例如背誦或是測驗技巧。例如語文教學的目標在表達與溝通，是故在進行完「放羊的孩子」之課文後，老師給孩子們一個任務要求小朋友寫一封信告訴放羊的孩子可以如何解決他在山上放羊無聊的狀況。此任務之擬真實情境，使得老師相信學生在寫這封信時的反應歷程，就是語文教學所要求的表達與溝通能力。然而，在確認更貼近生活的表達溝通能力達成之時，老師便需要犧牲掉內容的代表性要求，也就是老師無法如本章第二節所述的編製出來的題目內容可代表能力背後的母群試題。因為實作評量在真實脈絡的情況下，學生必須主動建構答題方式（例如寫一封說服放羊的孩子的信），而非如作答傳統月考試題般，一題題根據題目反應，故而實作評量往往無法有充分的題目以代表母群試題，因為僅僅是一題，就夠讓學生花很多時間與腦力來構思了。因此，在實作評量的編製歷程中，為了顧及反應歷程的真實，只好忽略內容的代表性。

有理論提及不同屬性的團體在某測驗上會因為特質不同以致表現有別者，測驗結果也須反應如此的差別，此時就要藉助變異數分析了。

㈣在與其他變項的關係上

有三種關係可探討此類證據，分別是輻合與區辨（convergent and

discriminant evidence）證據、效標關聯（test-criterion relationships）以及效度概化（validity generalization）。

1. 輻合及區辨證據

建構效度在以上三點上的證據都是討論構念內部的結構、關聯、與代表性，而在這一點上，從對內的討論，轉而尋找與外部變項間的證據。建構效度的外部面向證據，指的是評量的結果與其他變項間的相關，是否反映出理論上期望的高相關、低相關、或是交互作用。輻合相關乃指類似構念的不同測量方法所得到結果的一致性，以相關係數表示。區辨相關則指不同構念間以同方法或是不同方法所測量出來結果的低相關（Campbell & Fiske, 1959）。若是建構效度過程嚴謹，輻合相關值通常都會很高，區辨相關值自然都較低，不過它固然較低，不表示不重要，它在幫助我們檢驗與構念無關的變異。例如測量閱讀理解的選擇題結果，應該與同樣也在測量閱讀理解的問答題結果有高的相關，此為輻合性證據，而閱讀理解之選擇題表現與邏輯測驗結果的相關，會低於前面提及的輻合性相關，此為區辨相關。另一方面，區辨相關也可指稱經過人為處理後，不同實驗組間表現的差異，例如考前複習所造成的差別，此亦為兩個組別間表現的區辨證據（AERA, APA, NCME, 1999）。

2. 效標關聯相關

此證據如本章第四節所述。

3. 效度之概化

本章在五個建構效度的證據來源中，特別強調內容及反應歷程的代表性，就是希望評量結果出來後的詮釋不是侷限在所測得的工作項目，而能概化（generalize）至構念本身。概化意指測驗結果可推論至未出現在本次測驗中的其他題目，推論至不在現場的其他評分者，或是不同於此次測驗的情境等的程度。當然，測驗的結果可推論至多大的範圍，就是概化係數能提供的證據。在實作評量上，如果要求施測的項目多，則顯然在一定時間內，工作難度不能太高，評量編製者往

往要在內容的廣度上及深度上作一個取捨。內容的廣度就是概化的證據，當工作任務因為困難及耗時而無法施測很多項目時，所犧牲的就是概化的考量。關於概化係數的計算，Shavelson（1995）有清楚的理論及例子，由於不在本書所預設的範圍之內，有興趣讀者可參考補給站 4-3 概化理論。一般的紙筆測驗，題目多，在範圍廣度上的概化就可做得好，然而因為無法深入仔細瞭解受試者的心智運作歷程，故而在能力深度上的推論，就容易有缺陷。

㈤在後果上

評量方式的使用及評量結果的詮釋，都會造成一些長期或是短期的影響。有些是預先計畫好的，例如技職學校的實作評量造就出優秀的工業人才，有些則是非意圖的，例如聯考制度造成明星學校及補習的盛行。負面後果（adverse consequence） 意指測驗因為它的無效因素，例如構念代表不足或是與構念無關的變異干擾，使得個人或是群體得到不良的後果。例如利用自我概念量表測量啟智班學生的自我概念，結果發現他們的自我概念結構仍處於幼稚階段尚未分化。而這個結果使得啟智班教師在教學時，忽略了他們的自評能力之培養，這就是負面後果，其原因就是過度抽象的測量方法的干擾，因為啟智班的孩子對於情境式的評量較有反應，對於抽象的、脫離情境的紙筆評量，孩子的反應恐怕只是重複某一個答案而已。建構效度的完整，必須要考慮在後果上是否有正面的影響，測驗的偏差及不公平是否會圖利某種社會階層，而不利於某種文化。在這面向上的考慮，是評量的編製者及評量結果的詮釋者與使用者的社會責任。後果證據的蒐集可利用量表、觀察或是個案研究的方式蒐集詮釋之。

第六節　效度概念的綜合考量

第五節中所述及的證據來源，乃在提醒評量的編製者如何事先考

量並準備特定測驗的有效程度，而效度的啟動時刻在測驗結果詮釋之時。蒐集效度的證據，一方面在提供測驗使用者評估某測驗所需的多方訊息，另一方面將證據的狀況回饋構念之內涵以為修正。評量執行者在使用一個評量方式及解釋評量結果時，不單只強調證據的充分而已，我們除了確認建構效度在上述五個方面的證據充足外，還要考量解釋時顯而未見的價值系統，解釋後所造成的後果，及此方式在使用上的恰當。因為評量工具本身是中性的，它是好是壞，端賴使用者如何運用，因此僅討論建構效度在解釋時有多少證據支持，不足以周延地考慮有效性。Messick 在 1989 年，於 Robert Linn 主編的第三版《教育測量》一書中，以近 100 頁的篇幅，將效度概念，從歷史、哲學、社會、心理、及統計計量的觀點，暢談得淋漓盡致，是效度理論的經典之作。Messick 為《教育研究百科全書》（*Encyclopedia of Educational Research*）所撰寫的〈測驗詮釋及使用上的效度〉（Validity of test interpretation and use）文中，提出一個檢驗效度的模式如表 3-3 所示，稱為：效度漸進矩陣的層面。他認為效度是一個漸進的過程，彷若成長，基本上以建構效度為核心，蒐集測驗解釋的證據；其次在結果解釋的後果考量上，隱含著價值的傳遞；而在測驗使用的情境中，必須包括目的的適切及測驗情境的妥當，而最後終結在使用及詮釋之後的社會後果考慮。在每一個面向，都以建構效度為基礎，Messick 相信效度作為一個整體的概念，就是以建構效度延伸出去的矩陣。

表 3-3　效度漸進矩陣的層面

	測驗解釋	測驗使用
證據基礎	建構效度	建構效度＋適切性／使用性
後果基礎	建構效度＋價值意涵	建構效度＋適切性／使用性＋價值意涵＋社會後果

資料來源：Messick, S. (1992). Validity of test interpretation and use. In M.C. Alkin (Ed.), *Encyclopedia of educational research*, (pp.1487-1495). New York: Macmillan.

關於 Messick 所提的兩個面向：測驗解釋與測驗使用，在測驗解釋上的檢驗，計量與測量理論一直在努力進行技術上及方法上的突破，至於第二個面向測驗使用上的反省，Messick 認為價值就藏在測驗的名稱、構念的定義、理論基礎、及分數詮釋的意識型態中，Messick 自己也提到雖然有學者提出關於測驗使用上的反省應是社會政策的議題，而非效度本身的考量（Cole, 1981; Cole & Moss, 1988）。然而他語重心長地說：

> 「確實，社會政策的決定已超出效度理論，但是測驗分數的詮釋以及使用測驗分數以實施社會政策，都是在效度探究的範疇中，因為利用分數以產生行動，就是要依賴分數意義及價值的效度討論。」（p. 63）

關於效度概念的後果面向，雖然 Messick 是第一位將之納入效度定義的範圍之內，但是早在 1971 年時 Cronbach 在第二版的「教育評量中的效度」一章，就已提及真正需要考慮效度的是分數的詮釋及意義，以及此意義所導致的行動。這已很明顯提醒測驗使用者要顧慮測驗所引發的行動之後果，例如「以測驗結果決定留級，然而留級就會對學習更有幫助嗎？」如此的思考。他堅持惟有將之納入正式的理論當中，才能逼使評量的發展者與詮釋者嚴肅地去面對評量實施的有意圖及無意圖的影響。此想法，歷經三個測驗標準手冊的版本（APA, AERA, & NCME, 1974; AERA, APA, & NCME, 1985; AERA, APA, & NCME, 1999），以及將近三十年的討論，才於 1999 年時正式進入測驗標準之手冊。

回想本章開始時所提的兩位老師的對話，經由他們價值觀所反映出的擔心，考慮點就在於詮釋後對這孩子可能造成的影響。依據 1985 年的定義，我們關心的是詮釋是否適切、有意義，然而若從接受測驗或評量的孩子之觀點出發，真正影響他／她們的是詮釋之後的決定，

或是實施之後所造成的影響。故而若不從測驗的後果及對孩子的影響來反省，我們很難辨別所作的決定是否適當，不能辨別決定的適當，就無法確認詮釋是否適切，無法確認詮釋的適切，則測驗／評量本身變成一件無意義的事。這是從測驗／評量對一個孩子或一個班級的影響而言，依循這個原則，我們可以在更廣層面上討論任何一種評量方式的實施，如國小階段的多元評量改革、國中階段的自學方案、及大學入學聯考改革、以及基本學力測驗等，都是測驗評量的問題，也是社會的教育政策議題。對於評量的有效性探討，筆者認為應從受評者的觀點、社會的價值、教育的理想、及證據的來源等多方面來進行，而這些步驟彼此都環環相扣。

第七節　影響效度的因素

本章欲傳達的重要概念便是效度是一個以建構效度為核心的統整概念。許多因素都會干擾效度的建立，造成無效的詮釋。Linn and Gronlund（1995, 2000）將這些因素歸納為五類，分別來自：測驗或評量本身、教學歷程、施測及評分過程、學生的反應歷程、效標與群體的關係。關於測驗或評量本身的品質問題，本書從第五章開始便具體討論如何避免這些不良因素，關於效標與群體間的關係，本章已於第三節中討論。至於其他四項，則略述於後：

☪ 教學歷程所帶來的干擾

此項干擾尤其在高層次認知能力的評量時為明顯。評量中的工作項目可能在內容上都具有代表性，然而因為老師於教學時有解釋過或是練習，則雖然內容上在評量高層次認知能力，但對於受試者而言便成了記憶的能力了。這其實與建構效度證據面向上的第二點：在本質上的考量，是一樣的概念。

☪ 施測及評分時的干擾

此部分指的是施測及評分時學生所受到的不平等待遇,例如學生作弊、老師給予特殊協助、評分偏心、或是標準化測驗的施測過程不標準等。這些過程上的干擾,會使得評量結果摻雜了無關變項的混淆,在分數詮釋時無法忠實反應出欲測的特質。

☪ 學生的反應

此處指的是學生個人的特質影響,例如考試焦慮、情緒困擾、或是動機低落不願回答等,都會扭曲評量結果進而影響詮釋的品質。

☪ 受試群體的特質影響

任何一個測量結果之詮釋,必然針對某個群體的特質而發,雖然在溝通時,常常特定群體之特質並未清楚地描述或標示。例如我們把某一國小的故事情境之數學期考考卷,拿到另一地方之國小施測,而由於另校孩子對於測驗方式的不熟悉、故事發生地點的陌生、以及故事情境的新奇,使得生活數學的應用能力成了閱讀測驗,是以得到的結果,就不能如對於原校孩子般將詮釋重點置於生活數學的應用能力了。孩子在測驗評量上的表現,會因為能力、性別、興趣與文化背景之不同而有別,所以在建構測量項目,以及進行詮釋時,除了欲測量的構念特質須界定以外,標的團體之特質也必須透明呈現,好讓後續使用者瞭解新的受試者是否適用此測驗,否則亦會造成詮釋上的偏差,也就影響了測驗的效度。

第八節 結 語

對於人的瞭解,我們總是透過某種媒介。這媒介可能是量表、測驗、實驗處理、或是你自己及我自己的觀察與詮釋。不論何種工具,

其編製歷程或是成長過程，又背負著許多歷史、社會、生活、文化、感情的影響，也必定負荷著價值，以彰顯此時此所得結果（感受）的正當及正確性。所以對於觀察結果的詮釋，是否有效？這個答案是隨著時間、文化背景及社會情況，不斷地在變，因為價值蘊涵其中。

效度的概念及意義，作為一種知識或理論，也是隨著社會的變動及持續累積的討論，不斷地在轉化。若將這些轉變放在「知識相對於時間、背景及文化」的思考範疇下，則每一個年代效度的不同定義，必定反應了詮釋者的價值觀、及背後的時代背景。如果效度概念的內容，隨著時間演變，被質疑或推翻或再詮釋，顯現的，正是社會與人類文明的變遷，而非「今是昨非」的對錯。價值的探討，能讓我們從瞭解自己及自己所使用的工具中出發，才能更不為工具所惑。

思考問題

1. 民國 93 年大學學科能力測驗的非選擇題中，考了一題看古畫作文的題型，題目是「劉海戲金蟾」，目的是為了測驗年輕學子的知性判斷與感性設想能力，而不在測試古畫之典故由來，試以本文之效度觀點評析此題型。
2. 本文提及有一個國小一年級之國語科月考題目為「說說看，媽媽如何愛你」，請問如何更正才能使題目更能符合效度概念，且避免無關變項的干擾？
3. 以下是某高中音樂班的招生考試方式：

> • 考試內容包括音樂性向測驗、樂理、聽寫、視唱、主修科目及副修科目。
> • 考生得依自己志趣及專長選擇鋼琴、聲樂、管樂、弦樂、國樂、理論作曲、敲擊樂組七組之一為主修科目；以鋼琴為主修科目者，得於弦樂、管樂、聲樂、敲擊樂、理論作曲五組之中任擇一組為副修；鋼琴組以外之各組均須以鋼琴為副修科目。

問題：

(1)我們如要詮釋此音樂班招生考試的效度時，必須以哪些證據為依歸？

(2)該校校長認為這音樂班在高中三年畢業後都能考上愛樂管弦樂團、合唱團，是因為當初的招生試題的音樂性向測驗做的非常不錯，能夠甄選具有音樂天分的學生。這位校長是在說這音樂性向測驗的哪種效度證據？試建構假想資料與結果說明之。

(3)由於許多人想要考進這所學校的音樂班，因此家長都會讓小孩去補習。補習班也從很久就開始蒐集題目，教導學生試題應答技巧。如果你是校長，你要如何修正招生試題，才能讓「真正有音樂性向的人」進到你學校的音樂班就讀？

（作者註：感謝蕭玉佳與林俊吉提供思考問題）

參考書目

余民寧（民84）。**成就測驗的編製原理**。台北：心理出版社。

桂怡芬、吳毓瑩（民86）。**自然科實作評量的效度探討**。教育測驗新近發展趨勢學術研討會。台南師範學院。

郭生玉（民74）。**心理與教育測驗**。台北：精華書局。

陳英豪、吳裕益（民81）。**測驗與評量**。高雄：復文書局。

陳榮華（民86）。**魏氏兒童智力量表第三版指導手冊**。台北：中國行為科學社。

American Educational Research Association, American Psychological Association, and National Council on Measurement in Education. (1999). *Standards for educational and psychological testing*. Washington, DC: American Educational Research Association.

American Educational Research Association , American Psychological Association, and National Council on Measurement in Education. (1985). *Standards for educational and psychological testing*. Washington, DC: American Psychological Association.

American Psychological Association. (1954). Technical recommendations for psychological tests and diagnostic techniques. *Psychological Bulletin, 51*, 201-238.

American Psychological Association, American Educational Research Association, and National Council on Measurement in Education. (1966). *Standards for educational and psychological tests and manuals*. Washington, DC: American Psychological Association.

American Psychological Association, American Educational Research Association, and National Council on Measurement in Education. (1974). *Standards for educational and psychological tests*. Washington, DC: American Psychological Association.

Angoff, W. H. (1988). Validity: An evolving concept. In H. Wainer & H. Braun (Eds.), *Test validity* (pp. 19-32). Hillsdale, NJ: Lawrence Erlbaum.

Campbell, D. T. & Fiske, D. W. (1959). Convergent and discriminant validation by the multitrait-multimethod matrix. *Psychological Bulletin, 56,* 81-105.

Cole, N. S. (1981). Bias in testing. *American Psychologist, 36,* 1067-1077.

Cole, N. S. & Moss, P. A. (1988). Bias in test use. In R. L. Linn (Ed.), *Educational measurement* (3rd Ed.). New York: Macmillan.

Cronbach, L. J. (1971). Test validation. In R. L. Thorndike (Ed.), *Educational measurement* (2nd Ed., pp. 443-507). Washington, DC: American Council on Education.

Cronbach, L. J. (1988). Five perspectives on validation argument. In H. Wainer & H. Braun (Eds.), *Test validity* (pp. 3-17). Hillsdale, NJ: Lawrence Erlbaum.

Cronbach, L. J. & Meehl, P. E. (1955). Construct validity in psychological tests. *Psychological Bulletin, 52,* 281-302.

Embretson, S. (1983). Construct validity: Construct representation versus nomothetic span. *Pshcyologocal Bulletin, 93,* 179-197.

Gronlund, N. E. & Linn, R. L. (1990). *Measurement and evaluation in teaching* (6th Ed.). NY: Macmillan.

Linn, R. L. & Gronlund, N. E. (2000). Measurement and assessment in teaching (8th Ed.). Upper Saddle River, New Jersey: Prentice-Hall.

Linn, R. L. & Gronlund, N. E. (1995). *Measurement and assessment in teaching* (7th Ed.). New Jersey: Prentice-Hall.

Linn, R. L. (Ed.) (1989). *Educational measurement* (3rd Ed.). New York: Macmillan.

Messick, S. (1995). Validity of psychological assessment: Validation of inferences from persons' responses and performances as scienfitic inquiry into score meaning. *American Psychologist, 50,* 9, 741-749.

Messick, S. (1992). Validity of test interpretation and use. In M.C. Alkin (Ed.), *Encyclopedia of educational research* (6th Ed., Vol. 4, pp. 1487-1495). New York: Macmillan.

Messick, S. (1989). Validity. In R. L. Linn (Ed.), *Educational measurement.* New York: Macmillan.

Messick, S. (1988). The once and future issues of validity: Assessing the meaning and consequences of measurement. In H. Wainer & H. Braun (Eds.), *Test validity* (pp. 33-45). Hillsdale, NJ: Lawrence Erlbaum.

Messick, S. (1980). Test validity and the ethics of assessment. *American Psychologist, 35,* 1012-1027.

Shavelson, R. J. & Webb, N. W. (1991). *Generalizability theory:* A primer. Newbuery Park, CA: Sage.

Shavelson, R. J., Baxter, G. P., & Gao, X. (1993). Sampling variability of performance assessments. *Journal of Educational Measurement, 30* (3), 215-232.

Shepard, L. A. (1993). Evaluating test validity. *Review of Research in Education, 19,* 405-450.

Wechsler, D. (1944). *The measurement of adult intelligence* (3rd Ed.). Baltimore: Williams & Wilkins.

第四章

信　度

張郁雯

　　林老師在登記數學小考成績時，發現這次小婕只考了65分。他覺得很納悶，同樣是考數學第三單元，兩天前小婕還考了95分，到底是怎回事呢？如果你要幫林老師找原因，你要問哪些問題呢？也許你會問小婕是不是今天生病了還是有事讓她分心了？是不是林老師改錯試卷還是加錯總分？是不是今天的題目比較難還是兩份試卷的形式不同？

第一節　信度的意義

　　在這個例子裡，很顯然的林老師所關心的問題是評量結果的一致性問題，在評量領域裡我們稱之為「信度」問題。信度是評量領域中重要的核心概念之一。任何測量都含有誤差，所謂的誤差指的是評量所得結果和「真值」（true score）間的差距，真值是指所要測量的特質之實際水準。由於誤差的影響，每次測量的結果會有所變動。

　　一般而言，誤差的來源可分為系統誤差（systematic errors）和隨機誤差（random errors）。所謂系統誤差包括：(1)會影響到所有觀察結果的誤差，稱為恆定誤差（constant errors），及(2)因觀察對象特性的不同而有不一樣的誤差結果，稱為偏誤（bias）。

　　恆定誤差可以用一個未歸零的磅秤來說明，如果磅秤未歸零造成每個人所秤得的體重均比其「真實」體重重1公斤，則每個人受到這個誤差的影響是相同的，而且下次再秤這個誤差還是存在。又如考題中有一題所有的人都做錯，仔細檢視題目的結果發現這個題目的內容根本超出評量所界定的範圍，因此，所有學生都不會做。由於測量工具對每個觀察結果所造成的誤差是相同的，故稱為恆定誤差。

　　至於偏誤為何，僅以下述例子說明之。學生考完數學單元測驗後，教師仔細分析學生在各試題的表現，結果發現有一題題目，學生的作答反應和其他題目表現很不相同。進一步分析發現答對此題目的學生有一個共通性就是這些學生多半具有音樂才藝。原來該題的題目為：

有首旋律每小節有四拍，有一小節的第一個音符是四分音符，
其他均為八分音符，請問這小節有幾個八分音符？

此題之原意乃在測量數學，但可以想見不會回答的學生有可能是
缺乏樂理知識而不是不會數學運算。由於這個因素只影響樂理知識不
足的學生卻不影響樂理知識豐富的學生，所以就數學能力的測量而
言，樂理知識的涉入便造成測量工具的偏誤。恆定誤差與偏誤都屬於
系統誤差，因為這種偏離真值的現象在每次測量均會發生。

隨機誤差顧名思義是隨機（by chance）產生的誤差，其出現的機
率不可預測。例如學生考試時分心、老師計分錯誤、猜測的運氣、或
題目變動所造成的分數變動等均屬之。關於隨機誤差的來源，Stanley
（1971）有十分詳盡的說明，有興趣的讀者可進一步閱讀該文。

系統誤差和隨機誤差都會影響測量的精確性，然而測量的誤差又
很難避免，是故降低誤差對測量的影響，就成了評量工作必須面對的
重要課題之一。在「效度」一章中，我們提及運用不同方法以確認評
量工具測到我們想測的特質，讀者由此可能已經意識到上述有關系統
誤差的兩個例子都涉及了效度問題。系統誤差可以透過對評量工具之
效度檢驗，將其減到最小。本章將重點置於如何評估各種隨機誤差對
評量的影響，以及在解釋評量結果時應如何將測量誤差所造成的影響
納入考慮，以做出適當的決策。

信度指的是測量結果的一致性程度。此定義雖簡單，但亦有三個
特性須加以說明：

第一、信度並非「全有或全無」而是程度的問題。換言之，我們
不會說某評量結果沒有信度，也不會說某評量結果有信度。如果多次
重複測量的結果都非常接近，則說明該評量結果信度高；反之，若各
次評量結果的變異大，則信度低。

第二，信度在測量領域的意義，等同於一致性。信度兩個字常予
人聯想為可信的程度，因而會被誤為可信賴或可靠等意義。實則，信

度指的是測量結果不受測量誤差影響的程度。

第三、所謂的一致性，理論上指的是在完全相同的情境下，兩組測量結果相同的程度。然而，實際評量的情境不可能完全一模一樣：受測者的狀況可能改變；評分的人可能不同；測量的物理環境可能不同。因而心理計量學者發展出幾種估計信度的方法，分別估計各種不同的誤差，我們將在下一段一一介紹代表不同誤差的各類信度係數。這些信度方法是根據真分數理論推演而得的。因此，雖然信度係數本身是兩個變項的相關，這兩個變項之間卻須有特定的關係。有興趣進一步瞭解的讀者可詳讀補給站 4-1「真分數理論的假定與信度係數」。根據此理論，信度係數定義為真分數變異量與觀察分數變異量的之間比值，即：

$$\rho_{XY} = \frac{\sigma_t^2}{\sigma_X^2}$$

其中 σ_t^2 指的是真分數的變異，而 σ_X^2 指的是觀察分數的變異（也就是測驗分數的變異）。

☾ 穩定係數

求取評量結果的信度，最直接的方法是在不同的時間，重複實施同一評量工具，一群受測者兩次施測所得分數間的相關，即是穩定係數。因為此種信度估計涉及前後兩次施測，故亦稱再測信度（test-retest reliability）。表 4-1 呈現再測信度的計算實例。穩定係數的目標在評估評量結果能類化到不同時間點的程度；亦即評估不同時間的評量結果，因隨機因素所造成的變化情形。因此，在估計穩定係數時，有幾個因素必須納入考慮：

4-1

真分數理論的假定與信度係數

基本假定：

1. 任何觀察分數是由兩個假設的成分所組成的：真分數（true score）和誤差分數，以數學式表示即為：

   X = T + E

   X 代表觀察分數，T 為真分數，E 為隨機誤差

2. 誤差分數是隨機變項，誤差分數的平均值為零（$\mu_E = 0$）。

3. 在母群中，真分數與誤差分數的相關為零（$\rho_{TE} = 0$）。

4. 二次測量的誤差分數之相關為零（$\rho_{E_1, E_2} = 0$）。

   信度係數：

   假設 x_1 和 x_2 是在兩個平行測驗的離差分數，

   即　$x_1 = x_1 - \bar{x}_1$

   　　$x_2 = x_2 - \bar{x}_2$

   而依據真分數理論

   　　$x_1 = t_1 + e_1$

   　　$x_2 = t_2 - e_2$

   則 x_1 和 x_2 的相關為

   $$\rho_{x_1 x_2} = \frac{\sum x_1 x_2}{N \sigma_{x_1} \sigma_{x_2}} \quad (\because 離差分數之平均值為零)$$

   $$= \frac{\sum (t_1 + e_1)(t_2 + e_2)}{N \sigma_{x_1} \sigma_{x_2}}$$

   $$= \frac{\sum t_1 t_2}{N \sigma_{x_1} \sigma_{x_2}} + \frac{\sum t_1 e_1}{N \sigma_{x_1} \sigma_{x_2}} + \frac{\sum t_2 e_1}{N \sigma_{x_1} \sigma_{x_2}} + \frac{\sum e_1 e_2}{N \sigma_{x_1} \sigma_{x_2}}$$

根據前述第三項及第四項假設，上式的後 3 項均為零。依照平行測驗的定義 $t_1 = t_2$ 且 $\sigma_{x_1} = \sigma_{x_2}$，所以前式可化簡為：

$$\rho_{x_1 x_2} = \frac{\sigma_t^2}{\sigma_X^2}$$

表 4-1　如何計算再測信度

假設有 10 名學生兩次施測的資料如下：

	1	2	3	4	5	6	7	8	9	10	平均	標準差
第一次	85	78	95	62	89	96	55	75	93	87	81.5	13.99
第二次	76	84	92	72	88	90	63	77	86	82	81	9.02

兩組資料相關（公式請參考第三章）為：

$$r = \frac{(85-81.5)(76-81)+(78-81.5)(84-81)+\cdots+(87-81.5)(82-81)}{10 \times 13.99 \times 9.02} = 0.921$$

　　第一、重測的時間間隔不能太長。測驗的對象是人，人的許多特性是會隨著時間而變化的，此種變化可能來自個體發展、經驗增長及知識的累積等因素。如果改變反應個體實質的變化，則不能視為隨機誤差，例如，在學期初與學期末以相同的試卷兩度測試某班學生的數學能力，經過計算發現兩次測試的得分之相關不高。造成分數變動的原因除了隨機誤差外，也可能是經過一段時間的學習，雖然該班學生的數學能力皆有所提升，但每人進步的幅度不同，因而，兩次分數的相關偏低。通常再測信度的間隔很少超過六個月，這是為了避免個體漸進的變化反映在評量表現上，而干擾了隨機誤差的估計。一般而言，兩次測量的間距愈短，再測信度愈高。

　　第二、測驗表現受到記憶效果影響的程度。如果受測者在第二次測試時，並非看完題目，經過心智運作而產生答案，而是根據對前次測試的記憶作答，則這兩次評量的結果並非互相獨立，所得的相關會比實際上來得高，也就是說信度被高估了。

　　第三、某些評量工具的性質會因再測而發生質變。在某些情況下，第二次測試可能改變評量本身的性質。例如，原本是一個規則歸納的問題，在第一次測試受測者會花費心力尋找規則，但第二次施測時中間思考的步驟可能完全省略，直接寫出記憶中的答案。如此一來，測驗的性質已然改觀。本地國高中生經常在課後做大量的練習

卷，最後，習寫練習卷的過程，已經不是思考能力的操作練習，而是機械式的作答。再測法估計信度只適用於不容易因為重複施測受到影響的測驗，例如，動作測驗或感覺區辨等測驗。

　　第四、不同特質發生改變所需時間的變異性。有些心理特質逐日波動才是常態，例如，情緒、心情等。因此有關此類特質的評量，不適宜以再測法估計其信度，須以內部一致性等其他方式估計信度。相反地，有些特質發生變化所需時間相對較久，如親和力，則有關這類特質的測驗必須具備一定程度的穩定性。若此類測驗的穩定度不夠高，表示測驗分數參考價值低。

　　穩定係數反映評量結果受時間因素影響的程度。以本章一開始小婕的情形為例，如果兩次考試所用的試卷是相同的，那麼班上同學兩次考試得分的相關即是該次評量的穩定係數。兩次評量程序的差異、受測者狀態的不同以及在兩次評量間發生的重大事件皆可能影響評量結果的穩定係數。教師使用於班級的測驗，通常毋須考慮其穩定係數。然而，如果使用測驗結果來做重大決策，例如以各種入學考試測驗成績來決定學生能否入學，測驗穩定係數便是一項非常重要的考量因素。惟有學生在測驗的表現有一定程度的穩定，根據測驗結果所做的決定才合理。

☾ 等同係數或複本信度

　　每位學生都經歷過大小無數次的考試，偶然會有幸運之神眷顧的經驗，試卷中的題目恰巧是自己考前仔細研讀過的。當然，運氣差的時候，也有可能試卷中的題目沒有一題是自己複習到的內容。相同的考試範圍，不同老師命題，題目有時差異頗大。此種因為題目選擇的隨機因素所造成的分數變異，稱為內容取樣（content sampling）誤差。

　　信度估計方法中，等同係數所關心的誤差來源即是內容取樣誤差。估計等同係數須用兩個不同題本但內容等同的評量工具，通常稱之為複本（alternate-form）或平行版本（parallel form）。所謂複本是

從同一評量發展計畫編製出來的評量工具，它不論在題目數，題目的形式、內容，題目的難易度，施測的指導語，時間限制等與評量相關的特性，均與原評量工具相同。心理計量學對於平行測驗有更明確的定義，如果兩個測驗滿足以下兩個條件：(1)同一個人在兩個測驗有相同的真分數。(2)兩個測驗誤差彼此獨立，且誤差變異相等（參考補給站 4-1），則兩個測驗互為平行測驗。

　　若將兩個平行版本施測於同一群人，再求兩組測驗得分之相關即為等同係數或稱複本信度。根據上述的說明，讀者不難理解從此一係數可知學生在某一評量的表現，能夠類化到另一個評量工具的程度。換句話說，它估計的是兩個評量工具測量相同範疇的一致性程度。由於每個評量工具都是對行為樣本的測量，不同的工具發展者在選取題目上也會有所不同。例如，同樣是評量 10 以內的加法能力，不同教師會出不同的題目。

　　以複本估算信度的方法有兩種：一是在同一段時間施測兩份題本。不過若是施測所需時間長，要同時施測兩份評量工具，不僅時間安排困難，受測者也難維持最佳的測試狀態。因此，變通的方法是先施測一個題本，隔一段時間後再施測另一個題本。

　　由同一段時間施測所得的評量分數相關就稱為等同係數或複本立即信度；而間隔一段時間再施以複本所得的評量分數相關就稱為「穩定及等同」係數或複本延宕信度。複本延宕信度同時反映了時間誤差和內容取樣誤差對評量一致性的影響，而複本立即信度則只反映了內容取樣誤差的影響。因此，如果將某一評量工具與複本施測於同一群人，則可預期複本立即信度會高於複本延宕信度。以複本方法估計信度時，除了須確定複本符合平行測驗的要求外，報告複本信度時也須說明兩次施測時間間隔。另外，雖然複本可減低練習效果的影響，卻無法完全加以排除。重複施測對測驗性質改變的程度也是必須注意的問題。

　　若小婕兩次評量的試題是不同的，那麼班上同學兩次考試得分的

相關即是該次評量的複本延宕信度。由複本延宕信度，我們可知時間誤差和內容取樣誤差對評量一致性影響的程度。

☾ 內部一致性係數

前述兩種估計信度的方法或是需要重複施測，或是需有複本，但實務上有時無法重複施測，測驗也沒有複本，此時內部一致性係數就成為估計評量一致性最佳的選擇。內部一致性係數只須一個題本的一次測量結果便能估計信度，其所關心的是受試者在各評量項目上的表現一致的程度。

因此，內部一致性係數的大小反映的是內容取樣的誤差，以及題目的同質性程度。有關內容取樣誤差在等同係數一節已說明，至於項目的同質性指的是項目是否測量相同的特質。例如，一個測驗若同時測物理與化學兩個學科，則在這兩類題目上的表現反應了受測者兩種不同能力。若受測者這兩種能力並不相當，則在物理與化學的題目上的表現可能會不相同。如此則其內部一致性信度會因而偏低。以下說明兩種常用來估計內部一致性係數的方法：

㈠折半法

折半法是施測一份評量工具於一群人，然後將評量工具的項目分為相當的兩個部分，再求取受評量者兩部分得分的相關。將項目分為兩個部分的原則是儘可能使得兩個部分互為平行測驗。常用的折半方法有：

　　1. 奇偶折半；即奇數題和偶數題各自當作一個題本。

　　2. 根據項目難度將項目排序，然後再採奇偶折半。

　　3. 依隨機方式將項目分為兩個樣本。

採用折半法必須注意的是：評量工具的兩個部分得分之相關，估計的是半個測驗長度的信度估計值。如果原來的評量項目有 40 題，以複本或再測法估計的信度是項目長度為 40 題的信度；若用折半法

則評量工具一分為二，項目減為 20 題，兩者間的相關代表的是 20 題長度的評量信度。如此一來會低估信度。

在其他條件相同下，項目多的評量工具之信度高於項目少的評量工具。這是因為項目愈多，愈能測試出學生真正的學習狀況。舉例來說，如果某位學生不會答某個試題，以猜測作答而答對，此時，該生在測驗的分數高估其真正的能力。可是，該生也可能在原本他會的試題，因粗心或其他因素而做錯。因此，當試題數夠多，則猜測答對和粗心答錯的誤差能夠彼此抵銷的機率比較高。也就是說，學生評量結果的一致性會較高。

為了解決因項目增多或減少對信度係數造成的影響，Spearman 和 Brown 發展出一個估算的公式，為紀念他們兩位學者，此一公式就命名為 Spearman-Brown 預測公式，其公式如下：

$$r_{xx} = \frac{n\,r_{AA}}{1+(n-1)\,r_{AA}}$$

其中 n 指的是評量工具長度增長或縮短的倍數，r_{xx} 是評量工具增長或縮短後的信度，r_{AA} 是原來評量工具的信度。由折半法求得兩個半個測驗分數之相關，可以透過 Spearman-Brown 預測公式，估算全量表的信度。由於原測驗的題目數是折半後的測驗題數的 2 倍，運用該公式推估全工具的信度時，n＝2，則公式可進一步簡化為：

$$r_{xx} = \frac{2\,r_{AA}}{1+r_{AA}}$$

舉例來說，若由兩折半的評量工具所求得的相關值為 0.70，則全長度的評量工具之信度為：

$$r_{xx} = \frac{2 \times 0.7}{1+0.7} = 0.82$$

Spearman-Brown公式也可幫助我們估計項目減少對信度產生的影響。例如，原先有一工具的項目為 40 個項目，後因施測時間過長，打算減少至 30 個項目，但評量工具的發展者又擔心減少題目會導致信度過低。運用Spearman-Brown公式可估算出項目數減低到30題後，測驗信度的改變。假設原先 40 題時，評量之信度為 0.80，則題目數由 40 題減為 30 題，則 $n = \dfrac{30}{40} = \dfrac{3}{4}$，帶入公式可算得 30 個項目的評量信度為 0.75，也就是說刪減 10 題，可能使信度由 0.80 下降至 0.75。

$$r_{xx} = \frac{\frac{3}{4} \times 0.8}{1 + \left(\frac{3}{4} - 1\right) \times 0.8} = 0.75$$

反之，若評量工具發展者打算將評量工具的信度提高到 0.90，那麼依此公式，可推得n應為 2.25，即題目須增加到 90 題，而且所增加的題目其品質至少須與原有的題目相當。

Rulon（1939）也採用折半的方式估計信度，但他使用不同的公式。他先算出每個受試者在兩個折半測驗分數的差異，以差異分數的變異 σ_D^2 代表隨機誤差，信度則為：

$$r_{xx} = 1 - \frac{\sigma_D^2}{\sigma_X^2} \qquad \text{其中}\ \sigma_X^2\ \text{是受測者在全測驗總分的變異}$$

如果兩個折半測驗的變異數相同，則兩個折半測驗之相關（以 Spearman-Brown 的公式矯正後）和 Rulon 的方法所得的信度係數會相等。兩者的變異數相距愈大，則 Rulon 的方法估計出來的信度係數值會較小（Cronbach, 1951）。由於將評量工具的項目分成兩半的方法不只一種，所以用折半法估計信度的主要缺點是無法得到惟一的信度係數估計值，不同的折半法所求得的信度係數也不同。

(二) alpha 係數

另一種透過一次施測估計信度的方法是由 Lee J. Cronbach 所發展出來信度係數，因此稱為Cronbach's alpha係數。自從此一信度係數發展之後，現今已經成為最常被使用的信度估計方式。其公式如下：

$$\alpha = \frac{K}{K-1}\left(1 - \frac{\sum \sigma_i^2}{\sigma_x^2}\right)$$

其中 K 是評量工具的項目數，σ_i^2 是每個項目的變異數，σ_x^2 是測驗總分的變異數。Kuder 和 Richardson 提出一個將 alpha 的計算加以簡化的公式，稱為KR-20 公式。此一信度估計只適用於題目為二元計分的測驗。所謂二元計分指的是，該題的計分只有兩種結果（在能力測驗為答對或答錯；在人格測驗則可能為同意或不同意）。

$$KR-20 = \frac{K}{K-1}\left(1 - \frac{\sum pq}{\sigma_x^2}\right)$$

其中 p 是每個項目的答對率，$q = 1-p$。對照前一個公式，可發現兩者的差異在後者以 $\sum pq$ 代替 $\sum \sigma_i^2$，這是因為二分變項的變異數會等於 $p \times q$。

前面提過內部一致性所關心的誤差包括內容取樣和內容異質性。不過，通常在折半時會儘可能將評量工具分成對等的兩半，因此，採用折半法對內容異質性較不敏感。Anastasi（1988）認為以折半法估計信度會高於 alpha 係數，而兩者間的差異可作為評量工具內容異質性的一項粗略指標。Cronbach（1951）指出alpha係數是各種可能折半方式所得的信度係數之平均值。

內部一致性係數的主要限制為不能用來估計速度測驗的信度。速度測驗顧名思義，受測者的速度是影響其表現的主要因素，所以題目

通常相當簡單。因此，受測者若速度過慢，則無法完成排列在後面的題目。若採用內部一致性係數，會因而高估信度。如果使用折半法估計信度，因為題目簡單，所以答錯的題目多半是排列在後面的題目，而已經作答的題目多半會答對。無論用何種折半方式，折半後的兩個測驗得分都會十分接近，因而折半後的兩個測驗分數會有高相關。若用 alpha 係數，則排列在前面的題目幾乎所有的人都答對，而排列在後面的題目則幾乎所有的人都答錯，因此題目的變異數會趨近於零。根據alpha係數的公式，公式中的 $\Sigma \sigma_i^2$ 的值很小，因而alpha值會偏高。

 **4-2**

如何運用 SPSS 套裝軟體計算 Cronbach's α係數

　　許多讀者希望知道如何快速計算 Cronbach's α，以下介紹以 SPSS 套裝統計軟體估計 Cronbach's α的程序。

　　首先，你必須對 SPSS 的操作有基本的認識，不過，即便你未曾使用過，它和一般視窗一樣容易操作與使用。

　　第一步，請先輸入測驗資料，這個例子的測驗有 9 道題目，11 名學生的資料。輸入資料的方法如圖 4-1 所示：點選「File」→「New」→「Data」，SPSS 就會讓你進行資料檔編輯。

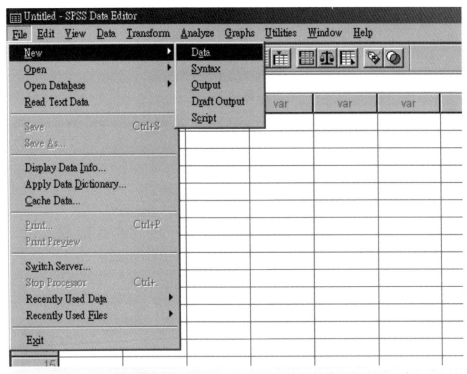

圖 4-1　從 SPSS 建立測驗資料檔

請輸入資料如圖 4-2。

	第1題	第2題	第3題	第4題	第5題	第6題	第7題	第8題	第9題	
1	3	3	2	1	1	3	3	3	3	
2	5	5	4	4	5	5	5	5	5	
3	3	4	3	2	3	3	3	3	2	
4	1	1	1	1	1	1	1	1	1	
5	1	1	1	1	1	1	1	1	1	
6	2	1	1	1	1	1	1	1	1	
7	3	2	2	1	2	2	1	1	2	
8	2	2	2	1	2	3	2	2	2	
9	3	3	2	1	2	2	2	2	2	
10	1	1	1	1	1	1	1	1	1	
11	3	2	2	1	1	1	2	2	3	

圖 4-2　測驗資料範例（9 個題目，11 位受測者資料）

點選「Analyze」→「Scale」→「Reliability Analysis」如圖 4-3。

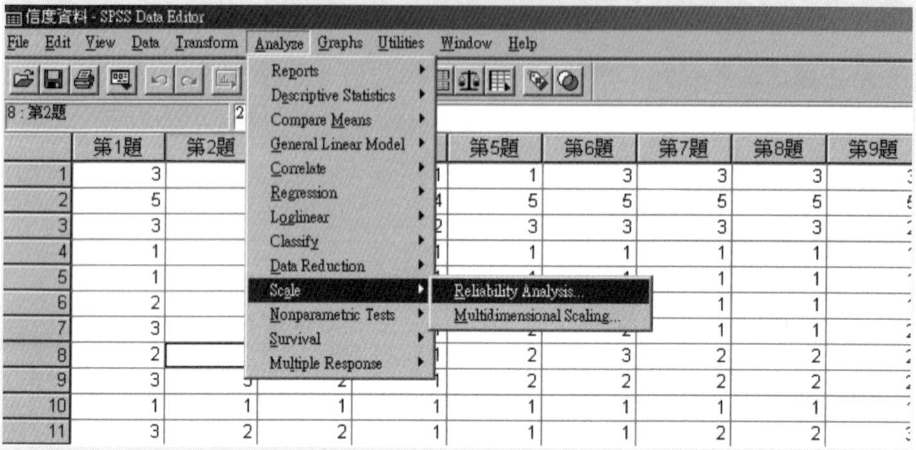

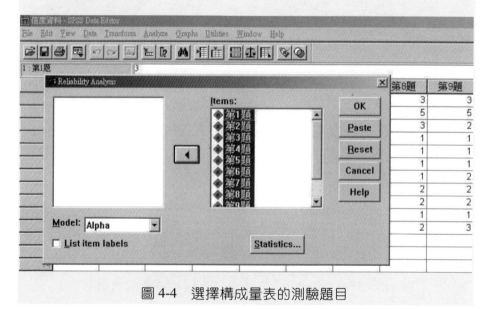

圖 4-3　選擇信度分析

　　然後你需將構成測驗的所有題目移到右框中，在本例中，共有九道題目構成一個量表，故將所有九個變項均移到右框中，SPSS 會顯示如圖 4-4 的畫面。

圖 4-4　選擇構成量表的測驗題目

下一步，請點選右下角「Statistics」的選項，選擇你所要的相關統計，如圖 4-5 所示，然後點選右上角「Continue」，SPSS 會回到前一視窗，再點選「Ok」，SPSS 就會跑出所有你要求的統計與 Cronbach's α係數，統計報表如圖 4-6。

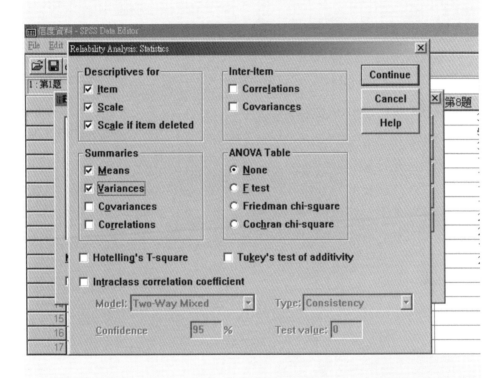

圖 4-5　點選相關統計

Reliability
****** Method 2 (covariance matrix) will be used for this analysis ******
R E L I A B I L I T Y　A N A L Y S I S　-　S C A L E　(A L P H A)

		Mean	Std Dev	Cases
1.	第 1 題	2.4545	1.2136	11.0
2.	第 2 題	2.2727	1.3484	11.0
3.	第 3 題	1.9091	.9439	11.0
4.	第 4 題	1.3636	.9244	11.0

5.	第 5 題	1.8182	1.2505	11.0
6.	第 6 題	2.0909	1.3003	11.0
7.	第 7 題	2.0000	1.2649	11.0
8.	第 8 題	2.0000	1.2649	11.0
9.	第 9 題	2.0909	1.2210	11.0

* * * Warning * * * Determinant of matrix is zero

Statistics based on inverse matrix for scale ALPHA

are meaningless and printed as   .

N of Cases =　　11.0

Statistics for	Mean	Variance	Std Dev	N of Variables
Scale	18.0000	101.8000	10.0896	9

Item Means	Mean	Minimum	Maximum	Range	Max/Min	Variance
	2.0000	1.3636	2.4545	1.0909	1.8000	.0930

Item Variances	Mean	Minimum	Maximum	Range	Max/Min	Variance
	1.4424	.8545	1.8182	.9636	2.1277	.1150

Item-total Statistics

	Scale Mean if Item Deleted	Scale Variance if Item Deleted	Corrected Item-Total Correlation	Squared Multiple Correlation	Alpha if Item Deleted
第 1 題	15.5455	80.8727	.8913	.	.9802
第 2 題	15.7273	77.4182	.9509	.	.9781
第 3 題	16.0909	84.0909	.9715	.	.9785
第 4 題	16.6364	86.0545	.8682	.	.9818
第 5 題	16.1818	80.3636	.8864	.	.9805
第 6 題	15.9091	78.8909	.9186	.	.9793
第 7 題	16.0000	78.6000	.9631	.	.9774
第 8 題	16.0000	78.6000	.9631	.	.9774
第 9 題	15.9091	80.6909	.8943	.	.9801

RELIABILITY ANALYSIS - SCALE (ALPHA)

Reliability Coefficients　　　9 items

Alpha = .9815　　　　Standardized item alpha = .9833

圖 4-6　信度分析統計報表

　　圖 4-6 顯示，此 9 個題目所構成的量表 Cronbach's α係數為 0.981，報表中 Standardized item alpha 指的是將題目標準化後，再計算 Cronbach's α，兩者所得數值相當接近。由於筆者點選了題目、量表以及刪題的描述統計，所以報表首先呈現每個題目的描述統計，再呈現量表的描述統計（量表平均值為 18，變異數為 101.8），最後一部分呈現如果將某一題從量表移除對量表描述統計及 Cronbach's α的影響。例如：如果刪除第 4 題，量表分數成為 16.64，Cronbach's α提高為.9818。

☾ 評分者信度

　　評量過程中，有些計分程序須仰賴評分者的判斷，例如申論題或作文的評分。在這種情形下，評分者的客觀性常受到質疑。評分者信度即在估計不同評分者，對同一表現評分的一致性程度。估計評分者信度的程序通常是由 2 名或 2 名以上的評分者獨立評分一群受測者的表現，然後計算這群受測者從 2 名評分者所獲得分數之相關，或者計算兩名評分者給予相同分數的百分比，此為評分者信度兩個常用的指標。表 4-2 呈現 2 名評分者評 30 名學生的作文的列聯表。評分時採用五等第計分，表的第二橫行（2, 1.0, 1, 0）顯示乙評分者將 4 名學生的作文評為「1」等，當中有兩篇甲評分者也給「1」等的評分，另外兩篇則分別得到「2」等的評分。

表4-2　甲、乙評分者的一致程度

甲評分者

		1	2	3	4	5	
乙評分者	1	2	1	0	1	0	4
	2	0	5	0	0	0	5
	3	0	1	9	2	0	12
	4	0	0	2	3	1	6
	5	0	0	0	0	3	3
		2	7	11	6	4	30

　　在 30 份作文中，兩個評分者給予相同等第的共有 22 份（表 4-2 對角線的總和），符合的百分比為 73%（22 ／ 30），即兩位評分者評分之符合度（agreement）為 73%。如果計算甲乙兩評分者的評分相關其值為 0.80。當表現評量涉及主觀性較強時，要求評分者完全相同的評分是很困難的，在此情況下，差距一個等第往往視為可容許的誤差，如果採取此一寬鬆的標準重新處理計算表 4-2 的資料，則共有 29 份作文評分達到此一標準，兩個評分者差距一個等第的符合度高達 97%。

　　在這個例子裡，相關係數和符合度的數值都高，但在其他的情況下，有可能出現相關高而符合度低或者相關低而符合度高的狀況，這是因為相關係數和符合度所關心的是一致程度的不同面向。相關係數著重評分者對於受評量者表現的排序是否相同，即兩位評分者對於哪些人表現較佳，哪些人表現較差是否看法一致。也就是說，若兩者對受測者的排序相似，評分者的相關就高，例如丙評分者傾向給高分，而丁評分者傾向給低分，但若依照丙評分者將受評學生得分排名，其結果與依照丁評分者的評分排序十分相似，則兩位評分者的評分就會呈現高相關，評分者給分的嚴苛程度並不影響相關大小。反之，符合度則重視所給的絕對分數是否相同，它能夠反映評分者給分嚴苛程度的一致性。在評分時，有些評分者傾向嚴格給分，有些評分者則給分較鬆，同樣是第一名，甲老師給 80 分而乙老師則給 90 分。在這種情

況下，相關大小並無法反映此種絕對分數的差異。因此，如果根據評量結果所做的決策是基於絕對分數的高低時，例如，分數須達 60 分才算及格，那麼評分者間的符合度遠比評分者間的相關來得重要。以大學指定科目考試之國文科作文之評分為例，由於不同考生的作文是由不同的評分者進行評分，評分者的嚴苛程度會影響作文的實得分數，此時對於信度的考慮，評分者符合度就相當重要，勝過評分者間的相關。

☾ 概化係數

前述各種估計信度的方法，乃在估計不同類型的誤差，表 4-3 整理了各種估計信度的方法及影響係數大小的誤差變異來源。在實務上，我們可能需要知道各種誤差組合對分數信度的影響。例如，我們可能關心兩個評分者評量各種不同類型文章時，跨類型文章所得分數是否一致。評分者對某一特定類型文章評分的一致程度並無法證明他們對其他類型文章的評分仍是一致的。此時表 4-3 所提到的評分者信度便不能滿足此一需要。

概化理論提供了同時估計各種類型誤差的理論基礎。透過適當的研究設計，此一理論能利用變異數分析的方法，將各種誤差變異加以分割，配合實際應用的需要，估計在各種評量設計下分數的一致性程度，通常以概化係數表示之。前述的幾種信度係數，都可視為概化係數的一個特例。由於實作評量特別容易受到評分者偏誤、計分主觀性、及受測者因素之影響，概化理論最適合用來估計此類評量的信度。

由於概化理論涉及較複雜的變異數分析，無法在此詳細介紹；補給站 4-3 嘗試以一個簡單的實例說明概化理論的運用，希望給讀者初步的概念，想進一步探討此一主題的讀者不妨參閱 Shavelson 和 Webb（1991）所著的《概化理論》一書。

表 4-3　信度種類及誤差來源

信度係數		誤差來源			
		內容取樣誤差	時間誤差	內容異質性	評分者誤差
穩定係數			✓		
複本係數	立即	✓			
	延宕	✓	✓		
內部一致性	折半	✓			
	Alpha	✓		✓	
評分者信度					✓

 4-3

概化理論

　　實作評量（見第八、九章）裡，評量者的表現，經常由評分者加以評定，這樣的評分方式，不免讓人關心評分者的主觀對評分結果的一致性所造成的影響。以古典測驗理論為基礎所發展出來估計信度的方法在處理這類問題有其侷限性。如果只有 2 位評分者，評分的情境都能控制相同，我們可利用前述的評分者信度估計信度。但現實的評量情境往往複雜許多。

　　例如，當每位學生的作文由 3 位教師加以評分，運用前文所介紹的方法，如何估計評分者的一致性程度？又例如某個教育方案進行評估研究，3 位教師在兩個不同時段（上午、下午）對 100 名學生的課堂活動參與度進行評定，則我們如何知道學生課堂活動參與度評量分數間的差異反映多少教育方案的差異？分數的差異有多大程度是因為評量的時段所造成？又受到不同教師評分標準不同的影響有多大？古典測量理論所發展出來的信度估計法，在這個問題上力有未逮。相反地，概化理論在解決此類信度估計問題非常有用。以下提供一個以概化理論估計信度的實例，讓讀者對概化理論能有大致的瞭解。

在進入這個例子之前，讀者必須瞭解研究設計對於如何推算概化係數有決定性影響。研究者在進行研究設計時，若未能適當考慮評量程序的信度估計問題，其研究設計的特性可能會造成無法運用概化理論計算概化係數（generalizability coefficient）。此外，變異數分析是概化理論的基礎，因此，這方面的知識將有助於你瞭解下述的實例。

在概化理論中一組測量狀況成為一個面向（facet）。例如每位學生就三種不同文體（論說文、應用文、記敘文），在兩種不同情境（家裡、學校）進行寫作。所寫出的作文由3位教師評量。在這個研究設計中，所涉及的面向有三個：文體、情境、評分者。為了容易理解，讓我們舉一個單一面向研究設計的例子。假設10位學生的作文，均由3位教師加以批改，我們想知道如果任一位教師也要求學生寫同樣的作文，並進行評分（只有該位教師自己一個人評），則其評分信度如何？表4-4是十位學生的作文得分。

表4-4　10位學生的作文分數

學　生	教　師		
	甲	乙	丙
1	92	93	92
2	88	85	87
3	94	92	92
4	94	93	90
5	88	85	86
6	88	85	85
7	86	94	87
8	84	83	83
9	93	92	92
10	91	92	93

將表 4-4 的資料以二因子（教師、學生兩個因子）變異數加以分析可以得到表 4-5 的數據，從表 4-5 可以得到：

$$\sigma_p^2 = \frac{MS_p - MS_r}{n_i}$$

$$= \frac{36.181 - 3.1}{3}$$

$$= 11.027$$

$$\sigma_e^2 = MS_r = 3.470$$

概化係數為　　$\dfrac{\sigma_p^2}{\sigma_p^2 + \sigma_e^2} = \dfrac{11.027}{11.027 + 3.47} = 0.76$

表 4-5　變異數分析表

誤差來源	平方和	自由度	均方 （MS）	均方期望值 （EMS）
學生（p）	325.633	9	36.181	$\sigma_e^2 + n_i \sigma_p^2$
教師（i）	6.200	2	3.100	$\sigma_e^2 + n_p \sigma_i^2$
教師×學生	62.467	18	3.470	σ_e^2

　　概化係數之分子為 σ_p^2，分母為 $\sigma_p^2 + \sigma_e^2$，這個結果的意思是說學生真正分數（來自所有教師評分的平均值）的變異占觀察變異的 76%，它可以讓我們知道某位教師的評分與所有教師（所有可能參與評分教師）評分的平均值間的相關有多好。讀者也許發現基本上概化係數的解釋與信度係數的解釋是相似的。

第三節 信度評鑑

身為教師，對平時或期末的評量資料進行信度分析是否有其必要性？答案是否定的，除非該項評量特別重要。一般而言，只要運用本書各個章節學得的知識，小心發展課堂評量工具就足夠了。那麼為什麼學習信度概念是必要的？這是因為信度是測量的核心概念之一，理解信度概念及影響信度的因素有助於教師發展良好信度的評量工具。再者，教書生涯中你難免會接觸到學生在標準測驗上的表現，在解讀測驗表現的意義之前，你必須知道該測驗的品質，而評鑑信、效度則是判斷測驗品質的重要手段，換言之，你必須能夠評估測驗結果的有效性及測量誤差。本節討論評鑑信度時應注意的因素，大抵而言須同時考慮評量的目的以及影響信度大小的相關因素，茲分述於後：

☾ 評量的目的

一般人在討論信度議題時，經常會問到信度要多高，測驗才能用？要回答這個問題，首先得澄清對評量的目的是什麼？如果評量的目的是要決定是否應再複習先前教過的內容，則低信度的評量工具是可以接受的。也就是說根據評量結果所作的決策對個人影響不大，信度不高是可接受的。

反之，若以大學指定考科的成績決定個人能否上大學，由於該項決定對個人的影響極大，而且之後也無法再度檢視該項決定的正確性，因此，對於該項考試的信度會設定較高的要求。決策愈重要，後果愈嚴重，而且沒有機會再次評量以確定決策的正確性時，我們對評量的信度要求愈高。

瞭解評量的目的對信度評鑑之所以重要的第二個理由是評量目的決定什麼是誤差。當評量的目的是將一群人依照某一特性的強度加以排序，那麼，受測者在這個特性上的絕對分數就顯得不重要；評量工

具只要能正確反映人們的相對位置即可。舉例而言，如果學校想頒獎學金給最優秀的 10 名學生，他們請 3 名老師當評審，我們最關心的是根據這 3 名老師的評分，學生的排名是否相似？只要每個老師對所有同學的評分所依循的標準不變，不同老師給分的寬鬆程度，並不會影響那些學生的獲選。換言之，我們所關心的是相對誤差，即學生的名次（相對位置）是否因老師而變動。可是如果我們關心的是學生是否達到畢業要求，老師給分的寬鬆，對於此項決策就相當重要；一個嚴格的老師認為不合格，在寬鬆的老師看來可能是合格的。在這種情況，我們重視的是絕對誤差。在這種情形下，教師評分間的符合度比相關程度來的重要。

　　評量的目的也決定各類誤差的相對重要性，進而在評估測驗的信度時，因評量目的不同，各種信度的相對重要性也因之而異。例如，如果評量的目的是對未來表現作預測，則評量的穩定度便相當重要，在評估信度時穩定係數便是首要考量；當評估學生此刻的學習成果時，我們會較關心內容取樣的誤差。當然，如果情況許可，發展評量工具時，最好是能評估此一工具受各種誤差影響的程度。但實際上評量工具的發展者往往只提出有限的信度證據。因此，使用者須先瞭解評量的目的與性質，確定影響評量使用重要的誤差來源，然後再行評估與這些誤差相關的信度證據。

☾影響信度的因素

　　釐清評量的目的之後，在比較不同評量工具的信度係數時，還須考慮的因素有：評量工具項目數的多寡、用來建立信度係數的團體的性質以及信度證據的種類，因為這些因素都會影響信度係數的大小。以下逐一說明這些因素如何影響信度。

㈠評量項目的多寡

　　在其他條件相同的情況下，評量工具的項目數愈多，信度愈高。

我們可將評量工具中每個題目視為欲測量的特質或能力的一個獨立抽樣。樣本愈大，評量工具就愈可能代表了真實的特質。此外，在項目較多時，其他隨機因素對評量所造成的影響也會變小。例如，當只有一個評量項目時，若個人因一時分心而答錯該題，則評量的結果完全受到此一因素的影響；若評量項目有 10 題，個人因一時分心答錯 1 題，則分心僅影響 1／10 的表現。如果一位教師宣布期末考試只考一個題目，大部分的學生都會感到不安，正如同生病去看醫生，如果醫生只問了一個問題，就開始開處方，大部分的人對該醫生所做的診斷難免會有疑慮。

　　前面提到的Spearman-Brown公式能用來估計項目多寡對信度的影響。不過，必須注意的是此一公式的基本假設是所增加或減少的項目，其品質與原評量工具的題目品質是相同的。當兩個評量工具的信度相同時，基於效率的考量應選擇項目較少的工具。

　　雖然增加項目能提高信度，但項目增加會加長評量所需的時間，評量的成本也隨之增加。因此，只有當評量結果對個人有重大的影響或評量本身即是學習的過程，才考慮使用時間較長的評量工具。例如，國中基本學力測驗影響國中生能否進入高中就讀，其信度品質就十分重要。在發展教學評量時，應留意評量項目數對信度的影響。若使用項目少的評量，則應多評量幾次，如此對學生學習的評量才可靠。

(二)團體異質性

　　在第二節信度係數的估計中，讀者可能覺察到估計信度須仰賴團體的評量表現資料。那麼，從不同團體估算而得的信度是否會相同呢？你認為一份數學考卷施測於甲班和乙班兩個班級，評量結果的信度會相同嗎？

　　這個問題的關鍵要素是不同團體的變異性是否相同，在統計上，最常用的變異性指標是變異數。如果團體的變異性大，也就是說每個人在評量工具上的表現差距大，則信度高；反之，團體的同質性高，

亦即每個人的表現十分接近,則信度低。信度估計的方法依賴相關係數,而相關係數反映的是個人在團體中相對位置的變動情形。因此,當個別差異大時,分數些微變動並不影響個人在團體中的排名,所以兩次評量結果的相關高。反之若團體的素質很整齊,則隨機因素很容易就改變個體的相對位置,造成信度係數低。

　　圖 4-7 說明此一現象。若評量的對象涵蓋特質強度不同的人,即分數分布由 0～100 分,則兩次評量的關係呈現清晰的正相關,會得到高的信度;反之,若只選取第一次評量分數介於 40～60 分的人,進行第二次評量,如同圖中方塊範圍所示的散布圖,第一次評量的分數與第二次評量分數缺乏明顯的線性關係,兩者間其相關低,亦即信度係數低。

　　信度會受到團體異質性影響的事實,提醒我們評鑑信度時須瞭解估計信度的樣本特性。若評量的信度樣本取自國小三年級到六年級的學生,而你打算用此一工具評量四年級的學生,那麼,你的評量結果

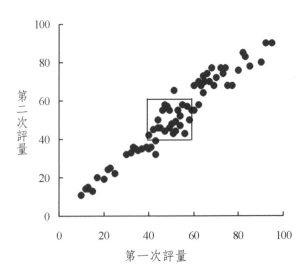

圖 4-7　團體變異性與信度係數之關係

的信度可能會低於評量工具手冊所報告的信度，因為你的評量對象同質性較高。這也是為什麼較完備的評量工具會在手冊中報告不同性質團體之信度。以前例而言，除了報告全體樣本的信度外，尚會加上各年級樣本的信度係數。

㈢估計信度的方法

　　第二節曾說明各種估計信度的方法乃在測量不同層面的一致性。因此，在評鑑信度時除了應考慮評量目的找出最適切的誤差外，尚須瞭解不同估計方法對信度的影響。以複本間隔一段時間再測所得的信度，必然小於再測信度（假設兩者間隔的時間相同），這是因為前者反映了時間與內容取樣誤差，而後者只考慮了時間誤差。即使都使用再測法，時間間隔不同，也會影響信度的大小。另外，折半信度通常會比 alpha 係數來的高。

　　總之，評鑑信度，首先要確定就評量的目的而言，重要的誤差是什麼，此評量工具是否提供這些誤差的信度證據；其次，我們需考量評量工具的項目數，建立信度係數的團體性質以及估計信度的方法，以便適當判斷評量工具使用結果的一致程度。

第四節　效標參照評量的信度估計

　　當評量的目的是想要瞭解學生能表現出什麼行為，而不是區辨學生能力的差異，則效標參照評量是較適當的選擇。發展此種評量工具的首要程序為清楚定義所欲評量的範疇，再從中抽取評量項目。使用效標參照評量往往是要從評量結果做兩類的決定：一是推估範疇分數（domain scores），範疇分數指的是受測者能答對某一範疇內所有題目的百分比；另一種效標參照評量目的則是決定個體是否達到精熟程度（Hambleton, Swaminathan, Algina, & Coulson,1978）。

　　第一種情形的信度問題是想知道在評量工具的答對率與範疇分數

的接近程度。此一問題須用概化理論估計分數的概化係數與誤差變異，而又以誤差變異較容易解釋。想進一步瞭解此種信度的估計者，可參閱 Crocker 和 Algina（1986）第九章。

　　效標參照評量用在決定個體是否達到精熟程度時，其信度問題是根據評量結果所作決策的一致性。然而，由於此類測驗經常用來測驗基本能力，分數的變異通常很小，因此，前述各種以相關法估計信度的方法並不適用於此。最常用來評估此類評量結果的信度程序為：採用平行題本或不同評分者的評量，再根據評量的結果決定個體已達或未達精熟，然後計算兩次決策相同的百分比。其計算方法請參照評分者信度的符合度指標。此一指標的缺點是未能考慮由機運造成的符合度。以表 4-6 的資料為例，若假設兩評量工具是獨立的，則由機運造成的符合度為 $\frac{10}{20} \times \frac{14}{20} + \frac{10}{20} \times \frac{6}{20} = 0.5$。

表 4-6　以甲乙評量工具評量的結果

甲評量工具的評量結果

乙評量工具的評量結果		精　熟	未精熟	
	精　熟	8	2	10
	未精熟	6	4	10
		14	6	20

　　Cohen 將機率因素納入考慮而發展出 kappa 指標。其計算公式為：

$$kappa = \frac{p - p_c}{1 - p_c}$$

其中 P 為根據兩次評量結果所作決策的一致性百分比。以表 4-6 的資料為例，P =（8＋4）/20＝.6，Pc 指的是因機運得到的一致性百分比，Pc ＝.5，所以 kappa 值為（.6－5）/（1－.5）＝.2。此 kappa 值可解釋為排除機運因素之影響後，評量工具改善決策一致性的百分比為 20%。

第五節　測量標準誤

　　信度係數讓我們可以比較不同評量工具受誤差影響的情形，但信度係數無法直接運用在個人分數的解釋上，我們無從知道如果測量工具的信度係數 0.8 時，個別分數差距多少才算構成真正的差異。測量標準誤（Standard Error of Measurement, SEM）能提供個別分數誤差的範圍。

　　對同一個體以同一評量工具重複評量，所有評量結果（觀察分數）會落在真分數附近形成一個分配，這個觀察分數分配的期望值即為真分數，而其標準差即是測量標準誤。從上述的定義，不難發現測量標準誤和信度係數均和評量工具的一致性有關，如果評量分數一致性高，則每次評量的結果會很接近真分數。反之，工具的一致性低，觀察分數和真分數的差距大。測量標準誤的計算公式如下：

$$SEM = \sigma_X \sqrt{1 - \gamma_{XX}}$$

上式中，σ_X 代表觀察分數的標準差，γ_{XX} 是信度係數。由公式可知信度高則測量標準誤小。反之，信度低，測量標準誤大。在使用上，測量標準誤可用於個別分數的解釋及差異分數的解釋。分別說明如下：

個別分數的解釋

　　以測量標準誤解釋個別分數時，我們假設重複評量是可能的而且所得的分數呈常態分配。根據常態分配的假設 68% 的觀察分數會落在真實分數加減一個測量標準誤的範圍內；而 95% 的觀察分數會落在真實分數加減兩個測量標準誤的範圍內；99.7% 會落在真實分數加減三個測量標準誤的範圍內。

　　由於個人的真分數未知，而且通常我們只能得到一個觀察分數，

因此測量標準誤的使用是將前述的推論反向運用。亦即如果個體的觀察分數不太可能落於真實分數的上下三個測量標準誤之外，那麼，它的真實分數必定落在其測驗分數的上下三個測量標準誤之內。所以，解釋個別分數時常以觀察分數加減一個（或數個，依信賴水準而定）測量標準誤，稱為信賴區間，並說明真分數會落在此一區間的機率是0.68。

舉例來說，小芳的智力測驗分數為95分，該測驗的信度為0.84，標準差為 15。因此，該測驗的測量標準誤為 6，68%的信賴區間為89～101分（95±6），95%的信賴區間則為83～107分（95±6×2），99.7%的信賴區間為 77～123 分（95±6×3），也可以說小芳的真實分數落於 89～101 分之間的機率為 0.68，落於 83～107 分之間的機率為 0.95，落於 77～123 分之間的機率為 0.997。

☽ 差異分數的解釋

差異分數的解釋大致有三種情況：第一種情況是比較個人在兩種不同評量工具的得分，如在性向測驗上語文推理與空間推理的分數差異；第二種情況是瞭解經過一段時間個人在同一評量工具的表現是否發生改變，如經過補救教學，數學成就是否顯著提升；第三種情形則是比較不同的兩個人在同一評量工具的表現差異，如小芳的空間推理是否優於小明？

要判斷差異分數是否反映真正的差異還是由隨機誤差所造成的，則需知道差異分數的測量標準誤。差異分數的測量標準誤由下述公式加以計算：

$$SE_{DIFF} = \sqrt{SEM_1^2 + SEM_2^2}$$

SE_{DIFF} 是差異分數的測量標準誤，而 SEM_1 和 SEM_2 為兩個評量工具的測量標準誤。在前述的第二及第三種情形 SEM_1 和 SEM_2 是相等的。這

個公式顯示差異分數的測量標準誤會大過個別分數的測量標準誤。在解釋差異分數時，將測量誤差納入考慮可避免將些微的差異誤視為真正的差異。因此，當評量工具的信度低時，兩者間的差異分數的標準誤就變得相當大，兩個分數間的差異必須很大，才會視為有意義。

信度係數容易受到評量團體的異質性影響。因此，在實際應用上，只有當所評量的對象與信度樣本的特性接近，評量工具手冊所報告的信度係數才有參考的價值。和信度係數相比，測量標準誤較不受團體異質性的影響，因為從異質性大的團體估計測量結果的信度，會得到較高的信度，但同時測量分數得分的標準差也大，由於測量標準誤同時受到信度與測量分數的標準差影響，兩相抵銷的結果使得測量標準誤比較不受團體異質性的影響。在這點上，測量標準誤的可用性較高。其次，測量標準誤與評量分數在相同的量尺上，故能直接用於分數的解釋。

測量標準誤的缺點則是其假設不合理。其基本假設是所有的個體，其測量標準誤都相同。事實上，分數特別低或特別高的人其測量標準誤會大於分數居中者。為了改善此一缺點，有些評量工具在報告測量標準誤時先依分數高低將團體細分成幾個次團體，再計算個別的測量標準誤。

第六節 信度概念在教學評量的應用

信度的概念可幫助教師知道如何評鑑已發行的評量工具之信度，以判斷學生評量結果的一致性。不過，大部分課堂所作的評量和心理測驗的評量是十分不同的。心理測驗的評量傾向於在特定時間進行，且常根據測驗結果對受測者做總結式的決策。在課堂上，教師對學生的評量是持續進行的且針對各種行為向度加以評量。教師透過各種正式及非正式的評量瞭解學生學習的情況，例如，家庭作業、課堂的習作、小考及月考等等。對學生評量若要有高的信度，教師首先需考量

評量工具的效度證據。其次，由信度的概念我們知道評量的項目愈多，則評量的結果信度愈高。因此，對於所欲達成的每項重要教學目標，教師須有足夠的評量資料才能對學生的學習成效做可靠的判斷。最後，教師對於各種評量活動應發展出計分的標準，並將這些標準一致地用在每個學生的表現評量上。有了計分標準，教師方能檢視在評量每個學生的表現時所用的標準是否一致，對於相似的作業所用的評分標準是否一致。如此，對學生表現的評量才可能有高的信度。

第七節　結　語

　　信度指的是測量的一致性程度，它反映了評量結果免於隨機誤差的程度。本章介紹五種信度係數：穩定係數指的是兩次施測所得分數間的一致性程度；複本信度指的是在兩個不同題本但內容等同的評量工具得分的一致程度；內部一致性係數（折半信度、alpha 係數）指的是受試者在各評量項目上的表現一致的程度；內部一致性係數的大小反映的是內容取樣的誤差，以及題目的同質性程度；評分者信度估計不同評分者，對同一表現評分的一致程度；概化係數則是透過適當的研究設計並運用變異分析的方法，估計各種評量設計下分數的一致性程度。

　　信度的評鑑需考慮評量的目的及影響信度係數的各種因素，包括：評量項目的多寡、團體異質性的程度以及用來估計信度的方法。

　　效標參照評量如欲推估範疇分數，則可用概化理論估計分數的概化係數與誤差變異作為信度指標。若是要決定個體是否達到精熟程度，則以符合度以及 kappa 係數估計信度。

　　測量標準誤是對個人多次測量所得分數分配的標準差，經由信度係數及團體測驗分數的標準差推估而得。差異分數的測量標準誤比單一測驗分數來得大。教師應熟悉信度的概念，不過對平日的評量不需做信度的分析，除非該項評量結果相當重要。

思考問題

1. 請參考本章開頭的例子,幫林老師列出小婕兩次得分差異的可能原因,並進一步分析哪些是屬於效度問題,哪些是屬於信度問題?

2. 請你參考國中基本學力測驗網站http://www.bctest.ntnu.edu.tw/,瞭解此一測驗的目的,並思考對此一測驗而言,哪種信度證據最重要,為什麼?

3. 國中基本學力測驗一年二試,假設兩次考試都提供信度估計,如果請你評估某一學科兩次的信度時,你應注意哪些影響信度的因素?

4. 請你以兩位評分者評 5 名受測者的表現,說明下列三種狀況:相關與符合度一致;相關高而符合度低;相關低而符合度高。

參考書目

Allen , M. J. & Yen, W. M. (1979). *Introduction to measurement theory*. Monterey, CA: Brooks/ Cole Publishing Co.

Anastasi, A. (1997). *Psychological testing* (7th Ed.). Upper Saddle River, NJ: Prentice Hall.

Crocker, L. & Algina, J. (1986). *Introduction to classical and modern test theory*. New York: Holt, Rinehart & Winston.

Cronbach, L. J. (1951). Coefficnent alpha and the internal structure of tests. *Psychometrika, 35,* 509-511.

Hambleton, R. K., Swaminathan, J., Algina, J., & Coulson, D. B. (1978). Criterion-referenced testing and measurement: A review of technical issues and development. *Review of Educational Research, 48,* 1-47.

Shavelson, R. J. & Webb, N. M. (1991). *Generalizability theory: A primer*. Newbury Park, CA: Sage Publications.

Stanley, J. C. (1971). Reliability. In R. L. Thorndike (Ed.). *Educational measurement* (2nd Ed., p.359-442). Washington, D.C. : American Council on Education.

第五章

發展評量計畫

王文中

　　經過一個快樂的暑假，學校已經開學了。王老師開始撰寫課程大綱和進度表。這是一項很關鍵的工作，因為如果課程大綱和進度表並不恰當，恐會導致教學失敗或效率不彰，也會影響學習狀況。王老師一方面思索著課程的主要內容，要如何教授，另一方面考慮要如何評量學生的學習成果。最令他焦慮的是，如何透過最有效的評量方式，落實評量的效果。換句話說，評量方式應該如何與學習成果相結合，以達到最大的功效。對王老師這樣的生手而言，這是項非常有挑戰性的任務，也可以說是非常重要的「收心操」。

第一節　學習成果的分類

　　在進行評量之前，必須擬定評量計畫（assessment plan），用以規範評量的目的、內容、方式、分數解釋、公布方式等，以免倉促成事，無法有效發揮評量的功能。所謂評量的內容，指的是學生應該學會的學習成果。例如希望學生不僅能夠理解基本知識，推理和解決問題，具備嫻熟的技巧，還要能創作產品，而且對該學科要有濃厚的興趣與價值感。這些預期的學習成果勾畫出對學生的具體要求。隨著教學的進度，每次評量計畫所涵蓋的內容範圍不一樣，例如第一次段考的範圍涵蓋第一至第四個單元。評量計畫除了明訂所欲評量的學習成果外，還要指定所涵蓋的內容範圍。最後，還要根據學習成果的特性，選取適當的評量方式，例如可用選擇題來測驗學生的知識，利用申論題來評量推理和問題解決的能力，要求學生實作操作儀器以瞭解學生的技巧，利用師生間非正式的溝通來評量學生對該學科的興趣、態度與信心等。

　　評量的方式必須配合學習成果，因此評量之初必先對所欲評量的學習成果加以表述。學習成果的分類有很多種，作為一個教師，無須捲入學習成果分類的紛爭中，重要的是這些分類要夠簡明，且能切合

評量需要。傳統上，學習的成果（或教學目標）可分為三大類：認知
（cognitive）、情意（affective）、心理動作（psychomotor）。認知領
域依照認知的複雜度，又可分六個層次（Bloom, Englehart, Furst, Hill, &
Krathwohl, 1956）：知識或記憶（knowledge）、理解（comprehension）、
應用（application）、分析（analysis）、綜合（synthesis）、評鑑（evalu-
ation）。情意由外在消極的接受而成為內在主動的品格，分為五大類
（Krathwohl, 1964）：接受（receiving）、反應（responding）、價值感
（valuing）、組織（organization）、品格（characterization）。心理動
作從被動的知覺到主動的創造，可分為六大類（Simpson, 1972）：知
覺（perception）、心向（set）、引導的反應（guided response）、機制
（mechanism）、適應（adaptation）、創作（origination）。如圖 5-1 所
示。

　　這種分類方式有其學理上的價值，因為透過這種分類，更能掌握
各種學習成果的詳細意義。不過對一般的教師而言，這種分類方式過
於複雜，因此難以使用在日常的評量上，因此可採用 Stiggins（1994）
的分類。他將學習成果簡單的歸為五大類：知識、推理、技能、產
品、情意，比較適用於教師的課堂評量。以下分別敘述其意義。

圖 5-1　學習成果之分類

知　識

知識可分為事實性知識（factual knowledge）、概念性知識（conceptual knowledge）、程序性知識（procedural knowledge）、後設認知知識（meta-cognitive knowledge）。事實性知識主要包括專門術語的知識、特定細節和元素的知識。概念性知識主要包含分類和類別的知識，原則和類化的知識，理論、模式和結構的知識。程序性知識包括特定學科技能和演算的知識、特定學科技術和方法的知識、判定何時使用適當程序的知識（Anderson, 1982, 1990）。後設認知知識包含策略性知識、對於認知任務的知識（含脈絡和情境的知識）、自我的知識。知識是推理、問題解決、技能、產品的基石。缺乏足夠的知識，這些活動將無法有效推展。

推理與問題解決

雖然知識的獲得是非常重要的，不過教育的目的不僅只是知識的獲得而已，還要能夠加以活用，例如學生要能理解現象背後的意義和原因，應用已有的知識解決問題，分析知識的成分，以及成分間的關係，組織知識形成新的架構，評鑑各個現象之優缺點，批判現象的推論與解釋等。這些能力可通稱為推理或抽象思考。

技　能

除了上述知識和推理的認知能力外，教師通常會要求學生還能做出某些行動。例如對幼稚園的學童而言，我們希望他們能照顧自己，和同伴遊戲。對小學生而言，希望他們能夠和同伴合作完成任務，發展社會關係等。對中學生而言，要能操弄儀器等。更微觀的看，各個學科或多或少需要培育學生具有某種技能。例如國文科需要學生能夠查字典和寫作，數學科需要學生使用計算機，社會科需要學生使用圖書館，自然科需要學生進行實驗或田野調查等。

☪ 產　品

學生除了獲得知識、推理能力以及技能外，還要能加以統整，創造產品。例如希望學生能創作文章、詞曲、工藝產品、烹飪、科學產品等。這種創意的表現正是現代教育比較欠缺的部分。

☪ 情　意

熟悉知識、善於推理、技巧純熟、創造產品等雖然是教育活動的重心，但真正主宰這些學習成果不至於濫用和誤用的關鍵在於情意。我們希望學生擁有自信，高度學習動機和興趣，能夠欣賞美的事物，有著好的品格，高尚的情操，幸福的人生等，這才是社會進化的關鍵，也是教育的終極目標。

第二節　評量的方式

介紹過學習成果的分類後，以下介紹四種常用的評量方式。這四種方式對評量各類學習成果有著不同的長處。教師可以針對學習成果，選擇較為適當的評量方式，以期發揮評量的功效。

☪ 挑選反應評量（selected-response assessment）

所謂挑選反應評量，學生只要從數個選項中挑選出適當的答案即可，無須自己試。本書第六章專門介紹各種的挑選反應評量的性質、優缺點和注意事項。先建構出答案。選擇題、是非題、配合題均屬此種類型的評量方式。

☪ 建構反應評量（constructed-response assessment）

在建構反應評量裡，則沒有選項可供挑選，學生必須自行建構出答案，例如計算題、證明題、填充題、問答題等。本書第七章對於建

構反應評量的適用時機、優缺點、注意事項等會有詳細的介紹。

☾ 實作評量（performance assessment）

　　一般而言，無論是挑選反應或是建構反應都是屬於紙筆評量，因為考題的呈現和答案的提供，都是以紙筆為主（隨著電腦的盛行，這類評量方式也可以是電腦測驗。）紙筆評量是教育評量中最常採用的方式，尤其是認知方面的評量。反之，在實作評量裡，學生被要求從事一些活動（如操作儀器、朗誦詩詞、英文會話、製作陶器），然後教師從這些活動的過程或產品中，加以評量學生的學習成果。第八章和第九章詳細介紹實作評量的理論基礎和具體步驟。

☾ 人際溝通評量（interpersonal-communication assessment）

　　上述的三種評量方式通常會在定期且正式的評量中實施，教師通常事先宣布評量日期、地點、考題類型。事實上，教師在日常生活中，常會利用各種與學生溝通的機會進行評量。例如在課堂上問學生問題，找學生私下晤談，觀察學生的行為，詢問家長（或透過聯絡簿）有關其兒女的課後行為。這些方式都屬於人際溝通評量。雖然這種評量方式持續進行，可惜教師通常沒有系統的加以記錄和分析，以致難以發揮評量的功效。第十一章的「情意評量」闡述人際溝通評量的原則與實施方式。

　　以上這四種評量方式只是大概的分類，其實這四類並不完全是互斥或周延。例如從學生的作答反應來看，可分為挑選反應和建構反應。實作評量和人際溝通評量通常會要求學生自行產生答案或行為，因此屬於廣義的建構反應評量。從是否要求學生實作而言，可以分為實作評量與非實作評量。傳統的紙筆測驗屬於非實作測驗。就評量實施的定期與正式與否，可分為定期且正式的一般評量（如小考、段考、期末考等），與較非正式的人際溝通評量。

第三節　試題的類型

　　廣義而言，試題的類型可分為挑選反應型和建構反應型兩大類，任何的題型都可歸為這兩大類。不過可以依照題型內建構反應的複雜度，加以排列，一端是無須自行建構的選擇題，另一端則是需要複雜建構反應的申論題（Bennett & Ward, 1993; Bennett, Ward, Rock, & LaHart, 1990; Guion, 1998; Snow, 1993）。

☾ 選擇題（含是非題、配合題）

　　除了傳統的選擇題、是非題、多選題、配合題外，還有一些變化，例如令學生寫出挑選該選項的信心，如 100%或是 80%等，如果該生答對的話，他在該題的得分就是該題分數乘上其信心指數。這種信心指數的做法，可以更清楚瞭解學生的熟悉程度，不過也增加學生答題的困擾，因此實施的情況並不普遍。

☾ 挑選、確認

　　在選擇題裡通常只有 4 或 5 個選項，因此猜中的機率頗大。為了克服此點，可以增加選項的數目，以降低猜中的機率。例如國文中的挑錯別字，英文中的挑錯或刪掉不必要的字，學生必須從整段敘述中，挑選或確認錯誤所在。

☾ 重組和造句

　　提供學生多個字詞，要求學生重新組合成正確的句子。給予一些成分，要求重組出某個成品。或者給予一些圖片，要求學生組合出適當的故事。

☪代換、更正

　　要求學生挑出錯誤後，並加以更正。或者以同義字、同義詞代換。或要求學生將兩個句子加以合併，成為一個通順的句子。

☪選擇題加上陳述

　　要求學生在挑選出選項後，並簡短說明挑選該選項的理由。因此除了挑選外，還需自行建構出答題的理由，因此同時兼具挑選反應與建構反應。

☪填充題

　　要求學生填入一個字、詞、數量、符號等。

☪簡答題、翻譯

　　要求學生回答簡短的句子，或一段文字，或者要求學生進行古文翻譯、或者中英文翻譯等。

☪問題演練（problem exercise）

　　學生根據所給的問題，設法找出解答。或者題目已經提供解答，但學生必須解釋這個解答的推理過程。

☪教回歷程（teach-back procedure）

　　要求學生以自己的話解釋概念、過程、結構、系統等。

☪申論、證明、計畫

　　學生依照題意作較長篇的論述或證明。除此之外，也可只交代學生要完成某個計畫，但計畫的內容由學生自訂。

　　這 10 種試題類型各有其基本形式和變化形式，教師可以自行研

發和活用。不過新的題型應有一段試用期，例如在課堂上提供學生練習，確定每位學生都能熟習該題型後，才可正式用在考試上，否則容易造成學生因為不熟悉新題型而導致作答反應不佳的窘境。相對於挑選反應的題型而言，建構反應的題型常有著閱卷上的困難，例如評分的人力、物力、客觀性等，而且題目有限，所以常常無法有效涵蓋整個學習範圍。既然有那麼多的缺點，又何必採用它？主要原因是建構反應的題型比挑選反應的題型更吻合現實生活和教育的本質，畢竟現實生活中通常不是讓我們從多個選項中挑選，而是要自行產生看法和做法。現今國際大規模的教學評量都兼採挑選反應和建構反應兩種題型，這和目前國內獨尊選擇題的做法（如國中基本學力測驗）大相逕庭。雖然閱卷人力物力是個現實的問題，但畢竟不可因噎廢食，完全捨棄建構反應評量。例如語文學科的聽、說、讀、寫四種能力，不易用選擇題來有效評量。

第四節　評量方式與學習成果的結合

我們介紹五種學習成果、四種評量方式，接下來就是將學習成果與評量方式加以結合。雖然理論上任何一種評量方式都可評量任何一種學習成果，不過仍有其特別適用的範圍。例如若要評量學生的知識，當以挑選反應評量最為經濟且有效率。若是評量學生的技能，非實作評量莫屬。以下分各個學習成果，闡明如何運用各種評量方式。

☾ 知　識

任何學科都有其基本的知識要求，例如學生必須熟悉基本的陳述性和程序性知識。所謂熟悉，並不是要學生去死記零碎的知識，而是能夠靈活使用知識，將知識融入既有認知系統裡，成為知識的主人，而不是知識的奴隸。在 21 世紀裡，知識的記載大多存於電腦光碟或網路中，只要學會如何操作光碟或網路獲取知識，就好像馬上擁有一

大座圖書館的知識，因此教學的重點在於讓學生學會獲取知識和活用知識，而非背誦知識。

　　不過要能充分活用知識之前，仍須熟悉一些背景知識。因為這些背景知識的學習，決定日後的學習狀況。在未造成更多的學習障礙前，及時發現而加以補救，就是評量的一大目的。反之，如果這些知識對往後的學習無關緊要，那麼實在沒有必要加以評量。身為教師，應該時時檢討考題的內容是否真的就是必備的知識。如果太過瑣碎，或是無關緊要，那麼就不應納入考題之中，徒然增加考生壓力，降低學習興趣而已。

　　通常對知識的評量，以挑選反應評量最多，尤其是選擇題。由於挑選反應評量只要求學生勾選適當的選項，因此作答迅速，也就可以出很多的題目，涵蓋很大的範圍。除此之外，計分也很經濟客觀。如果所欲評量的知識項目很多，那麼選擇題、是非題、或配合題等挑選反應評量方式是最為恰當的。

　　不過通常挑選反應評量所測到的知識層面，大多以片段的知識為主，例如零散的事實、公式、規則、專有名詞、概念等陳述性知識。如果學生答錯的話，教師仍很難知道學生為何出錯，因此較少具有診斷的價值。即使學生答對，教師也不易確定他是否就已經具有所欲測的學習成果。

　　相反的，如果所要測的知識屬於較統整或較結構化的話，那麼挑選反應評量可能比不上建構反應評量來得有效。例如經由簡答題、申論題、計算題、證明題等，更可以評量學生是否理解事件的因果關係、複雜概念、計算方法或其他程序性知識等。相對於挑選反應評量，建構反應評量的評分較不經濟客觀，所涵蓋的範圍較小。

　　在實作評量方面，可透過設計各種必須實際操作的情境，以評量學生程序性知識的理解程度。例如可令學生實際至圖書館檢索資訊，藉以評量是否理解運用工具的方法。若要評量學生是否理解辯論之道，與其利用紙筆測驗，不如舉辦一場辯論比賽，從中評量學生是否

真的理解辯論的方法，而且靈活運用。所謂「坐而言，不如起而行。」，「知行合一」，對知識的真正理解，應該可以表現在行為上，因此實作評量自有其價值。

有的時候，用紙筆測驗和實作測驗都可能不易理解學生的學習障礙。例如某些學生就是無法正確的解答加法的進位，無論用選擇題或是計算題，都很難得知他為何會出錯，此時聰明的教師自然會把他叫到跟前，仔細詢問他的計算過程，從中發覺錯誤的觀念，這就是利用師生互動達到評量效果的例證。同樣的，聆聽學生課堂的發問，也可以瞭解學生的學習困難。

總而言之，四種評量方式都可以應用至知識層面。不過隨著評量方式的不同，所評量到的知識層面也大多不同。大致說來，挑選反應評量所測到的知識領域較偏向零碎的陳述性知識。建構反應評量則可測到較複雜的知識，包括陳述性知識和程序性知識。實作評量可以測得學生活用知識的程度。人際溝通評量則特別適用於發覺學生的學習障礙。

雖然四種評量方式各有所長，但並不見得相互排斥。例如並不見得挑選反應評量就一定只能針對零碎的陳述性知識而已，關鍵在於試題的品質，以及學生的認知歷程。如果試題品質良好，而且學生的認知歷程也不只是簡單的回憶而已，那麼即使是挑選反應評量，也可能測到較複雜的概念和原則等。可惜的是，有些教師主觀的認為試題品質良好，但學生卻看不懂題目，或誤會題意，反而降低試題的品質。再者，有時教師以為試題可以測較統整的知識，但由於學生曾經做過類似的題目，那麼對他而言，這個試題所涉及的認知歷程只不過是簡單的回憶而已。

其實建構反應評量和實作評量也有這方面的問題。例如坊間模擬試題或考古題盛行，如果考題和這些題目類似，再好的題目對學生而言，也只是又多一次的記憶練習。如果申論題只是課本教材的翻版，那麼對學生而言，也只是短暫的記憶而已。身為教師，除了靈活變化

試題外，也應瞭解學生的認知歷程，才能作好評量，達到預先設定的評量效果。

☾ 推理與問題解決

有些學者或教師以為挑選反應評量方式，並不能用來評量學生推理與問題解決的能力。相反的，也有一些學者或教師認為任何推理與問題解決都可以用挑選反應評量方式來加以評量。前者過於悲觀，後者過於樂觀。持平而論，好的選擇題或是非題的確可以評量某種程度的推理和問題解決（有的推理或批判思考測驗就是以選擇題為主！）。除了好的試題品質外，另一個關鍵條件就是學生的認知歷程。有的學生可能因為熟悉類似考題，或習得特殊的解題技巧，以致好的試題到了他的手裡，只不過是單純的記憶題而已。

如果所欲測的能力需要學生對某些觀念加以評鑑或辯護，或問題解決所涉及的步驟較複雜，或每一步驟的推理過程都是非常重要，或對方案作多方面的評估，那麼挑選反應評量較不恰當。此時，若用建構反應評量，如申論題、計算題、證明題、實驗題等，更能評量出學生評鑑和問題解決的能力。

由於學生操作或表演也是教學活動的一部分，例如操弄儀器、規劃方案等，此時可直接在活動中加入評量，直接觀察學生的推理和問題解決方式。又如若要評量學生解決衝突或溝通的能力，透過角色扮演的實作評量顯然要比紙筆測驗來得有效。

無論是紙筆測驗或實作評量，都是以外顯的成果來評量學生的內在推理。有的時候可能會產生落差，例如學生可能單憑記憶就可回答高難度的推理工作，因為他事先做過這類問題，或該試題直接抄錄書本。當教師擔心此一現象時，可請學生大聲同步立即講出其內心的推理過程（think out loud）。除此之外，若教師對紙筆測驗或實作評量的結果有所懷疑或不確定，可透過與學生的進一步的人際溝通評量而加以澄清，並理解學生的學習困難。

☪ 技　能

　　如果教學目標在於培養學生實作的能力（如操作儀器、演說、歌唱、繪圖等），最直接的評量方式就是觀察他們在該情境下的表現，因此實作評量就是最佳途徑。有的時候，受限於客觀環境，例如時間、人力、物力等，無法進行詳細的實作評量，此時可佐以其他三種評量方式。例如可用選擇題來評量學生是否理解正確的實作程序，不當程序的後果，演說的重要步驟，歌唱的發音要點，繪圖的配色等。值得注意的是這種評量方式只能瞭解學生是否「認知」到如何有效實作，並不能就確保學生必能有效實作。

　　同樣的，在建構反應評量裡，可要求學生寫出有效操弄儀器的步驟，演說的流程與注意事項，批判錄影帶中的某段歌唱，批判某件圖畫作品等。教師也可透過人際溝通探知學生對技能各成分之間的理解，觀察學生在日常情境中對該技能的表現。

☪ 產　品

　　和評量學生的技能一樣，如果要評量對創造產品的能力，最適當的方式就是透過實作評量。例如評量學生作文、作詞曲、工藝、科技等產品的創意表現，最直接的做法就是讓學生實地去作。其他三種評量方式的效果很有限，但並不是完全的不可行。例如可用挑選反應型態來測知學生是否可從多種產品中挑選出最佳或最有創意的產品，或者讓學生挑出好產品的製作要件和製程。也可用建構反應型態讓學生申論產品的特性、製作歷程、價值、創意所在等。此外，透過人際溝通，教師同樣可以評量學生對此類問題的見解或迷思。

　　無論是挑選反應、建構反應或人際溝通評量，通常只能處理學生的認知情況，因此得高分者，並不見得就一定能創造出產品。就像對如何製造汽車過程瞭如指掌的人，未必就能製造出一部汽車。如果教師質疑這三種方式對評量創造產品的適切性，那麼就應該使用實作評量。

☾ 情　意

對情意方面的評量，通常著重在學生對該學科的學習動機、興趣、態度、價值感與自我看法（self-concept）等，最適當的評量方式是人際溝通評量。例如透過課間或課後的行為觀察、深度晤談、家庭訪問等，教師將更能有效的掌握學生對該科目的興趣和看法，也可以瞭解學生對該學科的信心。在挑選反應評量方面，並不是採用一般的選擇題來測試學生的認知能力，而是設計問卷請學生自評或互評對該學科的興趣、信心和價值感等。在建構反應評量方面，可利用開放式的問題，請學生描述自己對該學科的感覺。相較之下，實作評量比較不易與情意評量有效結合，因為透過外顯的操作行為或作品來推估學生的情意，較易失真。例如透過學生繪畫或作文，並不易理解其對這兩者的興趣。學生可能因為欠缺某些基本技巧，而使其作品大打折扣，但這不見得表示他不感興趣，或漠視這些學科的價值。反之，他可能因為有著熟練的技巧，而表現良好，但其實卻對該學科的興趣缺缺，甚至不覺得有價值，只不過是應付老師要求而已。

第五節　建立課堂測驗細目表

教師在進行課堂測驗之前，應該先訂定測驗的藍圖，並依照此藍圖編寫試題，以確保評量的內容涵蓋重要的學習成果。此藍圖就是所謂的測驗細目表（test specification）。基本上，測驗細目有三個元素：教學內容、學習成果、計分比重。首先界定教學內容範圍，標明所欲評量的學習成果，然後分配占分比重。以下分述此三步驟：

☾ 界定教學內容範圍

教師應先界定所欲評量的教學內容範圍，例如第一次段考可能只考第一課至第四課。假設以社會科的「民主」單元為例，包括四個次

單元:「基本人權」、「自由與法治」、「議會政治」、「選舉」。當然,每個次單元還可分為數個小單元。例如基本人權又可分為基本人權概念的發展、重要事件人物、當代狀況、未來潮流等。

☽ 標明學習成果

學習成果乃是將教學目標加以具體化和行為化。教師可根據學習成果的五大項目:知識、推理與問題解決、技巧、產品、情意來撰寫較為詳細的學習成果。例如就知識而言,學生應知道基本名詞、概念、事實、現象等。在推理和問題解決方面,學生要能理解各成分之間的關係,解釋和批判現象,解決矛盾衝突的關係等。在技巧方面,學生要能夠操作某種儀器或設備。在產品方面,學生可能被要求去製造、加工、或開發某種作品或產品。在情意方面,我們希望學生有好奇心、求知欲、信心、興趣且能樂在其中。這些都是重要的成果。教師可根據這些分類,配合上述所欲評量的內容範圍,加以詳細表列。

☽ 分配占分比重

教師可依照重要性、困難度、課堂強調多寡等決定各個次單元的占分比重。例如以上例「自由」中的四個次單元而言,「基本人權」、「自由與法治」各占 20%,「議會政治」、「選舉」各占 30%,共計 100%。同樣的,在學習成果方面,假設欲評量三大成果:知識、推理與問題解決、技巧。此大類成果占分的比重分別為:40%、40%、20%。各大成果通常還可細分為幾項次成果,如知識又分為知道基本概念、實施程序。推理與問題解決可分為理解民主運作、批判既有現象。教師可再分派這些次成果的比重。

有了內容範圍和學習成果的占分比重後,接著就要建立雙向細目表,決定各個細格的占分比重,例如表 5-1 所示。

表 5-1 「民主」單元的測驗雙向細目表

內容＼成果	知 識		推 理		技 巧	合 計
	基本概念	實施程序	理解民主的運作	批判既有現象		
基本人權	5		10	5		20
自由與法治	5		10	5		20
議會政治	5	10		5	10	30
選舉	5	10		5	10	30
合計	20	20	20	20	20	100

　　以該表而言，若測驗卷滿分為 100 的話，「基本人權」中關於基本概念的知識占 5 分，關於理解民主的運作則占 10 分，以此類推。

　　就課堂內的小考或隨堂考而言，似乎不必這麼麻煩建立雙向細目表。也許可以簡化為單向細目表即可。例如，這次小考只要考「基本人權」，因此就考慮上表中的「基本人權」那一列即可。又如某次小考完全只強調知識而已，因此可以只用上表的知識那一行即可。反之如果是較大規模的考試，如段考、期末考、模擬考、聯考等大型考試，就該建立此雙向細目表，以確保涵蓋所有重要的學習成果，並維持最佳的比重。

第六節　選擇評量方式

　　有了這樣一個測驗雙向細目表之後，教師就可以據以選擇評量方式：挑選反應型、建構反應型、實作評量、人際溝通。例如，以選擇題評量學生在知識上的學習成果，以申論題評量推理，以實作評量學生的技巧。

在第四節裡，我們敘述學習成果與評量方式的結合。雖然理論上，每一種題型都可以用以評量每一種學習成果，不過其效果卻大不相同。教師應該挑選最為合適的方式，期能發揮評量的效能。除了第四節中的考量外，教師還可以從以下各個層面考慮是否要用挑選反應型或是建構反應型的試題：

☾⭒ 對教學與學習的影響

身為教師應清楚掌握各種題型對教學與學習所產生的影響，將更能發揮各種題型的功用，提升教學的品質和促進學生的學習。曾有研究（Williams, 1965）指出在小學生的科學教學裡，建構反應題比選擇題更能有效發揮編序教學（programmed instruction）的功能。學生的表現會受到他們對試題類型和難度期望的影響。如果學生預期考試是申論題且難度較高的話，其考試的成績會比預期是選擇題或難度較低來得高（Foos & Clarks, 1983）。通常學生如果預期考題是選擇題的話，其學習方式偏向細部學習，即較注重事實、專有名詞、概念等細節的知識，但忽略其間的關聯性。如果預期是申論題的話，其學習方式偏重大部學習，即注重各主題間的統整，不過卻容易忽略細部學習。

☾⭒ 所評量的認知知識結構

常可聽到學者專家或教師抱怨選擇題所測到的能力是屬於片段或零碎的知識，無法有效測得高層次的能力，或者宣稱建構反應題才能有效評量高層次能力。不過這方面的研究仍無定論。簡單的說，並無明顯的證據指出建構反應題就一定比選擇題，提供較深層和較具診斷意義的評量。同樣的，也沒有很好的例子可以證明選擇題能夠有效的用以評量高層次的能力和思考（Bennett, Rock, & Wang, 1991; Bridgeman, 1992; Guion, 1998; Snow, 1993）。

事實上，這有太多的變數存在，例如題目本身的品質是否良好。如果申論題完全是由課本的大綱抄錄下來，學生只要背會大綱，就能

考高分。相反的，如果能夠有效掌握學生的思考方式，選擇題也能用來評量高層次的能力。不過顯然用選擇題來測高層次能力遠比用建構反應題難得多的，但並非不可能。身為教師不能輕忽這種困難度，否則自認為完美的選擇題，可能只是測得學生的短暫記憶而已。反過來說，教師也不宜對申論題抱持過度的樂觀，以為就能夠有效反映出學生的高階思考。這中間分寸的拿捏，必須仰賴教師的專業判斷和經驗。

☽ 測驗中的認知處理

　　雖然表面上，選擇題提供數個選項供學生挑選正確或最佳答案，但並不見得學生在回答問題時就只是挑選答案而已。例如，研究指出各種題型所涉及的認知處理並不相同。如果題目很簡單的話，學生就可以自行建構出答案，然後將此答案和選項相比挑選相同者為答案。如果題目很難的話，學生也能比較各個選項的可能性，刪除較不可能的答案。因此即使是選擇題，每個學生所涉及的認知處理並不見得一定相同，也不見得單單只是「選擇」而已（Kyllonen, Lohman, & Snow, 1984; Snow, 1989）。

　　雖然由以上的研究可以發現，即使是選擇題也需要建構反應。可惜的是，從選擇題的作答裡無法清楚覺察這些認知處理。如果從教學的觀點來看，這些認知處理是非常重要的學習，那麼用建構反應題比選擇題更能評量學生的學習效果，因為這些認知處理的歷程會明明白白的呈現在學生的建構反應裡。

☽ 學生的態度

　　有的學生偏好選擇題，有的學生則是對建構反應型的試題較拿手。曾有研究（Zeidner, 1987）調查中學生對選擇題和申論題的喜好程度，發現學生們比較喜歡選擇題，覺得選擇題比較容易，選擇題比較不會令他們感到緊張。不過大多數學生認為申論題較能反映學生的程度。身為教師，應該理解學生對考試題型的認知與態度，方能有效發

揮各種題型的最大功用。

☾⋆學生的考試焦慮

　　教師應該考慮學生的考試焦慮，儘量安撫學生的情緒，降低其測試焦慮。如果發現學生的考試焦慮居高不下，那麼用選擇題來加以評量可能比較適當。相反的，如果學生並沒什麼焦慮，那麼用建構反應題來加以評量，較能充分發揮他們的實力。Schmitt 和 Crocker（1981）發現在選擇題裡，測試焦慮的高低對選擇題分數的影響並不明顯，但在建構反應題裡，隨著測試焦慮的增加，測驗分數大幅降低。而且測試焦慮很低的學生，在建構反應題裡表現較佳，但測試焦慮很高的學生，則在選擇題裡表現較佳。換句話說，測試焦慮明顯的干擾學生在建構反應題裡的作答。

第七節　結　語

　　發展評量計畫是有效評量的先決條件。對教師而言，如果每次考試就要擬定一份完整的計畫書，恐怕也不切實際。對較大型的考試而言，建立評量計畫書可以說是必備的程序，因為大型的考試通常會牽涉多位評量人員，他們可以藉由評量計畫書來溝通。除此之外，在測驗實施之後，可以根據實施成效修改評量計畫書，當作下次類似考試的參考。對於課堂考試而言，我們也鼓勵教師們撰寫計畫書，也許只要一頁即可，簡單描述學習成果、測驗細目表、評量方式等。這個撰寫的經驗可以幫助教師思考整個評量歷程，提升評量的效益。況且，熟能生巧，有了數次經驗後，再要撰寫較正式的評量計畫書就不會那麼困難。

思考問題

1. 請挑選國中或高中的某科月考考卷，分析考題的形式、題目所測量到的認知能力層次，是屬於低階的知識記憶還是高階的推理和問題解決？你的這些分析論證，是建立在扎實的客觀證據嗎？

2. 在一個人數高達 30 人的班級裡，要如何實施人際關係評量？評量的重點要擺在哪裡？

3. 請以本書的第一章至第五章為內容，編寫測驗雙向細目表，並說明評量的方法。

4. 你對於國中基本學力測驗完全採用選擇題的做法，有何看法？選擇題是否真的能夠有效的測量學生所有的「基本學力」？

 5-1

學生程度愈來愈差嗎？

很多的人可能會認為學生的程度一代不如一代，不過這是否有證據支持呢？為了瞭解這個現象，美國於 1969 年開始了「教育進步國家評量」（National Assessment of Educational Progress, NAEP）。詳見 http://nces.ed.gov/nationsreportcard。NAEP 對於四年級、八年級、和十二年級的學生進行大規模的抽樣，評量他們在某些學科（如語文、作文、科學、數學、歷史、地理、公民等）的學習成果。題型包括選擇題、建構反應題、還有一些實作題。基本上，並不支持所謂學生素質愈來愈差的看法。在數學和語文上，1990 年代的學生比 1970 年代來得好。在科學上，1980 年代的學生也比 1970 年代來得好。不過這類的比較並不是表面上那麼簡單，必須考慮到橫斷性研究（cross-sectional study）的抽樣變動（例如不同的學生如何比較？），和縱貫性研究（longitudinal study）中因為時間所帶來的干擾（如課程的改變、測驗的改變等）。

國內也開始類似的教育評量，稱作「台灣教育長期追蹤資料庫」（Ta-

iwan Education Panel Survey, TEPS）。詳見網站 http://www.teps.sinica.edu.
tw。從 2001 年開始，TEPS 抽樣國一、高中職和五專二年級的學生、學生
家長、老師和學校，進行 2～4 次的資料蒐集。在學科的評量方面，主要以
國文、英文、數學、科學為主。除了學科的評量外，TEPS 也佐以問卷調
查，對象包括學生以及家長、老師及學校。問卷的焦點在於學校及家庭學
習環境對學生的影響。TEPS 的主要目的在於建立一個長期的教育資料庫，
希望成為學界和政策制定部門的共同資產。

 5-2

口試的實施

　　口試（面談）是一項常見的評量方式。在入學考試中，如大學申請入
學、研究所入學等，常會使用口試。在職場上，口試更是重要。例如高達
95% 的公司會使用口試來當作甄選員工的手段之一（Landy & Trumbo,
1980），有很多的公司甚至把口試當作甄選員工的最重要的手段（Ahlburg,
1992; Miner & Miner, 1978）。口試之所以受到喜愛，一部分的原因可能在
於可以對申請者或考生作出整體的評量。但口試真的能到發揮這麼大的功
效嗎？它可以取代筆試嗎？

　　過去的一些研究指出口試的信度和效度其實是有很大問題的（Arvey &
Campion, 1982），效度係數很少會超過 0.1，甚至常常接近 0（Hunter &
Hunter, 1984; Reilly & Chao, 1982）。近來的研究則建議要將口試加以結構
化，才能有效提高其信度和效度（Campion, Pursell, & Brown, 1988; Wiesner
& Cronshaw, 1988）。例如要將口試的問題擺在跟學業（申請入學）或工作
（甄選員工）有直接相關的面向上，而且要採用一致和有效的計分方法。
這就是所謂的結構化面談（structured interview）。在結構化方面，可以儘
量將情境加以標準化，問題要跟未來的就學或工作有關，最好使用固定的
評等量尺（rating scale）來給分，而且要有多位評分者（Campion, Palmer,
& Campion, 1997）。在問題方面，可以用假設的情境來詢問考生將會如何

處理，或者詢問其過去是否碰到類似的狀況，以及處理的方式。

　　一般說來，口試最好是被當作來補充紙筆測驗之不足，而不是用以取代紙筆測驗。畢竟用紙筆測驗來評量認知會遠比用口試有效。最好將口試的重點擺在行為，而不是在應對的態度或技巧上，這樣將有助於口試的信度以及效標關聯效度。其實口試看到的多屬於考生的社交技巧，例如應對進退。僅僅數分鐘的口試，不易評量複雜的人格特質（McCormick & Ilgen, 1980）。

　　口試需要仰賴評分者打分數，因此可能會產生評分者偏誤（rater error）。例如月暈效果（halo effect）、寬鬆偏誤（leniency error）、分數侷限偏誤（range-restriction error）。月暈效果指的是評分者因為考生的某項特質（例如有禮貌），進而擴大到他的所有特質。就像月圓時，月亮的周圍也會有層亮光。寬鬆偏誤指的是評分者給分過於寬鬆或嚴苛。分數侷限偏誤指的是常給一些中間分數，而無法有效區分考生的高下。要防止這些錯誤的發生，應該事先就明確規範問題的形式和內容，訂好評分準則，並讓評分者熟悉這些規則。

參考書目

Anderson, J. R. (1993). *Rules of the mind*. Hillsdale, NJ: Erlbaum.

Anderson, J. R. (1982). Acquisition of cognitive skill. *Psychological Review, 89*, 369-406.

Ahlburg, D. A. (1992). Predicting the job performance of managers: What do the experts know? *International Journal of Forecasting, 7,* 467-472.

Arvey, R. D., & Campion, J. E. (1982). The employment interview: A summary and review of recent research. *Personnel Psychology, 35,* 281-322.

Bennett, R. E., & Ward, W. C. (1993). *Construction versus choice in cognitive measurement: Issues in constructed response, performance testing, and portfolio assessment.* Hillsdale, NJ: Erlbaum.

Bennett, R. E., Rock, D. A., & Wang, M. (1991). Equivalence of free-response and multiple-choice items. *Journal of Educational Measurement, 28,* 77-92.

Bennett, R. E., Ward, W. C., Rock, D. A., & LaHart, C. (1990). *Toward a framework for constructed-response items* (ETS ER 90-7). Princeton, NJ: Educational Testing Service.

Bloom, B. S., Englehart, M. D., Furst, E. J., Hill, W. H., & Krathwohl, D. R. (1956). *Taxonomy of educational objectives: Handbook I, cognitive domain.* New York: McKay.

Bridgeman, B. (1992). A comparison of quantitative questions in open-ended and multiple-choice formats. *Journal of Educational Measurement, 29,* 253-271.

Campion, M. A., Palmer; D. K., & Campion, J. E. (1997). A review of structure in the selection interview. *Personnel Psychology, 50,* 655-702

Campion, M., Pursell, E., & Brown, B. (1988). Structured interviewing: Raising the psychometric properties of the employment interview. *Personnel Psychology, 41,* 25-42.

Foos, P. W., & Clark, M. C. (1983). Learning from text: Effects of input order and expected test. *Human Learning, 2,* 177-185.

Guion, R. M. (1998). *Assessment, measurement and prediction for personnel decisions.* Mahwah, NJ: Erlbaum.

Hunter, J. E., & Hunter, R. F. (1984). Validity and utility of alternative predictors of job performance. *Psychological Bulletin, 96,* 72-98.

Kranthwohl, D. R. (Ed.) (1964). *Taxonomy of educational objectives: Handbook II, affective Domain.* New York: McKay.

Kyllonen, P. C., Lohman, D. F., & Snow, R. E. (1984). Effects of aptitudes, strategy training, and task facets on spatial task performance. *Journal of Educational Psychology, 76,* 130-145.

Landy, F. J., & Trumbo, D. (1980) *Psychology of work behavior.* Homewood, IL: Dorsey.

McCormick, E. J., & Ilgen, D. R. (1980). *Industrial psychology* (7th ed.). Englewood Cliffs, NJ: Prentice-Hall.

Miner, M. G., & Miner, J. B. (1978). *Employee selection within the law.* Washington, DC: Bureau of National Affairs.

Reilly, R. R., & Chao, G. T. (1982) Validity and fairness of some alternative employee selection procedures, *Personnel Psychology, 35,* 1-62.

Schmitt, A. P., & Crocker, L. (1981). *Improving examinee performance on multiple-choice tests.* Paper presented at the Annual Meeting of the American Educational Research Association, Los Angeles.

Simpson, E. J. (1972). *The classification of educational objectives in the psychomotor domain.* Washington: Gryphon House.

Snow, R. E. (1989). Aptitude-treatment interaction as a framework of research on individual differences in learning. In P. L. Ackerman, R. J. Sternberg, & R. Glaser (Eds.), *Learning and individual differences: Advances in theory and research* (pp. 13-59). New York: Freeman.

Snow, R. E. (1993). Construct validity and constructed-response tests. In R. E. Bennett & W. C. Ward (Eds.), *Construction versus choice in cognitive measurement: Issues in constructed response, performance testing and portfolio assessment* (pp. 45-60). Hillsdale, NJ: Erlbaum.

Stiggins, R. J. (1994). *Student-centered classroom assessment.* New York: Macmillan College.

Williams, J. P. (1965). Effectiveness of constructed-response and multiple-choice programming modes as a function of test mode. *Journal of Educational Psychology, 56,* 111-117.

Wiesner, W. H., & Cronshaw, S. F. (1988). A meta-analytic investigation of the impact of interview format and the degree of structure on the validity of the employment interview. *Journal of Occupational Psychology, 61,* 275-290.

Zeidner, M. (1987). Essay versus multiple-choice type classroom exams: The student's perspective. *Journal of Educational Research, 80,* 352-358.

第六章

選擇性題目與題組的編製

王文中

　　張大年今年參加大學聯考，大考中心所公布的選擇題
（multiple-choice items）參考答案中，有道題目引起爭議，後
來決定該題不計分。這讓大年鬆一口氣，因為當初他在回答
該題目時，就覺得很有爭議，摸不清楚題意。幸好大考中心
接納各界公評，決定該題不計分。這種公布參考答案，適時
修改的過程，是選擇題的特色，因為只有選擇題才能迅速公
布參考答案、引起討論、解決爭議、降低考生疑慮、增加客
觀性。

　　選擇題的由來已久，自從美國在第一次世界大戰時，為了快速的
將新兵分發至適當單位，因此必須對新兵們進行智力測驗。由於新兵
人數眾多，因此並不宜採用個人化的智力測驗，既費時又費錢。有鑑
於此，專家學者們採用選擇題的形式，編製團體施測的智力測驗，選
擇題的形式於是廣受採用。同樣的，在傳統的教育測驗裡，原先採用
的口試方式或者申論題的方式，常會受到評分不公平的非議，因此也
開始採用選擇題，以避免評分的爭議。現在選擇題在各式各樣的測驗
上大行其道，尤其是大規模的教育測驗，如聯考、基本學力考試、國
家考試，或者是教師們的課堂考試。題組（item bundle 或 testlet）也是
選擇題常見的設計方式，考生在閱讀一段問題情境或背景資料後，就
要連續作答數個問題。在本章裡，我們舉例說明選擇題和題組的性
質、適用時機、優點、缺點、編寫時的注意事項，同時解釋選擇題的
倒扣方式，誘答項的功能與撰寫方法，以及多選題的使用等。

第一節　選擇題的性質

　　基本上，選擇題的組成元素有兩大部分：題幹（stem）與選項
（alternatives）。所謂題幹就是問題本身；選項則是包括一個正確或
最佳答案，和數個誘答選項（distractors）。以下就選擇題的作答和形

式，舉例說明其分類。

☪ 選擇題的作答

就選擇題的作答而言，可分為正確答案式（correct-answer type）和最佳答案式（best-answer type）兩種形式。就選擇題的形式而言，可分為完全的問句（complete question）、不完全的敘述句（incomplete statement）、題幹置於指導語中（stem embedded in direction）、選項置於題幹中（alternatives embedded in stem）。以下分別舉例說明。

(一)正確答案式

在正確答案式題型裡，選項中有個正確的答案。例如：

力的單位是：

A. 焦耳　　B. 伏特　　C. 公斤重*　　D. 瓦特

其中選項 C 是正確的答案，其餘三個都不是。

(二)最佳答案式

在最佳答案式題型裡，選項中並沒有所謂完全正確的答案，只是相對的哪一個選項最適當，學生的任務就是挑選出最佳的答案。例如：

好的中學老師應具備什麼樣的條件？

A. 與家長維持良好的人際關係　　B. 豐富的專業知能*　　C. 端莊大方的外表　　D. 維持班上秩序的本領

從以上的四個選項裡，不難發現所有的選項都還算是不錯的條件，只是相對而言，選項 B 最為恰當而已。

一般而言，最佳答案式的題目比正確答案式的題目來得難，那是因為選項間的競爭力非常接近，而且通常涉及較高層次的能力，如評鑑。同樣的，通常要編寫最佳答案式的題目要比正確答案式的題目來得難。一不小心，答案就有爭議。

☪選擇題的形式

選擇題的形式主要可分為完全的問句、不完全的敘述句、題幹置於指導語中、選項置於題幹中等四種。分別舉例說明如下。

㈠完全的問句

所謂完整的問句，指的是題幹本身就已經夠完整，無須選項來補充說明。例如：

下列哪一位科學家製造「候風地動儀」，可以精確的測知地震發生的地方？

A. 張衡*　B. 張機　C. 蔡倫　D. 淳于意

㈡不完全的敘述句

在不完全的敘述句裡，必須加上選項，才成為完整的句子。例如：

孔門弟子中同樣問孝、問仁，而孔子所答各有不同，可見孔子的教學是：

A. 因材施教*　B. 有教無類　C. 誨人不倦　D. 隨機應變

教師在編寫題幹時，可儘量採用完全的問句。除非可以使語句更精簡而仍能保持題意的清晰，否則不宜採用不完全的敘述句。尤其是對於國小的學童而言，較不易理解不完全的敘述句的意義。

㈢題幹置於指導語中

有的時候由於多個選擇題的題幹完全一樣，所以乾脆把題幹放在作答說明裡，例如：

在以下的各個題目中，請挑選文法錯誤的所在：

1. Mary and John went to school on yesterday.
　　　　A　　　　B　　　C　　D*

2. Having dinner, Anne goes to bed with her sister.
　　A　　　　　　　　B*　C　　　D

　　這種形式可以避免重複說明作答方式：挑出錯誤所在。當題目的作答方式一樣時，就可以將它們放在一起。

四選項置於題幹中

　　有的時候由於選項的敘述非常簡短，因此將選項直接置於題幹中，例如：

　　如果小華能夠安全（A. 度過* 　B. 逃過 　C. 衝過 　D. 跳過）這個難關，那麼他就會很快的復原。

　　My father (A. lives 　B. lived 　C. had living 　D. has lived*) in Taipei since 1950.

　　有些老師頗偏愛這種形式，因為可以節省版面，可是嚴格說來，這種編排方式並不值得鼓勵，因為學生的思考會被打斷，尤其對於年紀較小的學生而言，會增加很大的困擾。因此，宜改為：

　　如果小華能夠安全 ＿＿＿＿ 這個難關，那麼他就會很快的復原。

　　A. 度過* 　B. 逃過 　C. 衝過 　D. 跳過

　　My father ＿＿＿＿＿ in Taipei since 1950.

　　A. lives 　B. lived 　C. had living 　D. has lived*

　　教師到底該採用哪一種形式呢？該考慮的因素很多。教師可以根據測驗的內容和學生的反應來加以調整。就拿完全的問句和不完全的陳述句兩者的比較而言，完全的問句比較容易編寫，對年紀小的學童而言，完全的問句比較類似其日常生活的對話，因此較容易回答，學生也比較容易理解完全的問句的題意。相反的，不完全陳述句比較簡潔，減少冗長的詞句。

　　完全的問句就像是簡答題一樣，差別只是學生不用自己建構出反應，只要挑選即可。不過在學生作答的認知處理上，面對完全問句時，學生可能比較可以自行建構出一個答案，然後將此答案和選項相

比較。反觀在不完全陳述句裡，學生有時需要來回閱讀題目數遍，才能掌握題意，分別比較各個選項的可能性，加以作答。因此就認知處理而言，完全問句比不完全陳述句來得可能容易引發學生自行建構答案，因此較能測得較高層次的能力。

　　其實除了這四種較常見的形式外，還可以有很多很多的變通方式。教師有完全的彈性來根據教學的內容，以及學生的反應來設計問題的類型。值得注意的是若要在考試裡採用新的題型，一定要確定所有的學生都完全理解作答方式。最好在課堂上就先加以練習，讓學生能夠充分瞭解。否則，在高度焦慮的考試情境中，突然發現一種陌生的題型，有的學生可能難以適應，因此影響其作答。

第二節　選擇題的優點

　　在各式各樣的考題類型中，選擇題常常是命題者的最愛，有時甚至是唯一的選擇，尤其是大型的考試，如聯考、基本學力測驗、國家考試等。詳細而言，透過和其他類型考題的比較，選擇題的優點可以彰顯出來。當然以下所論述的優點建立在良好的選擇題上。如果是不良的選擇題，應該從試卷中剔除，遑論有何優點。

☪ 比申論題等須專家評分的考題，計分更經濟且客觀

　　以課堂考試而言，如果是用選擇題，教師可以準備一份答案卡，將它套在學生的答案上，馬上就可算出學生的分數。有時甚至可以讓學生交換改考卷（在不影響學生隱私和自尊的前提下），因此計分非常方便，不用花很多人力和金錢。而且由於標準答案事先就已設定，因此不用擔心不同的評分者會給不同的分數。在大型的考試裡，這個優點更是明顯。例如學校的月考、期末考、聯考等，採用電腦計分，更是迅速和客觀。除此之外，可以在計分前公布所謂的標準答案，並諮詢學科專家或外界的意見，形成共識，以增加答案的公信力，或及

時更正錯誤，避免學生的權益受損。

　　反觀申論題、計算題、作文等題目，幾乎沒有標準答案，通常也沒有參考答案，因此評分的客觀性大受質疑。在大型的考試裡，為了要訓練多位評分者所須花費的人力與物力，更是電腦計分的千百倍。在人力、物力、時間的考量下，大部分的申論題，並沒有由兩位評分者獨立評分，其客觀性更是令人懷疑。

☪ 考試範圍比申論題更廣泛，內容取樣更具代表性

　　由於選擇題的作答非常迅速，約 1 分鐘 1 題，因此可以編寫較多的考題，也就能夠涵蓋較大的範圍，因此教師可以針對各個重要的教學單元，作適當的取樣，就可大幅提高內容取樣的代表性。如此一來，學生必須廣泛的學習，才能取得高分。如果是申論題的話，大概只能出少數幾題（也許 10 分鐘才能回答 1 題），一節的考試時間，也許只能出 5 題。如圖 6-1 所示，每個選擇題針對 1 個學習成果。因此 50 題選擇題就考評量 50 個學習成果，這遠比少數幾個申論題所能評量的學習成果廣泛多。除此之外，申論題的考試容易造成學生僥倖的心理，採重點學習的方式，而忽略細部的概念和知識。

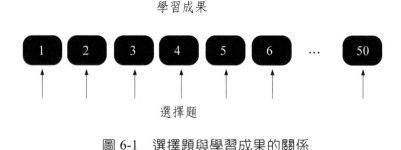

圖 6-1　選擇題與學習成果的關係

題意比簡答題更清楚，不會造成混淆

如果簡答題的編寫太過粗糙的話，可能使得題意不明，學生難以作答。例如：

國父孫中山生於 _____

如果這個題目是直接從課本中抄錄下來，學生憑記憶可能知道回答的方向（如廣東省），但直接抄錄卻沒多大教學的意義。如果不是直接抄錄，那麼學生可能摸不清楚題意，是問出生地？出生年？如果是問出生地的話，要多詳細？中國大陸？廣東省？中山縣？還是翠亨村？

此題若是用選擇題的話，可改為：

國父孫中山生於：

A. 廣東省*　B. 廣西省　C. 湖北省　D. 湖南省

如此一來，學生就可完全理解題意而加以作答。

比起是非題，選擇題的誘答選項具有教學診斷的價值

在是非題裡，答案只有對錯，並無其他選項。但在選擇題裡，透過誘答選項的設計，教師可以察覺學生易犯的錯誤，或疏忽之處。例如：

$35 - 16 = ?$

A. 29　B. 21　C. 20　D. 19*

如果學生選擇A的話，可能他有借位的困難。針對此點，教師可以進一步探究原因，施以補救教學，或者改進教學方式。

比是非題更能偵測學習效果

在是非題裡，學生只要知道答案是否錯誤，無須瞭解正確答案所在。例如：

水是由1個氫原子和1個氮原子組成。

學生也許只是知道水中包含 2 個氫原子，不知道還有 1 個氧原子，但他仍然可以正確答對此題。甚至學生可能只知道水是由 2 個某種原子和 1 個某種原子組成，即可答對此題。如此一來，同樣是答對，卻有著不同程度的學習效果。此題若改為：

水的組成原子是：

A. 1 個氫 2 個氮　　B. 2 個氫 1 個氮　　C. 1 個氫 2 個氧　　D. 2 個氫 1 個氧*

這將可清楚分辨出學生的學習狀況。

☽ 比是非題容易編寫

是非題強調完全的正確或完全的錯誤。但知識本身就有相當大的不確定因素，因此很難編寫這類的試題。有時為了避免爭議，整個題目變得非常的冗長，甚至題目的長度洩漏答案。如句子很長，描述較仔細者，通常是正確的答案。除此之外，有些字眼如通常、大致、總是、決不，提示答案所在。若是用選擇題，就可告知學生挑一個正確或最佳的答案，即可避免這種窘境。

☽ 比是非題更能降低反應心向的干擾

我們常常可以發現學生在回答是非題時，當題目很難時，學生常會全部打○，或全部打×。如果是選擇題的話，雖然也會有類似的反應心向，如不會的題目全部選 A，或 ABCDABCD 輪替等。但因為通常學生可以藉由部分的知識，來刪除某些明顯不當的選項，激發學生用心作答的動機，因此就可大幅降低這種反應心向（response set）的干擾。

☽ 比是非題更能免於猜測的影響，提高信度

如果隨機亂猜的話，是非題猜對的機率是一半。但選擇題猜對的機率只有一除以選項數。（如果有 4 個選項，猜對的機率只有 1/4。）

如此一來，考生的得分受到猜測影響的成分較低，也就提高信度。

☪ 比是非題和簡答題更能激發學生評估方案的能力

在選擇題裡，學生必須通盤考慮所有的選項，並加以比較，作出最佳的選擇。這種評鑑各種可能方案的能力，是教育的重要目標，也是日常生活中常會面臨的情境。當然要能利用選擇題來教育學生評估可能方案的能力，前提是各個誘答選項都具有相當的競爭力或似真性。如果誘答選項十分不合理，選擇題就沒有多大的價值。反觀在是非題或簡答題裡，學生主要的學習任務是學會正確的答案，而不是評估各種方案的適當性，因此無法培養學生的這種能力。

總而言之，選擇題相對於其他類型的試題，的確有著明顯的優點，不過這只是針對品質良好的選擇題而已。品質不良的選擇題不僅沒有以上的優點，甚至完全無法達到評量的目的。

第三節 選擇題的缺點

雖然選擇題已經大行其道多年，但近年來，它也遭受到不少的批評。從教育的觀點來看，選擇題的盛行，改變教師教學的方式，也改變學生的學習方法。上節說明選擇題相對於其他題型的優點。同樣的，選擇題（尤其是品質不良的選擇題）的缺點，也是建立在與其他題型的比較。詳細說明如下：

☪ 相對於申論題等建構反應題型，較不易評量高層次的能力

在選擇題裡，學生只要能夠理解題意，然後從選項中挑選其一，無須自己產生答案。這種能力類似心理學研究中的再認（recognition）能力，所涉及的心理運作的層次較低。反觀申論題或簡答題等建構反應題型，學生必須自行產生答案，不能光靠挑選，這種能力較類似回憶（recall），其中的心理運作的複雜度較高。雖然利用選擇題來評量

高層次能力的努力，從未間斷，但成果卻是往往不佳。有時命題教師以為編寫出能測出高層次能力的選擇題，如問題解決、批判思考、創造思考等，一旦交給學生來做，卻只是單純的記憶而已，因為學生從坊間的參考書或補習班裡，已經練習好幾遍，單憑背誦解題技巧就可答對。這種缺點是很難克服的，因為在選擇題裡，無從得知學生的思考歷程和方式，也就無法判斷該試題所測到的能力，是否真的就是高層次的心理運作。反之，在建構反應題裡，學生清楚的呈現出其思路，教師也就能夠據以判斷其中所涉及的心理能力是什麼。

　　儘管選擇題比建構反應題不易測量高層次的能力，但並不表示建構反應題就一定能。關鍵仍在於試題的好壞。好的選擇題也能測量高層次能力，壞的建構反應題測到的反而只是短暫的記憶而已。要評斷試題的好壞，不只是出題教師個人主觀的意見而已，最重要的還是對學生而言，這個問題所評量到的知識領域或認知處理是什麼。也許教師認為要回答這個選擇題，必須利用綜合分析等能力，但到了學生手中，只要一個特殊的解題技巧，或考試智慧，甚至在某參考書中作過類似的題目，因此對他而言，這個試題所引發的認知處理是再簡單不過了。

　　身為教師應多花點心思在試題的編寫上，平時就試驗各種試題對學生所引發的認知處理，從中理解試題的特性。在將來的考試時就較能掌握試題的品質，發揮評量的效果。

☾ 相對於建構反應題，選擇題不易編寫，尤其是誘答選項

　　如果段考採申論題的話，總題數可能只有 5 題，因此無須花費多大的心力來編寫試題，也許半天即可完成。但是如果採選擇題的話，也許要 50 題。每一題除了標準答案外，還要編寫 3 個或 4 個誘答選項，總共須 150～200 個誘答選項。這工作分量也許要 1 個星期才能完成。當然只是隨便湊出誘答選項，也許很快就能成事。但選擇題的魅力就在於誘答選項的似真性，壞的誘答選項等於告知學生答案，完全

無法發揮評量的效果。

　　誘答選項的目的在於困惑不知正確答案的學生，教師可從學生錯誤的答案中，診斷學生錯誤的原因，當作補救教學的依據或改進教學的參考。好的選擇題的首要條件就是要有好的誘答選項，否則選擇題的功能就大打折扣。教師平時可以透過作業、課堂討論、課後接觸，廣泛蒐集學生的錯誤認知，錯誤的解題策略，不易理解或容易混淆的地方，以及其他學習的困難，從中設計誘答選項，才能充分發輝評量的效果，與診斷學習障礙，改進教學。

☽ 相對於建構反應題，選擇題無法免於猜測的干擾

　　當學生無法確知答案時，通常不會跳過不答，而是加以猜測。因此教師無法判斷答對的學生是真的會做這個題目，還是只是運氣較好而已。雖然有的測驗裡，會規定答錯倒扣，但這仍然無法避免猜測的影響。對教師而言，要避免學生的猜測行為，首先可以調整試題的難度。通常學生面對難度適中的試題時，會認真的思考比較各個選項，較不至於隨機猜測，因此可降低猜對的可能性。由於考生的得分中，運氣的成分少多了，也就較能真實的反映出學生的程度。相反的，如果試題的難度遠遠超過學生的能力，那麼學生可能無法判斷各個選項的優劣，因此就較會隨便亂測，所以考生的得分中，就會存在著很多的運氣成分，也就混淆學生的真實程度。其次，好的誘答選項也會吸引學生的注意，降低學生的猜測行為。好的誘答選項就是學生的陷阱，如果程度不夠或者認知錯誤，就會被這些誘答選項所吸引而做錯，因此減少猜測，考生的得分也就較能反映其真正的程度。

　　對學生而言，最關心的問題就是該猜還是不該猜。通常，最佳的建議是「聰明的猜」。鼓勵學生先刪除不可能的選項，然後就剩下的選項加以比較，挑一個最可能的答案。如果答錯不倒扣的話，當然可以放心的作答。如果有倒扣的話，只要能夠有效刪除一或二個選項，即可大幅提高猜對的機率，因此值得一猜。如果所有的選項完全無法

判斷，那麼猜與不猜的結果差別不大，猜或者不答就無所謂。

☾★相對於實作評量，紙筆測驗的選擇題偏重語文能力

在整個學習目標裡，雖然認知成分所占的分量很重，但是技能與情意的評量也很重要，尤其是當今的評量方式逐漸重視多元化，因此教師所採的評量方式也應呼應這種趨勢，以健全教育正常化。選擇題和其他紙筆測驗的題型一樣，都特別強調語文的能力，包括用語文出題，用語文回答，對學習成果的評量也著重在認知成分上。語文能力不好的學生，很可能看不懂題目而難以作答，也就很不公平。

當然並非所有的選擇題都必須仰賴語文能力，例如非語文的智力測驗或是圖形的能力測驗，雖然也使用選擇題，但卻將語文的成分降至最少。在教育的成就測驗裡，或教師的課堂考試中，卻很難避免語文的成分。這是因為教學本身和日常生活的問題解決就須仰賴語文，學習語文正是學生的重要任務，因此透過語文來評量學生其他的能力，也就不為過。只要在出題時儘量使用較淺顯易懂的字詞，就可避免語文能力的干擾。如果算數題目使用生澀艱深的字詞，就會增加無關難度，使得試題品質大打折扣。此外，若發現某些學生有著嚴重的語文障礙，那麼紙筆測驗就該加以節制，改採其他較適當的評量方式，如實作評量。

第四節　編寫選擇題的注意事項

好的試題除了能夠發揮評量目的外，還能激發學生的學習動機。以下詳細說明編製選擇題的注意事項和常犯的錯誤。

一般的原則

(一)如果別的題型比選擇題更適合的話，不要堅持使用選擇題

教師應該依據所欲評量的學習成果，選擇最適當且符合客觀條件的題型，不必堅持使用某種題型。有時教師可能會因為選擇題比較容易閱卷（甚至直接交給學生互改），因而鍾情於選擇題（或是非題），如果其他類型試題顯然比選擇題更能發揮評量的效果，那麼圖一時之便，反而不利於教學效果，可謂得不償失。

(二)每個問題都與所欲評量的學習成果有著密切的連結

教師要隨時問自己這個問題到底要評量什麼？有必要存在嗎？理想上，任何一個題目都要有其教學評量的目的，而且宜明白的記載下來。如果教師遵循測驗細目表來編製測驗，那麼就能清楚界定每一道試題的目的。有時教師因為要提高難度，故意出些很瑣碎的試題，這反而違反評量的目的，徒然增加學生的焦慮而已。例如：

國父孫中山誕生於：

A.香山村　　B.翠亨村*　　C.孫山村　　D.松山村

這個題目顯然並不適當，因為從教學的目標上，知道孫中山出生在哪一個村並不是所要求的學習成果。這樣的試題，也許不易答對，但即使答對卻沒有多大教育上的價值。這會使學生忽略重要的學習成果，而將心力花在一些瑣碎、片段、冷僻的記憶上。

(三)每個題目只針對一個問題

每個選擇題只評量 1 個學習成果，不要將幾個是非題變成 1 個選擇題來考。例如：

以下哪一個敘述是對的？

A. 出師表的作者是曹植　　B. 魏國是三國中最先建國的　　C. 三國

演義的作者是羅貫中*　D. 淝水之戰奠立三國鼎立的基礎

　　雖然以上四個選項都圍繞著三國而轉，但其所代表的學習成果並不是同一個。因此並不宜放在同一個選擇題裡。與其說是 1 道選擇題，毋寧說是 4 道是非題。（明確的說，也不是 4 道是非題，因為只有 1 個選項是正確的。）這種做法增加學生的負擔，困擾學生的心理運作，而且做這道試題所花的時間遠比一般的選擇題來得多，但其計分卻和別題一樣，所以並不公平。

　　有些教師偏愛這種做法，因為 1 題可以當 4 題用。事實上，這種做法只是節省考試的用紙，但卻引發學生的壓力，也模糊試題的意義。如果教師就是要測這麼多的學習成果，那就直接用這麼多道是非題來測，或者每個選項單獨編寫成 1 道選擇題。

㈣問題的描述或複雜度必須切合學生程度

　　試題的描述應該是考生所能理解的詞句，試題的背景也應是他們能夠理解的。例如對小學生而言，如果要測其算數的應用能力，可用日常購物的背景，而不宜使用股市情境，因為對他們而言，股市的用語可能太過複雜，難以理解，因此反而干擾作答。反過來說，試題的詞句或情境不宜太過淺顯或做作，以致缺乏真實感，反而降低作答意願。例如要測中學生的數學能力，不宜使用「雞兔同籠」或「小華」、「小英」等字眼，而應使用他們較常使用的字彙，或面臨的情境。

㈤用字遣詞應簡明，避免不必要的陳述

　　有時為了增加試題情境的真實感，反而作了過於詳細的陳述。或者要增加試題的難度，故意加入一些不必要或偽裝的詞句。這些都會增加不必要的干擾，反而無法有效偵測學生的能力。例如：

　　小英的媽媽在作菜時發現沒了醬油，急得不得了，於是趕忙叫小英到市場買。她給小英 50 元，店員告訴小英醬油一瓶 45 元，請問小英可以找回幾元？

這個問題顯然過於瑣碎，不如改為：

醬油一瓶 45 元，小英有 50 元，可以找回幾元？

㈥避免過於弔詭的試題

有時教師為了增加試題的難度，故意將試題弄得很弔詭，以致具備該學習成果的學生也會誤入陷阱，而無法答對。例如：

蘋果一斤 50 元，小華身上有 70 元，他可以買幾斤的蘋果？

A. 1.6 公斤　B. 1.5 公斤　C. 1.4 公斤　D. 以上皆非*

學生可能因為一時的不察，而誤選 C。這類試題應該修改或刪除，畢竟編寫這一試題所要測量的不是學生是否謹慎還是大意，而是計算能力。

㈦題目不要太多，以免造成猜測

如果試題太多，置於較後面的試題就很少人能夠回答，因此這些試題本身就沒有多大用處，即使它很簡單，也很難答對，因為沒有時間仔細看題目。此外，時間如果不夠的話，學生就會在交卷前，儘量的猜測，因此他的成績裡，就會有著很大的猜測成分，未能真實的反應其程度。

㈧難度要適中，勿過分簡單或困難

題目太簡單的話，會有所謂的天花板效應（ceiling effect），如多數人都考滿分。同理，題目太難的話，會產生地板效應（floor effect），如多數人考零分。這將無法有效區分考生的程度，間接造成不公平。再者，太難的試題較易引起學生的胡亂猜測，因此較難清楚知道學生真正能力所在。最佳的測驗是含有少部分的非常簡單和非常困難的題目，以便區分非常低能力和非常高能力的學生。大部分的題目則是中等難度，以便區分中等程度的學生。

(九)題號用數字，選項用文字

一般而言，題號數儘量用阿拉伯數字 1，2，…。選項則儘量用英文字母大寫，如 A，B，…。（如果是小學生，可用甲乙丙丁來代替。）如果試題以數字起頭，應將題號和數字分離清楚，以免學生混淆。同樣的，如果選項中有著英文字（尤其是英文試題），可用（）來將選項號碼包含起來，即（A）。

☾★題 幹

(一)題幹本身要有意義

在不完全敘述句裡，題幹常會流於過於簡潔，因此光看題幹本身不看選項，根本無法理解題意，這是非常不當的。例如：

中華民國：

A. 建立於西元 1912 年＊　B. 首任總統是李登輝　C. 是聯合國的會員　D. 是進口導向的國家

光看題幹「中華民國」而不看選項，任何人都不知道題目會問些什麼，因此題幹本身並沒意義。事實上，這個選擇題，和上述的例子犯了同樣的毛病，都是將 1 道選擇題當 4 道是非題來用。改良的做法可以換做 4 道是非題，或者重新設計選項編寫 4 道選擇題。如果只要問 1 個概念的話，如建立的年代，那麼此選擇題的可改良為：

中華民國建立於西元：

A. 1911 年　B. 1912 年＊　C. 1920 年　D. 1921 年

或者

中華民國建立於西元幾年？

A. 1911 年　B. 1912 年＊　C. 1920 年　D. 1921 年

㈡題幹宜清楚勿過分冗長

相反於上述題幹過於簡短，題幹也不宜過於冗長，因為這會增加閱讀上的困擾，增加作答時間（也就減少可作答的試題），甚至造成學生的不耐。例如：

清朝末年，政治腐敗，內部民不聊生，外部列強侵略。孫中山先生與有志之士，成立興中會，經過 10 次革命，終於推翻滿清，建立中華民國於西元幾年？

A. 1911 年　　B. 1912 年*　　C. 1920 年　　D. 1921 年

這樣冗長的題幹，對考生而言，絕對是一種沒必要的折磨。

㈢儘量不要將選項插入題幹之中，以致題幹被分割，造成閱讀困難

除非選項非常簡短，且不致於影響題幹的完整性與可讀性，否則不要將選項置於題幹內。例如：

依據中華民國憲法增修條文，總統為避免國家或人民遭遇緊急危難，或應付財政經濟上之重大變故，得經（A. 大法官會議　B. 國民大會　C. 行政院會議*　D. 立法院院會）決議，發布緊急命令。

這樣的陳述，對絕大多數的考生而言，都不易理解題意，因為不僅題幹陳述很長，選項也很長，因此造成閱讀困難。宜改為完全問句如下：

依據中華民國憲法增修條文，總統為避免國家或人民遭遇緊急危難，或應付財政經濟上之重大變故，得經何者之決議，發布緊急命令？

A. 大法官會議　B. 國民大會　C. 行政院會議*　D. 立法院院會

㈣若使用否定的字眼，應特別標示清楚

由於考題大都是肯定句（正面的陳述），較少是否定句，因此考生容易忽略否定的字眼，造成誤答。這並不表示他們不會，而是不小心而已。因此宜儘量避免否定句或否定問句。如果非用不可，應該儘

量標示清楚，例如用黑體字，較大字體，或在該字眼下畫底線。例如：

　　下列何者<u>不表示</u> y 隨著 x 反變？

　　A. x·y = 1000　　B. x + y =1000*　　C. 1000x·y = 1　　D. 3y = 1000 / x

✸ 標準答案

㈠標準答案的文法應和題幹一致

　　標準答案（其實是所有選項）的文法應該和題幹一致，否則就不是標準答案。這種錯誤尤其容易出現英文試題上。例如：

Teacher: Your homework, please.

Student: I am sorry, Miss Wang, _____

Teacher: Oh, what happened?

(A)I did it last night.　　(B) I forgot do it.　　(C) it is easy.　　(D) never mind.

正確答案應是：I forgot to do it. 但由於選項 B 筆誤，因此造成考生困擾。

㈡標準答案不宜直接從課本中抄錄，而應加以改寫

　　有時教師為了出題方便，直接從課文或參考書中抄錄試題或正確答案。也許本來這應該是一道很好的試題，例如可測得考生的批判思考能力，但由於考生可藉由背誦即可正確作答，反而只是測得考生的死記能力。再者，這種題目若是一再出現，間接將造成學生死記課文的學習方式，嚴重違反教育理念。

㈢謹慎使用「以上皆非」和「以上皆是」

　　「以上皆非」和「以上皆是」只能置於選項中的最後一個，不可以置於前頭。這兩種選項只能用於正確答案式的試題，不能用於最佳答案式的試題。例如：

台灣地區實施綜合開發計畫的主要目的是：

A.提高國民所得　B. 縮短城鄉差距　C. 帶動經濟升級　D. 以上皆是

由於上述三種目的都是實施綜合開發的目的，不過以 B 為最重要。如果沒有D這個選項，考生也許很容易答對，因為B相對於其他兩個選項而言，是最佳的答案。但因為增加「以上皆是」這個選項，反而變得題意不明，不易作答，因為考生對所謂「主要」目的的認知，因人而異。

如果學習的成果是要求學生挑選出不正確之處，那麼就可使用「以上皆非」這個選項。反之，如果學習的成果是在瞭解正確之處，那麼使用「以上皆非」這種選項就明顯的不恰當。例如：

現行的法律規定，如果成人持有下列何種物品，會遭到警察的取締？

A. 香煙　B.啤酒　C. 檳榔　D. 以上皆非*

如果學習的成果是要求學生理解持有槍械、毒品等是會遭到警察取締的，那麼用「以上皆非」這個選項就不很恰當。因為學生只要知道A、B、C三種物品都可以持有，但不見得知道槍械、毒品會遭到取締。此時如果將正確的答案納入選項中，而將「以上皆非」刪去，會比較恰當。事實上，「以上皆非」這種選項也會有著邏輯上的曖昧。如果持有香煙、啤酒、和檳榔以外的物品就要被警察取締，豈不是個大笑話。

如果選項間有著互斥性，那麼「以上皆非」或「以上皆是」的選項是無意義的。例如：

智力與學業成績的相關是：

A. 正相關*　B. 零相關　C. 負相關　D. 以上皆非

在相關方面，只有三一律，正相關、零相關、負相關，三者取一，並沒有第四種可能，因此「以上皆非」並不適宜。此外，若將「以上皆非」改為「以上皆是」也不恰當，因為這三者不能同時成立。

「以上皆非」和「以上皆是」很容易受到猜測的影響。學生只要

知道兩個以上的選項是不正確的,那麼就可以挑中「以上皆非」這個選項,同理,他只要知道有兩個以上的選項是正確的,就可以挑中「以上皆是」。除此之外,有些學生的作答非常快速,以致找到一個正確答案,如 A,就直接圈選,而不繼續比較各個選項,因此造成失分。如果這種情形一再發生,那麼他的成績就不能真實的反映出他的程度。

☪★誘答選項

(一)誘答選項必須有似真性

所謂「誘答」就是引誘考生選答,如果不能發揮誘答作用,就不能稱為誘答選項。誘答選項必須對考生而言有著似真性,否則無效。無效的誘答選項將會降低試題的難度,因為考生可以刪除這樣的選項後,再比較各個選項。例如:

台北市區發展最早的地點是:

A. 松山　　B. 萬華*　C. 關渡　　D. 基隆

幾乎所有的考生應該知道基隆不在台北市,因此基隆這個選項完全沒有似真性,無法引誘學生作答,因此是個無用的選項。考生可以直接加以剔除,然後從其他三個選項中挑選,因此增加猜中機會,也就降低難度。

(二)每個誘答選項最好都能反映出學生的迷思或學習困難

選擇題最受批評之處在於只能知道學生會哪些,無法知道學生不會哪些。不過這種情況可以改善,只要誘答選項可以反映出學生的迷思和學習困難。如此一來,凡是選擇某個誘答選項代表著某種迷思,也就可以知道學生的困難所在。這種訊息可以提供教師作為教學上的參考。

㈢每個誘答選項的文法都必須和題幹一致

所有的選項（包括誘答選項）的文法都應和題幹一致，如果不一致的話，可能導致「雞同鴨講」，甚至導致考生認為文法不一致的選項都是錯誤選項。例如：

劉蓉在「習慣說」一文，舉了室內有窪洞的例子，目的在說明：

A. 凡事要在開始就養成好習慣*　　B. 讀書不要在乎惡劣的環境　　C. 人對環境的適應力很強　　D. 強調環境的影響力

第四個選項的文法顯然和題幹格格不入，因為說明和強調都是動詞。

㈣避免誘答選項間有著重複、同義、相似、包含、或從屬的關係

如果誘答選項間彼此有著關係，那麼就提供額外的答題線索。例如：

下列何種動物屬於哺乳類？

A. 雞　　B. 鴨　　C. 鵝　　D. 鯨

因為雞、鴨、鵝太過相似，既然只有一個答案是正確的，大概就會猜是鯨。況且如果知道雞不是哺乳類，很容易類推至鴨和鵝也不是。

下列何種動物屬於哺乳類？

A. 雞　　B. 小雞　　C. 母雞　　D. 鯨

前三個選項有從屬關係，因此不宜放在一起。

☾ 選項安排

㈠所有的選項必須是同質的

為了增加誘答力，所有的誘答選項最好和正確選項是類似的，包括類型、文法、字數等，例如：

「昂然而立」之於「勇者無懼」，猶如「迫不及待」之於：

A. 任重道遠　B. 劍及履及*　C. 等待機會　D. 庸人自擾之

由於本題屬於類推，所有的詞句都應該是對稱的：都是四字的成語。第三個選項雖然是四字，但並非成語。第四個選項雖是成語，但卻是五字。因此這兩個選項都明顯的不恰當。

㈡如果所有的選項都有著共同的字詞，該字詞應移至題幹

為了精簡試題，讓題意更易理解，如果所有的選項都用到共同的詞句，理應移至題幹。例如：

「新聞報導」節目的播出，其主要目的在：

A. 提供傳播訊息的功能*　B. 提供教育大眾的功能　C. 提供溝通意見的功能　D. 提供娛樂的功能

很明顯的，所有的選項都是「提供……的功能」，因此可將此移至題幹，變為：

「新聞報導」節目的播出，主要在提供哪一種功能？

A. 傳播訊息*　B. 教育大眾　C. 溝通意見　D. 娛樂

㈢選項的安排儘量依字母、數值大小或年代順序排列

所有的時候，教師在編寫誘答選項時，會依照想到的順序，來呈現誘答選項，例如先想到的排在前面，因而忽略選項順序的邏輯意義，使得試題完整性大打折扣。例如：

設 1，3，5，5，6 的平均數為 a，眾數為 b，則 b−a 等於：

A. 1*　B. −1　C. 0　D. 2

此例中的數字宜按其大小排列，否則容易引發考生對此種排列方式不必要的猜想。又如：

The water in the river is _____ ; it is polluted.

(A) sweet　(B) dirty*　(C) clean　(D) humid

上述的選項的順序，宜依字母排序。

◯ 答題線索

有的時候，教師在編寫試題時，會不自知的暴露答案所在，以下陳述幾種較常發生的現象。

㈠ 如果只有正確答案採用題幹中的關鍵字詞，就會洩漏的答案所在

不購買盜版書籍、錄音（影）帶或其他智慧產品，主要的目的在於：

A. 避免色情書刊、畫面氾濫　B. 避免不肖商人逃漏稅　C. 增進閱讀優良書刊　D. 尊重智慧財產權*

由於在題幹中，有著「智慧產品」字眼，呼應第四個選項的「智慧財產」，因此很容易就暴露出正確答案。改進之道在於直接刪去題幹中的「智慧」兩字，因為刪去之後，並不會降低試題的可讀性。

㈡ 所有選項的陳述應該一樣的詳細，避免正確答案過度詳細，而洩漏答案

誘答選項的長度應和正確答案的長度差不多，不宜一再的過長或過短。有的時候為了讓正確選項更正確，以減少疑義，會詳細的描述，因此相對於誘答選項就會顯得非常突兀，暴露出答案所在。例如：

狹長的智利，南北氣候溫差大，南部地區不利農業發展的因素是：

A. 氣候乾熱　B. 高溫高濕　C. 夏乾東雨　D. 緯度較高，冰河地形顯著*

顯然正確答案比其他三個選項來得詳細，可以同樣增加誘答選項的描述，例如：

A. 氣候乾熱，供水不足　B. 高溫高濕，雨林遍布　C. 夏乾冬雨，不利生長季供水　D. 緯度較高，冰河地形顯著*

㈢正確答案的位置宜隨機出現，避免過獨集中在某個位置

　　有的教師因為擔心將正確答案放在第一個或最後一個選項上，會過於明顯，於是將它放在中間的位置上，這反而提供學生答題的線索。如果將選項依字母、數值大小、年代或邏輯順序排列，即可避免這種缺點。除此之外，在所有試題編寫完畢後，應再次檢視正確答案之位置，如果很明顯的集中在某個位置時，可再斟酌調整。

第五節　題組的性質

　　所謂的題組，是指提供共同的文字論述、問題情境或資料背景說明，接著連續有幾個題目要學生作答。題目可以是是非題、選擇題、簡答題、申論題、計算題等。不過在一般的大型考試裡（如聯考、基本學力測驗等），仍以選擇題最為常見。題組的設計目的在於測量較為複雜的學習成果，如理解、推理、批判和問題解決。以下舉例說明題組所測量的一些能力。

☪ 理解和推理能力

　　這類題組可提供學生論述，測量學生是否能夠區辨論述中相關與無關的訊息，以作合理的推論。

例一

作答說明：

以下提供一段文字論述，當你理解這段論述之後，作出合理推論。

以（○）表示符合論述的推論

以（×）表示不符合論述推論

以（－）表示與論述無關推論

文字論述：

在春秋戰國時代，諸子百家爭鳴，其中有儒、道、墨、法四家最具代表，儒家代表人物是孔子，學說以「仁」為中心；道家的代表人物是老子及莊子，主張「清靜無為」；墨家的代表人物是墨子，主張「兼愛」與「非攻」；法家的代表人物是韓非，主張應以刑法、權術與威勢來操縱臣下，控制人民。

問題：

（　　）1.在春秋戰國時代的人民教育十分普及。

（　　）2.春秋戰國時代的人民都非常關心政治。

（　　）3.法家的思想重視社會的秩序。

　　學生必須從上述一段文字論述中，抽絲剝繭，判斷當時的教育狀況，人民關心政治的程度，以及法家的中心思想。例如雖然百家爭鳴，但是並沒有論及當時的教育狀況，因此無法判斷當時的教育是否普及。（學生不可以用額外的歷史知識來下結論說當時教育不普及，因為這超出該文字論述。）至於當時人民是否非常關心政治，也無法從文字論述中得知，儘管當時有百家爭鳴，但畢竟只是少數的菁英而已。在法家思想方面，文字論述提到：「主家應以刑法、權術和威勢來操縱臣下，控制人民。」，因此可以推論法家重視社會秩序。

　　題組可以文字、圖表的形式出現，而問題可採是非或選擇題，主要是為了測量學生是否能由提供的資訊推導出合理的結論。

例二

作答說明：

以下提供一份統計資料，當你理解這份資料之後，回答問題。

以（○）表示陳述符合上表之統計資料

以（×）表示陳述不符合上表之統計資料

以（－）表示無法判斷此陳述是否符合上表統計資料

以下為台北市、台中市與高雄市三個地區，在 1998 年國中、國小學生近視的百分比：

地　　區	國　　中		國　　小	
	男	女	男	女
台　　中	85.7	24.9	87.4	23.5
高　　雄	89.3	34.2	91.8	11.5
台　　北	94.5	13.3	88.2	10.3

問題：

（　　）1. 在三個地區中，有更多男生比女生有近視的問題。

（　　）2. 男生比女生更為用功。

（　　）3. 當男女資料合併時，台北市是近視人口數次高的地區。

　　從以上的資料，可以發現男生的比例遠比女生高。但卻無法論定男生是否比女生更用功，畢竟造成近視的原因很多，不見得是用功讀書所致。至於台北市的近視人口數次是否高，由本表資料不易回答，因為沒有提供各地區的總學生數、和男女學生數。

☾ 辨識假設的能力

　　這類題組主要是測量學生是否能由所提供資訊的結論中發現隱藏的假設、前提。

例三

許多研究顯示：抽煙與肺癌發生的機率有關，抽煙愈多的人，罹患肺癌的機率愈高；抽煙愈少的人，罹患肺癌的機率愈低，結論是：政府、學校全面禁止抽煙，能降低肺癌的發生。

問題：

（　　）1. 以上論述的基本假設是什麼？

A. 相關研究法是界定以上各變項間關係的方法　　B. 該研究所報告的關聯有達統計上的顯著水準　　C. 這些變項的關聯性意味著因果律　　D. 戒煙者有低的肺癌罹患率

本題需要學生思索結論後面所隱藏的假設：戒煙者有低的肺癌罹患率，因此才能得到這樣的結論。

☾辨識訊息關聯性的能力

這類題組所測量的辨識訊息關聯性的能力，適用於各種學科。

例四

作答說明：

以（○）表示有用的訊息

以（×）表示無用的訊息

小華家中的小狗走失了，他將張貼遺失啟示。

問題：

以下哪個句子有助於看到啟示的人幫忙找回小華的小狗？

（　）1. 小狗是黑色的。

（　）2. 小狗是別人送的生日禮物。

（　）3. 小狗是漂亮的。

顯然小狗是否為生日禮物和漂亮，無助於他人辨識。顏色才有用。

☾應用原理的能力

這類題組主要編製的目的，在於測量學生能辨認出解釋現象的原理。

例五

作答說明：

以（○）表示能夠解釋花凋謝的理由

以（×）表示不能解釋花凋謝的理由

小英希望種的花能夠長得快些，因此她用了比指示用法多 2 倍的配料在花上，並且每天澆水，一個月之後，她發現花都快凋謝了。

問題：

（　）1.配料加入水之後產生了其他化合物。

（　）2.當溫度降低時，水會凝結。

這兩個理由都不成立，配料加水產生的化合物與否跟凋謝無直接關係，至於溫度降低時水會凝結，也不能解釋凋謝。

☪ 認知圖表的能力

這類題組很適合較低年級的學生，由於他們的語文使用有限所致，或者是教學內容上原本便是圖表的形式，自然地考試時亦以圖形呈現。

例六

作答說明：

以（○）表示陳述符合統計資料

以（✕）表示陳述不符合統計資料

以（－）表示無法判斷陳述是否符合統計資料

以下是本社區兒童近視人數的統計：

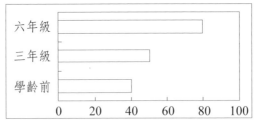

（　）1.學齡前的兒童近視人數最多。

（　）2.國中生比國小學生的近視人數多。

（　）3.男生比女生的近視人數少。

學齡前的兒童近視人數比三年級和六年級都少。至於國中生的近視人數是否比國小學生多，男生的近視人數是否比女生多，並無法判斷。

例七

在下圖顯示 X 城市一年的雨量：

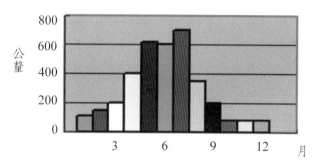

（　　）1. X 城市的平均月降雨量約為多少？

　　　　A. 100 公釐　B. 300 公釐　C. 500 公釐　D. 600 公釐

（　　）2. X 城市在哪一個月份的降雨量平均月降雨量最接近？

　　　　A. 3 月　B. 5 月　C. 7 月　D. 12 月

　　從圖中，可以大致猜到平均降雨量大概在 300 左右，因此是 3 月份的降雨量最接近月平均降雨量。

例八

以下是我國的地理資料：

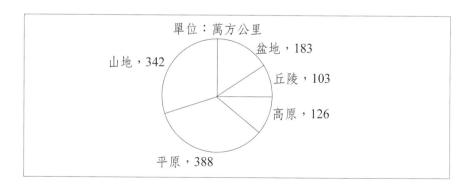

（　）1.丘陵與盆地的比為多少？

　　　A. 9：16　B. 11：17　C. 16：9　D. 17：11

（　）2.本圖的最適當的標題是什麼？

　　　A.我國山地之分配圖　B.我國地形之分配圖　C.我國土地利用的分配圖　D.我國地理的分配圖

丘陵占 103，盆地占 183，因此兩者相比為 9：16。又本圖在描述各種地形的比例，因此標題宜為「我國地形之分配圖」。

第六節　題組的優點、限制、與編製建議

★優　點

㈠題組可測量資訊萃取能力而非單純的記憶

題組所提供的導論或陳述，要求學生去理解和解釋其中文字或圖表所呈現的訊息，從中萃取有用的資訊，做成判斷和解決問題。這樣的性質與日常生活經驗的關聯較為密切。現今知識爆炸，各領域累積的事實性訊息相當多，這些事實性陳述，皆可透過圖書館、資料庫或網路查詢，學生毋需特別記誦。學生的高層次能力而非學生的記憶才是測量的目標，題組比單題的設計更符應這種潮流。

㈡題組可測量複雜的高層次認知能力

題組提供了共同的資訊，連結多題共享此資訊，因此比單題的設計更能夠深入測量認知能力的深度及廣度，例如思考與問題解決。而單題的設計各自獨立，易流於片段知識的評量。題組較具整合性，可以對同一認知概念作深入的測量。

(三)題組較能避免無關訊息的干擾

在單題的設計裡，由於字數限制，因此提供的訊息可能不夠清楚，或者不夠周延，以致學生無法充分理解題意，產生猜測題意，因而會受到無關訊息的干擾，導致評量失真。但題組提供較為清楚、周延的資訊，因此學生比較容易可以判別那些訊息是無關，那些有直接關聯，題意更為清楚，因此比較不會受到無關訊息的干擾，進而提高評量品質。

(四)題組的評量較為結構化

題組內的各個題目共享文字或圖片論述，因此結構清晰，可以有效的針對某個學習成果進行多角度的評量，使得評量更有結構性。

(五)題組比單題設計更經濟

在閱讀一段冗長的文字論述、問題情境後，連續回答相關的幾題，遠比只回答一題來得經濟。畢竟花長時間去閱讀該段文字論述或問題情境，如果只回答一題，那麼整個測驗恐怕只能包含少數幾個題目而已，因此侷限評量的範圍。

限　制

(一)題組不易編製

編製題組頗費心力與時間，首先要尋找未曾在教科書出現過的圖表、文字陳述。再者，要將這些圖表或文字改編為適宜的形式，以建構成多個問題，頗為不易。不過以上的限制可藉由出題經驗的累積而改善。

(二)題組較需語文理解能力

如果題組是文字的論述，可能就需要相當高的語文能力來瞭解題意，萃取資訊，進行作答。這將使得低語文能力的學生處於不利的地位，因為他們不全然瞭解題意，導致不能有效回答問題（即便是算數題目）。出題時，要特別留意語句陳述的清晰和簡潔。對於語文能力較低的學生而言（如國小低級學童），可多以圖表形式取代文字形式。

(三)選擇題式的題組仍保有選擇題的先天限制

通常題組內的題目仍以選擇題來呈現，因此仍保有選擇題的先天限制，例如比起建構反應題來得不易測量高階的統整能力、問題解決或創意。比實作評量來得偏重認知能力，而非實作能力，例如實際操作演練、展演行為、設計產品、方案規劃、方案評估等評量仍然以實作評量為宜，選擇題式的題組恐難有效發揮功效。

☾ 編製建議

(一)編製題組時，首要選擇適宜的文字論述（或圖表），編排一連串相關問題，測量學生較複雜的學習成果。

(二)選擇與教學目標有關的論述，以利檢核教學目的之達成程度。

(三)選擇適宜學生閱讀水準與課堂學習經驗的論述，避免教學目標以外的因素干擾評量結果。

(四)選擇課堂中不曾出現的論述，避免僅是測量到記憶與背誦能力。

(五)選擇簡短但意義豐富的論述，避免冗長的敘述模糊了評量的焦點。

(六)修正論述使其明晰、簡潔、具有解釋性價值。

(七)編製適當題目，使其所測的是學生解釋、分析、判斷論述的高層次認知能力。

(八)當論述較複雜時，可安排較多的題目。當論述較簡短時，則安

排較少的題目，以達到比例的原則。

　　㈨當題組內的作答方式有所變化時，應提供適當的作答說明。

　　㈩同一題組內的題目應避免發生題目連鎖效應（item-chaining effect），例如下一題的作答必須仰賴上一題的答案，或者會使用到上一題的訊息，使得上一題答錯，導致下一題無法作答。事實上，一份測驗內的所有題目都要避免連鎖效應。

第七節　其他議題

　　本節討論選擇題的倒扣方式、誘答項的功能與撰寫方法、和多選題的使用。

☾ 選擇題的倒扣方式

　　學生在回答選擇題時，碰到不會的題目，難免就會有猜測。通常為了減少學生的猜測，在作答說明時會明白交代答錯倒扣的方式。通常倒扣的原則就是：答錯必須倒扣該題得分乘上選項數減 1（即誘答選項數）分之 1。例如選擇題裡有 4 個選項，且如果答對得 1 分的話，答錯就需扣 1/3 分。這個公式是怎麼算出來的呢？

　　要計算扣分的方式，必先瞭解猜對的機率。如果學生完全隨機猜測的話，答對選擇題的機率就是：1 除以選項數。如果有 4 個選項，那麼隨機猜測而答對的機率就是 1/4，猜錯的機率就是 3/4。猜對的機率比猜錯的機率就是 1：3（＝1/4：3/4），這就是所謂的勝算（odds）。

　　以傳統的賭局來說，如果只有紅黑兩色，且出現紅色的機會是 1/4，出現黑色的機會是 3/4。以賭徒而言，沒有人會押紅色，除非紅色出現時可以贏很多，如果輸的話，只要賠一些即可。到底贏可以贏多少，輸要賠多少，就是要看這個勝算。基於公平原則，押紅色的話，可以贏 3，輸的話只要賠 1，這個賭局才對雙方最公平。這就是為什麼在選擇題裡，如果答對的話可以得 3 分，答錯的話卻要扣 1 分。

當然如果答對得 1 分，答錯就需扣 1/3 分。

以是非題而言，如果隨機猜測的話，答對和答錯的機率各占一半。換另外一個角度，是非題的選項有 2 個（對或錯）。因此，倒扣就是是非題的分數。如果答對得 1 分，答錯也要扣 1 分。

在進行倒扣時，其實已經做了兩項假設。第一，考生要是答錯的話，其挑選錯誤選項的行為是隨機的。換句話說，不會有淘汰法（如有一個選項確定不可能，然後從剩下的去猜）的可能性。這個假設和現實的作答情形相去甚遠。通常考生都會有部分知識，以進行淘汰法。隨機猜測的行為只會出現在非常難的考題，此時考生完全沒有部分知識，所以可能會胡亂猜測。第二，答錯的考生程度比不作答的差。也就是不作答者能力較高因此不會胡亂猜測，而選擇不去作答。這未必吻合現實。考生是否進行猜測，除能力高低外，影響的因素很多，例如冒險性格。有的人願意一搏，有的人則相對守成。果真如此的話，倒扣就是在懲罰冒險的考生，而不是真正反映出學生的能力高下。

就教師而言，到底是否該採答錯倒扣的計分方式呢？如果是小考或隨堂考，大可不必費心採用倒扣。其實就算是段考或是期末考（甚至是聯考），也不見得要使用倒扣。畢竟要降低考生猜測行為的關鍵不在於使用倒扣與否，而是試題的難度和誘答選項的品質。如果試題難度適中的話，考生就會認真考慮每個選項的對錯，因此其作答中胡亂猜測的成分就不會太高。同理，如果誘答選項具有相當的似真性，考生也會仔細思考各個選項，因此就降低胡亂猜測的可能性。如此一來，就無須使用倒扣。

☪ 誘答項的功能與撰寫方法

誘答選項的目的在於區分學生是否已然具備該試題所預測的學習成果。理論上，已具備該學習成果的學生，才能正確的挑選出正確答案，未具備的學生會選擇誘答選項。誘答選項扮演的功能就是引誘那

些未具備該學習成果的學生，使之挑選這些錯誤的答案。如果誘答選項並未發揮這種引誘的功能，那麼就是個不良的誘答選項。

　　在以下兩種情況下，誘答選項並沒發揮其功能。第一，未具備該學習成果的學生不會挑選該誘答選項，反而挑選正確的選項，例如該誘答選項明顯的不合理或不可能，學生刪去這些明顯不可能的選項後，自然就很容易挑中正確答案。第二，已具備該學習成果的學生，反而被誘答選項所引誘，而不會挑選正確答案，例如命題教師故意將正確的解答加上否定字詞，以形成誘答選項，而且故意將正確答案寫得很曖昧，或用很艱澀的字眼，造成學生的困惑。

　　命題教師應該詳細的審查每一個誘答選項，確保發揮其功能，以免考試的成績未能真實反映出學生的程度。到底要怎樣編寫出好的誘答選項呢？這是命題教師的最大困擾。一般說來，撰寫誘答選項可遵循以下的原則：

㈠利用學生常犯的錯誤、誤解或粗心當作誘答選項

　　教師可以從學生在課堂上的發問，教師對學生的詢問，家庭作業或練習題中的錯誤，先前考試中常見的錯誤等處，仔細分析錯誤的理由，從中發覺適當的誘答選項。這種選項除了具有強烈的引誘力外，還具有診斷學習困難的意義。

㈡利用題幹中的字眼形成誘答選項

　　如果誘答選項中有著題幹的關鍵性字眼，可以增加對未具備該學習成果的學生的引誘力，使他們昧於這個字詞，而挑選這個誘答選項。

㈢節錄或改用課本上的字詞，形成誘答選項

　　節錄或改寫課本上的詞句，對未具備該學習成果的學生具有強烈的吸引力，因為往往他們對這些詞句有著似曾相似的感覺，因而挑選該誘答選項。

㈣選項應儘量同質

　　所有的選項，包括正確答案和誘答選項，都應儘量同質，諸如在長度、用字（如字義、字音、字形）、文法、句子結構、形式、思考的複雜度上都應相近，以避免洩漏答案所在。往往教師為了降低正確答案的爭議性，而過度的敘述正確答案，以致正確答案的句子特別長。如果所有的選項是同質的，那麼就不會洩漏出正確答案所在。

☾ 多選題的使用

　　近年來，多選題似乎愈來愈常被使用，尤其是聯考。一般所謂的多選題其實是「多重是非題」（multiple true-false items）。表面上，多選題的形式和選擇題類似，不過在實際的作答上，確是迥然不同。在選擇題裡，考生比較各個選項的優劣，然後從中挑選最恰當的一個。在多選題裡，考生逐一判斷每個選項是否成立，也就是判斷每個選項的對錯。例如：

　　關於書信的用語，下列哪些正確？

　　A. 提稱語「如晤」是對平輩　　B. 問候語「福安」是對父母或祖父母*　　C.對人稱自己的妹妹為「舍妹」*　　D. 對長輩，在信封受信人姓名底下用「敬啟」

　　理論上，每個選項都有可能對或錯，不過在實際考試中，卻未曾出現所有選項全錯的情形。反之，全對的例子倒常發生。

　　下列有關生物生殖的敘述何者正確？

　　A.烏龜行體內受精*　　B.吳郭魚行體內受精　　C.甘藷塊莖上的芽眼可長出新株　　D. 落地生根的葉緣缺口處可長出芽*

　　多選題的計分可分為幾種，一是全對和全錯，一是各選項獨立計分，一是部分給分。所謂全對和全錯指的是只有全部答對才給分，以上例而言，必須是答A和D者才給分，否則算錯。所謂各選項獨立計分，以上例而言，就視為4道是非題來計分。通常答對每個選項者各

得某種分數（如1分），如果答錯該選項，則倒扣該分數（如1分）。若不作答該多選題者，得0分。所謂部分給分就是全對給滿分（如2分），錯一個就得部分分數（如1分），錯一個以上則得0分。若採第一種計分方式，顯然不易答對。若考生只知道某個選項的正確性，仍然無法答對。因此這類考生的分數將和完全不會的考生一樣，顯然有失公平。況且，這將會造成考生心理很大的壓力，因此不宜鼓勵採用。第二種計分方式，因為是各選項獨立計分，考生比較沒有壓力。而且也可以看出考生在每個選項上的精確程度，因此較能分辨考生的真正程度。不過缺點是計分方法過於複雜，不易人工計分，因此課堂測驗不易實施。第三種部分給分方式是上述兩種的折衷，兼具兩者的優點，一方面計分簡單，另一方面也可以部分保有精確區辨的長處。

有的時候多選題會被改為選擇題的方式出現，例如：

下列有關生物生殖的敘述何者正確？甲.烏龜行體內受精　乙.吳郭魚行體內受精　丙.甘藷塊莖上的芽眼可長出新株　丁.落地生根的葉緣缺口處可長出芽

A. 甲丁*　B. 甲乙丁　C. 甲丙丁　D. 甲乙丙

這種形式的選擇題稱為多重的選擇題（multiple multiple-choice items）。和多重是非題比較而言，這種形式的試題反而會降低信度，因為只有完全知道正確答案（甲和丁）才得分，只知道部分答案（如只知道甲對、丁對，但不知道乙和丙的對錯），也就未能答對。因此得分和完全不會者一樣，所以信度降低。職是之故，我們比較建議採用多重是非題，且各選項獨立計分。

多選題有下列幾項優點：㈠回答一道多選題所花的時間，雖然和比回答一道選擇題（單選題）所花的時間略多，但相去不大。在固定時間的考試裡，多選題比選擇題可以涵蓋更多的學習單元，也就能提高考試的信度。㈡如果多選題是各選項獨立計分的話，其信度比選擇題來得高。㈢如果多選題是各選項獨立計分的話，考生傾向於認為多選題比選擇題簡單，而且比較喜歡它。

第八節　結　語

　　由於評分容易、客觀、經濟，使得選擇題大行其道。教師在決定採用何種評量方式的時候，不宜只因為選擇題具有評分容易、客觀、和經濟的優點，就堅持採用選擇題。其實，在選擇評量方式時，主要的關鍵在於考量何種評量方式才能有效評量該學習成果。針對學習成果選取適當的評量方式才是首要任務。

　　有鑑於坊間的參考書和補習盛行，教師在出題時，應避免直接抄錄參考書所附的試題，或是坊間補習班的練習題，而應加以變化，期能發揮評量的效果。此外，也應考慮考生可能的認知歷程。有時教師認為能夠測量考生高階能力的選擇題，對考生而言，可能只靠短暫的記憶，特殊的解題技巧或考試智慧就能解答，因此完全失去評量該學習成果的功能。

　　選擇題良莠關鍵在於誘答選項的編寫，這也是編寫選擇題最困難的地方。教師平時若能有系統的蒐集學生的錯誤，例如學生課堂中的發問、課堂中學生的反應、家庭作業或練習題的錯誤、先前考試的錯誤等，據以編寫誘答選項。這將使得誘答選項更具教學診斷的價值，以提升選擇題的品質。

思考問題

1. 請挑擇一份選擇題的考卷（最好是你熟悉的學科），評論其編寫方式是否吻合本章所提及的原則。

2. 如果這門課的任教老師在學期一開始時就說明本學期的考試完全是選擇題，你會用何種方式來準備接受考試？又如果當初宣布是完全採用問答題，你又會如何準備？會有不同嗎？

3. 如果你是本章的任課老師，想對學生進行小考。如果要用選擇題的話，你將會如何命題？這項工作容易嗎？如何避免學生只是「背多分」？

4. 假設你是任課教師，想要評量學生習得本章「選擇性題目與題組的備製」的程度。請編寫選擇題 10 題，和題組兩大題（各含 3 題選擇題）。你覺得選擇題容易編寫嗎？容易犯哪些錯誤？你如何設計題組的文字論述或問題情境？

 補給站 6-1

題組的資料分析

　　近年來很多大型的考試都使用題組的設計，這類的設計方式也帶來很多的資料分析上的問題。由於同一題組內的題目共享一段論述，因此可能會產生連鎖效應。這可能是源自於：(1)不同學生對於該段論述有著不同的背景知識、興趣、關注焦點。(2)不同學生對於題目與題目間的連鎖效果有著不同的敏感度或考試智慧（test witness）。(3)要回答不同題目所使用的資訊有著高度的關聯性。(4)上一題的作答後的資訊，會影響到下一題的作答（Yen, 1993）。研究發現如果忽略這種干擾，將會導致高估測驗的信度，也會錯估題目的特性，如難度和鑑別力（Sireci, Wainer, & Thissen, 1991; Wainer, 1995; Wainer & Lukhele, 1997; Wainer & Thiseen, 1996; Yen, 1993），因此不可不小心。

　　有很多的方法可以用來偵測題組內的題目是否有干擾效果（Chen & Thissen, 1997; Douglas, Kim, Habing, & Gao, 1998; Ferrara, Huynh, & Baghi, 1997; Yen, 1984）。這些統計分析方法非常複雜，不過卻有著基本的原理：一群能力相同的學生中，其答對題組內任一題與否，並不會增進或減少其答對題組內另一題的機會。也就是對那樣的一群學生而言，答對某一題的機率與答對另一題的機率無關。舉例而言，如果有 100 位能力相同的學生（可用原始總分一樣的人代表之），他們之中有 80 人答對題組內的第一題，有 60 人答對題組內的第二題。如果題組內的題目沒有互相干擾的話，在答對第一題的 80 人當中，按機率應有 6 成（48 人）答對第二題，4 成（32 人）答錯。同理，在答錯第一題的 20 人當中，也會有 6 成（12 人）

答對第二題，4 成（8 人）答錯第二題。如表 6-1 所示。這意味著答對第一題的人，有 6 成的機會可以答對第二題。同樣的，答錯第一題的人，也有 6 成的機會可以答對第二題。因此是否答對第一題，並不會影響到答對第二題的機會。

表 6-1　題組的作答機率（無干擾效果）

		第一題		合計
		對	錯	
第二題	對	48	12	60
	錯	32	8	40
合　計		80	40	100

　　如果實際上得到的資料，跟表 6-1 相去甚遠，而如表 6-2 所示，那麼答對第一題的人當中，會有 68.75%（55 人）的機會答對第二題。但答錯第一題的人，卻只有 25%（5 人）的機會可以答對第二題。顯然第一題答對與否，會連帶影響其答對第二題的機率，也就產生干擾效果。此時就要仔細審視這種干擾效果的成因，想辦法修改題目，並採用適當的資料分析方法（如 Wang, Bradlow, & Wainer, 2002; Wilson & Adams, 1995）。

表 6-2　題組的作答機率（有干擾效果）

		第一題		合計
		對	錯	
第二題	對	55	5	60
	錯	25	15	40
合　計		80	20	100

參考書目

Chen, W., & Thissen, D. (1997). Local dependence indexes for item pairs using item response theory. *Journal of Educational and Behavioral Statistics, 22*, 265-289.

Douglas, J., Kim, H. R., Habing B., & Gao, F. (1998). Investigating local dependence with conditional covariance functions. *Journal of Educational and Behavioral Statistics, 23*, 129-151.

Ferrara, S., Huynh, H., & Michaels, H. (1999). Contextual explanations of local dependence in item clusters in a large scale hands-on science performance assessment. *Journal of Educational Measurement. 36*, 119-140.

Sireci, S. G., Wainer, H., & Thissen, D. (1991). On the reliability of testlet-based tests. *Journal of Educational Measurement, 28*, 237-247.

Wainer, H. (1995). Precision and differential item functioning on a testlet-based test: The 1991 Law School Admissions Test as an example. *Applied Measurement in Education, 8*, 157-186.

Wainer, H., & Lukhele, R. (1997). How reliable are TOEFL scores? *Educational and Psychological Measurement, 57*, 749-766.

Wainer, H., & Thissen, D. (1996). How is reliability related to the quality of test scores? What is the effect of local dependence on reliability? *Educational Measurement: Issues and Practice, 15* (1), 22-29.

Wang, X. Bradlow, E. T., & Wainer, H. (2002). A general Bayesian model for testlets: Theory and applications. *Applied Psychological Measurement, 26*, 109-128.

Wilson, M. R., & Adams, R. J. (1995). Rasch models for item bundles. *Psychometrika, 60*, 181-198.

Yen, W. (1984). Effects of local item dependence on the fit and equating performance of the three-parameter logistic model. *Applied Psychological Measurement, 8*, 125-145.

Yen, W. (1993). Scaling performance assessment: Strategies for managing local item dependence. *Journal of Educational Measurement, 30*, 187-213.

第七章

建構性題目的編製

張淑慧

　　所謂建構性題目（supply items; constructed response item; constructed item; extended response items）是指受測者必須以自己的方式表達與建構出答案，這與選擇題（包括是非、配合、選擇、題組）要求受試者作出選擇，是極為不同的答題方式，選擇性題目有客觀的計分，無論是人工或電腦問卷都方便快速，較少爭議性，而建構性題目則須依賴評分者專業的判斷給分，不易由電腦代勞（目前僅能由電腦搜尋相符的關鍵問語，此方面的研發仍在進展中），因此，評分過程較費時，遇到重大考試時，則須有兩位以上評分者共同評分，若差距過大則須第三位評分者參與評分，近來重大升學考試已漸少用建構性題目，還可見到的是英文的翻譯與國文的作文，近來甚至有取消國文作文的提議，可見在電腦快速且客觀評分的趨勢下，建構性題目漸少出現在重大升學考試。

　　然而，在課堂內的教與學過程中，認知目標中的高層次目標，例如，分析、整合與評價，則往往需要建構性題目才能做出適當的評量，若遵循領導教學的趨勢，升學考試少用甚或不用的題型，在課堂測驗中也少用或不用，則有失教學的專業自主性，畢竟教或學的目標在於培養學生的基本能力，不應窄化為通過升學考試而已，學生的思辨、組織、整合資訊的能力在現今尤其重要，因為在大量電腦資訊中，必須迅速搜尋有用的訊息，排除無關的訊息，有賴於精準的思辨能力，以及重新組織、整合，進而內化於個人知識體系內，以個人風格表達知識的成果，因此學生的批判性思考與創造性思考能力，必須有機會在教學與評量的過程中被啟發出來，才能適應現代的社會，因此建構性題目有其存在的必要性。

　　依據學生作答內容複雜度的不同，本章撰寫的架構將依序介紹填充、簡答與問答的題型。

第一節　建構性題目的適用時機

　　如前所述所謂選擇性題目，有些測量簡單的學習成果，有些測量複雜的學習成果，但是建構性題目也有存在的必要，尤其是測量學生是否能重組學習經驗、有創意的思考和以語文自我表達，作結構化論文的呈現。這二種題型的不同也表現在要求學生的反應不同上，即是建構性題目要求學生自己產生與建構答案，而選擇式題目要求學生在提供的選項中選擇答案。

　　就建構性題目而言，學生可用自己的表達方式，解釋歷史事件，說明科學研究的程序等。事實上，建構性題目最大的特點是反應的面向，及學生可以用自己的方式作答；然而計分的困難與主觀成為建構性題目的限制，因此若測量目的為事實性資訊，則選擇性題目是適宜的，惟有當學生是否能夠選擇、統整、評價意念是主要評量重點時，才使用建構性題目，根據反應自由度而言，建構性題目又可區分三類：填充（completion）、簡答（restricted-response; short answer）、問答（extended-response essay; essay）。填充題期待的回答是字、詞、教字，簡答題期待的是回答是一句或一段，問答題期待的回答是數個段落，通常是問題解決的提出與說明。

第二節　建構性題目的題型

☾ 填充題

　　填充題（supply and completion questions; fill-in-blank; completion items; simple completion）有二種類型，一是直接問句（例如：誰是中華民國第一任總統？＿＿＿＿），二是語句完成（例如：中華民國第一任總統是＿＿＿＿），填充題需要學生提供答案，可能是字詞、數字或

符號，因此無法像做選擇題般可猜題，若評量目標是 Bloom 的認知水準中的低階層次「知識」的話，則填充題是適合的題型，畢竟基本知識的記憶能夠穩定，是任何學科學習的基礎要求，然後才能進入更高的認知層次。

　　填充題的優點是特別適合低年齡層的學生，因為它的形式較為單純，一問一答的形式與上課進行或教科書書寫的方式較為相似，學生不需要進行複雜的整合知識的處理，填充題另一優點是容易計分，比起計算題必須呈現問題解決的過程，在計分上是方便許多。

　　填充題的缺點是計分不易客觀，有時學生會寫出概念正確而表達方式不同的答案，因此該如何計分，必須事先規劃好。此外，另一缺點是填充題容易流於考人名、地名或年代的瑣碎事實性記憶，因此該如何測量到有意義的學習，是需費心出題的，例如問 410 教改遊行的原因，會比問它發生在哪一年更有意義些。

　　填充題的出題原則建議如下：

㈠要求的答案是簡短的、明確的

例一

　　修改前　　白先勇寫了＿＿＿＿
　　修改後　　《台北》人這本書是＿＿＿＿寫的
　　　　　　　＿＿＿＿是《台北人》這本書的作者
　　答案：白先勇
　　說明：原題目欠佳的原因是未提供必須的背景資訊，白先勇的著
　　　　　作很多，學生無從知道題目要問哪篇作品。

(二)避免要求學生填答多重空格

例二

> 修改前　　　____偷襲____，____戰爭爆發，國民政府正式對____宣戰。
>
> 修改後　　　日本偷襲____，太平洋戰爭爆發，國民政府正式對日宣戰。
>
> 答案：珍珠港
>
> 說明：每題只需要學生填一空格，至多兩空格，否則語意的完整性經被破壞，考題流於記誦。

(三)同一空格的答案有不同表達方式，則不同形式的表達配分應相等，至於正確程度不等的答案，可以有不同的給分即所謂的部分給分。

(四)事先宣布錯別字是否要扣分數，或者表達風格是否計分。

(五)同一題內的空格長度應一樣，毋區分長短答案的空格長度，以避免給學生提示。

(六)若要考學生是否瞭解名詞定義，題目上應提供此名詞，再留空格要學生填答定義，毋陳述定義再要求學生填答正確的名詞。

例三

> 修改前　　　由大氣的重量所造成的壓力稱為_____。
>
> 修改後　　　「大氣壓力」的涵義是：_____。
>
> 答案：由大氣的重量所造成的壓力
>
> 說明：修改前的題目較偏重記憶再認的能力，而修改後的題目才能測到學生瞭解的程度。

(七)空格應安排於句尾，而毋放句首

例四

　　修改前　　＿＿＿＿是指進口總值大於出口總值。

　　修改後　　進口總值大於出口總值，就稱為＿＿＿＿。

　　答案：入超

　　說明：空格安排於句尾較能使問句完整，學生先看到完整問題，
　　　　　再開始思考正確答案。

(八)毋照抄課本原文原句出題

例五

　　修改前　　成都平原溝渠如網，＿＿＿＿水利工程歷史悠久，設計
　　　　　　　完整，中外馳名。

　　修改後　　成都平原上有名的水利工程稱為＿＿＿＿。

　　答案：都江堰

　　說明：修改前的題目是逐字逐句抄襲課文，若題目以此種未加轉
　　　　　換改寫的形式出現，可能造成學生死背強記課文的不良讀
　　　　　書習慣，因此修改後的題目以不同文句相同問題的形式較
　　　　　宜，可增加學生思考與轉化的空間。

(九)明確規範回答的方向

例六

　　修改前　　獅身人面像是在哪裡？＿＿＿＿＿

　　修改後　　獅身人面像是在哪一個國家？＿＿＿＿＿

　　答案：埃及

說明：修改前的題目易造成困擾，學生不知回答的精確度該如
　　　何，即該回答國名還是洲名，而修改後的題目則較明確。

㈩用疑問句出題，避免以不完整句子出題

例七

修改前　　雲南省_____江以西高山深谷平行排列，是著名的縱
　　　　　谷區。

修改後　　雲南省有名的縱谷區是在哪條江以西？_____

答案：元

說明：用直接問句會比不完整肯定句為佳，尤其對低年齡層的學
　　　生而言，同時也有助於教師避免抄課文原文原句，和避免
　　　學生未加思考而背誦課文的弊端。

㈪避免多餘的訊息，而造成答題的暗示

例八

修改前　　分母比分子大的比值叫做_____數。

修改後　　分母比分子大的比值叫做_____。

答案：真分數

說明：修改前的題目提供了暗示較為不宜。

㈫當答題與數字有關時，應提供單位

例九

修改前　　甲午戰爭發生於何時？_____

修改後　　甲午戰爭發生於西元哪一年？_____

答案：1894 年

說明：修改前的題目會造成學生困惑，不知該回答明確的年代還
是 19 世紀。

☾ 簡答題

簡答題（restricted-response essay）適合測量理論、應用、分析的
認知層次，其特點是：㈠每個題目有一明確重點，涵蓋較小的內容範
圍。㈡每個題目所期待的回答不是幾個單字或數字而已，而是數個句
子所組成的陳述，文句的組成必須是有架構的，通常的發問詞是「舉
例」、「解釋」、「描述」、「界定」，回答的篇幅與範圍通常在題
目陳述中有所規範。

簡答題的優點是它給予學生更多彈性回答問題，不像選擇題會出
些陷阱的題目，稍不留意會失分，也不像問答題那麼倚重主觀的計
分，此外簡答題特別適合測量專有名詞、基本原理與數學解題，例
如：計算能力的測量，適宜用計算題（簡答題的類型），而非選擇題
形式，惟有在大型考試或電腦計分時，才會以選擇題形式出題。簡答
題最大的優勢在於能準確讓教師知道學生真正瞭解與不瞭解的部分，
固然選擇題可提供學生做對的部分，除非誘答項都對應到某些錯誤的
迷思概念，否則教師很難知道學生錯誤的程度，而簡答題的作答則可
提供老師有關學生的錯誤的迷思概念，因此利於作教學診斷與補救教
學。

簡答題的缺點是計分主觀和出題費時費心，若出題不慎可能導致
像某些選擇題一樣測量到瑣碎的知識記憶，或是像某些問答題一樣題
意模糊，學生產出多元各樣的答案，簡答題介於選擇題與問答題之
間，兼具兩者的優點也不可避免地兼具兩者的缺點。

例十

列舉秦朝滅亡的主要原因？

例十一

　　解釋為什麼視網膜相當於照相機的底片（以簡短段落說明）？

例十二

　　描述日常生活中常見利用槓桿平衡的工具？（不可用課堂上討論過的例子）

☪ 問答題

　　問答題（extended-essay items）適合測量綜合、評鑑的認知層次，其特點是：㈠期待學生能整合多方領域的知識作答，但每個題目仍應有一明確的要點。㈡出題時謹記測量的目的，才能使題目出得讓學生知道答題的方向。㈢通常的發問詞是「比較」、「說明」、「舉例說明」，避免用「討論」、「描述」為發問詞。㈣避免讓學生在數個問答題中選擇部分題目作答，否則每個學生的作答結果不易比較。

　　問答題的優點是能夠測量到選擇題所無法測量到的教學目標或認知能力，例如：創造力、組織力與表達力，問答題測量到的高層次認知能力，例如：分析、綜合、評鑑與選擇題所測量到的高層次認知能力不同，問答題能測到發散式思考（divergent thinking）與聚斂式思考（convergent thinking），而選擇題僅能測到聚斂式思考。

　　問答題的缺點是較低的測驗信度，而測量誤差的可能來源是評分者間的不一致性（以主觀評分）、內容取樣的偏差（受限於時間、題數取樣較少）、或題目異質性（每題都獨特），評分者的不一致性可藉由訓練過程凝聚共識而改進，內容取樣可藉由同一測驗內搭配其他題型或採取回家作業方式而改進，至於題目異質性問題則較難處理，因為回答多元化與各題殊異性是問答題的特點，此外，問答題另一個缺點是問卷評分費時費力，尤其當題數與人數增加的時候更為明顯。

　　依據測量的認知層次的不同，問答題會有不同的分類方式，首先

舉例的是常見的問答題發語詞。

例十三

各大學的科系皆訂有必修學分，但有些學生持反對的態度，理由是設定必修學分無法讓學生依照興趣選課，且浪費學生的時間。

1. 說明你是否贊成以上論點。

2. 為你的立場說明理由。

例十四

比較孟子與荀子兩人主張的差異。

例十五

評論〈歸園田居〉中的「衣沾不足惜，但使願無違」對陶淵明的意義為何？

例十六

說明達爾文的「物種原始，物競天擇」對社會的影響為何？

例十七

說明「人皆生而平等」的主要涵義。（應列入支持你立場的科學觀察）

其次依據測量認知的層次，建構式題目中的簡答題與問答題可區分為三種類型：知識題、應用題（問題解決題）、創造題（發散式思考）。

㈠知識題

例十八

列舉重要事件，並說明它們如何導致第二次世界大戰？

說明：若老師的出題目的在於測量學生是否記得發生的時間、人名、事件，可採用選擇題式題目，若老師的出題目的在於測量學生是否能夠選擇重要事件，並能組織資訊支持論點，則應採用建構式題目。

㈡應用題

例十九

比較美國加入第一次世界大戰、韓戰、越戰、波斯灣戰爭的社會輿論的反應？這些反應不同的最重要原因是什麼？

說明：此題屬應用題，若將題目改為：美國加入第一次世界大戰、韓戰、越戰、波斯灣戰爭的社會輿論的反應如何？則此題屬知識題。

㈢創造題

例二十

假設你任教一門課，作出評量計畫，其中要包括程序、工具和理由？

例二十一

（提供一份考題，其中包含一些錯誤），依據課堂中討論的標準評鑑這份考卷，其中要包括其優缺點說明和整體評價。

說明：例二十是測量整合能力，期望學生能應用課堂所學的原理
　　　原則於新的問題情境，同時在高自由度情況下產出發散式
　　　的多元答案。例二十一是測量評鑑能力，期望學生展示整
　　　合能力之外，還能根據評鑑的標準作出合理的評價或價值
　　　判斷。

依據測量認知的層次，建構式題目（填充、簡答、問答）也可區
分為四種類型：記憶、理解、應用、判斷。

(一)記憶

1. 事實性的記憶

例二十二

寫出二氧化碳的化學式？

例二十三

寫出《白鯨記》的作者？

2. 判斷與評價的記憶

例二十四

清末有哪些人物對戊戌變法的發動有影響力？

(二)理解

1. 比較兩個現象（特定性）

例二十五

比較史記中所描述的劉邦與項羽的性格的差異性？

2. 比較兩個現象（一般性）

例二十六

比較甲午戰爭與日俄戰爭？
3.解釋一段陳述的意義

例二十七

在朱自清的〈背影〉這篇文章中提到「這時我看見他的背影，我的淚很快地流下來了」的陳述，是在何種情況下產生的情感反應？
4.摘要一段陳述的大意

例二十八

說明國父三民主義的中心思想？
5.陳述藝術家選材與鋪陳的目的

例二十九

為什麼陳之藩在〈謝天〉這篇文章中要提及瀏覽愛因斯坦的著作？

㈢應用

1.因果關係

例三十

為什麼使用抗生素之後會產生抗藥性？

例三十一

為什麼法西斯主義會盛行義大利和德國，而不在英國與美國呢？
2.分析

例三十二

為什麼莎士比亞著作中角色哈姆雷特會有內心的衝突？

例三十三

為什麼中英之間興起鴉片戰爭？

3.關係

例三十四

智力與學業的相關是 0.65，解釋此相關係數？

4.原理的舉例

例三十五

列舉兩種在班級經營中使用正增強原則的範例？

5.規則應用

例三十六

解釋磁浮列車如何應用電磁鐵的原理運作？

6.重組事實

例三十七

某些作者認為美國革命不僅是為反對英國，也是社會反動，即窮人對抗富人，請提出此番論點的證據，並提出其他可能的觀點？

㈣判斷

1.贊成或反對

例三十八

幼稚園幼兒是否可以開始學習美語？提出贊成或反對的理由。
2.討論

例三十九

討論專科將逐漸轉型為學院或大學的可能性？
3.批評某論點的正確性或關聯性

例四十

盤尼西林的發明是個意外事件，就此論點提出評論。
4.提出新問題

例四十一

你會提出怎樣的問題以解釋高智商學生低學業成就？

例四十二

科學家會提出怎樣的問題，以確認吸煙者比不吸煙者更會得到肺癌？

由以上舉例可知，問答題的出題方式可有許多的變化，也可引發高層次認知能力的表現。

第三節　建構性題目的優點與限制

☪優　點

建構性題目編製的優點是：㈠出題的使用時間較短：在 60 分鐘或 90 分鐘的考試中，僅需幾個題目便可，㈡建構式題目較可測量高

層次認知能力：如 Bloom 分類中所謂的應用、分析、整合、評價的能力，以及較可避免測量支離破碎的片段知識。

◐ 限　制

　　建構性題目的限制是：(1)計分費時：無法藉助電腦計分，每一題需要很多時間人工計分，以致增加閱卷時間。(2)計分困難：對於不同學生，老師評分標準也難維持同一水準，除了概念正確與否外，文字表達能力與文字工整度是否列入計分也需事先決定。(3)取樣較少：由於考試時間限制，一次考試僅能出少數題目，所能涵蓋的學習範圍可能有限，而造成取樣偏差。

第四節　建構性題目的出題建議

　　建構式題目的出題，需注意兩個方面，一為如何出題，以測量想測量的能力；一為如何計分，以達到可靠的測量結果。以下是建議事項：

一、當其他題型已不適宜測量所欲測量能力時，才考慮建構式題目。尤其是要測量整合性、創意性的長篇作答的情境時。
二、題目需與教學目標有關，以檢核教學目標達成程度。
三、問題陳述必須使學生瞭解題意，否則學生回答方向可能偏離。
四、指示作答應有的時間，以使學生事先能分配作答時間。
五、避免讓學生選答，否則會造成評分上的不公平。

第五節　建構性題目的計分建議

　　建構式題目的計分是主觀的，因此如何做到公平計分是重要的，以下是建議事項：

一、預先準備好正確答案綱要，以使評分有所依據。
二、使用最適當的計分方式，並事先決定完整答案各部分論點的

配分。

三、事前決定好如何處理無關的答案——是部分給分還是完全不給分？此外，書寫的工整性是否列入評分內也應事前訂好。

四、閱卷時，每次針對同一題評分，避免自己的評分標準在不同時期閱卷時變動，而影響公平性。

五、閱卷時，除打分數外，可個別給予評閱意見，或向全班說明評閱意見。

六、避免知道學生姓名，避免個人主觀印象分數影響評分。

七、當考試結果對個人作重大決定時，最好有兩個以上的評分者，並事先決定好當兩者分數差距在某範圍之外，請第三人評分。

第六節　結　語

近來重大升學考試為求計分迅速與客觀，多採用選擇性題目而少用建構性題目，以考試領導教學的趨勢而言，重大考試不用建構性題目，將會影響課堂教學忽略此方面的教與學，惟有教師的專業自主性提升，意識到建構式題目與選擇性題目相輔相成的特性，當高層次認知能力是教與學的重點時，可考慮在課堂測驗中採用建構式的題目，所謂考試領導學習，教師課堂測驗的出題會影響學生學習的方向，若教師認為學生的組織、整合、創造的能力的培養是重要的話，那建構式題目是可考慮的選擇，同時也要有心理準備，其出題與計分是較為費時費心的。

7-1

美國入學測驗的題型

SAT（Scholastic Assessment Test）

美國高三學生可用 SAT 成績申請大學入學，SAT 分為兩部分，一為 SAT I 又稱為推理測驗（reasoning test），主要測量語文與數學推理的能力，語文 78 題、數學 60 題，考試時間 3 小時，多數題型以選項題為主，少數題目是建構題，測驗包括七個部分，其中三個語文部分、三個數學部分與一個等化用的部分（此部分不列入總分計算），二為 SAT II 又稱為學科測驗（subject test），主要測量學科知識，SAT II 提供 21 種學科測驗可供選擇（其中有一個寫作測驗），各科考試時間 1 小時，多數學科採選項題，少數學科除選項題外還有建構題。

GRE（Graduate Record Examination）

美國大學畢業生可用 GRE 成績申請研究所入學，不同於 SAT 是紙筆測驗形式，GRE 漸由紙筆測驗轉變為電腦測驗，甚至電腦適性測驗，GRE 分為三部分，一為一般測驗（general test）是電腦適性測驗，二為學科測驗（subject test）以紙筆施測，三為寫作測驗（writing test）可選用紙筆測驗或電腦測驗，一般測驗主要測量語文與數學分析的能力，至於學科測驗，GRE 提供 14 種學科測驗可供選擇，而寫作測驗主要是測量批判與分析的能力，包括兩個寫作的題目，第一個題目要考生對題目所陳述議題提出個人觀點，考試時間 45 分鐘，第二個題目要考生分析一段辯論的論點，考試時間 30 分鐘，此兩題由擔任寫作課程的大學教授計分，計分重點是評量考生是否能夠作清楚與合理的分析。

思考問題

1. 中學基測（或大學學測）是否應包括國文作文題？英文翻譯或短文題？社會科問答題？說明贊成或反對的理由？

2.平時測驗時,應如何在建構題計分困難與測量高層次認知之間取得平衡?

3.你是否贊成未來建構題改由電腦計分?在何種條件之下有可行性?

4.學生的學習方式漸有依賴電腦的趨勢,你認為這趨勢是否會影響評量方式
的走向?例如紙筆與電腦測驗的選擇?例如選項題與建構題的選擇?

5.本章中有哪些建議對你的出題最有幫助?

參考書目

Bennett R. E. & Ward W. C. (1993). *Construction versus Choice in Cognitive Measurement: Issues in Constructed Response, Performance Testing, and Portfolio Assessment*. NJ: Lawrence Erlbaum.

Cunningham, G. K. (1998). *Assessment in the Classroom*. London: Falmer.

Gredler, M. E. (1999). *Classroom Assessment and Learning*. MA: Longman.

Gronlund, N. E. (1988). *How to Construct Achievement Tests*. NJ:Simon&Schuster

Linn, R. L. (1999). *Measurement and assessment in teaching* (8th Ed.). Upper Saddle River, New Jersey: Prentice-Hall.

Murphy, K. R. & Davidshofer, C. O. (2001). *Psychological Testing: Principle and Application.* NJ: Pretice-Hall.

Payne, D. A. (1997). *Applied Educational Assessment*. CA: Wadsworth.

Popham, W. J. (1999). *Classroom Assessment :What Teachers Need to Know*. America: Allyn & Bacon.

第八章

實作評量——理論

呂金燮

　　也許大家都聽過愛因斯坦和他的司機的故事，故事的真偽不可知，但是故事本身卻饒富趣味。據說愛因斯坦提出相對論之後，各大學與研究機構爭相禮聘去演講，到了第 340 場時，愛因斯坦在前往演講的途中病倒了。為了不讓演講會場中等候的教授與研究生失望，愛因斯坦決定繼續前往，但是他的身體狀況是不可能支撐到演講結束的。於是愛因斯坦和他的司機達成一個協議——兩人互換身分。既然司機已經陪著愛因斯坦到處演講，而且聽他的演講 339 次了，想必已能對演講的內容倒背如流了。到了演講廳，司機上台侃侃而談，而愛因斯坦則坐在聽眾席最後一排聆聽演講。司機的確不負所託，演講內容與愛因斯坦並無二致，接受了聽眾的鼓掌與歡呼。演講完畢，照例由聽眾發問，其中一位研究生提出一個非常簡單的實驗室問題，問題簡單得使在場的教授和其他研究生都掩臉噓聲不斷。但是即使問題再簡單，司機也答不出來。他看著台下教授和研究生的表情，再望一眼聽眾席上的愛因斯坦就說：「這個問題很簡單，我請我的司機來回答。」台下的「司機」答了這個簡單的問題之後，演講圓滿結束。

　　如果你是台下的教授之一，請問你要如何判斷真假「愛因斯坦」呢？

　　大部分的人都會想到考考他們倆個，考考看誰對相對論的瞭解最深入。哪些相對論的相關問題是愛因斯坦回答得出來，而司機答不出來呢？

　　司機無法回答類似「你的實驗室如何設計？」（how），但是他卻很巧妙的把答不出的窘境化解了。想瞭解愛因斯坦，我們想知道的不是演講的內容或什麼是相對論，而是演講內容背後的學理、實驗設計基礎和精神，是屬於「為什麼以及如何」的問題。這些問題就如我

你會問怎樣的問題：

相對論是什麼？（what）

你什麼時候發現相對論？（when）

你何處發現相對論？（where）

相對論和萬有引力有何不同？（which）

你如何發現相對論？（how）請示範？

你為何會想出這樣的點子？（why）

你在實驗室中遇到的困難如何處理？（how）

們用什麼標準評鑑一位教師的專業水準，並非僅從他寫的教學設計來看，一位教師光知道要教的是什麼、什麼時候上課是不夠的，我們會想看他的教學過程，處理學生問題以及評量學生的方式等「如何做」的問題，這些問題的問法不同也就產生了不同的評量方式，所需要的思考層次當然也不同。要回答什麼、何時、何處的問題，要有完備的知識；回答為什麼和如何的問題，在知識之外，尚需要推理思考與行動的能力。

　　我們希望學生在一段期間的學習後，可以回答所有各類的問題，成為一位真正的「愛因斯坦」，而非只是聽了 339 場演講的司機。因此，評量的方式就應該多元，包括「是什麼？」「什麼時候？」「什麼地方？」，以及「如何？」和「為什麼？」，方能分辨出真假的愛因斯坦。這樣多元的評量方式，在近來教育學者對教育目標的省思以及認知心理學的研究中，特別受到重視。他們強調要評量學生對學習內容的瞭解，除了以學生的知識基礎（what, when, where）來判斷外，知識的組織結構，原則性與概念性知識在不同情境下應用的推理過程（why, how），都應該是判斷的重要指標，也因此在對傳統的標準化評量方式提出強烈批判之下，評量學者從藝術展覽、運動場上如奧

運、教師或醫師等專業表現的評量,來反省教室中的評量,並提出實作評量的概念。於是評量的問題從標準測驗的「這是什麼?」「什麼地方?」「什麼時候?」的標準答案,到「請解釋你的理由」「請示範你如何做的?」以及「你認為哪個較適合?請證明。」等沒有標準答案的評量,這樣的評量方式給了學生很大的思考彈性空間,但評分的空間擴大後,也引發了評分標準不一的效度等相關問題。

關於實作評量的探討本書將分為兩部分來討論:本章重在討論實作評量的發展背景、本質、類別,以及應用上的優點與限制;第九章則探討實作評量的設計策略,包括題目、評分標準及評分規準的設計,以及結果的回饋等。

第一節 發展背景

若要將實作評量的理念與精神充分發揮,對其發展背景的瞭解當然是不可或缺的。從其發展的背景我們或可檢視實作評量從 1980 年代,由專業領域轉到教室評量領域開始,至今成為教育評量的另類主流,是否有達到以有意義的評量領導深度教學的初衷。影響實作評量發展的因素大致來自對標準測驗的批判,對學習與思考的認知研究,專家與生手的研究,以及認知科學與電腦科技的發展等發現。科技整合的趨勢使評量可以更多元化、更深入,就不須侷限於容易施測與評分的評量方式。

對標準測驗的批判

在此我們並不想再次挑起標準測驗與另類評量的戰爭,只簡單陳述因為對標準測驗的批判與不滿而凸顯另類評量的重要性的幾個要點。長久以來,為了將學生的成績分等第,可用機器計分的,經濟又有效率的標準化測驗幾乎已經排擠掉其他形式的測驗。標準化測驗呈現的多是結構完整(well-structured),題意十分清楚的問題,如選擇、

是非和填充題，但生活中學生所面對的多是弱結構（ill-structured）的問題，題意模糊不清，也未必有答案的問題。因此，教育評量上過度依賴標準化測驗，將這樣的評量結果作為教學與學習的主要參考依據，常造成以下幾點缺失：

㈠教學與文化上的偏見，選擇題測不出的其他重要能力，在教學上就不被重視，或完全被忽略；不同文化所重視的能力在測驗中成了絆腳石，也間接的造成教育上嚴重的文化歧視。

㈡為了使學生能在測驗上有良好的成績表現，測驗成了教學主要目標，常腐化了教學與學習的過程，將教學降低到為測驗作準備的層次。

㈢標準化測驗易於評分、比較、分等第和分類，但所知道的是學生對片段知識的記憶能力，而非理解與應用的能力。將教師和學生的時間、精力及注意力集中在可以容易測得的簡單技巧上，而忽略高層次思考技巧，形成教育資源的浪費。

㈣對學校中的學習狀態給予錯誤的資訊。標準化測驗的成績單沒有告訴我們一個學生真正會做什麼？有可能學生通過所有的科目，而卻仍是社會功能或文化文盲（Wiggins, 1989）。標準化測驗為滿足效率的要求，將複雜的能力標準簡化為簡單的數字與特質，假設每個學生對同一答案的思考歷程都是相同，答案比理由更重要，學生的正確答案是不是意外所得或猜中的，也無從得知；教師也無法從分數上得知學生學習的狀況。

☪對學習與思考的認知研究

認知心理學對學習與思考的研究方向，從連結理論（associationism）的由下而上（bottom-up）的歷程，到完形主義（Gestalts）的由上而下（top-down）的歷程，到新近的訊息處理（information process）與情境學習（situated learning）上的研究，學者認為學習者不再是在刺激與反應的連結次數下被動的學習，而是主動的以既有的先備知識詮

釋新的學習情境，並主動建構知識過程。因此，一致強調：

㈠知識的主動建構歷程

知識的建構主要在其結構與組織，也就是所謂的基模（schema），知識的組織具有協調性、精緻性、區辨性、深度及原則性，更有階層性與抽象性，而非一些零散的、無相關的片段知識。評量的過程也應重視知識的建構歷程與結果；因此，心理表徵（mental representation）或知識表徵（knowledge representation）藉著概念構圖來評量，在研究上已有豐富的資料可供參考。

㈡推理策略的重要

認知心理學對動機、學習策略和後設認知的研究，使得對學習過程的評量方式更具體且多元。評量學生如何處理資訊，可以瞭解學生策略思考的盲點，方能適切地施行補救教學。學生的先備知識、理解策略及後設過程都會影響學生從教學中的學習，更會影響其在評量上的表現（Snow & Lohman, 1989）。

㈢心智習性（habit of mind）

學生（也許教師亦同）對生活與每個領域的專業知識都有一些基本信念（belief），這些信念也許是一種迷思或誤解，影響學生對新的學習的詮釋與組織。近來學者強調教師需要在教學中示範專家的信念與探索特質，評量時也應考量某些人格特質或信念對評量表現的影響（Schoenfeld, 1985; Deweck, 1989）。

☪ 專家與生手的研究

瞭解愛因斯坦等專家是如何成就的，一直是認知心理學上最有興趣的。對愛因斯坦等專家形成過程的瞭解，不但是教學的內容與設計的重點，也間接對評量方式產生衝擊。近二十幾年來，認知心理學界

對專家與生手之研究中發現專家有下列主要特質：

㈠專家主要在他們特定的領域中非常傑出（Chase, 1983），並在特定領域多年經驗中累積出專業的直覺（Gardner, 1992）以解決該領域的問題，而非藉由一般抽象概念性原則的應用來處理問題。

㈡專家的形成依賴特定領域中真實與豐富的社群互動情境，提供不斷練習與知識應用的機會，而後對自己的領域學門接收大量有意義的訊息型態，使得其解題快速。

㈢專家花大量時間對問題做質的分析（Lesgold & Lajoie, 1991），對領域中的問題先深入瞭解，且以深層的組織（deep structure）表徵問題，生手則傾向於以表面的訊息表徵問題（Chi, Feltovich, & Glaser, 1981）。

㈣專家在解題時有強烈的自我監控能力。

這些問題解決的表現差異實非一般標準測驗可以測得，因此，這些發現不但直接影響教學的目標，同時也間接地衝擊了評量方式的轉型。

☾ 認知科學與電腦科技的發展

科技整合的趨勢，結合心理學家、電腦科技人員、教育哲學家、語言學家、醫療人員和教育人士，經由對學習過程及在能力表現的瞭解，可以引領教育評量往更完整的方向發展。透過科技的協助，電腦可以設計有層次性的提示，加上不同層次的遷移情境，可得知學生在解題過程與結果上，所需要的提示，進而可以瞭解學生對概念掌握的層次（Compione & Brow, 1990）。因此，利由電腦對學生解題歷程的記錄，分析出學生解題的策略，瞭解學生自動化的過程及堅持度與時間分配，對他們的知識結構與能力的應用評分與複雜度的分析，就不是一件難事。

教育界對標準測驗的批判，加上對學習歷程與結果的瞭解，以及認知科技整合的推波助瀾之下，實作評量成為教育人士希望的寄託。以下我們就來討論實作評量的本質。

第二節 實作評量的本質

　　實作評量的本質是要求學生投入專業的探究，以創造在他們生活中有價值的知識，而非只是證明他們在學業方面的成就，評量結果的重點不在測驗分數或繳交作業，而是專業領域知識的表現。因此，實作評量（performance assessment）一開始在教育上的應用又稱之為表現本位評量（performance-based assessment）。「實作」指的是執行或經歷（process）一個工作（task），並完成工作（Wiggins, 1993）。因此，一般以為實作評量必定是要學生實際操作（hands-on），其實，實際操作只是學生學習的表現形式之一，也並非動手操作就是實作評量的形式。如果實際操作只是簡單的肢體操作，或知識的複製（reproduce），沒有知識和技巧自我製造性（product）的應用，就沒有學生個人「表現」（performance）的意義。實作的精熟通常可表現在完成一篇散文、一項設計工作或同儕和社會大眾有興趣的方案上。實際操作，以及各種形式的表現方式，如學生筆記、電腦虛擬形式、自由申論題與新形式的選擇題，若能測得學生應用知識來表現精熟的能力，不論是評量知識的組織、解題時的策略或監控表現的能力，都可稱之為實作評量或表現本位評量。

　　雖然實作評量至今未有清楚的定義，各類文獻中的討論，仍提供一些判斷的基本要素：一、實作的表現：學生要應用出他們所習得的知識和技巧，表現出認知複雜度；二、真實的情境：實作評量是在實際的情境中或模擬的評量作業中完成一個特定的工作，呈現給學生在真實生活中所需要面臨與解決的情境，有時候也許是在視聽媒體終端機前舉行評量；三、結構的特質：為了提供適度的挑戰性與真實性，評量的題目須有一些模糊不清，學生的解題才能有彈性，方式及結果才能多元；四、過程性：問題解決的表現不僅限於解題的結果，更在解題的過程，兩者都是評量的目標和媒介；五、社會化互動下的結

果：思考往往經過激盪後，更多元與深入；小組的互動更能讓學生發揮思考的廣度與深度；六、彈性的解題時間：要求學生呈現個別思考過程，彈性的時間以符合個別差異就是必要的條件。傑出的表現通常無法在一個十分特定的時間內完成；七、多向度的評分系統：要求學生表現多元的思考過程與結果，評分的系統就不能單一化，學生所完成的評量項目或結果，得依特定的標準和過程做觀察及評分。以下就將實作評量的這些特點，分別討論。

☾ 實作的表現

「實作」強調的是對能力評量的真實性與代表性，及在有意義或真實的情境中學習與評量的重要性；「表現」強調的是對智力、知識與技巧挑戰的必需性，及掌握學習內容與過程的學習結果的必要性。這類的評量項目強調實作的複雜度與知識表現的深度，而非題目的複雜或答案的簡單與否，很複雜的題目未必就是實作評量。實作的特質主要有：㈠實行並完成一個任務和過程；㈡表現知識的能力；㈢是學科的應用，而非只是學習該學科；㈣是下一個階層的學習準備度的指標，注重的是遷移的能力。

☾ 真實性和直接性

在另類評量（alternative assessment）方式中，真實性評量（authentic assessment）與實作評量強調的都是真實性和直接性，因此，兩者被視為是可互換的名詞。真實性包含測驗情境與要求標準的真實性，追求測驗情境的真實性，目的在提供給學生一個更有意義的教育經驗，以促成學習和技能的發展。也可對一個好的表現所需的要項和標準做深入的瞭解。但要求測驗情境的設計完全符合真實生活，其實是不大可能的。

強調真實情境並非有意將學習分為學校內與學校圍牆外，事實上，尋找一些學校中發生的真實問題並不如想像中的困難，有些問題

在社會上發生，也會在校園中重演，只是大小版本不同。而重點是在使學生從對問題的主控權與對有意義、有興趣的學習探索過程中，尋求問題的解決之道。

豐富的脈絡化真實性問題，可提升學生的動機與興趣，促使學生努力。脈絡化在本質上，意味著題目具有足夠的內容，以使問題情境更有意義，也幫助學生活用其經驗和知識，成為詮釋問題和解決問題的基礎。然而，富於脈絡真實意義的評量題目，不必然對所有學生都是適合的。某一情境對於甲生具有促進其動機及努力的效果，可以讓他充分發揮表現。但這個脈絡情境對乙學生而言，效果可能相反，反而扭曲了他的表現。因此，評量時的真實性應被看成是一種約束，學生在某些特定情境下去經歷並完成問題。

然而，評量「情境化」或「看起來像真的」並非是有效評量的充分條件，情境化也許代表了實作評量一個重要的品質；而這個特質也許只不過代表了表面效度，別無其他。很多在真實情境中的評量表現，其本身極少價值。任何一種實作評量，真實性的設計都必須強調實際性的複雜度，並需包含所有以後學生應用這些評量的知識的可能相關情形。

要求標準的真實性，主要期望對學生的知識和技能做更豐富的瞭解和掌握，以描述學生表現時的過程和策略，再調整評量，使其更直接靠近教學目標。假如卷宗的內容反映出課程所強調的內容，就符合了要求標準的真實性。重視高層次思考評量的研究者（如 Resnick & Resnick, 1992），認為實作評量是一種直接判斷表現的評量而非間接的能力指標。實作的價值就在其本身所代表的意義，而非其他有價值的表現或和其相關表現的間接指標。

評量的真實性大致可以下列的幾點作為判斷的準則（Baron, 1991）：㈠學生必須運用知識，以有效的表現能力，而這些題目必須類似於成人世界或此領域專家所面對的問題；㈡必須忠實地描述這個領域或真實情境中的重要要素；㈢問題需要應用一連串的知識，判斷

在何時、何處運用哪些知識較為適合,並且需要組織問題並決定解題步驟的優先順序;㈣這些表現,具有品質的要求;㈤指標或標準透明化,要求學生對其答案或選擇舉出理由;㈥在各式各樣的情境中,強調學生表現和所評量的目標行為之間的一致。

☪ 弱結構(ill-structured)

為了配合真實性與情境性,評量必須有一些模糊不清及無結構的特質,如此學生才會將判斷力集中於瞭解、澄清及解決問題。除了情境之外,實作評量強調比標準測驗還缺乏結構的問題,在評量中,學生應該能做到在真實問題情境下所該作的事,評量應模擬生活上心智的運作及每天工作的情境(Linn, Baker, & Dunbar, 1991)。在實際情境中所遇到的重要工作通常是沒有公式可循的,這類的問題和一般結構清楚,強調最後結果的問題不同,這類的問題結構不清且:㈠較複雜,對何時才會有解決之道,並無清楚的準則可依循;㈡問題的說明中,並不全然包括解題所需的所有資訊,僅提供一些十分模糊的相關資料;㈢並無單一的或唯一的方式去發現每一個解決步驟的可能性。如Wiggins(1989)提出經由無結構的問題的應用,實作評量促使學生的思考集中在提出問題、澄清及解決問題上,評量的是知識與思考的深度而不只是廣度。

☪ 過程性

學習是十分複雜的過程,不只包含學生所知道,且包含針對所知道的,學生可以做些什麼。「知道如何應用」顯見是專家和生手間最大的差別,有意義的學習,即在從敘述性的知識到過程性的知識間的轉換,也是從記憶到行動間的轉換,對這類的轉換的評量,則需在情境中提供不斷應用的機會,而這樣的過程性知識方能培養出不斷進步的學習能力。在無結構的情境下,問題解決的過程更加的重要,既然沒有明確的正確答案,解決之道是否有意義只能依靠推理與判斷,雖

然成果的資訊對呈現學生最後所習得的結果十分重要，而若要改進結果，就必須知道學生在這解題過程中的經驗，導致某種結果的策略與努力的相關資訊。

實作評量與傳統紙筆測驗最大的不同，就是在於它評的不只是學生在評量中產出的結果（答案），也重視產出結果的過程（思考歷程）的評量。實作評量要求的不是唯一正確的或最好的答案，一個問題可能有多種解決方法，而是否能有系統的敘述問題、思想的組織、證據的整合和原創性等過程性的思考都是實作評量的重點。

事實上，表現的過程和結果都是評量的目標和媒介，有時候結果是目標，而過程是媒介。當我們的重點是過程表現或結果的品質時，則表現或結果本身成了評量的目標；而當我們要對學生的技能、能力或某一構念進行推論時，則過程表現或結果只是評量的媒介。在某些領域，如戲劇和舞蹈，過程和結果基本上是同一回事，因此所需評量的是這種或那種的表現形式。在繪畫或寫作領域，可以有許多不同的過程或不同的開始模式，所以關心重點在於結果。而在機械或化學領域，則表現的過程和結果都需要被仔細加以從頭檢查，因為結果和過程都同樣重要。

社會互動

在真實的情境中，問題往往需要一群人合作方能完成。這一群人也許選擇各自感興趣的問題角度或某部分去著手，而非問題的全部，之後一起討論分享心得。實作評量的題目也強調評量不再限於坐在一張桌椅上或單獨完成。學生可以小組的形式，到市場做調查，在走廊討論，更可以尋求社會人士的支援，也就是所謂的多元練習（multiple practice）。小組的互動中，自然會有不同的角色需求（multiple role），有人領導策劃，有人善於執行，也有人負責監督檢查，就如同社會上不同的角色需求，而這也是實作評量的情境最不同於一般標準測驗的特質。

☾* 彈　性

　　實作評量的問題也許是相當的侷限，或十分的廣泛可延伸許多天甚或幾週的主題研究。要評量學生在評量項目中的思考過程，時間就必須十分有彈性。標準測驗通常在一個限定的時間內完成，使得評量者無從看到學生在一段時間中的進步。一個領域的傑出成就通常是無法在一個十分特定的時間如 50 分鐘的課堂，或 2 個小時的考試時間內完成的。實作評量的評量時間設計應能讓學生以持久、長時間深入地探討某個概念。當學生的成就可以經由持續的觀察來瞭解其優缺點時，以實作評量來評量學習成就，其結果就愈真實了。

☾* 多向度

　　既然對學生反應的評量重在過程與結果，就需要一種多層性的評分系統來分析出複雜的表現的成分，很明顯的，判斷一個人在某個領域的專業程度，單一的指標，如百分等級所能傳達的訊息不但十分有限，且易出錯。真實情境下的表現是無法以一個分數來傳達其品質的，如一份研究報告，可從資料的完整性，用了哪些權威的資源，和公共政策議題的相關性，及報告本身的組織和邏輯性來判斷。家具設計師的工作可從設計的持久性、有效性，使用材料的美觀和品質，及整體完成的品質來評估。學生的口語表達技巧不只從所使用字彙的範疇來看，且需從對聽者的觀點是否敏感，解釋的清晰和提問適恰等問題來評量。

　　既然實作評量強調的不只是簡單的記錄錯誤與統計分數而已，評分的標準相對的也是相當複雜，實作評量的表現結果，以表現的真實標準為參考，複雜表現的多向度要在判斷中一一被分析出來，評分的系統通常必須多層次而非單一的一個分數。因此，實作評量的評分系統至少要具備三個基本標準：知識的產生、專業的探究、及評量之外的價值（Newmann & Archbald, 1992）。有一些這類的評量是根據學生

的書面報告來評分，其他則須評量者針對學生工作時所表現的過程予以評估，這兩種方式，評分者都必須有專業訓練，也須有可用的共同標準，多向度的判斷才不致流於拼湊，我們將在第九章再詳細的討論實作評量的評分規準設計。

第三節　實作評量的類別

從實作評量的定義及特質，一般都以實作限制的程度或實作問題的結構度，將實作評量的題型分類。實作限制的程度呈現在問題層次的設計上，大都以問題的結構度、解決問題必要條件的提供與否、方式的多元性，以及解決之結果的已知程度等為決定層次的依據。實作層次的類別，可視為一條連續性線上的許多點，呈現的結構、已知條件的多寡、可接受的方法或詮釋的多寡，以及問題、方法及結果的彈性來決定在線上的位置（也就是層次、類別）。

線的一端是最有結構、定義最清楚的層次，這個層次的問題敘述清楚，解題條件充分，問題解決的方法很明顯，出題者與解題者都知道；解題的結果出題者知道，解題者須經由一些已知的知識或方法去發現。這是解題者最熟悉的問題情境；解題條件愈清楚，反應也就受限了。因此，這類實作類別或稱為限制反應式的實作評量。題目敘述清楚標明形式上的限制，優點在於其有更高的結構性，且需要的執行時間較短，所以在一定時間內可以完成更多的題目，以涵蓋更多想評量的領域範圍。而其缺點在於高結構性，不易評量學生資訊整合的能力和學生的原創性。

線的另一端則是最無結構、定義最模糊的問題層次，這個層次的問題中，問題定義不清（問題本身也許還含有許多不清的問題），解決問題的方法未知，解題條件十分不足，有許多不同的方式，也許需要嘗試新的有創意的方式來解題，因此，出題者和解題者都不知道需要用哪個方式或哪個方式最恰當，解題結果出題者和解題者也無法預

知，是解題者最陌生的問題情境。這種開闊式的實作類型要求學生從更多樣的來源蒐集資料，學生使用資料的過程是評量的重點，而產生的結果也有多種不同的形式。自由程度高，使學生能證明其選擇、組織、整合和評價資料的能力。但其缺點就是喪失評量的效率，喪失內容領域的廣度，另外，也增加了評分的困難。

在這兩端之間則是其他層次的問題。為了研究設計及分析上的限制，一般都將問題分為三或五個層次。結構愈清楚，條件愈充分也表示限制愈多，所需的高層次思考愈少；反之，結構愈模糊不清，問題情境愈新奇，條件愈少，難度愈高，也就愈發需要高層次的計畫與策略監控等的思考活動。

以下（見圖 8-1）將分為三個類型來討論：定義清楚、定義不清及沒有定義的問題。

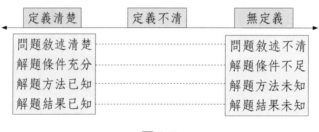

圖 8-1

☾ 定義清楚的問題

這類實作評量的問題通常都以十分直接的方式界定清楚，並且在問題的敘述中，將所預期的結果加以界定，大部分自然科學和數學領域的評量項目大致都屬此類，以下是數學評量的例子：

> 小萍喜歡溜冰，溜冰場的門口貼了一個告示牌說：會員在每一季的開始付 300 元，另外每次租溜冰鞋則再加上 20 元，非會員則每次付 40 元包括租鞋的費用。

　　小萍沒有溜冰鞋，所以他必須租一雙溜冰鞋，如果小萍考慮加入會員，他至少要去溜幾次加入會員才划算？請寫出你的推算過程。

　　例二：規劃超級市場的例子（教育部，民 85）（見補給站 8-2）

 **8-2**

規劃超級市場的問題

現在想規劃超級市場內部的陳設，將整個超級市場分為生鮮區、食品區、家庭用品等三區，生鮮區占全部面積的 1/4，食品區占全部面積的 2/5，其他是家庭用品區。

步驟 1

下圖是超級市場的平面圖，請依照三區占地比例標示出三區可能的位置。

步驟 2

家庭用品區占全部面積的幾分之幾？＿＿＿＿＿

說明你是怎麼算的。＿＿＿＿＿＿＿＿＿＿＿＿＿＿＿＿＿＿＿＿＿＿＿＿＿

＿＿＿＿＿＿＿＿＿＿＿＿＿＿＿＿＿＿＿＿＿＿＿＿＿＿＿＿＿＿＿＿＿＿＿

步驟 3

三區中哪一區占地最多？＿＿＿＿＿

說明你是怎麼算的＿＿＿＿＿＿＿＿＿＿＿＿＿＿＿＿＿＿＿＿＿＿＿＿＿＿

＿＿＿＿＿＿＿＿＿＿＿＿＿＿＿＿＿＿＿＿＿＿＿＿＿＿＿＿＿＿＿＿＿＿＿

步驟 4

生鮮區的面積是多少平方公尺？＿＿＿＿＿

說明你是怎麼算的。＿＿＿＿＿＿＿＿＿＿＿＿＿＿＿＿＿＿＿＿＿＿＿＿＿

＿＿＿＿＿＿＿＿＿＿＿＿＿＿＿＿＿＿＿＿＿＿＿＿＿＿＿＿＿＿＿＿＿＿＿

（教育部，民 85）

這類問題的設計以一系列的開放式問題，評量學生的推理能力和對學科領域知識的特性的瞭解，及其特性間的互動關係，並且評量學生傳達溝通他們學科知識的能力，而評量的結果，提供學生對某特定學科領域的重要知識與技能應用的訊息。

☪ 定義不清的問題

相對於定義清楚的實作評量問題，定義不清的問題並沒有清楚的定義；反之，包含了很大的彈性和不確定，學生需要去判斷該作什麼，想到了哪些點子，如何表達這些想法，以怎樣的順序等等。既然問題中包含了許多的模糊不清，就得花許多的時間去想出要作什麼，和必須考慮哪些其他的方法，雖然學生必須得出特定的結果，他們的最後解決之道可能有很多的不同。有關歷史、社會學等人文學科的評量大都屬這類。以下是一個歷史和數學評量問題的例子：

> 想像現在是 1997 年，而你是一位住在台北市的市民，因為你對政治有興趣且常涉及這類的資訊，你特別去聽王建瑄、陳水扁、馬英九在競選台北市長時的辯論，在辯論之後，你回到家中，你的堂兄弟問你一些當時國家所面臨的一些問題。
>
> 　　寫一篇論文解釋一些你的堂兄應該可以理解的重要想法或議題，你的文中應根據兩個最主要的資源：(1)你所知道的歷史一般常識及特殊事件；(2)你從昨天的閱讀中所學到的。請確定表現出你的想法和事實間的關係。

一個較複雜的例子是學生得花兩個星期的時間去完成一個研究方案：

> 超級市場比價
> 　　很多超級市場都宣稱他們的價錢是最低的，但是這到底代表了

什麼呢？它表示店裡的每一樣東西都比其他的店來的便宜，還是只是某些商品而已？你要如何分辨到底哪家超級市場買東西最省錢？你的作業即是設計並且執行一個調查研究來探討這個問題。

這些評量的設計主要強調學生必須統整從特定課程中所得到的資訊和經驗，加上評量中給予的新資料，針對相關聽眾的觀點與興趣，調整他們的溝通方式，並且以有限的資訊決定先後優先順序。

☾ 沒有定義的問題

和以上討論的兩種問題類別的區別，在於沒有定義的問題強調行動的目標，這問題該如何著手並不是開始要想的，反而是個人要從行動中得到什麼，如，個人的目的是什麼。要等到目的確立之後，才能開始著手方案或卷宗，解決之道只適合特定的人和情境所發展的特定目的，大部分的方案、卷宗、和展覽的評量都屬這類。以主題研究和碩博士論文為例，可以解釋這個類別的一般概念，每位博士候選人都必須根據一個特定領域的文獻探討，完成一份研究方案或論文，這裡並沒有提供學生預備好的問題或情境，全由學生自己完成一個發展問題和解決問題的計畫。

定義清楚和定義不清的問題通常應用在評量學科的成就上，相對的，沒有定義的問題的表現結果通常必須是可供公開參考的。除了學科知識外，這類問題需要統整各科能力，學生必須自己找出問題並且負責完成這項工作，這類的工作都可提供成就的真實性且多樣性的指標，知識和技能的應用由相關的人士決定以有意義且有趣的方式表現，如 Archbald 和 Newmann（1992）所說「這樣表現出真實的學業成就，不只為超越測驗的公眾價值觀，而是因為如此學生才能以獨特及有用的方式統整知識（p. 160）。」這個類別也許是實作評量中最真實的，但同時也是最具挑戰性的。

☾＊三類實作評量間的區別

　　除了以上所討論的問題結構和解題結果的不同之外，這三類的實作評量也因下列的特質而不同：

㈠真實性（authenticity）

　　每個實作評量的活動需要某種程度的真實性，至於「真實於什麼」，教學或真實生活的情境，是使用實作評量之前應先澄清的基本問題。教學的真實性是足以代表在課程和教室中所強調的內容，而真實世界的真實性則是代表知識和技能在真實世界的情境中所使用的方式。真實的本質在每個領域皆不同，相對的來說，定義清楚的問題需要較高的教學真實性，但較少程度的真實世界的真實性；而定義不清和沒有定義的問題則需較高程度的真實世界的真實性，而較少程度的教學真實性。

㈡擁有權（empowerment）

　　這些類別間區別的一個特質是對評量問題或工作的擁有權，誰要對這個評量活動負責，其他人又扮演什麼角色？在定義清楚和定義不清的問題，評量者會給予個人或小組指定的問題，學生負起大部分或全部的責任完成評量工作，但是評量問題或工作是權威者（老師）或評量者指定的。然而，在沒有定義的問題中，個人或小組決定好工作的目標，並主動尋找問題。但解決問題的過程中，他們需要其他資源的幫助，評量本身是社會的，學生需要知道如何應用資源尋找適切的知識。從資源中，除了在這個領域的文獻或專家的意見，領域發展的目的及價值須要界定之外，解決之道也要結構出來。沒有定義的評量問題十分明顯的是從真實情境的觀點出發，評量工作所需的資源以解決問題為中心而非隨意的組合，在這類評量中，學生對問題的發展與解決的過程有決定權，但是無法負起完成工作的全部責任。

(三)認知複雜度（cognitive complexity）

不同類別的實作評量對評量工作所花的時間和認知複雜度也都不同。在定義清楚的問題中，解決的方法通常是在花了一段時間之後，即可得到的，也沒有許多不同過程可以得到同樣的結果，只要想出了解決之道，通常也不太需要修正。定義不清的問題也許需要長一點的時間去解決，解決的方法也可在一段時間之後得到，有時也許需要一些修正，因為通常目標或外在的良好解決之道其本質有些混淆。這兩種類別，解決的方法會在評量工作完成之後得到，但是比起這兩種類別，在完成沒有定義的評量問題後，並不需要有一個解決方法，先前的工作計畫也許先試用一陣子，然後再依情境的改變來調整修正，個人的目的會導致不同的結果。從評量一開始，修正、檢討和監控等後設高層次認知活動就一直是評量過程中的重點，正確的答案並不是評量的目的，修正與統整的過程都是評量的一部分。

(四)推論（inference）

每個評量結果都會對教學或真實生活情境有相當程度的推論，例如，以數學月考成績來推論學生在日常生活中數學四則應用的能力。每個類別推論的程度都因目的不同而有所別，在能力或學業成就的評量中，個人的表現是「評量的工具而非目的」（Messick, 1994），在這種情況下，相對於定義清楚的問題的類別，定義不清和沒有定義兩種類別，從所觀察的行為到評分構念就需要高程度的推論。然而，如果個人的表現是焦點的話，定義不清或沒有定義的評量結果的使用，就需依據所觀察的表現作最少的推論。

總之，實作評量的問題特質可以一條連續線性來作分類，以定義清楚的問題解決類型在線的一端，定義不清的問題在中間，而沒有定義的問題在線的另一端，類別間的區分，只在我們剛剛討論過的特質上、程度上的不同。從定義清楚移向沒有定義的問題，問題的擁有權

和真實性持續增加，所需認知活動的複雜度也會漸增，然而，推論程度的效度問題同時也會因而漸增。在實際教學的應用上，應視學生的學習程度與生活經驗，來考量選擇適當的實作評量類別。

Lohman（1993）從人類能力的本質與評量情境的關係，定義能力為可以轉換的知識和認知技能。同質性高的能力如後設認知和工作記憶，雖然在不同的情境下仍然可以做廣泛的遷移，但是同質性低的能力技巧，如特定的學業成就，就不能夠廣泛的遷移。教學活動或評量活動，如果用學生熟悉的情境，教學的效果與評量到的能力，趨近於近遷移（near transfer）的能力，就是學業成就；反之，如果使用新奇（novel）的情境，教學的效果與評量到的能力趨近於遠遷移（far transfer）的能力，有可能所評量到的，就是智力了。實作評量的設計上也應該考量這些類別間的特質，避免將成就測驗和智力測驗混淆，那就是效度的問題了。

補給站 8-3、8-4 是以國小三年級的自然科粉末實驗為例，所設計的三類型的實作評量及其特質上的分析。

 **8-3**

三類實作評量的例子（林妮芙，民88）

定義清楚

　　這裡有三瓶白色粉末，他們都沒有貼標籤，其中只有一瓶是細糖粉，另外兩瓶是硼酸和小蘇打粉。請你利用旁邊的三瓶化學藥品（藍色指示劑、醋酸、水），以及旁邊的實驗器材（標籤紙、試管、滴管、小藥匙），檢驗這些白色粉末的特性。

　　請你做實驗記錄：把你做實驗的步驟一步一步記錄下來，必須包括所使用的實驗器材和藥品（實驗材料），才能讓別人看著你的實驗記錄再重做一遍這個實驗記錄。

實驗結果

加藥品＼結果＼試管編號	一	二	三
加水			
加藍色指示劑			
加醋			

定義不清

　　老師已經把咖啡煮好了，想請你喝一杯咖啡，可是卻發現有個大麻煩，因為老師不小心把白色的細糖粉，和另外兩種白色粉末擺在一起，而且糊塗的老師居然都忘了幫這三瓶白色粉末貼上標籤。老師只記得其中有一瓶是一年級小朋友剛剛做完果汁實驗，送回來的小蘇打粉。另外一瓶是三年級小朋友做完硼酸實驗之後，忘了收拾的白色硼酸粉末。請你利用在自然課學會的知識和技巧解決難題。

　　請你做實驗記錄：記錄實驗結果，並且把你做實驗的步驟一步一步記錄下來，必須包括所使用的實驗器材和藥品（實驗材料），才能讓別人看著你的實驗記錄再重做一遍這個實驗。

沒有定義

　　你即將升上四年級，現在想要請你整理實驗器材室，卻發現有個難題，這裡有三瓶白色粉末，他們都沒有貼標籤，但是你以前在自然課中都曾經用過他們，有的在一年級自然課時用過，有的在二年級、三年級的自然課中學過。有的可以吃，有的有毒不能吃。請你利用自然課學會的知識和技巧，判斷出他們三個的名字（名稱），才能擺到架子上給下學期一年級、二年級、三年級小朋友上自然課實驗用。注意，你不要弄錯了，否則一、二、三年級的小朋友不但實驗做不成功，有毒的東西吃下去還可能毒死他們！

請你做實驗記錄：記錄實驗結果，並且把你做實驗的步驟一步一步記錄下來，必須包括所使用的實驗器材和藥品，才能讓別人看著你的實驗記錄再重做一遍這個實驗。

三類問題都必須回答下列問題：

一、你覺得這個問題到底要你做什麼？（你要詳細的說明你的想法，也可能用圖或表來幫助你說明。）

　　答：

二、你發現上面題目的說明中，哪一部分的說明可以幫助你解決問題。把那些你認為有用的說明都寫下來。

　　答：

三、你預備如何進行實驗？你想先做……，再做……把安排的順序大概寫一下。

　　答：

四、你需要什麼實驗藥品（實驗材料）和實驗器材？把名稱與數量寫下來。

五、實驗結果記錄表：

六、實驗過程記錄：（開始做實驗！）

七、根據「實驗結果記錄表」做推想，你決定用哪一瓶粉末來喝咖啡？

　　————

　　請解釋你所根據的理由：＿＿＿＿＿＿＿＿＿＿＿＿＿＿＿＿

八、根據「實驗結果記錄表」做推想，你判斷哪一瓶粉末是一年級送回來？

　　————

請解釋你所根據的理由：＿＿＿＿＿＿＿＿＿＿＿＿＿＿

九、根據「實驗結果記錄表」做推想，你判斷哪一瓶粉末是三年級忘了收拾的？＿＿＿＿＿

請解釋你所根據的理由：＿＿＿＿＿＿＿＿＿＿＿＿＿＿

補給站　8-4

三類實作評量特質分析舉例（林妮芙，民 88）

連續性特質＼測驗結構	定義明確的問題（well-defined）	定義模糊的問題（ill-defined）	未加定義的問題（undefined）
解題必要條件	一、給粉末名稱：直接呈現三個粉末名稱（糖、小蘇打、硼酸），並指出利用三種實驗藥品檢驗粉末性質的解題策略。 二、給實驗設備：滴管、藥匙各三支、試管九支、試管架一個、標籤紙、指示劑、醋、水各一瓶（寫出名稱）。	一、給粉末名稱：間接呈現三個粉末名稱（糖、小蘇打、硼酸）。	無
情　境	沒有情境布置	喝咖啡的情境	整理實驗器材室的情境
真實性	像學校考試，教師或課程編製者決定解題方法（實驗步驟與實驗器材）。	高風險，親自承擔風險。典型的問題解決，目標導向，知道目標（粉末名稱）進一步尋求解題方法。	與未來真實情境相近，擬真科學家的研究活動，未知的成分大，只有看到東西沒有名稱，自行尋找解題的方法與實驗設備。

鷹架支持 scafolding	實驗結果記錄表格	空白的實驗結果記錄表格	無
內容呈現的方式	1. 直接說明問題、實驗方法、可用資源。 2. 定義好的記錄表格。	1. 間接說明問題所在。 2. 給空白表格。 3. 沒有提到可用資源。	1. 直接說明問題。 2. 不給與空白表格，不暗示實驗方法。 3. 解題的必要條件不足。
表現之形式	1. 實驗結果用表格呈現。 2. 推想的過程被要求往固定的結果（硼酸、小蘇打、糖）思考。	1. 暗示以表格呈現實驗結果。 2. 推想的過程被要求往固定的結果（硼酸、小蘇打、糖）思考。	1. 對實驗結果的表達方式沒有限制。 2. 沒有給明確的結果，只暗示思考方向，推想答案的過程沒有受到限制。
認知複雜度（coginitive complexity）	1. 理解問題：選取表格中的解題策略。 2. 執行實驗。 3. 傳達實驗過程。 4. 判斷答案。	1. 理解問題：從題目中選出可用的資訊。 2. 決定問題。 3. 計畫策略。 4. 計畫實驗設備。 5. 執行實驗。 6. 計畫表格的記錄方式。 7. 傳達實驗過程。 8. 判斷答案。	1. 理解問題：詮釋題意。 2. 決定問題。 3. 計畫策略。 4. 計畫實驗設備。 5. 執行實驗。 6. 計畫結果記錄方式。 7. 傳達實驗過程。 8. 推論答案。

第四節　國內實作評量之應用研究

　　國內實作評量的研究大約從民國 85 年開始，陸續有了理論與應用上的研究。從表 8-1 中可以看出，以作者所蒐集到研究資料來分析，

表 8-1　國內實作評量應用研究之彙整表（彙整者：梁靜零，國立台北師院特教研究所研究生）

研究者（年代）	學科領域	題目類型舉例	對象	研究設計方式	信度證據	效度證據	結果	特殊事項
蔡菁玲（民91）	數學	「我有多高」學習單 小朋友你知道你有多高嗎？你要如何測量你的身高呢？剪下一條和你的身高一樣長的繩子，並且回答下面的問題。1.用你的鉛筆為單位來量一量，看看這條繩子和幾枝鉛筆一樣長？	國小一年級	行動研究（action research）	多元資料檢證（triangulation）	厚實描述（thick description）	1.學生在技能、情意、認知的學習成果表現，有明顯的進步。2.採多元評量的考量，讓學習成就不佳的學生有表現的空間和機會。	教學使用實務現場教學者的角度探討
詹元智（民91）	數學	數學實作評量卷 父親每 2.5 秒可跑 20 公尺，女兒每跑 1 公尺需 0.2 秒。請看看父女要跑 400 公尺，父親要讓女兒先跑幾公尺，二人才能同時抵達終點？（請利用算式、文字或圖表詳記錄解答過程）	國小六年級	準實驗研究設計，實驗為一班為實驗組，另一班為對照組	概化面向（$p \times r \times t$）與數學實作評量的構念效度	內容、實質、結構、外在及後果面向及數學實作評量的構念效度	1.數學實作評量之內容與欲測量的構念間具有相關（relevant）和代表性（representative）。2.確實能測到學生以放聲思考的方式之數學問題解決的歷程。3.評分者訓練使評分者能充分瞭解、精確及一致的使用評分規準。4.數學實作評量符合聚斂和區辨效度。	

研究者（年代）	科目	試題範例	適用年級	實施方式	信度	效度	研究結果
李長柏（民91）	數學	國小數學簡單機率實作評量 根據3.2的紀錄，所以猜盒子裡面的6顆彈珠中，顏色較多的是【 】色彈珠。而且當取出次數愈多時，其中一種顏色的固定倍數接近另一種顏色。小朋友，你能利用這	國小六年級	1. 實施測驗 2. 問卷方式	Cronbach α為.74，表示有很好的內部一致性信度	內容效度 專家效度 皮爾森積差相關求出相關值	5. 數學實作評量結果可類推至不同評分者的給分，且評分者評分的一致性不因受試作業項目之不同而有差異。 6. 就預測後果而言，實作評量對數學能力及情意態度有正面的影響。 7. 就非預期後果，學生的性別、數學程度及語文程度均對其數學成就及情意態度造成不同的影響。 1. 該實作評量具良好的試題特徵、評分者一致性及難度偏高的趨勢。 2. 數學解題與後設認知能力具相關性。 3. 數學解題能力與後設認知能力不因性別而有差異性。 4. 透過實作試驗讓學生能更容易瞭解簡單機率的 使用Polya解題模式結合後設認知理論

作者	科目	題目（實作評量）	信度與效度	實施施測	意義	難易度／鑑別度
		兩個線索算出 6 顆彈珠中，紅色彈珠有【 】顆，藍色彈珠有【 】顆，為什麼？請利用畫圖或算式文字說明你的答案？【理由是】→ ※這題總分 4 分，自己認為會得【 】分	達.983（****p＜.001），具有很高的評分者信度			難易度為.68 鑑別度為.41
陳湘輝（民90）	數學	學解題與實作評量 材料：20 公分長的紙條、一些長紙條、裝紙條的塑膠管的吸管 1. 請剪出 20 公分長的紙條，並且寫出或畫圖說明你是怎麼做到的？ ※這題 3 分，自己評估會得【 】分數	內部一致性信度為.883 評分者信度佳（評分者間的變異極小，受試者與評分者間沒有交互作用） 內容效度 專家效度 構念效度採行因數分析：因素負荷量小於.5未顯示，具良好的構念效度 評分者間用目項工作與工作項目間的交互作用極小	國小四年級 實驗施測	1. 該實作評量模式能有效評量學生的數學解題與後設認知能力。 2. 該實作評量具良好的信度。 3. 該實作評量可評量出學生之數學解題與後設認知能力，具有相關性。 4. 學習動機與數學解題間具有相關性。 5. 數學解題與後設認知能力及皮爾森積差相關.785（p=.000）具有高相關。	依 TIMSS 結合認知理論而做的設模式 難易度為.566 鑑別度為.514

研究者	科目	數學問題解決能力（試題舉例）	實驗施測	評分者相關係數	難度分析	學生歷程、反應類型與解題修量類型、解題分析與評正、題目建構、整體評、評分規準
呂金燮（民89）	數學語文	園遊會舉辦撈魚比賽，第一回合小明撈到7條、小美撈到6條、小華撈到3條、小英撈到9條。四個人小英再比了第二回合，小英撈到8條、小明撈到5條、小華撈到11條、小美撈到13條魚。合計兩回合，小華總共撈到了13條魚。一、請你把四位小朋友，每一回合的成績，和總成績，公布在佈告欄上。二、現在請你當裁判，誰才是總冠軍？說明你所根據的理由。	國小二年級資優生	評分者相關係數分別為.91和.82	難度分析：問題解決歷程的認知複雜度分析；以反應表現結果的層次分分析	1.語文活動間的表現相關高，而數學活動的多元偏低。 2.學生反應類型中，顯示認知複雜度與深度。 3.評量活動可區別資優生的解題能力。 4.難度普遍偏高。
徐美英（民89）	數學	猜一猜 媽媽有一個裝滿豆子的密封罐，有一天，媽媽將豆子分別倒在9個碗中，每個碗都倒滿，前4個碗中豆子的數量是29、31、31、28個。	國小四年級	TIMSS試題的信度為.78 G係數只有.18	專家效度 內容效度	1.台灣的學生在TIMSS實作評量的表現顯著優於美國、香港地區。 2.TIMSS試題與性別並無顯著差異。

研究者	科目	評量題目	對象	實驗設計	信度	效度	研究結果
					未作評分者的信度的研究		老師給的試題分析所整彙的部分很清楚
洪之昀（民89）	數學	全能解題王 飲料罐被大雄喝了 3 罐，再買 4 罐等於15 罐，原來多少罐？ 1.請你猜一猜罐子中大約有幾個豆子？ 2.把你的想法寫出來。	國小六年級	準實驗設計，一組實驗組，另一組為控制組問卷方式		專家效度 內容效度	1.實施過程的干擾因素影響實作評量的成效。 2.學生在小組式實作評量下的表現與反應佳。 3.學生在個人式實作評量下的表現與反應有逐漸進步。 4.老師對於實作評量的實施需要個人心態的調整。
陳怡如（民88）	數學	小小數字王 現在老師要你張大眼睛，找找看生活中有哪些東西的形狀和●、■、▲、■很像？每一小題要寫出兩種東西的名字，並畫圖。（如果不知道東西的名字，可以像像●的東西：□ □） 1.形狀像●的東西：	國小一年級	實驗設計，一組實驗組，另一組為控制組問卷方式	第一次的 Cronbaach α值為.8325 第二次的 Cronbaach α值為.8906	內容效度 專家效度	1.在實作評量與傳統測驗兩種評量下，學生數學學習動機、數學焦慮反應及教師準備評量方面無明顯差異。 2.家長方面則給予實作評量有較高的評價。 3.學生對於實作評量的滿意度較高於傳統測驗。

作者（年代）	學科	評量方式	年級／對象	研究設計	分析方法	分析結果	結果與發現
連瑞琦（民88）	數學	數學態度量表 1.我覺得我的數學還不錯。（五點分量表） 無實作評量的題目附於論文中	國小六年級	單因子獨立樣本實驗設計，有三組，並接受八次的實驗處理 問卷方式			1.數學成就與實作評量沒有顯著差異，沒有統計上的顯著交互作用。 2.數學能力（低、中、高）的學生在態度、學習數學動機、數學探究信心、數學焦慮等分量表上，均有統計上的顯著差異。
曾惠敏、鄒慧英（民87）	數學	題型有算式、圖形、數線、解題溝通，未提供實際例子	國小六年級	實驗施測	類推性分析、內容效度、輻合效度、公平性	類推係數.087，最大的變異來源為受試者間的變異與受試者和工作項目的交互作用、評分者間的變異極小	1.類推係數（.87）理想。 2.輻合效度分析相關係數介於.35～.95之間，還算理想 3.評分者的變異僅占.07%，具備相當的公平性。
張敏雪（民86）	數理	態度問卷 1.實作評量是一個良好的評分方式。（四點分量表）	國中小學數理教師	問卷方式	內容效度尚可 專家效度	Cronbaach α值為.91	1.教師的教學現況與實作評量有差距。 2.實作評量乃目前社會趨向，帶來重大的觀念轉變。

簡琇芳（民91）	自然	「水的三態」活動單	國小三年級	準實驗設計，一組為實驗組，另一組為對照組，且經過八次的實驗評量	Cronbaach α值為.761	內容效度為雙向細目表呈現　專家效度由7位自然科教師和9位三年級級任教師	1.接受實作評量之學生在自然科之學習態度優於接受紙筆測現顯著之學生。 2.接受實作評量與紙筆測驗之學生在自然科認知成就上的表現並無顯著差異。 3.實作評量能測出較多向度的科學過程技能。 4.教師和學生皆對實作評量抱持正面、積極的看法。	3.教師對於實作評量有積極的行動、樂觀其可行性。

活動單內容：

小朋友，這是一次小組合作的測驗，桌上有兩杯燒水、一些冰塊、鹽巴、燒杯、酒精燈、陶瓷碗、纖維網、三腳架……很多實驗器材，希望你們能同心協力，利用器材完成下面考驗！當然，也要寫下你這一邊做，一邊寫下實驗紀錄喔！

考驗一——急凍俠

請做出跟桌上模具形狀一樣的冰塊：

紀錄：

1.我們選的東西有：□水　□模具　□酒精燈　□陶　□瓷纖維網　□鹽巴　□燒杯　□試管　□三腳架　□水塊　□其他……

作者	科目	工具／內容	年級	研究方法／信度	效度	結果與省思
李思明（民90）	自然	自然科學學習單：1.請你對植物行「光合作用」下操作型定義。將（ ）放在（ ）下可以產生（ ），也可以使黃色BTB指示劑變成植物（ ），並且可以製造這種作物需要的（ ），這種作用就稱為（ ）。	國小四年級	行動研究。三角檢核（triangulation）——資料和方法兩方面	外在效度採用「厚實描述」（thick description）	省思記札 提供多方面的訊息。1.現實的教學情境實施實作評量是可行的，只要評量才事前規劃充分其意義有正面的。2.學生在經歷實作評量的教學後，在認知、技能、情意有明顯的進步。3.研究者的自我成長。
陳聖素（民89）	自然	實驗說明：1.今天我們要以「電磁鐵」為實驗主題，你可以使用的時間大約30分鐘，但是原則上老師不會限制你的時間，除非你花了很多時間一直思考沒有進行實驗，也要記得一邊寫下你的實驗記錄。	國小五年級	實驗施測。評分者信度 一致性	專家效度為.82〜.98 建構效度在假設、操作、推論方面 r＝.43	難度為.55 鑑別度為.59。1.性別對於實作評量表現沒有差異存在。2.評分者的一致性高。3.紙筆測驗無法測得「操作」和「推論」之面向。4.多數學生喜歡實作評量的方式。
吳欣黛（民87）	自然	「毛細現象」實作評量表 實驗的紀錄說明：一、我所探討的問題：	國小六年級	進行實驗和推論結果。評分者信度	構念效度以能力為主 內容效度	1.評量的真實性只可達到擬似或趨近。2.縱向代表性上可看出學生構念能力上的能力結

作者	學科領域	實作評量題目	年級	施測方式／研究設計	G係數／研究	效度	研究發現
（接續前頁）							構。 3.跨二個單元的實作評量的概化值不佳。 4.實作評量可看出學生的不同反應模式。 5.對效度議題有進一步的討論
桂怡芬（民85）	自然	「四輪車與小山坡」實驗紀錄表 一、我的實驗設計： 1.下面的實驗中，我要探討「___」因素會不會影響停車的難易程度？	國小六年級	實驗施測方式、問卷方式	G係數為.57	構念效度	1.實作評量可達到構念、結構、實質、及外在等面向之效度標準。 2.評分者的專業訓練可補G化的不足。
蕭雅淇（民91）	英語口語	國小英語口語 請以正確的句子回答老師的問題，共6題。請於10秒內回答的問題。若於10秒內沒有說出問題的答案，或說過到不會的題目，請告訴老師「I don't know.」或「我不會」，則該題視同未作答。 Teacher: What's this? Student: It's an apple.	國小六年級	後測不等組設計、問卷方式	類推性研究（generalizability study）、決策性研究／D研究（decision-study or D study）	內容效度、構念效度	1.該實作評量具有良好信效度。 2.規準規範的教學對學生英語口語實作表現無顯著影響。 3.規準規範的教學可幫助學生進行自我評量。 4.自我評量在實作評量上的表現沒有顯著差異。

研究者	課程	實作評量	年級	實驗施測	G study／信度	內容效度	項目	發現
宋文菊（民88）	閱讀	「阿里山神木的命運」閱讀理解實作評量 請你閱讀有關「阿里山神木的命運」的兩則文章，在回答下列問題。 <問題一> 當我們走在阿里山的森林步道中享受森林浴時，可以吸收到哪些對身體有益的物質呢？請說明這些物質如何對身體有幫助。	國小五、六年級	晤談表	G study .75　D study 為兩位評分者最佳	內容效度	以國語就閱讀理解的成就測驗作為能力指標的項目	1. 該實作評量對閱讀理解乃為適切的評量工具。 2. 可區辨學生的閱讀理解類型。 3. 可測量到學生的閱讀理解思考歷程。
蕭家玉（民90）	生活課程	為樹找好朋友資料：找一找好友的資料：樹名：原產地：用途：生長特性：型態描述：	國小二年級	檢核表（觀察、文訪談、文件分析）	評分者信度：採 Pearson 積差相關係數為.94	專家效度	以單題目的觀察作為檢核表內容項目	1. 實作評量是生活化的評量。 2. 實作評量具能力指標的可能性。 3. 實作評量需要有更詳細的實施流程。

數學領域是研究者最鍾愛的學科，其次是自然科學，人文領域的部分十分稀少；而國民小學則是研究成果最豐富的階段，國中的階段僅有一篇。

從研究分析中，可以發現題目類型大都屬於定義不清（弱結構）的形式，信效度方面的證據都頗理想；而評分者對實作評量結果的影響並不如預期的大，可見只要有專業訓練的過程，評分者的變異是可以控制的。研究的結果大都是肯定實作評量在促進學習動機、呈現學生解題歷程、和提供學生另一種表現的機會上的優勢，而目前尚未有無關因素的影響。這些正面積極的研究，顯示實作評量的可行性，但是否是高度期許下的自我驗證，仍有待更多的研究來探討。

第五節 實作評量應用上的優點

就如美國高等教育協會所提出，當評量開始引起人們關心的議題時，就會使評量有了不同的風貌。這種價值觀不只是實作評量選擇評量的依據，也是如何評量的動力。如 Whitehead（1929）所建議，教育學者所應有的目標是創造有專業知識與人文素養的人。要達到這樣的目的，實作評量在真實或模擬的情境中提供更自然的情境，來評量想測到的能力結果與導致此結果的經驗。強調評量過程的知識結構，及這些知識所使用和應用的情境條件。因此，實作評量的提倡者宣稱實施這種評量方式的教育結果，從解釋、後果、和情境相關的角度來說是非常正面的，也就是具有所謂的系統效度（Messick, 1994）。

系統效度指的是評量本身是否是一個值得做的教育實務，以提供促進學習動機和引導學習的機會（指透明度）。而問題所呈現的，對學生而言，應該是有意義的（指意義性）。學生不只應該知道要評量的是什麼，也應該被清楚的告知評量的標準和好的表現的指標。這包括要如何評分，以及哪一步驟是必須的、什麼方向可促進好的表現。假如可以將在評分時的實作標準，也用在師生教學過程中，則主觀的

給分標準可能直接地反映並支持師生所強調的評量重點和傾向,也就是老師覺得什麼是重要的,就會教那些、評量那些。評量方式直接影響教育系統中課程和教學的改變,或學生學習策略的改變。在這樣教學與評量密切的互動之下,評量與教學目標的連結當然不在話下,但是教學與評量互為一體之後,卻可能威脅了評量的信度及客觀分數的效用。

☾ 結果解釋

評量的分數本身並無任何的意義,這些分數的價值在於評量者所感興趣的構念的理論特質。也就是說,一個評量分數的使用,基本目的是在提供其解釋推論的適當性、意義性及益處(Messick, 1989)。現今用來評量成就的標準測驗之所以飽受批評,並非因為其用字、評分方法及題目的選擇上,而是因為測驗分數的意義、直接性、與實用度受到強烈的批評。Green(1981)指出,對標準測驗的批評,主要在抨擊標準測驗只能測到表面的知識。Frederiksen(1984)也強調想以標準測驗來評量高層次思考,卻也常導致片段知識的評量。既然片段的知識並非我們想要學生專精的,那麼一個學生在一個標準測驗上得100 分,對學生在實際情形下如何表現,提供不了有用的訊息,對學習或教學的改進也就沒有一點益處。

相對於標準測驗,實作評量的結果被視為能在特定複雜的教育領域提供比較有效的解釋。既然實作評量的前景,是在於經由無結構的問題,更強調問題解決能力中的理解、推理及後設監控的能力,解決實際問題的能力或知識在評量的結果中呈現。評量的結果也以多樣的指標,提供有關對個人和社會有用的高層次思考和問題解決能力的資訊,而且,評量的結果可以作為預測實際情境的表現,因此,從這些觀點看來,實作評量結果的解釋比標準測驗的結果解釋更有效。

☾ 使用後果

　　評量使用的過程免不了會把測驗的分數用來比喻好和壞或想要以及不想要的結果價值暗喻關係。既然效度需要推論，要考量的是評量的特定用法而非評量本身，有效的評量必須包括個人、機構和社會目標的考量。現今許多對選擇題等標準測驗和實作評量的效度爭論，並非因技術性的效度考量，而是，教學和學習的後果效度（Messick, 1994）。標準測驗廣泛使用的結果的確導致教學和學習過度重視非評量設計者所願的片段知識，這些負面的影響就是評量的後果效度。一個測驗或評量的問題應可作為優良教學的典範而且不會扭曲教學和學習的過程。除此之外，雖然評量的問題應該是無法直接教學的，然而，教導這些測驗或評量的題目應是高度需要的，並可增加學生將所學類化到真實情境的機會。更重要的是這些評量的項目和工作本身就是值得學生花時間和精神去努力的。根據這些特質，實作評量在使用的後果上，被認為是非常有價值，且可引導有意義的教學和學習。

☾ 情境相關

　　一個評量的分數本身無任何價值，除非可用來有效的推論至較廣的情境，一個測驗分數的適當推論有其對真實情境往前和往後的推論，一個只重視知識，排除其將要應用的情境的評量，所能提供給教學的資訊是非常有限的。學習與評量所發生的情境直接或間接影響表現的認知複雜度，實作評量在模擬的或自然的情境中評量學生的成就，要求學生統整知識應用的條件，實作評量提供可用來決定學生真實能力的資訊，也同時提供解釋評量結果的重要資料。在民國 84 年的國民教育階段所實施的實作評量實驗報告中，研究者就一再強調實作評量很真實地把學生的知識、能力和傳達能力很自然地結合起來，學生很自然地就表現出來，實作評量的情境本質就是整體的、連續性的，且有意義的全方位的評量（陳文典，陳義勳，李虎雄，簡茂發，民 85）。

第六節 實作評量應用上的限制

　　雖然，理論上，實作評量提供學生對學習內容瞭解與不瞭解的豐富且有效的寫照，並縮短了評量與教學間的距離，然而，必須體認的一點是，就如其他的評量方法，這個另類評量並不能免於批評。反對這類評量方法的主要質疑在實施實作評量後的課程管理、經濟效益、比較性、評定、信度及概化度。

☪ 課程經營

　　Madaus和Kellaghan（1993）描述英國實施實作評量的經驗，他們觀察到實作評量的經營導致學校和教室組織及例行公事的腐壞。Madaus 和 Kellaghan 所指出的管理問題可以從教師的報告中看出。首先，教室的經營分配必須改變。報告提出，在教師評定分析評量的資料時，額外的行政人員，或如義工媽媽或爸爸，必須在測驗完成後的兩週留在學校幫助教師安頓學生；除此之外，當一些主要教師或級任教師因教育當局的研習或行政事項而不在校時，教室的正常運作也會中斷。另一個問題是，評量進行中必須照顧那些已經完成評量或正等待評量的學生，這些兒童的日常活動因等待而無法進行，教師與兒童的每日接觸和訓練也都將因實作評量的實施而犧牲。

☪ 經濟效益

　　實施實作評量的時間與經濟問題是很難去評估的，美國教育測驗服務中心（1990）曾報告「一個致力於教育評量的州，若以實作評量重新設計該州的課程，將使該州的評量經費提高到目前的 10 倍（p. 6）」。在英國，使用實作評量的經費大約是，發展測驗 1050 萬英鎊，而實施則須 1 億 500 萬英鎊。美國類似的評量的總價預估每年在 7.5～15 億美元之間（Madaus & Kellaghan, 1993）。如 Madaus 和 Kellaghan 提出

的問題「誰來付這個帳單？」，恐怕是教育界和社會都得思考的。

同樣地，預估一位教師需要 82～90 個小時來計畫評量、施測資料蒐集、施測、評分及評分記錄（Madaus & Kellaghan,1993）。以國內實施的實驗報告指出，要把一個實作評量的子題目完全批改完，以一個班五十位學生來估計，最少需要 5 小時，若要將全面的學習概念都評量，評量的時間要兩個半天，批改則須一星期（陳文典等，民85）；而據英國的教師報告，以一班 36 個學生的班級，實作評量就要花上半個學期（Madaus & Kellaghan, 1993），花了這麼多的時間在評量上，在學期時間固定的前提之下，教學的品質實在值得懷疑。

☾ 比較性

實作評量在施測的條件與施測本身都不如標準測驗容易，導致結果缺乏比較性。從英國的經驗，學校不論規模大小都得到同樣的支持，不同的學校用不同的施測情境，從熟悉到極度不熟悉，從吵雜到相當安靜的情境，兒童的相關經驗及實際施測也因學校而不同，缺乏標準化的結果導致學生的表現比較上產生困難。另外，教師判斷學生表現的指標混淆不清也使得比較的困難增加。因此，為了比較的目的，很多學校「安全的玩」，以學生保證會的評量項目來評量（Madaus & Kellaghan,1993）。評量過程的彈性也導致了比較上的問題，實作評量，不像以往受限於權威所定的例行時間，學生在表現的速度和過程上有足夠的彈性，不如標準測驗崇尚絕對的控制權，評量結果可以比較個體的表現，實作評量強調學生的選擇權，學生願意投入自己所選擇的問題上的態度與時間差異相當大。學生也許會依個人的經驗如冒險度和興趣，或依對題目難易的感覺來選擇問題的角度。因此，評量表現成了個人興趣態度的指標，學生認知層次涉入的複雜度，則因學生特質而定，而非個人知識或技能的表現，學生情意或觀點的比較是不同於學生知識的比較的。

☪ 能力的評定

　　如前所提，實作評量的項目通常需要情境脈絡及模糊不清的標準，當評量項目愈接近沒有定義的問題，評量的表現愈依賴一般的問題解決技巧，學科知識或能力的影響就愈少。表現的結果就容易受學生認知策略和背景的不同的影響（Lu & Suen, 1995; Snow, 1993）。其他因素如學生認知策略和問題形式產生互動的影響也就相對的增加。能力評定的問題則因評量目標和表現行為缺乏連貫，而產生偏誤。這種評量上的偏誤，不但提高了評量間的社會歧見，也可能會導致錯誤的教學或課程設計。

☪ 信　度

　　實作評量的最大矛盾就是評分的過程依賴人為的判斷以及多元的指標。這種主觀和多元的評分方式牽涉了信度的問題，實作評量的信度證據主要是評分者信度，Welch（1991）的研究中評分者信度的估計從.75～.77，而Dunbar、Koretz及Hoover（1991）的研究則從.33～.91，匹茲堡大學的QUASAR（1993）研究則從.65～.82。分數信度通常很少報告出來，但一旦報告，通常都比這些數值還低，Dunbar等的研究，其分數信度從.26～.60，而QUASAR的分數信度則從.48～.70；國內的實作評量報告，其得分的一致性也從.63～.68（曾文雄，吳美麗，卓娟秀，民85）。就如 Dunbar 等所言，這些數值「相對於高風險性的測驗的平均標準低了許多」，很明顯的，實作評量的信度是一大問題，然而，Moss（1994）曾指出對實作評量結果的有效運用而言，高信度是否是必需的，仍有待研究的累積。

☪ 概　化

　　Wiggins（1989）指出實作評量旨在對某一特定的技巧或知識，提供一個更深入而且多元的觀點，包含的廣度也許就會因涵蓋的深度而

犧牲，為了要深入評量一個領域的深度加上時間的限制，實作評量的樣本都相當的狹隘，而且只是學生表現的一小部分，即使樣本十分適切，也會有是否可概化到大的概念的問題，Shavelson 等人的研究顯示，實作評量的學生表現高度工作依賴傾向，不同的學科領域中都有學生在不同的評量題目或工作中有表現不一致的情形發現。Herman（1991）提出「實作評量的研究在在都顯示其表現的概化度是多麼的脆弱」，這些表示實作評量的概化事實上是十分有限的。然而，並非所有的實作評量都必須考量概化的問題，例如在美術競賽中、奧運、科學品評會中，此時不重視重複性和概化程度，重點在關心單一的表現或產品的品質。

☾ 效度的考量

　　如 Linn 等人所指出「爭議的並非是哪種評量方式比較喜歡，而是任何一種評量，不論何種型態，都應符合一系列的效度標準，評量的結果才會準確、有用，也才能改進教學與學習（p.9）」，從理論上的優點比較及既知的缺失來說，實作評量真正優於標準化測驗，乃在於它可對學生的知識與技能提供更有效的資訊。然而，對實作評量如此樂觀的看法也許是一種循環及自我驗證（confirmation bias）。事實上，實作評量也許比其他的選擇題還糟，效度的考驗將是實作評量所要面臨的最嚴厲的挑戰。效度是一種多面的概念，它所考量的是一個評量方式的真實性與價值性。真實指的是如果評量真的評到它所要評的，而價值則和評量結果的使用目的有關。實作評量視為可以真實地反應認知複雜度，而從評量結果的功能與生態價值上都十分值得，然而，誠如 Linn 等人所提醒的，不要誤以為複雜、開放的問題就需要應用到複雜的認知過程。也不應認為這樣的評量就會導致教學功能健全，或能對知識在情境中的應用可以有適當的推論。實作評量的效度兩難就在一方面要使問題所需的複雜度和曖昧模糊程度要儘量加大，一方面又要使回答的自由程度，在適度的信度要求情況下，也加大其自由程

度。在評估學生成就測驗的可能後果時，這些都是效度的考量，效度的概念已在本書第三章詳細討論。

第七節 結 語

Dewey（1965）一直在提醒教育工作者，知識和經驗是不同的，而知識的獲得事實上就是學習的過程，是經由處理經驗而來。學生每天經驗許多的事物，但並非所有的經驗都可以成為知識，也並非所有的知識都是有意義的經驗。不管學生要或是不要，對學生而言，最重要的就是將經驗化為有意義的知識，才能應用在真實的情境中。相對論對愛因斯坦而言，並非一連串的數字與公式，是他對一種現象的經驗與體會。而一個學生會背相對論，或會應用相對論或談論相對論，意義是不同的。實作評量被寄予很大的期望，乃在這種評量方式可以判斷出真正的愛因斯坦，評量出有意義的經驗與知識。

在對傳統或標準測驗失望之餘，認知心理學與專家的研究，提供了實作評量的發展基礎，在樂觀的期待之下，教育工作者應該對實作評量保持客觀的態度，實作評量並非萬靈丹，對實作評量的功能過度膨脹所導致的社會代價，恐怕不小於傳統的標準測驗，因此若認為實作評量是理想的評量方式更不該濫用。要能發揮實作評量的本質，就有賴教學者明智的選擇應用的情境與合理的結果詮釋。

思考問題

1. 如何判斷實作評量和一般的「操作性」評量之間的差異？
2. 依據實作評量的三種類型，各找出2～3個具體實例，並討論各類評量結果的特性。
3. 實作評量在教學實際應用上的陷阱有哪些？為什麼？
4. 何謂「概化」？舉文中所列的研究論文中的研究結果說明。

參考書目

吳欣黛（民87）。**實作評量在效度上的真實性和直接性**。國立台北師範學院國民教育研究所碩士論文，未出版，台北市。

呂金燮（民89）。資優兒童問題解決能力實作評量之建構研究。**特殊教育研究學刊**，19期，279～308。

宋文菊（民88）。**國小學童在閱讀理解實作評量上的表現分析**。國立台南師範學院國民教育所碩士論文，未出版，台南市。

李長柏（民91）。**國小數學簡單機率解題實作評量與後設認知之相關研究**。國立台中師範學院教育測驗統計研究所碩士論文，未出版，台中市。

李思明（民90）。**國小自然實施實作評量之行動研究**。國立花蓮師範學院國小科學教育研究所碩士論文，未出版，花蓮市。

林妮芙（民88）。**實作評量的題目結構度對認知複雜度的影響**。國立台北師範學院碩士論文。

洪之昀（民89）。**數學科實作評量對國小高年級學童學習策略影響之研究**。國立台中師範學院教育測驗統計研究所碩士論文，未出版，台中市。

席家玉（民90）。**國民小學生活課程實作評量之研究**。國立台中師範學院自然科學教育研究所碩士論文，未出版，台中市。

徐美英（民89）。*TIMSS* **數學實作評量在臺灣之試用探討**。國立台中師範學院教育測驗統計研究所碩士論文，未出版，台中市。

桂怡芬（民85）。**自然科實作評量的效度探討**。國立台北師範學院國民教育研究所碩士論文，未出版，台北市。

張敏雪（民86）。**國民中小學數理科教師對實作評量的態度探討**。國立台灣師範大學數學研究所碩士論文，未出版，台北市。

教育部（民85）。**國民教育階段學生基本學習成就評量研究計畫**。教育部國民教育司。

連瑞琦（民88）。**實作評量對國小學生數學成就與態度之影響**。南華管理學院教育社會學研究所碩士論文，未出版，新竹市。

陳文典，陳義勳，李虎雄，簡茂發（民85）。**由馬里蘭州的學習成就評量與其在台灣的識測結果看——實作評量的功能與運用**。教育部國民教育司。

陳怡如（民88）。**實作評量在國小數學科之應用研究**。國立台中師範學院教育測驗統計研究所碩士論文，未出版，台中市。

陳聖泰（民89）。**國小自然科「電磁鐵」單元實作評量應用之研究**。私立中原大學心理研究所碩士論文，未出版，桃園縣。

陳濱興（民90）。**國小數學解題實作評量與後設認知之相關研究**。國立台中師範學院教育測驗統計研究所碩士論文，未出版，台中市。

曾惠敏，鄒慧英（民87）。國小分數比大小概念實作評量的發展及應用。**測驗與輔導**，149期，3087～3094。

詹元智（民91）。**國小數學科實作評量之效度探討**。國立屏東師範學院教育心理與輔導學系碩士論文，未出版，屏東市。

蔡菁玲（民91）。**國小一年級數學領域實作評量之行動研究**。國立花蓮師範學院國小科學教育研究所碩士論文，未出版，花蓮市。

蕭雅萍（民91）。**評分規準規範與國小六年級學童英語口語實作表現及自我評量之研究**。國立台南師範學院國民教育所碩士論文，未出版，台南市。

簡繡芳（民91）。**實施實作評量對國小學童自然科學習成就之影響**。國立台中師範學院自然科學教育研究所碩士論文，未出版，台中市。

Baron, J. B. (1991). Performance assessment: Blurring the edges of assessment, curriculum, and instruction. In G. Kulm & S. M. Malcolm (Eds.), *Science assessment in the service of reform* (pp. 247-266). Washington, DC: American Association for the Advancement of Science.

Campione, J. C. & Brown, A. L. (1990). Guided learning and transfer: Implications for approaches to assessment. In N. Frederiksen, R. Glaser, A. Lesgold & M. G. Shafto (Eds.), *Diagnostic monitoring of skill and knowledge acquisition* (pp. 141-172). Hillsdale, NJ: Lawrence Erlbuam Associates.

Chase, W. G. (1983). Spatial representations of taxi drivers. In D. R. Rogers & J. A. Sloboda (Eds.), The acquisition of symbolic skills (pp. 391-411). NY: Plenum Press.

Chi, M. T., Feltovich, P. J., & Glaser, R. (1981). Categorizationa dn representation of physics problems by high-experienced subjects and low-experienced subjects. *Cognitive Psychology*, 5, 215-281.

Deweck, C. S. (1989). Motivation. In A. Lesgold & R. Glaser (Eds.), *Foundations for a psychology of education.* Hillsdale, NJ: Lawrence Erlbaum Associates.

Dunbar, S. B., Doretz, D. M., & Hoover, H. D. (1991). Quality control in the development and use of performance assessment. *Applied Measurement in Education, 4* (4), 289-304.

Frederiksen, N. (1984). The real test bias. *American Psychologist, 39*, 193-202.

Gardner, H. (1992). *The unschooled mind.* NY: Basic Books.

Green, B. F. (1981). The primer of testing. *American Psychologist, 36*, 1001-1011.

Herman, J. (1991). Research in cognition and learning: implications for achievement testing practice. In M. C. Wittrock & E. L. Baker (Eds.), *Testing and cognition* (pp. 154-165). Englewood Cliffs, NJ: Prentice Hall.

Lesgold, A. & Lajoie, S. (1991). Complex problem solving in electronics. In R. J. Sternberg & P. A. Frensch (Eds.), *Complex problem solving: principles and mechanisms* (pp. 287-316). Hillsdale, NJ: Erlbaum.

Linn, R. L., Baker, E. L., & Dunbar, S. B. (1991). Complex performcne-based assessment: Expectations and validation criteria. *Educational Researcher, 20* (8), 5-21.

Linn, R. & Gronlund, N. E. (1995). Measuring Complex Achievement: performance-based assessments. *Measurement and in Teaching.* 7th Ed., pp.237-263. New Jersey: Prentice-Hall.

Lohman, (1993). Teaching and testing to develop fluid ability. *Edcuational Researcher, 22* (7), 12-23.

Lu, C. H. & Suen, H. K. (1995). Cognitive style and assessment approach. *Journal of Educational Measurement, ?*, 1-18.

Madaus, G. & Kellaghan, T. (1993). The British experience with 'authentic' testing. *Phi Delta Kappa*, 458-469.

Messick, S. (1989). Validity. In R. L. Linn (Ed.), *Educational Measurement* (3rd Ed.), Washington, DC: The American Council of Education.

Messick, S. (1994). The interplay of evidence and consequences in the validation of performance assessments. *Educational Researcher, 23* (2), 13-24.

Moss, P. A. (1994). Can there be validity without reliability? *Educational Researcher, 23* (2), 5-12.

Newmann, F. M. & Archbalk, D. A. (1992). The nature of authentic academic achievement. In H. Berlak, F. M. Newmann, E. Adams, D. A. Archbald, T. Burgess, J. Raven, & T. A. Romberg (Eds.), *Toward a new science of educational testing and assessment* (pp. 71-84). Albany, NY: State University of New York Press.

QUASAR group. (1993). *Quantative and qualitative understanding: amplifyings students achievement and reasoning.* Paper presentation at national meetings..

Resnick, L. B. & Resnick, D. P. (1992). Assesssing thinking curriculum: New tools for educational reform. In B. Gifford & M. C. O'Connor (Eds.), *Changing assessments: Alternative views of aptitude, achievement and instruction* (pp. 38-75). Boston, MA: Kluwer Academic.

Schoenfeld. A. H. (1985). *Mathematical problem solving.* Orlando, FL: Academic press.

Snow, R. E. (1993). Construct validity and constructed-response tests. In R. E. Bennett & W. C. Ward (Eds.), *Construction versus choice in cognitive measurement* (pp. 45-60). Hillsdale, NJ: Lawrence Erlbaum Associates.

Snow, R. E. & Lohman, D. F. (1989). Implications of cognitive psychology for educational measurement. In R. Linn (Ed.), *Educational measurement* (3rd Ed., 263-331). New York: Macmillan.

Welch, C. (1991). *Estimating the reliability of a direct measure of writing through generalizability theory.* Paper presentation at the annual meeting of the American Educational Research Association, Chicago, IL.

Whitehead, A. N. (1929). *The aims of education and other essays.* NY: Macmill.

Wiggins, G. (1989). A true Test: Toward more authentic and equitable assessment.*Phi Delta Kappa*, 27-32.

Wiggins, G. (1993). Assessment: Authenticity, context, and validity. *Phi Delta Kappa*, 200-214.

第九章

實作評量——應用

呂金燮

　　要讓實作評量的功能完全發揮，分辨出真假愛因斯坦，就得知道愛因斯坦等專家的特質，方能設計測出愛因斯坦實力的題目。和其他的評量方式一樣，要設計出適合的問題，並非任何實作的問題都適合所有評量情境；都得需要經過一些嚴謹的計畫過程。首先都得確定為什麼要評量，確定愛因斯坦等專家應該會哪些知識或會做什麼？接著要考量怎樣的題目需要用到這些知識或技能？然後確定這樣的題目要如何判斷優劣，最後決定評量的結果對相關的人可提供的資訊為何。實作評量的設計雖然沒有標準的程序可循，優秀的實作評量題目在設計的過程中仍須考量一些必要的因素。本章將分成五個主要步驟來討論實作評量的設計：(1)決定評量的標的；(2)設計題目；(3)評分規準的設計與記錄的方式；(4)評量結果的分析；(5)優良實作評量的評鑑標準。

 9-1

實作評量設計首要考量的問題

1. 學生應學會哪些知識或會做什麼？
2. 怎樣的題目需要用到這些知識或技能？
3. 這樣的題目要如何判斷優劣？
4. 評量的結果對教師、學生、父母或其他相關的人能提供哪些參考價值？

第一節　決定評量的標的

　　在第二章我們談過評量要能呈現出有價值的教學與學習結果，評量之前必須先決定最有價值最重要的學習過程或結果是哪些，依學科的特質分析，確定或選擇要評量的認知過程或學習結果後，就可以設計適合的題目。

☾ 決定評量的目的與目標

評量首先不外決定評量的目的，或設定評量的使用目的。不同的評量目的，會轉換成不同難度層次的評量形式。實作評量在教室中的應用通常需要考量：㈠符合學科的主要概念（big idea），強調需要複雜認知過程或結果，既然實作評量需要花大量的時間，相對的這些時間就應花得值得。如果一題實作評量的結果等於五十題的選擇題，那麼用選擇題來評量會是比較明智的選擇；㈡實作評量也必須反映有價值的學科基本概念和原則。實作評量若過於偏重高層次思考，成就與能力評量的界限容易混淆。有價值的學科內容的選擇標準，主要以對學生有意義的內容為原則；㈢評量結果使用情境及對象，不能過於類化。

☾ 確定結果及認知成分

決定了評量目的之後，就得依據認知基礎確定學生必須學會的基本概念（構念中心），或依據題目情境決定什麼才是學生真正好的表現（表現中心），有了清楚的預期結果，學生方可決定表現的方式。實作評量的好處之一，是可以清楚的傳達評量所期待的目標，將評量的標準和評量的期待讓學生明瞭，學生可以將表現的標準內化。透過內化的方式，學生可以自我監控作業的品質，同時從教師那裡接收到正確的回饋，如果對好的表現的重要關鍵沒有清楚的概念，不但無法教導學生如何去表現，更不可能去評量他們的表現。

㈠構念中心

構念中心通常先選擇代表重要學習結果的知識內容和技巧的項目，這樣的定義往往就成了評分的指標，同一個構念，不同的學科，強調不同的層次，如社會學科的閱讀批判分析和文學作品的閱讀批判分析當然不同，在構念的層次上自然不同。構念為出發，通常先將學

習中的重要學習成分列出，再決定評量活動中可以從學生的哪些表現
看出構念能力（如表 9-1 為構念中心設計的一例）。

表 9-1 構念中心的實作評量設計

構念中心 認知成分（Glaser, 1992）	指標
該領域高度整合／組織 的知識	概念圖、結構說明、問題理解的層次（深層或表面）
正確的心理表徵	重述問題、指出相關或關鍵的字詞，不相關的訊息
分辨知識應用過程的情境	在解題過程中於關鍵時可能從不同的策略中，選擇適當的；配合情境，察覺解題中的錯誤，建議適當的策略
自動的過程性知識	速度、時間，整體和部分的時間分配
自我監控	在解題之間或之後，檢查自己的工作、重做、對自己的表現提問、自語後修正、頓悟阿哈的現象

㈡表現中心

表現中心是先決定什麼才是學生學習後真正好的表現，以優秀的
表現為標準，通常又稱結果導向或表現形式，如以一篇好的敘述文的
特質來作為評量的標準。這種取向必須避免過度膨脹，當每一個促成
好的表現的項目，都放入觀察及評分指標時，可能造成「構念不具代
表性」。每一個和完成題目有關的重要技能面向都放進來，可能增加
了和構念無關變項，而混淆所欲詮釋的構念。如果把這些變項通通都
加入到構念之中，則又會使構念過分膨脹，且侷限於某一個題目情境
上，而限制了概化的範圍。實作的兩難一則擔心構念情境不夠真實；
另一方面又因情境豐富，過於複雜而易產生構念不具代表性。

◑ 建立評量流程圖

　　不論是構念中心或表現中心，確立單元的學習結果後，分析這些向度成為評量流程圖的基礎，就已完成設計的第一步驟了。

表 9-2　評量流程圖示例

目標＼學生表現的形式	討論、辯論	錄音	論文報告	實地執行
知識	✓		✓	
問題解決技巧	✓			✓
批判性思考	✓		✓	
溝通技巧	✓	✓	✓	

第二節　設計題目

　　不論構念或題目中心都要選擇可以讓學生發揮的評量情境，也就是哪樣的情境中會需要用到這些知識或技能，將認知概念與技巧融合在評量情境中，讓學生在情境中表現學習的結果。問題情境的靈感來源，大致來自學生的生活和社會情境，如學生的生活事件、新聞故事、電視、電台節目、雜誌、歌詞、電影情節或主題、文學、小說、個人經驗、教科書、教學指引等，確認可以讓學生發揮的情境，其關鍵在於能體認到對學生有意義的問題情境。當有所靈感時要考慮，問題情境中學生的表現可達到何種層次，是否能引起學生的興趣並讓他們投入。

　　評估問題情境時，須考慮的問題，如：

　　學生將會面臨什麼樣的情境？

在整個問題裡學生將扮演何種角色？

學生將需要應用到哪些知識或技能？

情境如果是學生的重要表現機會，合乎課程及評量目標，問題的情境恰當能使學生投入，這情境至少有一具體問題，而讓學生面對此情境是很合理的，通常就有了好的開始。

☪ 題目項目的特定化

雖然有趣的問題情境對引起學生興趣十分重要，但是並不足夠。要能有系統地觀察目標，仍須將情境調整修正，才能符合教學與評量的特定目標。因此，依據所計畫的目標或計分指標找到評量的情境，讓學生表現出所學會的內容、主旨或知識的形式（概念或事實），選擇表徵的方式（口語或圖形）之後，接下來就應減低和評量目的不相關的知識和技巧的可能性，如閱讀能力在數學應用題解題的角色。

概念圖是最常用來分析及檢核某個問題或概念所涵括廣度的方式。概念圖指的是以圖表表示學生將面臨的問題情境中的概念或主題，以及他們將要解決的問題。概念圖通常是以較廣泛的概念或主題為中心出發點，而愈往外擴張概念範圍愈小也趨特殊化，以第八章的超級市場問題情境為例，如圖 9-1：

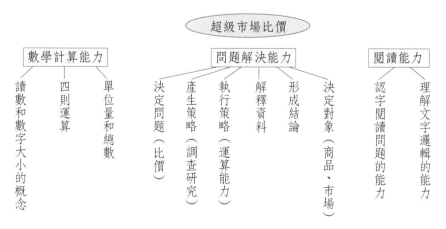

圖 9-1 超級市場比價問題概念圖

　　以這例子為例，以數學的價錢概念為第一個圓圈（中心點），將超級市場的比價，所需的概念或主題細部化。一旦圖展開來，很容易可以看出真實情境中，沒有定義的問題是必須各科間連貫。著手分析情境及問題時，可用一張大一點的紙或找個大一點的範圍畫。分析出概念後，就應考慮：

　　這個問題將需多少時間？

　　學生的技巧與能力？

　　問題概念與課程間的配合度？

　　問題圖中的哪部分最值得學生去參與？

　　有沒有需要調整或刪除的概念？

☪ 問題的難度

　　題目情境設定之後，就需決定問題的難度，有幾個要項需要考慮，如問題結構度、情境的新奇度、解題的途徑和表現的方式等。

(一)問題結構度

　　設定問題的結構度時需考量，並非每一個實作的題目都需非常鬆散的結構。混亂或結構鬆散的問題，迫使學生解決問題之前必須先組織或釐清問題，但是這類發現問題和形成問題的技巧，並非是每個領域或每個層次都必要的。

(二)情境的新奇度

　　評量題目對學生要有挑戰性，就必須小心融合問題對學生熟悉情境的相似性與新奇性，讓學生面對題目時覺得具有挑戰性和有效性。一開始的時候中度挑戰性最適合，慢慢地隨著學生的挫折容忍力與延遲報酬容忍力增加之後，可以慢慢提升問題的挑戰性。

　　解題的途徑和結果的多元程度。有效的教學評量包括多元的解決方法和解決途徑，鼓勵學生有多元的看法。實作評量的優點之一，即

允許許多不同的解決途徑，挑戰性的題目一般都十分模糊，因此，方法與結果也相對十分多元。所以必要時，教師得提供學生瞭解評量題目和所期待的結果的鷹架。

(三)表現的方式

非正式的口頭報告，可以讓學生分享他們的解決方法給其他人知道，但是這類表現方式，對某些學生而言，是難度較高的。因此，實作作業鼓勵學生用不同的方式呈現資料，例如圖、表、畫，或以不同表現方式呈現他們的瞭解，如角色扮演、展覽、討論、錄音、諮詢、簡報、辯論等，而這些表現方式，也代表了某些難度，因此，題目設計時也應詳加考量。

☪ 題目的內容

題目的敘寫內容需將學生要做的事界定清楚。模糊的題目說明，常會導致表現的多樣化，也使得評分的信度、公平度受挑戰，許多實作評量容許學生有很大的彈性空間去探索，以不同的方式詮釋題目，但是並非因此這個特質就成了教師設計題目說明時，模糊不清的藉口。題目的內容除前面所提的情境與標準之外，尚須包括以小組或個人方式進行、解題時間以及可以參考的資源等。

(一)小組或個人方式

一般的評量為了易於觀察與評分起見，都採個人方式進行。事實上，評量也可以鼓勵學生合作，學習共同解決複雜的問題。實作評量需要花大量的時間，有時候對個人會造成頗大的負擔。若採團體合作的方式，給學生很大的空間，允許小組成員從個人知道的部分開始思考，透過小組成員的對話，慢慢加深個人對題目的認知，並決定團體與個人的表現方式。小組應是幾人一組較合適？一般說來，人數不宜過多，超過 6 人以上，容易造成偏頗現象。小組的人數應視題目的難度與需求而定。

（二）解決問題的時間

　　解決問題的時間就是評量的時間。對學生有意義，讓學生有參與感的問題，通常不是 40 或 50 分鐘的評量時間可以完成的，評量時間內，學生不只計畫和執行問題解決，也擁有選擇和控制的權力，更要有機會自我反省和檢核，所以問題常需長期的投入。有些評量需要持續一段時間的工作，有一些需要幾天的工作時間，學生可以在這段期間內不斷的重複思考問題。例如在科學問題上，學生需要幾個月的時間來觀察生態位置；在藝術方面，有些評量可以讓學生用不同的樂器演奏相同的主題，或讓學生從不同的文化觀點詮釋相同的繪畫主題，這些評量都需要一段時間才能完成。

（三）可以配合的資源或人力

　　在教學工作中教師扮演一位催化劑，而在評量中教師則扮演「不許動」的角色。但是根據學生的基礎，實作評量時，教師可以視需要提供資源或提供資源的來處，於題目內容的敘寫中，適度說明提供參考。

第三節　評分規準的設計與記錄的方式

　　依評量的目的，實作評量可能針對學習的過程或結果或是兩者，進行觀察評量。觀察的過程中，完整多元地記錄學生的表現是實作評量過程不可或缺的步驟，某些情況下，記錄的方式中也涵括評分的標準，以下分別就記錄的方式和評分規準的設計來討論。

☾評分規準

　　評分規準是用來判斷特質或品質的敘述系統，評分規準本身只是一種報告的形式，要評斷學生學習和發展的價值，仍有賴評分規準準備和使用的目的。就如其他評量工具，實作評量評分規準的設計都應

依據所要評量的學習結果，以及將被使用的領域的觀察而定，如果設計得當，評分規準通常，都有三種功能：一、引導對行為特定向度的觀察；二、提供在同一個特質上，對所有學生表現評分的架構；三、提供記錄觀察者判斷的便利方法（Linn & Gronlund, 1995）。實作評量的評分標準，應在設計此評量之初就加以定義，至少也要暫時地定義。一個健全的評分標準，包括下列六個特徵：重要性、逼真、概化、發展的適切性、易接近性、與實用性（Quellmalz, 1991）。

㈠重要性

實作評量的評分標準必須描述，在學科或真實世界中，有技巧地實作表現使用的重要知識與策略的代表性樣本。

㈡逼　真

評量實作表現的標準應與典型情境下，所發生表現的評量標準相同。此標準應可適合用於此實作表現發生的典型情境與條件下。所以不僅題目與條件要儘可能自然，對於表現的期望要求及品質層次也要儘可能真實。

㈢概　化

此標準可應用於同一類的實作情境或條件。有經驗的評分者可一致地在任務內或任務間應用此標準。若是評分標準是評一般的實作特徵，如焦點、精緻度、連貫、風格等，則無法清楚傳達特殊任務的實作特徵。若評分標準是評特殊任務的，則無法傳達應用於同類任務的標準，因此阻止了教師與學生概化及轉換認知策略的能力。而能形容學科及實際實作中重要的、不斷循環的類型之特性，才是能傳達最有用訊息的標準。

㈣發展的適切性

此標準需詳細說明適合受試者的品質層次範圍為何，並在一個完全的、限定的專門知識發展的連續階段中，將受試者定位。1.評分標準需詳細說明一個適合受試者的成就水平，發展上的重要事件。然後，應將所選的重要事件的範圍清楚地附註於一個完全的發展連續階段。處理方法之一是將各層次標準聚集分類為分布由新手到專家的各個專門知識帶（bands of expertise）。2.要注意用來形容每種層次標準的語言，必須是提供資訊的與有建設性的。語言應以某一特殊層次來描述實作表現，而非主觀或判斷性的。語言應描述各層次完成的成就，而非受試者的弱點所在。

㈤容易接近性

在標準中使用的語言，應可傳達清楚的意義給教育工作者、學生、父母與社區。將評分標準淺白地說明可以讓學生評估自己的工作，也可讓父母與社區瞭解進步的標準。

㈥實用性

評分標準傳達有關實作表現的訊息中，要有對於決策與改善做法的清楚暗示。評分標準要能描述優點及缺點，並集中焦點在那些能以教學或實務改善的實作表現特色上，避免獨創力、成熟度、精緻等詞，而要描述傳達適合教學的層次。

評分規準的設計可依下列原則完成：1.絕對的方式：以課程標準或既有的相關標準來決定；2.專家訪談：訪談該領域的專家；3.領域分析：以概念或內容分析該領域的重點；4.專家模式：找出專家在該項上的表現為標準；5.統計量表技巧：多向度量表（multidimensional scale），（cluster analysis）、（path finder）。

這裡舉 IOWA 大學（1997）發展實作評量計分表的步驟：

　　1.集合內容和專家的分數層次：檢視測驗目的，哪些學習目標的特質是需要評量。

　　2.討論本次評量所需要的分數層次：過少會降低區辨性，過多層次又過於細節，這些特質如何區分出優劣。

　　3.詳細說明所要被評量的表現成分：愈具體愈易評分。

　　4.討論決定分數層次的計分指標特徵：以專家與生手認知表現的差異作為分數層次的計分指標特徵。

　　5.確認真正的反應或寫下不同分數層次的原型反應（prototype）：舉學生實際具體的表現為例。

　　6.選擇樣本表現以評分規準訓練其他評分者，建立評分者信度。

　　7.使用評分規準預試。

　　8.修改評分規準。

　　9.發展訓練計畫，將焦點放在評分者間的信度。

　　評分規準的組成要素有標準敘述、分數的重點、舉例、關鍵字詞或重點。在評分規準的規格上，分為一般的評分規準與特定工作項目的評分規準來討論：

（一）**一般的評分規準**（general scoring rubric）

　　要怎麼樣去評學生的反應，一般說來，有的人採用三階層（3-level）的分類來評學生反應層次的好壞，將評分層次分為高、中、低。有的則採用四階層（4-level）的方式來分，如補給站9-2。對於如何認定學生的表現要達到什麼程度才可稱為是好或是高？則以文字敘述，或以具體例子（prototype）作為評分參考。而決定評量的加權指數，應視知識產生的過程或要評量的構念的重要性而定。

 9-2

四階層一般評分規準

評分層次	譯碼表徵
不可接受	學生無法瞭解題意，無法舉出證據說明實驗結果。
需要改進	學生可以瞭解題意，但只能舉出一些證據（實際數目視各個工作項目所定的評分標題數目而定）。
好	基本上大致瞭解題意，知道問題的限制條件，除了一些細微的錯誤之外，沒有重大的疏失。
非常好	能夠正確且完整的瞭解問題的條件及限制，能夠舉出實驗的結果與證據的相吻合。

(二)特定項目的評分規準（specific scoring rubric）

特定的項目評分標準，是由一般的評分規準，加上學生的反應來探討具體的評分標準。一般的評分規準由上而下（top-down）的概念指導原則，是由一般知識與經驗來引導。而藉由對學生反應的分析，則可提供由下而上（bottom-up）的實例指引，有具體的行為指標可看，可降低評分者的主觀判斷。特定項目的評分規準，必須要能確實反映學生這個題目上，各種不同的表徵方式、策略、及思考方式。一般建議實作評量實施前應具備大量的實例庫（examplar library），評分才能具體，如補給站 9-3、9-4。

 9-3

規劃超級市場的評分規準（教育部，民 85）

步驟 1

（目的：測試學生由長方形長、寬之數據，以求面積之能力。）

A：正確答案 500，並說明正確。（1 分）

O：答案錯誤。（0 分）

答題類型分析

(a)A 類

A1：面積為 500 平方公尺。

長 25 公尺×寬 20 公尺，得面積是 500 平方公尺。

(b)O 類

O1：用長×寬×高得 2500。

O2：用長×高得 125 或用寬×高得 100。

O7：其他錯誤答案。

(c)O6 類：未做空白或不會做空白。

步驟 2

（目的：測試學生判斷周長與長、寬之關係，以及間隔距離求取燈數之能力。）

B：正確答案 18 盞，並說明正確。（2 分）

A：不完整的正確答案。（1 分）

O：錯誤。（0 分）

答題類型分析

(a)B 類

B1：18 盞，周長÷間隔距離。

B2：18 盞，（長÷間隔距離＋寬÷間隔距離）×2。

B3：18 盞，其他算法。

(b)A 類

A1：答 18 盞，說明錯。

A2：答非 18，說明正確。

(c)O 類

O1：500 盞，（長×寬×高）÷5。

O2：100 盞，面積÷5。

O3：9 盞，（長＋寬）÷5。

O7：其他錯誤答案。

(d)O6 類：未做空白或不會做空白。

步驟 3

（目的：測試學生由已知數據，求其倍數關係之能力。）

A：由前一步驟所得之數據的 800 倍。（1 分）

O：錯誤。（0 分）

答題類型分析

(a)A 類

A1：14400 元，18 盞×800 元。

A2：前一步驟答案錯誤，但其 800 倍後之答案正確，即以（前一步驟之數據）×800，但非 800。

(b)O 類

O7：其他錯誤答案。

(c)O6 類：未做空白或不會做空白。

 **9-4**

自然科白色粉末評分規準（林妮芙，民 88）

1.1 理解問題的層次（問答題第一題）

　5.分辨三種（粉末）……

　4.分辨某一種粉末（三者其中之一）。

　3.直接說要做實驗，或說五官觀察法。

　2.認為這是一個測驗，測記不記得上學期的內容。

　*1.*沒有理解問題。

　*0.*沒有回答。

1.2 覺知解題條件的層次（問答題第二題）

　5.指出題目中的粉末名稱條件。

　4.指出三種藥品名稱（水、醋、指示劑）。

　3.有的在一年級學過……有的有毒，有的可以吃。

2.指出題目中其他關聯的訊息。

1. 沒有覺知。

0. 沒有回答。

1.3.1.計畫實驗方法（問答題第三題）

5.加入水或其他物品的實驗方法。

4.加入水的實驗方法。

3.五官觀察法。

2.實驗方法不明確。

1. 無關聯的策略。

0. 空白。

1.3.2.計畫實驗步驟（問答題第三題）

2.完整提出實驗步驟。

1. 實驗步驟不完整。

0. 沒有提到實驗步驟。

1.3.2.計畫實驗設備（問答題第四題）

5.實驗器材完整而且數量足夠。

4.實驗器材不完整，但數量足夠。

3.提出所需的實驗器材完整，但是數量不足。

2.提出所需的實驗器材不完整，而且數量不足。

1. 只有提出需要三瓶粉末。

0. 空白。

2.1.1.策略有效性（觀察動手操作情形）

5.加入 B.T.B. 或醋，或……

4.加入 B.T.B，或……

3.加入醋，或……

2.加入水或其他。

1. 只用五官觀察法。

㈢自評表

　　評量最好也需要學生作自我評量和自我反省，因為評量不只是培養學生成為問題解決者，更應該鼓勵他們反省自己是一個問題解決者。這種反省工作最初可以鼓勵學生討論評分標準的意義，但是最終的目的是要學生內化評分標準，監控自己的行為。如補給站 9-5。

補給站 9-5

自我評量表（林妮芙，民 88）

1. 在實驗中有用到的實驗器材打√（可以複選）：

　□滴管，□標籤紙，□小藥匙，□試管，□試管架，□燒杯，□小塑膠筒，□玻棒，□小紙片，□或其他的請寫出來

2. 在實驗中有用到的實驗材料打√（可以複選）：

　□水，□醋，□熱水，□藍色指示劑，□黑豆水，□酒精，□氨水，□硫酸酮，□肥皂水，□紅墨水，□一瓶粉末，□兩瓶粉末，□三瓶粉末

3. 我在實驗過程中有做到的打√（可以複選）：

　□在粉末瓶上貼標籤，□在試管上貼標籤，□沒有做標籤只記在頭腦裡，□給每一瓶粉末一支藥匙，□分別給水、醋、指示劑一支滴管，□保持粉末不被污染，□保持水、醋、指示劑不互相混淆，□控制每一支試管都加一樣多的粉末，□控制每一支試管都加一樣多的醋、指示劑或水，□在一支試管裡同時加了醋和指示劑，□同一支試管加了指示劑就不再加醋

4. 我作實驗的過程中，總共修改幾次自己的錯誤？

　□沒有發現錯誤，□一次，□二次，□三次，□不知道

　我所修正的錯誤是什麼？（請一定要寫出）：

5.我根據哪一個證據判斷硼酸（可以複選）？

　　□沒有分辨出硼酸，□變藍色，□變黃色，□變綠色，□溶解快的，□溶解慢的，□起泡，□顆粒大小，□粉末顏色

6.我根據哪一個證據判斷小蘇打（可複選）？

　　□沒有分辨出小蘇打，□變藍色，□變黃色，□變綠色，□溶解快的，□溶解慢的，□起泡，□顆粒大小，□粉末顏色

7.我根據哪一個證據來判斷糖粉（可複選）？

　　□沒有分辨出糖粉，□變藍色，□變黃色，□變綠色，□溶解快的，□溶解慢的，□起泡，□顆粒大小，□粉末顏色，□以上都不是，我的方法是：＿＿＿＿＿＿＿＿＿＿＿＿＿＿＿＿＿＿＿＿＿＿

8.在實驗記錄紙中我自己寫了哪些事？有寫的√起來。

　　□記錄每一種粉末和醋交互作用的結果，□記錄每一種粉末和指示劑交互作用的結果，□記錄每一支試管溶解的情形，□記錄實驗的每一個步驟，□記錄哪一瓶是硼酸，□記錄哪一瓶是糖粉，□記錄哪一瓶是小蘇打，□說明判斷每一種粉末所根據的理由，□忘了做記錄

9.我覺得別人看了我的實驗過程記錄，有多少把握可以再重做一次這個實驗？

　　□很有把握，□有一點把握，□有一點沒把握，□沒有把握，□沒意見

10.敢不敢嚐嚐看自己所檢驗出來的結果？

　　□很有把握，□有一點把握，□有一點沒把握，□沒有把握，□沒意見

一、這一次做實驗的優點在哪裡？

二、這一次做實驗自己的缺點在哪裡？應該怎麼修正比較好？

三、我覺得自己幫誰解決了困難？

☾ 記錄的方式

　　記錄是評量資料的整理與保存，記錄表現的方式一般有：檢核表、量表、事件紀錄與觀察紀錄、主觀評斷等方式，每一種方式各有

其優缺點，教師應視評量行為的本質選擇適用的方式，有時候，也必須應用二種以上的方式，方能真切地將學生的表現完整的記錄下來。以下茲介紹一般最常用的檢核表和量表。

(一)檢核表

檢核表是將一系列要觀察的特質或行為列出，教師觀察時只要標明該項特質或行為有沒有出現。檢核表的內容可以課程或學習的內容、過程或結果為主要設計的項目，補給站 9-6 有幾個例子供參考。針對過程性的檢核表，Linn 和 Gronlund（1995）建議可以先觀察研究學生的表現，再確定適當的步驟，如：

　　1.將需要學生遵循的過程步驟清楚地敘述列舉。

　　2.在列舉的項目邊，增加學生常會犯的錯誤。

　　3.將正確的步驟及可能犯的錯誤按適當的順序編排。

　　4.檢核是否包含了學生的步驟或將學生的步驟編碼。

(二)量　表

當有些行為不是有或無而已，例如，學生的論文報告，我們可能就會先界定優秀的論文報告有哪幾個特點，然後判斷學生在每個特點的表現程度。因此，學生的表現並非有或無的差異，而是程度的分別。量表又分為數字、圖形和文字敘述（如補給站 9-7）。各種記錄的方式各有其優缺點，教師應該視情形選擇或組合適當的方式使用，這些方式的優缺點可見表 9-4。

補給站 9-6

自然科實驗操作技巧檢核表（林妮芙，民 88）

評分指標	實際的表現形式	有或無
1. 保持滴管 不污染的 技巧	(1)污染滴管：把醋和指示劑的滴管弄混了，或從頭到尾 　只使用一支滴管。	
	(2)保持滴管不受污染。醋、指示劑、水有固定的滴管。	
	(3)不但保持滴管不受污染，還在滴管上貼標籤作記號。	
2. 保持藥匙 不污染的 技巧	(1)污染藥匙：把藥匙弄混了，或從頭到尾只使用一支藥 　匙。	
	(2)保持藥匙不污染，先在每一瓶粉末中放一支藥匙或將 　用過的藥匙放在粉末瓶中。	
	(3)不但保持藥匙不污染，還在藥匙上貼標籤作記號。	
3. 替粉末編 號的技巧	(1)沒有替粉末編號。	
	(2)只有記得三瓶粉末的編號或作記號，並沒有貼標籤。	
	(3)在三瓶粉末上貼標籤編號。	
4. 替試管編 號的技巧	(1)試管隨意擺置在試管架上，只有默記試管順序。	
	(2)將試管配合粉末編號，井然有序排列在試管架上，但 　並沒有貼標籤。	
	(3)在試管上貼標籤編號。	

補給站 9-7

國小辯論評分量表

評量標準	請在分數上畫○ 差 ←———→ 優 1　2　3　4　5
一、申論的技巧：	
1.講述的內容充實，有參考資料依據。（舉證）	1　2　3　4　5
2.將準備的資料有組織地申論，並兼顧推論的邏輯。	1　2　3　4　5
3.申論的內容能和質詢的內容密切配合。	1　2　3　4　5
4.能注意到語言的精準。	1　2　3　4　5
二、質詢的技巧：	
5.能夠使對方陷入二難的困境。	1　2　3　4　5
6.能夠誘使對手錯估質詢的目的，掉入陷阱中。	1　2　3　4　5
7.質詢力求簡明易懂。	1　2　3　4　5
8.不動氣，不作人身攻擊。	1　2　3　4　5
9.會有效地節制時間。	1　2　3　4　5
三、反駁的技巧：	
10.慎選合宜的語詞表達。	1　2　3　4　5
11.能認同對方的某一觀念再予以反擊。	1　2　3　4　5
四、結論的原則：	
12.能條理分明總結正反方的論述。	1　2　3　4　5
13.最後說明己方優於對方的地方。	1　2　3　4　5
五、其他：	
14.辯論時能始終表示合作與心平氣和。	1　2　3　4　5
15.說話時的語音清晰。	1　2　3　4　5
16.說話時的速度適中。	1　2　3　4　5
17.臉部表情及肢體動作跟隨內容變化適當。	1　2　3　4　5
18.能抓住明確的中心主題。	1　2　3　4　5
19.能舉例支持自己的論點。	1　2　3　4　5

表 9-4　記錄表現的方式（Stiggins, 1994）

	定義	優點	限制
檢核表	將優良表現的特質列出，勾選有或沒有	快速、對大量的標準十分有用	結果可能缺乏深度
量表	表現在從低到高的數字量表上標出	可以將判斷和理由同時呈現	可能需要長期密集的評分者訓練
事件紀錄	學生的表現以文字詳細記錄	可提供豐富的成就描述	閱讀、書寫和解釋都十分花時間
主觀紀錄	評量者儲存判斷並將表現的描述記下	快速又簡單的記錄方式	保留正確的資料有困難，尤其當時間過了以後，無從檢核記錄的正確性

第四節　評量結果的分析

　　評量的結果不外希望能對教學有所回饋，因此，實作評量結果應在質與量的分析後，決定將課程加速或進行補救教學。教師藉由評分規準將評量的目標與優秀的表現水準，清楚地傳達給學生，讓學生將標準內化後，他們也就可以自我監控自己的學習，教師藉此瞭解學生學會了什麼、什麼還不會，將評量的結果整合後，再做教學決策，表9-5、9-6是可供實作評量結果整合的表格舉例。

表 9-5　學生表現分析表舉例

學生姓名	評分指標					層次評分	建議
	知識	心理表徵	應用過程	自動化的行為	自我監控		

表 9-6　學生的優缺點與教學建議

弱點（或優點）	教學建議
知識	
心理表徵	
應用過程	
自動化的行為	
自我監控	

　　要瞭解學生的優缺點，在評量進行的時候，教師可以準備一本筆計本，針對問題隨時記錄學生的進度。根據學生對重要概念、問題的瞭解或誤解作記錄，並將學生間討論的情形詳加記錄，以檢查學生在解題中的進步，學生是否因改變討論的角度而更積極參與？也有從過程中發現學生的評量與表現資料，哪些需進一步提出給個別或全體學生？另外，也可請學生準備一份自己進步的報告。因此評量進行中，教師需蒐集問題解決過程中，值得注意的事項或主題，於結束時提出與學生討論，對學生的表現提出建設性的回饋，對中心問題不同的看法或論題提出與學生討論，擴充探討角度，這些都有賴教師於評量過程中隨時蒐集和記錄。

第五節　優良實作評量的評鑑標準

　　如第八章所述，實作評量並非是教學評量的萬靈丹。實作評量和其他的評量一樣，都必須經由審慎的設計與使用，方能發揮其教學評量的功能。一般教師在設計實作評量時，經常犯了不預先規劃的毛病，如補給站 9-8 所示：

 **9-8**

實作評量設計中，教師常犯的錯誤

1. 蒐集有趣的題目。
2. 在學生完成後，才思考評分標準。
3. 給學生題目後，才決定要評什麼。
4. 對學生表現只有一般性的評估，如「很好」「好」「尚可」「差」等。

　　判斷一個實作評量的適當與否，教師可以從目標的重要性及廣度、學生成果的能力層次分布、情境的真實度、以及溝通過程等幾點來自評。

☾ 目標的重要性及廣度

　　就一個真正所謂「教育」的意義來看，要對實作評量的貢獻，衡量其所需付出的心血、時間、人力及經濟，的確是一個難以論斷的問題。究竟有意義的學習，要有多重要，才值得我們付出某種程度的精力去評量，是無法給一個標準的答案，但是教師可依循教學情境中的價值觀做一番澄清與選擇。然而，一般建議從評量內容的複雜度及深度來思考，會是選擇用實作評量的第一個考量。

　　實作評量應依其領域的特性及目標而有不同的重點。有些學科要求的是過程表現，有些學科要求的是結果。不論是過程表現或結果，都需對該學科領域的學習具備有效的解釋與推論。要增加評量對該學科領域的可推論性，就要增加評量涵蓋的廣度。然而要增加評量所提供內容的廣度，可能就得增加評量的題目，評量的時間與教師分析結果所需的精力是否允許，又是另一個考量。實作評量所涵括的廣度分析可參考問題設計時所用的概念圖。

☾ 學生成果的能力層次分布

學生的能力或表現是否能藉由實作評量具體的呈現出來，有賴評分與表現記錄的方式。學生的表現平均分布在評分規準上，意味著評分規準的廣度充分，但深度的瞭解，仍須針對設計的原意做檢核。學生的表現若集中在某部分的評分標準，顯見評量的設計或評分標準有需修正之處。

☾ 情境的真實度

在針對實作評量直接性的考量之上，如果情境夠直接，則學生就可以較不受題目的形式和反應的型態所限制，而可以自由表達。因此要使評量直接針對學習的概念進行，最好採用學生可以發揮的情境。有些情境對某些學生而言，十分適合，但相對，對某類的學生而言，也許是一種限制，因此，情境的設計，不能過於偏頗某類的學生。

☾ 溝通過程

實作評量的應用是否考量到預期及非預期的後果？實作評量的內容評量些什麼，就會影響老師教什麼，也會影響學生去注意該在學習情境中學些什麼，也就是所謂的系統效度。因此，溝通評量結果時，應要有教學的重點。至於評量結果的傳達及分數的解釋，於第十三、十四章將有詳細討論。

以上幾個向度的檢核，目的在使教師自編的實作評量更趨完善。若根據檢核的結果發現實作評量的實施可能會遇到阻礙，則實作評量的編製者可以針對問題來源，提出補救之道，如表 9-7 所示。另外補給站 9-9 也針對實作評量的效度，提出自我檢核的思考方向，供實作評量的編製者參考。

表 9-7 健全實作評量的阻礙（Stiggins, 1994）

問題的來源	補救之道
對目標設定不當 對目標的方法使用錯誤 不當的表現標準	參加相關研習討論，與他人合作 強調過程與結果的目標 比較各個學生不同的表現，利用他人設計的質的標準
表現標準不清 品質不良的題目 評量的時間過於急迫 未受訓練的評量者 選擇不當的評分方式 品質不良的記錄 把標準和表現評量過程視 為秘密學生無從知道	對表現的樣本更詳細的研究，必要尋求適合的專長 儘可能把要評量的領域界定得明確，儘量蒐集證據， 找一位可以和你合作的同事，使你的結論有專業的信心 訓練評量者 以清楚的標準和表現的例子作為訓練的開始 瞭解整體（holistic）與項目分析（analytic）的評分與 評量目的 儘量正確書寫表現的評語、不要依賴記憶 請千萬別如此做

 補給站 9-9

自我檢核實作評量的效度

目標是否是該領域中重要的？

題目的廣度是否有涵括相關的？

學生的表現是否有具體的分析？

學生的表現是否有適當的層次分別？

評量的情境是否與學生的經驗符合？

評量結果的使用與溝通是否考量其後果？

💡 思考問題

1. 「構念中心」和「表現中心」的實作評量設計，各有何特質？其差異性與
   優缺何在？

2. 實作評量題目的設計要點，和標準化測驗的設計要點，最重要的差異有哪些？這些差異對評量施測者和受評量的學生有何影響？

3. 健全實作評量評分標準有六個主要特質，對實務工作教師而言，哪些較重要實用？為什麼？

4. 一般評分規準和具體評分規準在實作評量上的應用，各有何優缺點？

參考書目

Linn, R. & Gronlund, N. E. (1995). *Measurement and Teaching* (7th Ed.). NJ: Prentice-Hall.

Quellmalz, E. S. (1991). Developing criteria for performance assessments: The missing link. *Applied Measurement in Education, 4* (4), 347-362.

第十章

檔案評量

吳毓瑩

　　張老師望著教室牆壁四周排得滿滿的學生個人檔案，思忖著，「這學期要結束了，檔案夾也快塞爆了。下學期，我要和孩子作些什麼呢？繼續塞爆它到放不進去為止？還是停止製造檔案垃圾，這一個學期也算交差了？或是再買一個新檔案夾，下學期繼續努力？」猶疑間，她想起隔壁班的謝老師，進行檔案計畫也好幾年了，一定有獨特的想法。於是張老師拐到隔壁班去和謝老師談談他對檔案的想法。謝老師倒是乾脆，站在檔案櫃旁，順手抽出一個小朋友的夾子，翻到最後一頁，唸出孩子所寫的：「作這一份學習檔案，我可真是做得事半功倍呢。而且，連媽媽跟我分享，她也說做得好好看，很屬害喔。我自己也這麼覺得。我想，這也要感謝以前、未來和現在的我，所以我想對這三個人說句話：『以前的靖倫，你好棒，可以蒐集那麼多的資料，現在的靖倫，你好棒，因為你可以做這本書，以後的靖倫，一定要好好保留。』」謝老師說，「檔案評量還沒流行前，我就在進行這個活動了。什麼是好的檔案評量？如果你能夠看到孩子這樣的心情，我想你就成功了。你要不要回去再重新翻翻孩子的檔案，看看如何整理原有的資料，讓它能夠呈現出孩子的風格，看到孩子的改變呢？」

第一節　檔案評量是什麼

☽ 檔案評量的興起

　　有過申請入學經驗以及求職經驗的人都知道，檔案（portfolio，或稱卷宗）是介紹自己、展現自己的必備工具，尤其在找教職時，個人檔案更是一個比一個豐富，似乎體積大小也可代表某種程度的信心。利用個人檔案處理自己豐富而多面向的表現，就是檔案還未變成

一種教室評量風潮時，早就已有的特質與用處。而展現個人特色的檔案，何時加上評量一詞成為測驗評量領域中的檔案評量（portfolio assessment）？我們可先回頭探源檔案評量的初始發展。

　　要知道檔案評量最先是以什麼姿態開始出現，我們可能得回溯美國的評量趨勢。筆者利用教育研究資料庫（Educational Resources Information Center, ERIC, http://www.askeric.org/）查詢五十年來檔案評量的發展。首先筆者採用「檔案」一詞，查詢其出現在各種出版品（例如文章、書籍、會議論文）之題目、關鍵詞（major descriptor）、或摘要中的次數，接著縮小範圍查詢「檔案」一詞出現在文章題目中的次數或出現在關鍵詞中的次數。查詢結果如表 10-1：

表 10-1　檔案一詞在 ERIC 資料庫中不同年代下出現的方式及次數

	1966～1975	1976～1985	1986～1995	1996～9/2003
出現在題目、摘要或關鍵詞中	91	212	1543	2125
只出現在題目中	41	56	597	801
只出現在關鍵詞中	0	64	786	996

　　由上表可知，民國 60 及 70 年代初期，檔案一詞已開始使用了，出現在題目或摘要中有 91 次之多。最明顯的是在 70 年代師資培育歷程強調能力本位（competence-based）的訓練時，有些研究特別建議找工作的老師最好建立自己能力的視聽檔案，最好從大學時代就開始蒐集整理，如 Williams（1979）和 Jelden（1974）；一般的生涯輔導方案也建議學員建立自己的檔案（McCoy & Cassell, 1974）。70 年代末期，檔案開始使用在學生的學習歷程上，例如 Vermont 州的社區大學利用學生的進步檔案（Student progress portfolio）培養他們獨立學習及永續學習的習慣（Community College of Vermont, Montpelier, 1978），此種檔案的利用方式，與我們現在所談的檔案概念最為接近，也符合目前教育界倡導的終身學習概念。在成人教育範疇中，檔案常利用來作為學

生入學前個人資料的蒐集，學生可憑著這些資料證明他們所擁有的生涯經驗，以記錄正式教育之外的學習成果，而這些都不在學分及等第可傳達的範圍之中。已有研究顯示以檔案的表現抵免入學後的某些學分，可增強成人學生終身學習的意願（Ranta,1980; Shulman, 1978; Kray & Hultgren, 1976; Willingham, 1976）。有趣的是上述之檔案使用者都是成人，年紀最小也已是大學生，且重點都在職業或生涯的進修上，尚未以評量的身分出現。

民國 80 年代檔案的想法開始活躍，90 年代更是蓬勃茂盛，ERIC 資料庫已開始使用檔案一詞作為描述研究作品的關鍵詞（descriptor），尤其最近七年之間，更有 996 篇研究作品之內涵，可用檔案作為關鍵詞來描述之。90 年代檔案評量已變成學校教育改革的方式之一，根據所蒐集的資料，檔案的使用，在師資培育中，也一直不時地出現，然而清楚地成為一種評量的方式，叫做檔案評量者（portfolio assessment），1987 年加州實施的「加州教師評量方案」可為代表。計畫執行者說「我們坐下來問自己，我們應該怎麼作，才能捕捉到現場教師的知識、技能、與氣質呢？於是我們開始討論檔案。」（Collins, 1990, p. 1; cited from Simmons, 1993, p. 33）請注意這句話中的我們，指的是執行教師評量的人，但不包括教師本人。從這裡我們可以看出，檔案評量在開始發展時，重點在評量檢核上，評量執行者在檢核的同時也掌握了給予評價的權柄，其中並沒有評量者與被評量者共同參與討論的空間。此點將於檔案評量後續的發展中逐漸修正。

民國 90 年代起始，檔案評量開始深入小學與中學，此與美國 Vermont 州利用州政府的財力與人力大力推行有關。Vermont 州於 1990～1991 學年開始正式試探（pilot）評量檔案的可行，以此形式取代全州之學生基本能力測驗，對象是四年級與八年級的學生，評量科目為語言（Korets, Stecher, Klein, & McCaffrey, 1994）。由此計畫以降，學生的自評及反省，逐漸成為檔案評量的特色。Vermont 州的試探及往後的執行，後來亦變成許多學校的寶貴經驗。

　　檔案評量的興起，就美國而言，乃是針對校內大量使用選擇題形式之標準化測驗的反動。而在我國，國中小階段並未實施標準化測驗，也未造成教師教學的干擾，即便在高中聯考以及大學聯考時代，學校中的評量也仍以本校為單位，教師一方面相當自主地在自己教室中發展適用教學的評量方式，另一方面，也有購買坊間出版的參考書或測驗卷，而題型更是各式各樣，選擇題並未獨占市場。因此就我國而言，檔案評量的興起，與其說是對於測驗形式的反動，毋寧說是概念上的改革，亦即由一試定終身的單一成就觀點（例如已於民國90年廢除的聯考），走向多種形式、強調歷程的成就觀（例如多元入學）。關於多元評量之概念的興起，可溯源至410聯盟於民國83年發起的教學評量改進班（劉玉燕，民91）之訴求，同年台北市開辦的「教學與評量改進班」、台北縣開辦的「開放教育」；民國87年接踵而來的「小班教學精神計畫」（教育部，民91a）、多元入學方案（教育部，民91b），及民國90年推行的九年一貫課程（教育部，民89），皆是評量革新的實踐方案，亦皆強調多元評量的重要。民國80年代中期，相對於傳統評量的另類（alternative）評量形式，成為教改浪潮首要討論標的（如詹志禹，民84；吳毓瑩，民84，民85；莊明貞，民84；廖鳳瑞，民84；Meisels，民84等）。這些論述多著重理論與方法層面，至於檔案評量的實徵研究，已有多篇碩士論文討論之。作者希望藉由本章檔案評量的介紹，鼓勵學習者適切運用檔案評量。

☪檔案評量的意義與實例

　　檔案評量的定義，有各種說法，其中較能完整表達其精神的為Paulson、Paulson和Meyer（1991）所說的：「檔案意指學生作品有目的的蒐集，展現出學生在一個或數個領域內的努力、進步與成就。整個檔案從內容的放入，選擇的標準，評斷的標準，都有學生參與，同時還需包含學生自我反省的證據。」在我們深入討論檔案評量各方面特質及限制時，我們先看一個檔案的實例。

　　劉淑雯與一位國小二年級的級任老師——楊老師兩人合作，欲探討二年級學生的兩性角色刻板印象的改變歷程（劉淑雯，民85）。他們將溶解刻板印象的教育方案融入課程之中，對原來教材腦筋急轉彎，將之轉化成既達成教學目標，又能討論兩性角色的教材。如國語（國立編譯版）第三冊第四課及第五課分別是「國父小的時候」及「先總統蔣公小的時候」。於是他們利用此教材要小朋友說一說對偉人的想法，討論有沒有女性的偉人，與此單元配合的教材則包含男女兩性的偉人圖書傳記等。

　　為了要瞭解小朋友兩性角色改變的歷程及在哪些方面有改變，他們採用檔案評量方式，為每一個小朋友建立一個自己的檔案夾。整個方案有 16 個單元教案，檔案裡包含小朋友經歷過完整教學單元全部的參與過程及各項作品，如 10-2 表所示：

表 10-2　性別角色教育課程表——修訂後教案

課程名稱	單元主題	單元名稱	檔案內容
準備活動	兩性角色楷模	假如我是男／女生	日記畫
閱讀指導		兩性偉人傳記	活動單、閱讀心得報告
國語		偉人與國家	
社會	職業志向	我的志願	社會習作
美勞	兩性角色楷模	XX 的故事	XX 畫像
團體活動			日記畫、活動
社會	職業志向	我在長大	活動單
國語	休閒活動	休閒活動	活動單
社會		和別人交往	活動單
團體活動	家務分工	家事誰來做	活動單
國語	人格特質	童話	課文改寫
社會	家務分工	親屬的關係	活動單
閱讀指導	人格特質	童話短路	活動單
國語	職業志向	認識職業	作文、練習五
美勞			海報設計、日記畫、活動單
團體活動	綜合	媒體檢視：電視	活動單
社會	職業志向	認識團體	
閱讀指導	綜合	媒體檢視：書籍	活動單、閱讀心得報告
國語	職業志向	非傳統職業介紹	活動單、日記畫

　　關於兩性角色的觀念改變，劉淑雯透過兒童自我檢視的機會，要小朋友寫出他們的想法及感受，例如老師會問這樣的問題，「看過××的故事後，你想做一個像××一樣的小孩嗎？為什麼？」有一個孩子緯緯這樣說：「××不管男女玩的東西他都玩，他也不在乎輸贏，輸了他也不會哭，贏了也不會驕傲，所以他是值得我們學習的。」。在課程的最後，劉淑雯與楊老師經過討論，希望讓學生從作品中選出自己對男女看法最偏心、最不偏心、及在檔案中最滿意的作品。劉淑雯也根據這三個原則：挑出她認為學生對男女看法最偏心、最不偏心、及最滿意的作品。對照緯緯自己挑的，及劉淑雯所挑的，他們發現老師認為緯緯在「家事誰來做」這一單元有非傳統性別的想法之同時，緯緯卻覺得自己在那一單元存有男女偏見，顯然老師與學生自己對於刻板印象改變的過程，有不同的看法，這就是兩方可以互相對話、同時溝通相互對於性別角色理解的最好時機。

☪ 檔案評量的特色

　　從劉淑雯檔案評量的進行，即可知它與一般教室中的評量相當不同。如果我們用找工作的心情來看個人履歷，就可以體會出什麼是一個好的檔案。正如許多作者所強調的（吳毓瑩，民 87；Adams, 1991; Camp, 1993；Cole, Ryan, & Kick, 1995; Mabry, 1999），一個好的檔案評量應該有以下特色：

㈠強調縱貫的學習歷程

　　檔案作品的蒐集，乃是長時間的進行。因此從中可看出學生的起始能力，中間的學習過程及成果。

㈡採用多元方式評量學生的作品

　　因為檔案本身有相當大的彈性，可包含任何一種評量工具，因此凡是與目標能力有關的表現，皆可納入檔案之中，成為學生能力的指標。

㈢鼓勵學生自我反省及自評

　　檔案本身具有完全開放的空間，可涵納各式作品，並且長時間蒐集，起點終點皆不限定。然而並不是有了以上兩點，如多元評量方式及長時間的整理，就是一個好的檔案評量。其中心仍在學生可反省自己的成長歷程，藉由對於自己過去的瞭解，來激發繼續學習的動機，及努力的方向。

㈣教師與學生的共同參與

　　作品評量的原則，老師固然可以自訂，然而如果開放給學生共同討論出什麼才是檔案目標所期望學習到的能力，則更能讓學生願意為此目標努力修正自己的作品與表現。因此，相對於民國 90 年代檔案剛開始發展的狀況，21 世紀檔案評量的參與空間，已不限於檔案的規定製作者，還包括檔案主人本身。

㈤檔案的讀者皆可互相對話

　　由於檔案內作品的整理有時間性，同時其中包含教師的評語及學生自評，一般不參與教室活動中的讀者，如家長、校長、同儕等，皆可在看完一本檔案後，將自己的評析加入其中，成為檔案的一部分。使得所有關心孩子成長的人，皆有一個依據以循著學習的過程，瞭解孩子，並且將個人看法互相交換。同意的部分可達成共識，不同意者仍可互相溝通及討論。

㈥與教學脈絡結合

　　由於檔案評量是長時期的工作，因此它可與教學計畫相結合，以教學的目標作為評量的目標。而整個檔案的成果，事實上也就是檔案主人經歷過這一學習階段的學習歷程，藉由檔案將教學與評量結合。是故 Paulson et al.（1991）認為，「如果謹慎地建構，檔案會是教學與

評量的交會處。他們不純然是教學或純然是評量，他們是二者的綜合。結合教學與評量，給予我們的，會比二者彼此分開還要多。」

☾ 檔案的建立方向

　　依據檔案目的、讀者或是教學現場不同的需要，筆者大致將檔案的蒐集方向分以下三類：

㈠能力檔案

　　依據能力軸度來蒐集。此種檔案之目的，乃是強調孩子在某一個能力面向上的成長與成果，因此檔案的蒐集時間往往比較長，也較凸顯孩子在此能力上不同面向的表現，例如寫作檔案，一方面呈現孩子跨時間的成長，另一方面也表達孩子不同文體的寫作表現。數學日記也是一種能力表現的檔案，幫助學生瞭解自己使用的解題策略、思考方式，亦同時從中看到學生數學概念學習的進展情形（林碧珍，民90）。

㈡主題檔案

　　依據教學主題來蒐集。此檔案的目的，較強調同一主題下，跨學科的表現。例如「校外教學之規劃」主題，包含有社會領域（交通路線、地點考察、歷史地理背景說明）、語文領域（資訊再組織與統整）、數學領域（時間長短、各項費用如車資、保險費、門票等的攤平）、與資訊能力（多媒體發表規劃案）等。學生的成長與進步較不容易從單一檔案中呈現，然若不同年段同一主題，便可以看到學生具體的成長。

㈢特質檔案

　　學生或可依據自己的表現特長，蒐集可充分反映自我的各項資料，以統整表現出自己的特質。此種檔案之目的在鼓勵學生發覺自己

的專長、欣賞自己的表現。由於每一個人的特質不盡然相同,是故所形成的檔案之形式與內涵更是千變萬化,教師可適時提醒學生把自己覺得驕傲的作品放入檔案中。此種檔案充分發揮開放彈性的性質,然亦可能流於空洞沒有結構,最後等於不存在。

從檔案的特性到檔案建立的方向,我們知道檔案乃是以學生為中心、以學習活動為背景、而且是權力開放的。檔案評量的學習理論根源,以下詳述之。

第二節 檔案評量的理論基礎—— 情境／社會歷史觀點的認知與學習理論

教室之中的評量與教學,不同於國家層級的評量——篩檢學生的工具,或是作為教學辦學績效的檢核,教室評量的目的乃在幫助學生學習,因此,教室評量方式的變革,或是教學方式的變革,通常也都來自於學習理論的發展。Greeno、Collins 和 Resnick(1996)將認知與學習的各式理論,整理出三個觀點,分別是行為實徵觀點(The Behaviorist／Empiricist View)——以 Locke 和 Thorndike 為代表;認知理性觀點(The Cognitive／Rationalist View)——以 Descartes 和 Piaget 為代表;及情境社會歷史觀點(The Situative／Pragmatics-Sociohistoric View)——以 Dewey、Mead 和 Vygotsky 為代表。

行為實徵觀點下的評量方式,傾向於將學生學到的知識作量化的評量,希望能透過獨立不受干擾情境來測量知識或技巧之表現,以得知學生在某個領域內會了多少、不會多少。此觀點產生出來的評量,較類同我們一直在進行的傳統紙筆測驗,其編製方法可見本書第六章與第七章。認知理性觀點的評量則強調學生是否能夠掌握某個領域內的普遍性原則,以及是否他們能夠運用策略以解決問題,這便是我們在第八章與第九章提及的實作評量。情境社會歷史觀點的評量方式較強調學生在學習探索過程中的參與及瞭解,並將評量實務及評量進行

時的脈絡，一起視為一個整體，此觀點的代表性評量，就是我們這一章所提的檔案評量。

　　情境觀點的學習理論將理解（knowing）看成是「在學習社群的實務活動（practices）中，個人參與這些實務活動的能力」，所以學習的歷程就是這些實務活動及參與能力的強化，師徒傳授就是典型的情境觀點之學習。透過參與及投入，個人會在社群之中發展人際網路並形成認同，如此循環而增強內在的學習動機。母語學習是一個明顯的例子，「家庭與四周朋友都會讀與寫，兒童自然也想要學讀與寫。」（Smith, 1988；引自 Greeno, Collins, & Resnick, 1996）進而從中發展主動學習的認同感，及自我學習的責任感。在我國歷史中，將情境觀點的學習發揮得最透徹的就是孟母，三字經中所敘述的「昔孟母，擇鄰處，子不學，斷機杼。」便在描述孟母發現孟子小時候的學習狀況，常與社區的文化與活動相結合，她為了要讓孟子養成學習的習慣並進而自我激勵，三遷住所，以尋找適合學習發生的環境。在我們的成長歷程中，學校社團參與也相當凸顯出社群活動、人際網路、共同的習慣與氣氛、如何自然而然促成個人在其中的投入與學習及成長。當然，有效的學習，不是丟在一個學習社群之中就好了，其精要還在學習者的投入、參與、反省以及與社群的互動。

　　如果我們從情境與社群的觀點來思考學習，則檔案評量又如何反映出這樣的特色以符合情境觀點的評量方式呢？首先，檔案進行的長時性以及檔案評量評分系統及評量內容的開放性，可共同塑造出學習氛圍，允許老師與學生共同討論與設計檔案內容，評量擺脫考試的一時緊張，變成長時間的經營與修改。老師與學生經過長時間的浸潤其中，便不知不覺塑造了一個學習的社群，且師生的討論協商，也自然帶動起學生對於社群的投入。它所強調的學生自評特色，則能發揮情境觀點所強調的自我負責之態度。檔案評量除了要評量師生所討論出來的教學目標是否達到以外，它之所以不同於其他種的評量方式，更在於它重視學生參與及投入評量過程中的情意表現。換句話說，檔案

評量的目標，有兩個層面需要考慮：

　　第一個考慮的層面是學生在學習過程中的參與。教育改革的主要目標就是希望學生能夠主動學習、建設性地參與教室學習活動、進而能形成問題、評估問題、建構假設、證據、論點並得到結論。這些活動的參與能力就是獲得知識的泉源，而且因為是可學習的，所以也可被評量，以激勵學生在參與上的主動而達成學習目標。

　　第二個要考慮的層面是學生在評量過程中的參與。情境觀點的學習認為學生必須參與學習進展並展現成果，同時還要投入思考關於成果的評鑑歷程，因為對於評鑑過程的參與，能夠形成他們對於成果品質的瞭解，進而能夠發展自我評鑑的標準，擔負起學習的個人責任。從自評出發，繼而可進行同儕互評，評量的工作並不是老師一個人的權威，而是每個人自我監督及互相鼓勵的機制，如此則能促進整個學習社群的進步。

第三節　如何實施檔案評量

　　以上兩節在幫助我們瞭解什麼是檔案評量、其由來、及理論基礎。接下來我們探討檔案評量如何進行。

☪ 檔案可包含的項目

　　檔案的特色即在於它的開放空間，能包含不同的評量形式、學習成品、及各方面評量者的回饋，然而以下所敘及的一些重要項目若能一一具備，則一個有內涵並有結構的檔案才較容易形成。這些項目分別是：

㈠目的敘述

　　在第三章我們討論效度時，便已經清楚地知道，一個好的評量工具，須有定義明確的構念及目的。因此，要開始進行檔案評量時，教

師要先釐清自己使用這種方法的自我價值、及希望用此方法達成什麼目的。目的有兩個層面,第一個層次是課程及教學上的目標,亦即希望學生在教學歷程中習得或培養的能力或態度等,例如數學檔案評量的目的是希望學生培養數學思考與問題解決能力;第二個層次的目的則與檔案評量本身的特色密切相關,大致上有以下各項(Cole, Ryan, & Kick, 1995):

- 要將學生在教室中的作品依時間蒐集,整理成檔案,作為成長紀錄。
- 要評量一般傳統評量做不到的學生的合作與社會能力。
- 要促進學生的自省、自評、自我瞭解的能力。
- 要讓家長及其他關心者能夠全盤瞭解學生在校的表現。
- 希望培養學生自我負責、獨立的能力。
- 希望結合教導、學習、與評量,使評、教、與學,互相修正。

瞭解了這兩層目的之後,便可依此雙主軸,與學生或同儕共同發展評量項目與準則。例如劉淑雯利用檔案評量來完成她的溶解刻板印象之性別角色教學,除了達成語文或社會學習的目標外,另一層目的,就是利用檔案本身的特色,幫助國小二年級學生知覺並反省自己的性別角色,同時改變刻板印象。

㈡檔案的內容

有了教學目的以及瞭解檔案評量實施的目的後,老師可以開始構思檔案的內容。檔案內容包羅萬象,可說是沒有特別限制。極端一點的,可以是全部考卷的集合,如國中數學科的學習過程中一張張考卷及訂正,所集合成的檔案,然而其中仍欠缺了檔案評量的精神,亦即在考卷檔案中,學生並沒有特意去反省「就學習數學而言,我是一個怎樣的人。」是故一堆作品並無法保證它就是一個好的檔案。

如以教學專業檔案為例,教學專業檔案意指教師本人整理一個檔案描述自己身為一個老師的專業與成長。Peter(1993)建議教師檔案

可以有四個類別：*1.*結構化的結果與反省；*2.*開放式的結果與反省；*3.*過程的記錄；*4.*他人的評鑑。這四個類別的具體項目有 12 項，對照類別，我們可以得到表 10-3：

表 10-3　教學專業檔案的類別與具體項目

類別	具體項目
一、結構化的結果與反省	*1.*所通過的考試
二、開放式的結果與反省	*2.*成長背景
	*3.*個人教學哲學與目標的敘述
三、過程的記錄	*4.*教學上的自我反省
	*5.*教室描述：包括所教年級、科目及節數
	*6.*教師專業成長的努力：例如參與研討會、成長營、工作坊等
	*7.*曾執行過的課程計畫：筆記與講義
	*8.*學生作品的評量：包括考卷、作品、實驗紀錄、方案
	*9.*教室上課的錄音錄影帶
	*10.*黑板、海報、或是方案成品的照片
四、他人的評鑑	*11.*同儕的觀察回饋
	*12.*學生的受教心得

　　以上檔案如果只是資料的堆積，大家比精彩比厚度的結果，與數十張數學考卷形成的檔案，並無不同。因此，從上表的具體項目中，我們期待看到一個有意義的教學檔案，它能傳遞給讀者清楚的訊息：「就教育專業與人文關懷而言，我是一個怎樣的老師。」若以學生的閱讀寫作檔案為例，我們也可以參考表 10-4 提供的檔案目錄，窺知檔案評量的精神：

表 10-4 閱讀寫作檔案目錄

號碼	名稱	完成日期	頁數
1	自我介紹		I
2	許雅涓老師寫的序		II
3	我的佈告欄廣告		III
4	「閱讀及寫作」學習檔案評分規準	91.01.11	1
5	《變化》小書	90.10.11	2
6	《我的 Do La A 夢》小書	90.10.29	3
7	《雪人》小書	90.11.24	4
8	「雪人」作文	90.12.10	5～6
9	讀者留言版	90.10.04	7
10	「親愛的，我把台灣搞砸了」（納莉颱風來襲）草稿	90.10.04	8
11	「親愛的，我把台灣搞砸了」（納莉颱風來襲）作文	90.10.08	9
12	「最有趣的一堂課」作文	90.09.11	10
13	「大陸旅遊記趣」草稿	90.10.29	11
14	「大陸旅遊記趣」作文	90.11.02	12～13
15	「寫給國父的一封信」	90.10.19	14
16	信封／信函評量規準		14
17	「海倫凱勒寫給林玟的一封信」	90.10.25	15
18	信封／信函評量規準		15
19	「寫給黃敏老師的一封信」	90.11.15	16
20	信封／信函評量規準		16
21	四年二班班級圖書閱讀紀錄表	91.01.11	17
22	我的閱讀報告進步情形	90.11.17	18
23	《魔法灰姑娘》讀書報告（人物網）	90.09.07	19
24	《魔法灰姑娘》讀書報告（主題網）	90.09.07	20
25	《我是白痴》讀書報告（人物網）	90.09.14	21
26	《隨身聽小孩》讀書報告（人物網）	90.09.19	22
27	《小白鴿》讀書報告（人物網）	90.10.02	23
28	《代做功課股份有限公司》讀書報告（人物網）	90.10.09	24

29	《秘方？秘方？秘方》讀書報告（人物網）	90.10.15	25
30	《一把蓮》讀書報告（人物網）	90.10.22	26
31	《長鬃山羊的婚禮》讀書報告（人物網）	90.11.05	27
32	《狀況三》讀書報告（主題網）	90.11.19	28
33	《她是我姊姊》讀書報告（主題網）	90.12.10	29
34	《臭皮匠哈拉拉》讀書報告（主題網）	90.12.17	30
35	讀書對我的意義	90.12.18	30
36	「巫婆與黑貓」童書導讀學習單	90.09.14	31
37	「傳撥網」學習單	90.12.07	32
38	「知識就在圖書中」學習單	90.10.26	33
39	「親朋自遠方來」童書導讀學習單	90.12.18	34
40	「我的妹妹聽不見」童書導讀學習單	90.12.15	35
41	「不是我的錯」童書導讀學習單	90.12.31	36
42	「我真的很不錯」自我回饋與反省	91.01.11	37
43	「讀者留言版」同學給我的回饋與建議	91.01.11	

本表修改自黃敏與學生進行的閱讀寫作檔案目錄。

由上表我們可以清楚看到黃敏老師與學生所進行的閱讀寫作檔案，由帶領同學描述自己是一個什麼樣的人開始（見序號 1「自我介紹」與序號 3「我的佈告欄廣告」），逐步進入寫作與閱讀的天地。寫作包括了各式文體，閱讀也包含不同題材的讀本。在一定的時間間隔中，我們看到同學相互回饋建議，如序號 9 以及序號 43 的「讀者留言版」；另外，黃敏老師亦不時停下學習進度，引導同學反省自己的表現，例如序號 22「我的閱讀報告進步情形」、序號 35「讀書對我的意義」，以及序號 43「我真的很不錯自我回饋」。老師除了在評閱作品時對每一個作品都有適切的回饋與建議外，又特意安排學生自我反省與同儕回饋，穿插進入閱讀與寫作整學期的進度中，其目的便在幫助檔案主人適時停下腳步想想「在閱讀寫作的領域中，我是一個什麼樣的人。」

☪ 評分規準

　　檔案評量的學習理論背景來自情境社會歷史觀點的學習,與行為實徵觀點的學習自是不同,不同之處尤其呈現於:

　　㈠檔案的評量較偏向主觀詮釋,評分者的觀點與看法更容易有分歧。

　　㈡不同檔案之間較無法作客觀結果的比較。

　　㈢檔案主人的自我反省也是學習評量的一部分。

　　㈣檔案評量表現的是一個人的整體多面向能力。

　　檔案評量對於一個好的學習成果之評價,顯然會與紙筆測驗的客觀答案評價方式有所不同。檔案所呈現的能力,反映出的是一個整體表現,而這個整體表現,又是由檔案中各個作品與自評整合而成。從整體來看一個人的表現往往勝過部分的加總,然而要看整體的能力還是要解析各部分的表現。所以,在部分與整體之間的對照,就是檔案評量要面對的情況。關於我們在第七章所提到的整體式評分與分析式評分的原則,在這裡就可以用得上了。因此當我們設定評分規準時,也必須把握以上的特點,強調分析性的多元面向以及整體統整的原則。關於表現能力的分析式評量,實作評量一章中有清楚的評分原則及處理方式,本章不再贅述,讀者可參考第九章以瞭解實作表現的評分規準以及附錄二「黃敏的閱讀寫作檔案評分規準」,感受一下檔案評量的評分向度及方式。把握住實作表現的評分原則及處理方式後,檔案評量因其發展的特色,還有以下特別的考量。

　　在評分者是多元、作品也是多元的情況下,檔案評量第一個須面對的挑戰是本書於第四章「信度」中所談到的評分者間的一致性。Moss(1994)質疑評量是不是可以只具有效度而不談信度,她所指的信度就是評分者間的一致,而她所面對的就是類似檔案評量的情況。由本書第四章信度之內容,我們知道評分者間的不一致在古典測驗理論中將之視為隨機存在的誤差,雖無法避免,但原則上乃是愈小愈

好。在檔案評量情境中，評分者是檔案是否得到認可的重要關鍵人物。一般而言，為了傳遞清楚的檔案品質之訊息，評分者間需相互溝通與共識，確認評分項目所指稱的品質表現之內涵。通常在溝通評分方式時，也會以實際檔案作為討論的媒介，以減低誤解並增加共識。然而在檔案評量所強調的開放討論之精神下，除了評分者彼此協調，以及教師、學生彼此充分溝通品質好壞的認定外，評分者間的不一致亦非「去之而後快」的大缺陷，其有可能來自價值觀、立場、以及著重面向的不同所致。換個角度看，不一致與誤差，正好提供評分者或是師、生溝通與協調的機會。信度的發展與效度不同，效度一般而言是從構念的釐清出發，而且強調結果詮釋與構念彼此修正的過程；信度的發展在於提供一個代表穩定、一致、以及可預測程度的數據。因此信度高與不高，往往視不同的評量情境與評量性質、評量目的而定，除了 0 表示絕對的隨機與 1 表示絕對的一致外，並沒有清楚的標準認定。在檔案評量的情境中，如果將評分者間的不一致視為誤差，則很可惜的，我們會因此喪失很多寶貴的訊息互通。在「效度」一章中本書也曾提及，Messick（1989）的效度漸進矩陣強調詮釋的背後，其實是價值與文化的支持，因此，不同的詮釋結果，正是不同的價值互相面對面的時機。所以檔案評量的評分原則，並不是要求不同評分者（包括檔案主人自己的也是一個評分者）間的一致，而是在尋找機會對話與討論。

☪ 學生的參與

　　檔案評量要成功的一個很大因素在於學生（檔案的主人）是否認同這個評量方式，而能主動貢獻於其中。在教學中，我們都知道，引起學生的動機是學習的根本起點，檔案評量因為本質上與學習十分接近，因此理論上較容易喚起學生的動機與參與。檔案評量能否成功順利，與能否激發學生動機共同參與檔案建構的歷程，亦有相當大的關聯。下列一些原則，可以提醒教師如何支持並增強學生對於檔案評量

的參與感與擁有感：

- 在發展檔案時，開放讓學生參與討論檔案的目標與價值。
- 容許學生參與、師生共同決定檔案內可以放進去的材料。
- 儘量讓學生可以隨時翻閱自己的檔案。
- 培養學生尊重自己及他人的檔案。
- 讓學生自己設計檔案，包括封面、目錄、序言等。

☪ 自評與反省

　　自評與反省，是檔案評量與一般測驗評量最不同之處。自評或反省往往在教學進度擠壓之下，容易被忽略，然而我們還是可以用一些具體的問題啟動自評與反省。例如在整理檔案時，規劃一張學習單，問學生：

- 你為什麼要放這些作品？
- 這個作業（品）的優點是什麼？
- 你最滿意的是哪一次，為什麼你喜歡它？
- 你最不滿意的是哪一次表現，如果重做，如何可以使它更好？
- 對於同學或老師給你的評語，你想要對他們說什麼？
- 從整個檔案來看，你覺得在學習這個科目上，你是一個怎樣的人？
- 你最想讓誰看你的檔案，為什麼呢？
- 從上次的表現到這次的表現，你的進步與改變是什麼？
- 從這次表現到下次的表現，你預期你的進步與改變是什麼？

　　不只學生需要對自己的檔案反省，老師在閱讀學生的檔案時，也須具體地給予學生回饋，評分規準就是一個很好的具體回饋之參考架構。另外對於整個檔案，教師應從教室學習的觀點，整體反省如下的面向：

- 我是否有提供清楚的方向讓學生知道如何反省及準備檔案？
- 檔案的各層次目的，包括科目的學習、成長的過程、與環境的

互動是否達成了？

- 檔案看起來是否不同於一個累積作品的檔案？
- 外人能從檔案中看出學生做了哪些活動嗎？
- 對於家長或其他人，檔案是否提供我充分信心來和她／他討論孩子的學習？
- 學生是不是珍視自己的檔案？

第四節 對檔案評量的評鑑

　　透過檔案評量來詮釋學生的學習過程及表現，是否是一個有效（Valid）的歷程？我們如何知道這是一個好的檔案評量？這是重要卻不容易回答的問題。本書在第三章的「效度」中，提供了一個漸進的矩陣，提示效度要考慮的面向，以及從這個矩陣發展出六項具體蒐集證據的方法，可幫助我們評鑑檔案評量的有效性。例如檔案作品的取樣代表性、作品製作、呈現與反省過程所引發的反應歷程，評價判斷時的概化程度，及實施檔案所引起的意圖與非意圖後果，或是學生及老師在過程中透露出的價值取向等，都是檔案評量在探討自身的效度時可以考慮的面向。

　　如果將檔案評量視為一種方案實施，則我們可以藉重方案評鑑的做法討論檔案的有效性。Paulson和Paulson（1994）提出一個評量檔案的認知模式（Cognitive Model for Assessing Portfolio, CMAP），即是根據Stake（1967）所發展的方案評鑑模式修改而成。此認知模式由三個面向所組成：關係人面向、歷程面向及歷史面向。關係人指的是與檔案評量利害相關的人，歷程面向指的是檔案評量進行中的各種事項，歷史面向指的是檔案評量的前因、過程與後果。這三個面向形成一個立方體，彼此互相交錯，例如在歷程面向上，各關係人在不同的檔案階段有不同的看法，或是檔案進行歷程中的步驟，有其前因、過程與後果的考量，可幫助關心檔案評量的人，以較整體全面的角度來思考

檔案評量的品質及影響。各面向的元素分述如下：

一、關係人面向（stakeholder）——指與檔案評量利害相關的人。主要是：

學生——學生在歷程面向的各項看法及在歷史面向上的特質及改變等。

教師——教師在歷程面向上的目標、意圖等，以及在歷史面向上如個人哲學或是對未來的計畫等。

其他——意指外部評鑑的角色，帶著外人的觀點詮釋檔案的表現。包括家長、校長、行政決策者等他們在歷程面向上的顧慮以及在歷史面向上的前因後果背景。

二、歷程面向（process）——意指檔案評量在進行的事項，包括：

目的（purpose）——為什麼要進行檔案評量，其目的為何？老師與學生在此點上就可能有不同的看法。

議題（issues）——檔案評量的教學目標、範圍、學習方向、及主題等。此點通常是評分時的重要來源。

標準（standards）——表現水準的訂定。可以是學生個人內前後成長的比較，也可以是學生之間的比較。

展示（exhibits）——檔案中的內容及呈現方式。

判斷（judgement）——學生、教師、或任何人對與檔案表現品質的陳述。

三、歷史面向（historical）——意指如何從前因、歷程、與後果，來詮釋學習的成長與改變。包含三個層面：

背景前提（antecedents）——意指表現的基本水準、情境脈絡、學習者的特質等。瞭解這些背景，可幫助我們判斷檔案評量的實施效果以及學生的學習品質。

互動交會（transactions）——指的是發生在檔案歷程中的各種交會與互動，包括學習者與學習內容間的互動、學習者與其他關係人間的互動、或是不同角色間的目標、判斷、意圖等的交會。互動交會尤

其是居於背景前提與結果之間的重要媒介。

結果（outcomes）──在傳統的評量中，學習結果是最重要的指標。然而在檔案的評量中，結果必須與背景前提比較，再透過學習過程中的互動交會之分析，來描述一個學生的成長歷程，並顧及檔案評量實施之後對於學生未來的影響。

整合歷程、歷史、及關係人三方面的觀點與看法，檔案評量可發揮其開放的特色，涵納多角度的評鑑，來確保其品質。由於前面已提過檔案評量不僅容納多元觀點，甚而有意強化之，因而評鑑一個檔案評量是否有達成其所宣稱的特質時，也可以從這種多面向角度出發。當然，若換一個角度來說，由於這個模式是針對檔案評量設計而來的，因此，當我們使用此模式回頭來評鑑檔案評量時，會有老王賣瓜之嫌，同時陷入循環辯證的陷阱之中。因此這個模式適合來描述詮釋一個檔案評量的完成，若要直接用來作為效度評量的準則，則尚須參考其他觀點的證據，例如讀者可以採行量化研究的取向，利用多特質多方法、或是概化理論、因素分析來討論其觀察與反省轉碼為數字後，彼此的關聯與分析（如 Korets, et al., 1994；辛慶偉，民 86）。也可以採用質化分析的取向，以建構派典對於效度的要求，整體性地詮釋成長與脈絡的關係（如 Moss, et al., 1992，施婉菁，民 87；蕭玉佳，民 90）。上述之探究已經接近研究的過程，不只是在教室中實施評量而已。若讀者有興趣，可進一步閱讀文中所引的參考書。

第五節　結　語

本章對於檔案評量，做了一個概念上的、來源上的、實用上的、理論基礎上的及評鑑上的整體描述。關於檔案評量在教室中的應用，還待更多的研究以探討其在縱向上對於學生成長或教育生態的影響，及在橫向上對於各個關係人或關心者的影響。檔案評量作為評量的方式之一，乃與時俱變，與人俱變。本章在此提供一個評量的做法，餘

者，就是觀察教室中的評量在我國社會中、教育情境中、及文化氣氛下，會有的改變。吳欣黛老師以其現場教學經驗為背景，對於檔案評量有以下感想：

> 我可以從兩個向度來看檔案評量：一個是縱軸的時間面向，一個是橫軸的社會面向。在縱軸時間上所展現的向度上，檔案評量的角色，是一個與時俱進的觀察者、資訊蒐集者、反省回饋者及支持輔助者。我可藉由檔案做歷史性的蒐集與呈現，如此學習過程不但有意義、有目的地記錄下來，評量也得以發揮其功能，依循學習進展過程，做切合目的、切合主題的詮釋。對於檔案主角而言，它更提供一個可以時時回頭檢視自己學習歷程中每一階段表現的機會。藉由隨時翻閱自己的檔案，學生對自己過去能力的評估及對未來表現的修正和預期，得以互相交融互動，獲得更切實際的自我瞭解與激勵。若從橫軸社會面向上來看，檔案評量所反映的，一方面是學習者個人多面向的能力表現，一方面是學習者所身處的社會文化環境中，所有促成學習、關心學習的人際網絡，包括參與在檔案中的支持、意見與評價。藉由師長評語、家長意見、同儕讀後感、個人的反省，及對評語的反省。從中我看到個人的學習，置於一個有意義的、具高度互動性的社會網絡之中，使得評量亦成為一種社會建構的歷程。

結合這兩個面向，檔案評量不但激勵了學習者的學習動機，也擴大了評量的內涵，將社會的網路包含進來，這也正是檔案評量有別於其他評量方式的特點。然而，正如前面已述及的「有效但無信」之狀況，在建立一個大家都一致合意的評分規準及評量尺度上，檔案評量仍有它的限制。如果檔案評量大規模實施，作為績效檢核工具、資源分配依據、或是篩選學生的機制者，其效度問題仍有待解決，然正如本書第二章所言，在學習階段中它仍不失為教室中輔助學習、陪伴兒

童學習成長的評量方式。

思考問題

1. 學習檔案是 21 世紀實務界與學術界的新寵兒，檔案擁有者的年齡層也由成人一路提前到初生兒，說明了檔案功能的擴增與角色的多元化與時俱增。然而，隨著電子科技產業的迅速發展，檔案評量領域亦有了取代傳統格局的先進樣貌。於是，「電子檔案」與「網路檔案」應運而生，更大大降低了檔案使用的時空限制。目前在國內的小學教育現場，檔案評量的使用情況日漸普及與成熟，然而，若將其形式進一步提升到與科技結合的電子或網路檔案層次，您認為是否可行？且對於評量之有效性將會帶來正面或負面的影響？

2. 許多老師對學習檔案的建構有「敬而遠之」、「半途而廢」、「望而生畏」的心情，原因是建構檔案耗時費心，又易流於資料的閒置堆積。因此，本文介紹的兩則實例——劉淑雯老師與黃敏老師所實施的檔案評量歷程，實能對現場老師在檔案評量的引導步驟與建構型式上，提供一個實用的參考典範。您是否曾經指導學生建構學習檔案？或您曾經為自己建立教學檔案？請說出在實作上成功與失敗的經驗，以及上述兩位老師的檔案實作帶給您何種實務上的啟示？

3. 從檔案評量的「情境社會歷史觀點」的學習理論背景來看，檔案評量側重方式的多元、參與人員的多元、資料的多元、結果詮釋的多元，且以展現一個人整體多面向能力為終極目標。如此的結果，偏向主觀，缺乏評分者一致性的信度考量，為檔案評量的一大罩門。試思考一克服之道（如配合能力指標檢核……）。

4. 檔案引發學生的自評與反省，是檔案評量有別於其他評量一個最大的教育功能之一，幫助老師藉由檔案分析出學生的自省能力。然而檔案的分析與評鑑，通常亦是現場老師對檔案評量最感後繼無力的弱處。試設計一張學習單，企圖引發學生自評、同儕互評、教師評量、家長評量等四項社會面向之訴求，一方面可針對四種角色的評量結果作一番對照，另一方面則反

映檔案在教育功能上的意義。再者,請針對檔案的分析與評鑑,設計一份評量計畫(內容包含評判檔案優劣的規準),目的為能將檔案所提供的學生學習證據化為數據或文字描述,俾能加以析理出學生學習成長軌跡及檔案評量之具體依據。

5. 檔案評量和一般評量最不同之處在於「自評與反省」,檔案評量中有相當部分需要學生的反省思考能力。萬一你發現你的學生在反省方面的程度不一,或是常會依照他人的指導(如父母、同學)來進行,你有什麼解決策略?

6. 雖然檔案評量的評分是「有效度,無信度」。但是,為什麼我們認為檔案評量仍是不失為教室中輔助學習成長的評量方式呢?

(作者註:感謝蕭玉佳與林怡呈提供思考問題)

參考書目

Meisels, S. J.(民 84)。工作取樣系統。廖鳳瑞譯。**家政教育**,13 卷,2 期,24～49。

吳毓瑩(民 84)。開放教室中開放的評量:從學習單與檢核表的省思談檔案評量。載於國立台北師範學院(主編),**開放社會中教學**,93～100。台北:國立台北師範學院。

吳毓瑩(民 85)。評量的蛻變與突破——從哲學思潮與效度理論思考起,**教育資料與研究**,13 期,2～15。

吳毓瑩(民 87)。我看、我畫、我說、我演,我想,我是誰呀?——卷宗評量之概念、理論、與應用。**教育資料與研究**,20 期,13～17。

辛慶偉(民 86)。國小自然科卷宗評量建構效度之探究。**國立台北師範學院國民教育研究所碩士論文**。

林碧珍(民 90)。協助教師實踐學生數學學習歷程檔案之行動研究。**新竹師院學報**,14 期,163～213。

施婉菁(民 87)。卷宗評量中師生觀點的展露——以國小自然科為例。**國立台北師範學院國民教育研究所碩士論文**。

教育部(民 91)。**教育部發展「小班教學精神」計畫**。上網日期:民國 91 年

11 月 18 日。網址：〈http://140.1 *11.* 150.129/teacher/littel/b_littleplan.html〉

莊明貞（民 84）。一個新的評量取向──變通性評量在國小開放教室之實施。載於國立台北師範學院（主編），**開放社會中教學**，77～92。台北：國立台北師範學院。

詹志禹（民 84）。德育評量：觀念的反省與突破。**教育資料與研究**，2 期，2～9。

廖鳳瑞（民 84）。重歷程的評量在台灣幼稚園的應用：國立台灣師範大學附設幼稚園之例。**家政教育**，13 卷，2 期，50～71。

劉玉燕（民 91）。體制教育的另一種選擇－「現代教育實驗班」之成立。上網日期：民國 91 年 1 月 2 日。網址：〈http://home.kimo.com.tw/jiameei2/experiment%20class.htm〉

劉淑雯（民 85）。**溶解刻板印象：兩性角色課程對國小學生性別刻板印象的影響**。國立台北師範學院國民教育研究所碩士論文。

蕭玉佳（民 90）。成長路上話成長──幼稚園多元智慧學習歷程檔案之行動省思。國立台北師範學院課程與教學研究所碩士論文。

鍾靜（民 85）。**數學教室文化的新貌**。發表於 84 學年度數學教育研討會論文暨會議實錄彙編，國立嘉義師範學院編輯，324～340。

Adams, D. (1991). Writing portfolio: A powerful assessment and conversation tool. *Writing Teachers*, 12-15.

Camp, R. (1993). The place of protfolios in our changing views of writing assessment. In R. E. Bennett & W. C. Ward (Eds.), *Construction versus choice in cognitive measurement: Issues in constructed response, performance testing, and protfolio assessment*. New Jersey: Lawrence Erlbaum Associates, Inc., Publishers.

Cole, D. J., Ryan, C. W., & Kick, F. (1995). *Portfolios across the curriculum and beyond*. Thousand Oaks, CA: Corwin Press.

Collins, A. (1990). *Novices, experts, veterans, and masters: The role of content and pedagogical knowledge in evaluating teaching*. Paper based on a presentation at the Annual Meeting of the American Educational Research Association.

Collins, A. (1990). *Transforming the assessment of teachers: Notes on a theory of assessment for the 21st century*. Paper based on a presentation at the Annual Meeting of the National Catholic Association.

Community College of Vermont (1978). *Student progress portfolio*. Montpelier, VT: Community College of Vermont. (ED 175494)

Greeno, J. G., Collins, A. M., & Resnick, L. B. (1996). Cognition and learning. In D. C. Berliner & R. C. Calfee (Eds.), *Handbook of educational psychology*. New York: Simon & Schuster Macmillan.

Jelden, D. L. (1974). The educational portfolio: Reform in teacher education. *Man Society technology, 33* (4), 110-112.

Koretz, D., Stecher, B., Klein, S., & McCaffrey, D. (1994). The vermont portfolio assessment program: Findings and implications. *Educational Measurment: Issues and Practice, 13* (3), 5-16.

Kray, E. J. & Hultgren, L. D. (1976). *Implementing and financing portfolio assessment in a public institution. CAEL institutional report. Delaware County Community College*. Princeton, NJ: Cooperative Assessment of Experiential Learning Project. (ED 148851)

Mabry, L. (1999). *Portfolios plus: A critical guide to alternative assessment.* Thousand Oaks, CA: Corwin Press.

McCoy, V. & Cassel, P. (1974). *Career exploration workshop for women: Participant's personal portfolio*. Kansas, Laurence: Kansas University, Lawrence. Div. of Continuing Education. (ED 103631)

Messick, S. (1989). Validity. In R. L. Linn (Ed.), *Educational measurement*. New York: Macmillan.

Moss, P. A. (1994). Can there be validity without reliability? *Educational researcher, 23* (2), 5-12.

Moss, P. A., & Others. (1992). Portfolios, accountability, and an interpretive approach to validity. *Educational Measurement: Issues and Practice, 11* (3), 12-21.

Paulson, F. L. & Paulson, P. R. (1994). *A guide for judging portfolios*. Portland: Measurement and Experimental Research program of the Multnomah Education Service District.

Paulson, F. L., Paulson, P. R., & Meyer, C. A. (1991). What makes a portfolio a portfolio? *Educational Leadersnip, 48*, 60-63.

Peter. (1993). *Successful use of teaching portfolios*. MA: Bolton, Anker Publishing.

Ranta, R. R. (1980). *Crediting prior experiential learing*. Paper presented at the Annual Meeting of the Speech Communication Association, New York, NY. (ED 196070)

Shavelson, R. J. & Webb, N. W. (1991). *Generalizability theory: A primer*. Newbury Park, CA: Sage.

Shulman, C. H. (1978). *Implementing experiential learning for adult students. ERIC/Higher educational research currents*. Washington, D. C.: George Washington University. (ED 154658)

Simmons, P. J. M. (1993). *The uses of portfolio assessment by students and teachers in a K-1 literacy intervention program*. Michigan: UMI Dissertation Services. A Bell & Howell Information Company.

Smith, F. (1988). *Joining the literacy club*. Portsmouth, NH: Heinemann.

Stake, R. (1967). The countenance of educational evaluation. *Teachers College Record, 68* (7), 523-540.

Williams, E. (1979). Audiovisual portfolio: Instead of a resume. *Journal of Teacher Education, 30* (4), 13.

Willingham, W. W. (1976). *The CAEL Validation Report*. Princeton, NJ: Cooperative Assessment of Experiential Learning Project. (ED 148837)

第十一章

情意評量

張郁雯

　　期末小芳看到成績單，電腦課得到「乙」等，她不敢置信，上回期末線上實作，她記得自己還得了95分的高分。她跑去問王老師，老師對她說，期末成績包含平日的學習態度，小芳因為很熟悉電腦操作，以致於上課不專心，甚至出現干擾上課的行為，所以期末成績只能得到乙等。關於小芳的成績，你同意王老師的做法嗎？為什麼？究竟應該將哪些態度或興趣納入學校課程的成績評量中？

　　前面幾章在介紹評量形式時，我們從客觀題型一直介紹到檔案評量。愈後面出現的題型，學生愈需要主動建構反應，而評量時主觀的涉入愈多，評量資料的來源也愈多元化。客觀題型所測得的是認知的成果，無法測到學生學習的情意；實作評量及檔案評量中，評量逐漸觸及非認知方面的成分，例如，學習歷程中的努力。這章我們將專門介紹幾種常用來評量非認知層面表現結果的程序。由於學生的認知表現只是學習表現的一個面向，學生的學習態度、興趣、價值觀及人格皆與學習密不可分，所以也都是學校中重要的學習目標。因此，知道如何評量非認知層面的學習也是相當重要的。

　　過去在討論心理特質時，習慣將之區分為認知與人格兩個類別，對這兩類特質的研究有著不同的研究方法與測量方式。在測量認知時，目標是測出受測者最佳的表現，而測量人格時，通常是希望瞭解受測者一般典型的表現。情意評量往往歸於人格測量的範疇。在教育評量領域，Bloom和他的同事於1956年受先將認知層面的教育目標加以分類，其後 Krathwohl 等人發表了情意目標的分類，此後教學目標經常分為認知、情意、技能三類。雖然學者都同意學習必須涵蓋這三個領域，然而，長期以來有關情意的評量仍舊是教育評量較少關注的領域。在本章最後一節將介紹心智習性（habits of mind）的評量，所謂心智習性就如同杜威所說的「思考習性」（habits of thought）（李弘善，2001a）。心智習性的提出，代表一個嘗試將能力與情意整合的

新趨勢。心智習性涉及價值觀、個人偏好、對情境的敏感度、能力、信念以及策略等屬性（李弘善，2001a）。

　　本章主要集中於討論學生情意（affect）及人際關係方面的評量。情意通常指稱可能影響我們的思考及行為的內在情緒、意向或需求等等。在此我們只討論與學校相關的情意評量，評量資料的來源則包括三個方面：學生的自我報告、教師的日常觀察及同儕的反應。這些評量方式比起前述的評量方式通常較主觀而且較費時費力，但它們可能是測量這類學習目標行為的最佳方式。

　　情意評量與認知評量的一個重要分野在於情意評量缺乏公認的有效評量程序。我們比較知道如何評量學生是否已經學會個位數的加法，但對於如何評量學生是否喜歡數學卻較難有一致的看法。瞭解個人感受最直接的方法是詢問其本人，請他報告內在感受。重點是我們必須問哪些問題？如何問？我們又如何知道他的回答是可信的？本章將說明蒐集學生自我報告資料最常用的方式及其應注意事項。

　　同儕的看法是教師瞭解學生的個性及友伴關係的重要訊息管道。教師雖然也能透過自己的日常觀察而清楚學生的性格及同儕關係，但是教師能夠投注於觀察的時間有限，不像同學間朝夕相處，而且就友伴關係而言，同儕的感覺是無可取代的。某人是否受歡迎取決於同儕對他的看法。

　　前面幾章的評量方式都是在尋找適當的評量設計，讓學生的認知能力得以展現出來，因此，誘發學生表現其學習成果是這些評量形式的共同特點，通常是教師建構評量形式，而學生根據評量的要求做反應。一般人提到教育評量很自然的會想起的也多半是這些評量形式。其實在教學過程中應用最多的可能是非正式的觀察，教師的日常觀察能提供學生學習及成長情形的豐富資料。例如，上課時教師看到學生滿臉疑惑的表情；觀察到小玲最近上課老是和小文交頭接耳；小彥則是望著窗外發呆。這些日常事件反應了自然情境下學生的行為表現，這樣的特性使它不但可補充客觀測驗或實作評量對學生評量上的不

足，在某些情況下它是最好的評量形式。例如，我們想知道某個學生遭遇挫折的典型反應是什麼，日常觀察可能最能提供有用的訊息。

本章將先討論評量學生情意狀態（affective status）應注意事項。如同認知的評量，情意也可用多種形式加以評量。因考慮到教師的工作負荷，本章僅介紹幾種實用可行的評量方式。如果對較複雜且費時的情意評量方式感興趣，Anderson（1981）的書可以提供較詳細的資料。第二節將說明如何編製自我陳述式（self report）的評量工具。第三節則著重如何由同儕的反應瞭解學生的人際網絡；第四節則是說明教師如何透過軼事錄（anecdotal records）系統性地保留非正式觀察所得的資料。最後，將介紹有關心智習性的評量，之前提到的各種評量方式，皆可用在心智習性的評量。

第一節　情意評量的原則與範疇

大部分的教育者都會同意情意學習目標的重要性。其理由可歸納如下：第一，情意本身即是重要的學習目標。教育的目標在培養具自主性的全人。因此，教師所關心的不應侷限於學生學業成就，舉凡學生對自己、對世界的觀感，學生求知的態度，學生的學習動機都是學習的一部分。

其次，研究發現若學生具正向的學習態度，有較高的學習動機並覺得學業成就是自己可掌控的，則往往有較高的學習成就。有些學生的表現不佳並非由於能力不足，而是他們選擇放棄，在學習之初就認定自己學不來，學習過程中毫無嘗試的動機，自然學習成效不佳，造成惡性循環。相反地，如果學生認為自己能學得好，願意投注心力學習，則最終學習成果佳，學生對自己更有信心，將來學習會更順遂。因此，理想上，學校應幫助學生培養正向之情意，以利學習。

雖然情意目標的重要性不容置疑，然而教師卻很少做情意的評量。可能的原因之一是教師對情意的範圍與性質瞭解較少，而且認為

個人的態度與價值深受家庭與社會之影響，對於學校在價值與態度的傳遞上究竟應該負起多少責任，缺乏一致的看法。認知成就的標準可一體適用於所有學生，情意目標如興趣或態度較隱私，屬於個別的行為，較少清楚標示或評量。另外，缺乏適當可用的評量工具，也是可能原因之一。不同的教師所強調的情意向度不同，需要不同的評量工具。情意評量工具的發展困難度高，而且情意評量不若學科評量，坊間又幾乎沒有現成可用的評量工具可供參考。缺乏正式可用的評量程序，經常讓教師對不感興趣或態度負向的學生產生偏見，而年齡較大的學生則可以透過偽裝，誤導教師。

一般人通常能接受將認知的總結評量結果作為打分數的依據，但是學生情意評量結果該如何使用，則較難有共識。如果學生不喜歡數學，數學活動的參與度低，那麼我們在期末成績時，應該酌予扣分嗎？反過來說，我們能否因為學生學習態度十分良好，顯現高度興趣，因此給予期末數學成績加分呢？一般學者傾向於不以學生對學科的情意表現作為增減學生在學科成就分數的依據。這是因為學生喜不喜歡某門課，教育者應負起大部分的責任。也就是說如果經過一學期的學習，學生對學科的喜好由喜歡轉為不喜歡，那麼老師該調整他的上課形式，以幫助學生發展正向的態度（Popham, 2001; Stiggins, 2001）。換言之，情意評量的主要目標，在教學前主要是瞭解學生對學科的態度、學生的學科自我概念、學生感興趣的主題等，以便善用學生的情意，提升學習成就。在教學後，則是作為教師改善教學的回饋，學生如果顯現對課程不感興趣，那麼必須找出更好激勵學生學習的方法。

☪ 情意評量的基本原則

為了避免不當的情意評量以及誤用評量的結果，Stiggins（2001）所提出的三個重要基本原則值得加以說明。

第一，教師須明白學生揭露其內心感受時的不安全感，並善用情

意評量增進正向情感的產生。對學生而言，誠實的表達情感是要負擔風險的，他們可能會因擔心而隱藏真實的感受，允許學生匿名作答是讓學生能安心表達其內在感受的一個方法。其次，教師若能誠心的接受負面的回饋，針對問題謀求改善，則能強化師生間的信任關係，如果學生發現坦白對他們是有利的，而且評量之後總能帶來正向的改變，他們就不會害怕表達內心的感受。

　　第二，在處理情意向度時，教師要能洞悉自己的限制。若碰到嚴重情緒困擾的學生，教師應轉介專業輔導人員。在評量情意時，將焦點放在與學校相關事務的感受上：對學科或教室活動的態度、學科興趣及學業自我概念等等。這些對學校相關活動的感受是教師有能力去改變的。

　　第三，教師不僅應設法發展好的情意評量工具以瞭解是否達到預設的情意目標，更重要的是要嚴肅的看待評量結果，必要時改變教學以因應之。若教師能適當地回應學生的感受，則學生會更樂於分享他們的感受，如此一來，教師能進一步改善教室的學習環境，學生則會有更好的學習成果。

☾ 情意評量的範疇

　　瞭解了情意評量的重要性與評量的基本原則之後，接著要問情意評量該評些什麼？許多教育評量的教科書，根據上述的第二原則將情意評量範圍限制於與學校情境相關的情意：態度、興趣、動機、與學校相關的價值觀、偏好、學業自我概念及內外控等（Anderson & Burke, 2000; Popham, 2001; Stiggins, 2001）。教育相關文獻對這些概念有相當廣泛的討論，限於篇幅，我們無法詳細地逐一介紹這些概念。教師若要將這些情意特性列為教學目標並進行評量，那麼瞭解這些概念以及相關的研究發現將是首要的工作。雖然情意目標相當廣泛，不同的教師其著重點也不同，不過一般教師大致會同意下列各情意目標的重要性：對學科正向的態度；喜歡學校及學校的活動；對學習抱持正面的

態度；對於自己的學習能力有信心；健全的自我概念；對異己的容忍度高。

第二節　自我陳述式的評量

　　由於情意評量重視的是受評量者的意願、感受及情緒。最直接得到這些訊息的方式就是詢問受測者。以下介紹兩種自我陳述評量方法：李克式量表（Likert Scale）及面談。

☾李克式量表

　　李克式量表是李克（Likert）於 1932 年首先提出，是一種用來測量態度的方法。由於此方法簡單，因而廣泛地使用於各種情意的測量。它的形式是請受測者對一系列陳述句表達其看法，通常受測者被要求根據五點量表作答，即由「非常同意」、「同意」、「不確定」、「不同意」、「非常不同意」五個選項中選出最符合他對陳述句同意程度。

　　在編製評量工具時須考慮學生的年紀，適時調整陳述句以及選項的呈現形式。對於年幼的兒童，可能必須唸出陳述句，而將選項減為三個或是兩個，同時必須留意在陳述句中不要使用過於艱澀的用語。以下介紹建構李克式量表的步驟：

　　㈠清楚定義所要測量的情意變項。首先決定所要評量的變項是什麼，然後儘可能弄清楚該變項的真正意義。

　　㈡寫出一系列有關該情意變項的正向及負向陳述句。例如，你想知道學生對數學科的態度，則可寫出類似下列的陳述句：

　　‧我喜歡數學課。（正向題）

　　‧學習數學是很無聊的事。（負向題）

　　請班上的學生來寫這些陳述句，能夠讓你得到不錯的陳述句。一開始陳述句的題數應多於預定的題數，而且儘量做到正向與負向陳述

句一樣多。

㈢請一些人將寫出來的陳述句依正負向加以歸類。邀請同事及朋友幫你將陳述句歸類，將無法歸類或歸類上有爭議的陳述句剔除。

㈣決定反應選項的數目及用語。雖然原先李克式量表是五點量表的形式，但教師應考慮學生的年齡適當調整選項數目與形式，原則上年紀小的兒童選項數不宜多。表 11-1 是用來測量低年級學生對國語科教學活動的喜歡程度。其次，針對所評量的變項，須選用適當的反應形式。例如，詢問學生對學習活動的態度，可以請學生表示對陳述句同意的程度；想瞭解學生的價值觀，可以請學生評價某些事的重要程度；如果是涉及活動的頻率，則可問發生次數。以下是常用的幾種形式：

同意程度：「非常同意」、「同意」、「不確定」、「不同意」、「非常不同意」

重要程度：「非常重要」、「重要」、「不確定」、「不重要」、「非常不重要」

頻率：「總是」、「經常」、「有時」、「偶而」、「從不」

表 11-1　低年級學生對國語科教學活動的態度

	很喜歡 ☺	還好 😐	不喜歡 ☹
朗讀課文			
生字、新詞介紹			
講解課文			
課外閱讀			
寫習作			

㈤完成初步的自陳量表。將選出的陳述句一一列出，注意讓正向及負向的陳述句交錯出現。在量表的開頭應有指導語清楚地告訴學生如何作答，若能舉一兩個例子說明如何作答，則幫助更大。

㈥請學生試做量表。理想的情況是能找到不是你要評量的學生先試做量表，根據學生對量表的意見改進量表，再將修改過的量表給你的學生做，在實務上若有困難則只能直接給學生做，學生對量表的意見則作為下次評量的改進參考。

㈦計分。根據陳述句的方向性及受評者的反應給分。如有五個選項，而學生選擇「非常同意」，若是正向陳述句，則給 5 分；若是負向陳述句，則給 1 分。然後將學生在所有陳述句的得分相加。

㈧剔除反應型態與其他陳述句不相容的陳述句。計算每個陳述句的得分與量表總分的相關，刪除相關低的陳述句，根據此標準選題，量表會有高的內部一致性。如果這是你的正式評量，那麼在刪題後須重新計分。

使用李克式量表的優點是容易施測，問卷結果容易處理，可以匿名方式取得訊息，而且可比較不同時間點的變化，缺點則是年幼或閱讀能力不佳的學童無法作答，其次，比較無從知道何以學生會有某種感受。以問卷進行評量時，要特別注意讓學生瞭解到他們的主要任務不是取悅教師，而是誠實的回答，而且每個問題也沒有所謂「對」的答案。如何讓學生願意認真回答問卷以及如何讓學生能夠安心作答，都是問卷結果能否提供有用資訊的重要關鍵。如果教師每次都能根據問卷結果，做出有利學生的回應；讓學生能夠匿名作答；所問的問題是學生有能力提供訊息的，則學生認真作答的可能性會較高。

☪ 面　談

面對面的談話是瞭解學生感受的良好方式。其進行方式也不限於一對一的形式。教師從個別晤談、團體晤談、團體討論、甚至於平日的交談來瞭解學生的態度、價值及偏好等等。面談的優點是其彈性大，教師能在過程中，隨時進一步澄清疑問，而學生也能有機會修正或補充自己的看法，面談可以得到深入的資料。其次，透過面談，除了獲得學生口頭回答的資訊，學生在過程中所表現的情緒也有助於我

們瞭解其感受。最後，面談除了可蒐集訊息，還有溝通的功能，好的面談過程能促進學生對自己的瞭解。面談的最大限制是相當費時，除此之外，面談時學生面對教師較難誠實的表達他們的內在感受，因此獲得學生的信任是面談成功的必要條件。

以面談方式進行情意評量，Stiggins（2001）的幾項建議值得參考：

- 嘗試團體晤談。在團體談話的過程，學生能比較不同人對相同事件的感覺，能由談話中澄清自己的感受。此外，好的團體氣氛使人容易開放自己的感覺。
- 以學生當訪談員或主持討論。有時，學生更知道如何挖掘他的同學的真實感覺。
- 積極的傾聽。專注的態度傳達關懷，而關懷使人願意分享感覺。
- 記錄談話要點。事先決定如何記錄，避免事後遺忘。

第三節 同儕評量

當我們想知道某個人的喜好或個性，經常採用的方法是向他周圍的人打聽。在學校裡，同學們相處的時間遠多於和老師在一起的時間，眾多同學的評量結果無疑的是瞭解班上團體對個人看法的最佳訊息來源。在學校情境最廣為運用的技術是「猜猜我是誰」及「社會計量法」。

☪ 猜猜我是誰

「猜猜我是誰」是種提名技術的運用。它的基本程序為呈現一系列的行為描述句，針對每個描述句請每個學生從班上找出符合該項描述的人。這項技術通常鼓勵學生針對每個描述句提名多人，前提是他們都符合該項描述。在實施時須向學生說明一個人可能同時符合多個

描述句。描述句可以是正向或負向行為。例如，他（她）樂於與人分享（正向）。他（她）很自私（負向）。

　　在設計時，作答的指導語與描述行為的句子須針對學生的年紀適度的修正。對幼童可設計成猜猜看的遊戲形式，例如，有一個人很愛哭——猜猜他是誰？對於較大的學生則只須請他們寫出符合描述句的人名即可。圖 11-1 是利用「猜猜我是誰」進行小組成員合作能力的同儕互評。

猜猜我是誰？

小朋友，這個學期的自然課，我們將班上分成幾個小組，上課中有很多的小組活動，所以每個人應該都很熟悉同組的小朋友。現在我們要來玩「猜猜看」的遊戲。下面有幾個句子是描述你們同組小朋友的特性。請你看完每個句子，猜猜同組中最像句子描述的小朋友是誰，將他（她）的名字寫在空格中。

如果你覺得有許多位小朋友都和句子所寫的很像，你可以都寫出來。

同一個人可以出現一次以上，只要他是最像句子描述的人。

記住，除了你和老師，沒有其他人會看到你寫的。

他（她）是一個會稱讚別人的人，他（她）是＿＿＿＿＿＿

他（她）總是很注意聽別人說話，他（她）是＿＿＿＿＿＿

他（她）遵從小組所有的規定，他（她）是＿＿＿＿＿＿

他（她）樂於幫助別人，他（她）是＿＿＿＿＿＿

組別：＿＿＿＿＿　　　　日期：＿＿＿＿＿

圖 11-1　「猜猜我是誰」評量學生的合作能力

　　計分時，只須計算每個學生在每個描述句獲得的提名次數即可。如果同一行為出現正向及負向的描述，則以正向的得分減去負向的得分。例如，班上有 10 人認為小慧慷慨，而有 2 人認為她小氣，則她在慷慨的得分是 8 分，由每個學生的得分型態可以得知她在班上的風評。

　　同儕的評量結果也許與教師的印象不吻合，事實上，這是此類方法可貴之處，它能幫助教師發掘日常觀察未能覺察的學生特性與關係。在使用「猜猜我是誰」這項技術時，教師須衡量是否要加入負向

的描述句。一般的建議是避免使用負向描述句，因為可能對班上氣氛造成負面的影響，教師須自行評估班上的同儕關係及師生關係是否夠穩固，如果不是，則寧可捨棄部分資料的蒐集也不要冒可能破壞班級和諧氣氛的危險。另外，進行這項評量活動時應向學生說明他們的選擇會得到保密，並且要求評量之後，不互相討論他們的選擇，以避免造成爭執或傷害。

「猜猜我是誰」不僅可用於同儕間互動的評量，可以用來評估其他學生們能觀察到的各種特質，例如，繪畫能力、網頁製作能力、創造力等等。它的優點是實用性高，容易使用。它的缺點則是害羞退縮的學生常常為人所忽略，全班的評量中可能沒人提及他們的名字，不過，這也真實反映了這些學生在班上的處境。

☪ 社會計量法

社會計量法是評估學生在班上被接受的程度以及揭露團體結構的一種方法。它的測量程序十分簡單，要求學生挑選從事某項學習活動的同伴。圖 11-2 是社會計量法常見的表格形式。採用社會計量法時，要求學生進行同伴挑選的指導語十分重要，下面列舉書寫指導語的重要原則：

㈠所選擇的情境必須是教學活動中的真實情境。例如，你要求學生選擇郊遊的同伴，必須在該學期的教學活動中確實安排了校外教學活動，不可以為了評量而虛構情境。真實情境因為具體，所以容易為受測者所瞭解。此外，評量的結果才可能對受評量者發生影響。

㈡指導語須清楚說明可供選擇的人選是什麼，每個活動可選幾個同伴。一般而言，為了資料處理的方便，通常將選擇數設定在 3～5 人之間。對於幼童，選擇數可能須限制在 2～3 人，因為他們可能尚無法做太細緻的分辨。

㈢如果評量時要求學生針對不同活動選擇同伴，那麼須說明針對不同活動可以選相同的人做同伴。

㈣對學生保證他們的選擇會加以保密，使他們能安心選答。

㈤告訴學生將根據他們的選擇結果安排團體。學生若知道他們的選擇對分組有所影響，則會較願意真實地選擇。

姓名：＿＿＿＿＿＿　　日期：＿＿＿＿＿＿

這個學期我們會換兩次座位，舉辦一次校外教學活動。請你們幫老師分組，讓大家可以開心的學習。你只要將你想和他坐在一起的同學名字，以及校外教學想和誰分在同一組寫在下面的空格，就可以幫老師順利分組。你可以選擇班上任何同學，即使他今天缺席。

請你仔細的選擇，我會儘可能安排，讓你所選的同學中至少有 2 位與你分在同一組。

請注意：

＊有關座位安排以及校外教學，你都必須選擇 5 位同學。

＊如果你喜歡和某位同學坐一起，又希望校外教學與他分在同組，你可以在這兩個問題都寫上他的名字。

＊其他的同學不會看到你的選擇。

1. 我想和這些同學坐在一起：

(1)＿＿＿＿＿＿　　(4)＿＿＿＿＿＿

(2)＿＿＿＿＿＿　　(5)＿＿＿＿＿＿

(3)＿＿＿＿＿＿

2. 校外教學時，我想和這些同學分在同一組：

(1)＿＿＿＿＿＿　　(4)＿＿＿＿＿＿

(2)＿＿＿＿＿＿　　(5)＿＿＿＿＿＿

(3)＿＿＿＿＿＿

圖 11-2　社會計量表格

學校的活動中常須分組進行，這些活動都可以作為社交評量的情境。雖然不同的活動會使得所選擇的同伴可能有所改變，但是大部分的時候，不同活動的選擇具有高的一致性，也就是說學生的社會地位不太受情境影響，只有當活動需要特別技能或知識時，一些平日不太受歡迎的人才可能被選為同伴。例如，選擇躲避球的隊友時，很會玩躲避球的人會被選為隊友，但他可能不會是鄰座的人選。

如同「猜猜我是誰」，社會計量法也可請學生指出不希望與哪些同學同組。不過，專家對於使用負向選擇的合宜性仍有爭議。贊成者認為可藉此找出被排斥的學生，教師能對這些學生提供協助，同時在分組的安排上也可避開不必要的人際摩擦。反對者則認為透過負向的選擇，學生可能更清楚意識自己對人的排拒感，這對班級的氣氛及個人的情緒發展皆是不利的。因此，評量時非不得已不使用負向選擇，如果一定要使用則應以非正式的形式且容許學生決定是否作答。例如，「如果有些人你不想和他同組，你可以寫下他的名字」（Linn & Gronlund, 2000）。

社會計量資料通常以兩種方式呈現結果，一是社會矩陣（sociomatrix），一是社會圖（sociogram）。社會矩陣能用來瞭解個別學生在班上被接納的情形，而且可作為分組的參考，而社會圖則能顯示團體的結構關係。

(一)社會矩陣

社會矩陣是個 N × N 的表格，其中 N 是班級的人數，如表 11-2 所示。學生的座號依序列在表的第二欄，為了容易辨識，可將姓名一併寫在旁邊，矩陣中的 1、2、3 代表學生的第一、第二及第三選擇，數字外加上圓圈（即①②③）代表互選。以 1 號林小琳為例，她的第一、第二及第三選擇分別是 5 號、3 號和 7 號，而她是 5 號、6 號和 10 號的第二選擇，5 號和她是互選關係。在此表，男女生分開來列，從表 11-2 很明顯的看出學生傾向選擇同性的同學。最後一列是被選的總次數，計算總次數時，不管是第幾個選擇皆計一次。從被選的總次數顯示 3 號和 12 號分別是女生及男生中最受歡迎的，通常稱之為「明星（star）」。2 號、15 號和 16 號被選的總次數為 0 次，可能是團體中人緣較差的，稱之為「孤立者（isolate）」。被忽視者（neglectee）則是被選的次數相當少者。

(二)社會圖

社會圖並無標準的繪製程序。不過，一般的程序是：每個人在圖上以一個幾何圖形代表，習慣上以三角形代表男生，圓圈代表女生，圖中則標上學生的代號。

表 11-2　社會矩陣

被選者

	名字	女生										男生									
		1	2	3	4	5	6	7	8	9	10	11	12	13	14	15	16	17	18	19	20
女生	1 林小琳	*		2		①		3													
	2		*	1					2		3										
	3			*		②					①		3								
	4				*		①		③	2											
	5	②		①		*							3								
	6	2			③		*		①												
	7			3		2		*			①										
	8				①		③		*	2											
	9			2					1	*								3			
	10	2		③				①			*										
男生	11											*	①	3						②	
	12											②	*					③		①	
	13												1	*				③			②
	14										3				*					②	1
	15												2			*		1			3
	16			2										1			*			3	
	17												③	②				*			1
	18											①	2						*	3	
	19												①							*	②
	20												1	②						③	*
	被選總數	3	0	7	2	3	2	2	4	1	5	2	9	4	1	0	0	4	1	5	5

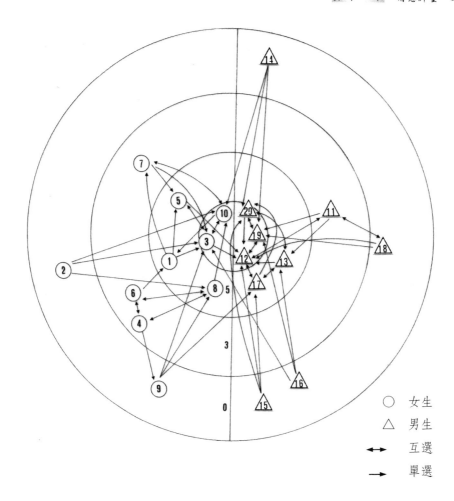

圖 11-3　社會圖

　　以下介紹 Northway 於 1940 年所用的「標的社會圖」（target soci-
ogram）。這種社會圖由 4 個同心圓所組成（後人也有使用 5 或 6 個同
心圓的），獲選數最多的1/4 置於最內圈，獲選數最少的1/4 則置於最
外圈，其他的則依獲選數多寡置於兩者的中間。建構社會圖時，通常
由獲選數最多的開始畫起，互選者放在鄰近處以線相連，作圖時應儘
量避免線條交叉。圖 11-3 是根據表 11-2 繪製的，由於男女生選不同性

別的次數少，故分別放在圖的左右邊以簡化繪圖程序。

從圖 11-3 可看出女生 1、3、5、7、10 號是個緊密的小團體；所謂小團體是指由三個成員以上所組成，每個人至少選擇一個團體中的成員，而且也得到至少一名小團體成員的喜歡。4、6、8、9 號是另一個女生的小團體；2 號則為團體所孤立。在男生方面，12 號最受歡迎，他和 11、13、17、18、19、20 號形成小團體，14、15、16 則不為此一團體所接受。

在學校裡，社會計量所得到的結果用途廣泛。我們可用社會計量的結果來安排分組事宜，在分組時，應由較受團體孤立或拒絕的學生開始，先安排這些學生所喜歡的人與之同組，以便建立社交關係。當然在分組時應注意避免深化小團體間的隔閡；避免班上搗蛋份子全部集中在一組。不過，在處理這些事宜時，不能違背「每個學生在同組中至少有幾個他喜歡的人」的原則，因為在評量時已告知會以他們的喜好作為分組的參考。

社會計量的結果能發現受排擠或忽視的學生。教師可進一步找尋導致這些學生不受歡迎的原因並給予適當的協助。一些平日未覺察到的人際問題也可由社會計量法看出些端倪。不過，在解釋資料時，教師應注意社會計量的限制。首先，為了方便實施，學生通常只能有三或五個選擇。所以，那些未被選擇到的學生很可能是第六或第七個選擇。也就是說，由社會計量所找出的那些受排擠或忽視的學生，可能並不必然受同班同學的排斥。其次，兒童的選擇並不是很穩定。Northway（1952）讓小學生在三週後，再做一次選擇。結果發現學童的第一、第二及第三選擇維持不變的比率分別為 66%、50%、35%。顯然小學生的喜好變動頗大。

最後特別要強調的是，很少為同儕選擇的學生多半是在班上與他人的互動較少者。值得注意的是，研究顯示與同儕互動少，其社會適應與一般兒童無異（Cantrell & Prinz, 1985; Gredler, 1992; Li, 1986）。也就是說，由社會計量法所發現的孤立者或被忽略者不必然是不受歡迎

或有適應問題，教師需謹慎解釋結果。

　　社會圖所提供有關班級的團體結構的訊息使教師能瞭解班級的次級團體、相互關係及分裂狀態。這些資料有助於教師思考如何分組以改善班上的社交關係，也可用來評估學校活動或措施對學生同儕關係的影響。例如，在學期間數次改變座位的安排方式是否提高班級凝聚力？

　　社會計量法容易實施又能提供豐富的訊息，其缺點是當班級人數多時，不易建構社會矩陣與社會圖。涂春仁（民85）所發展的「輔導輔助系統」，是以電腦編輯社交計量問卷及處理相關資料的電腦軟體。此一軟體能提供豐富的資料分析結果，如社交矩陣、各種相關社會計量指數、列出有社交困難的學生、個人的社交關係明細圖以及次級團體的分析統計表等等。這個軟體的缺失則是問卷指導語太過簡略，雖然在指導手冊上有段指導語的說明。前文曾說明社交計量法指導語的五個要素，其中結果保密與結果運用兩項未呈現於問卷指導語。其次，此軟體提供正向及負向選擇，前文曾討論負向選擇的利弊，教師在使用時應列入考慮。作者在討論結果的運用時表示可作為評量德育與群育成績的參考，個人以為此一用法十分不恰當（國立教育資料館，民84）。

第四節　軼事錄

　　由平日的觀察教師能得到有關學生的成長與學習的重要訊息。例如，學生經常上課遲到，老師直覺地推論他「對教師不尊重」或「學習態度不佳」，這種觀察的推論可能是正確的，但也是危險的。上課遲到有可能是肇因於學生無法控制的家庭因素。這種自觀察衍生的推論容易產生偏失，避免此種問題最佳的辦法即是隨時將觀察所得加以記錄，並將觀察事件與個人對觀察事件的推論區分開來。

　　軼事錄即是記錄觀察的一種簡便的方法。所謂**軼事錄**指的是對所

觀察到的事件的描述。教師觀察到重要的事件，須儘可能在事件發生後立即加以記錄。一個好的軼事錄須翔實客觀描述所觀察的事件，並避免個人對事件的詮釋混淆了事實。

　　雖然軼事錄可獲得學生各方面的訊息，但是教育評量專家對它的實用性多半採保留的態度。例如，Popham（1990）指出雖然教育評量的教科書常介紹軼事錄，但實際上很少教師使用此一方法。他認為寫軼事錄費時，而且教師很難以客觀的角度對待學生，因此並不十分推薦此一觀察技術。Linn 和 Gronlund（2000）認為軼事錄可評量學生各方面的表現，惟必須選擇性地使用。他們提出使用軼事錄時必須將觀察範圍限定於：1.其他方法無法評估的行為；2.觀察學生少數類型的行為；3.僅對少數需要特殊幫助的學生做全面性的觀察。例如，瞭解在自然情境中某位學生如何處理問題。總之，侷限觀察的範圍或對象才能提高軼事錄在教室情境中的可用性。

☪ 使用軼事錄的一般原則

　　對教師而言，剛開始使用軼事錄會遭遇一些困難，例如，如何選取重要事件？如何正確觀察？如何客觀描述？在開始時，一些專業的訓練與練習可能是必要的，隨著經驗，教師即能學會有效的使用軼事錄。雖然本書無法提供這種經驗，但能提出一些使用軼事錄的基本原則。

　　㈠事先決定所要觀察的是什麼，但同時留意不尋常的事件。教師在擬定教學計畫時，應同時思考如果學生達到教學目標，那麼他應有哪些特性？這些特性當中，哪些只能經由日常觀察才能有效加以評量。預先設定觀察的焦點，可以使得教師得到關於學生學習的有用訊息，不過如果焦點過於集中可能因而忽略不尋常的事件，因此，學習彈性取捨觀察的廣度與深度是相當重要的課題。Linn 和 Gronlund（2000）建議若須觀察所有學生，那麼必須將焦點集中於少數特定行為；若打算做全面性的觀察，則可能只能針對需要特別協助的學生。

(二)避免過度的推論：觀察學生時最好能忠實記錄事件發生的狀況，避免使用帶有判斷性質的用語，如小真又表現了「不好」的行為。從這個記錄，我們無從知道小真做了什麼行為。從觀察中充其量只能對學生的狀況形成暫時性的解釋而非對學生的行為下結論，亦即從觀察中對學生所形成的印象，須有進一步其他資料的佐證。因此，寫軼事錄時，對事件的描述須和對事件的解釋清楚分開。在解釋時，應特別注意避免過度的推論。例如，如果教師觀察到： 1. 在課堂上小婷要求小玲和她一起做指定的功課； 2. 小婷常和小玲一起做功課玩耍。若根據 1. 的觀察推論她們是好朋友，這樣的推論就可能犯了過度的推論的錯誤，因為小婷可能基於各種原因要求小玲的合作。若根據 2. 的觀察推論她們是好朋友則較為合理。要瞭解學生行為的意義，教師必須在不同情境下觀察，重複多次觀察，並蒐集其他資料，才能有效解釋行為的意義。

(三)做記錄時，需兼顧正向與負向的行為，並儘可能在觀察後立即做記錄。教師以觀察來估計學生的成就時，經常容易高估學習成就。這是因為老師問問題時，會的學生回答問題時容易吸引老師的注意力，而忽略尚未學會的證據。相反地，在觀察學生的性格時，教師對於干擾教室秩序的行為通常賦予較多關注。從評量的觀點，能夠真實反映學生的現狀是相當重要的，所以，教師應同時兼顧正向與負向行為的觀察與記錄。為了避免事件的遺忘，教師應儘可能在事件發生後簡單加以記錄，並在當天完成該軼事錄。

(四)每件軼事錄本身須包含完整的訊息。記錄事件發生前及發生當下的情境有助於日後看軼事錄者正確解讀事件。由於軼事錄可能和其他記錄分開閱讀，因此在敘述時必須說明所觀察事件是否是典型行為並陳述與此行為的相關傾向。

(五)每件軼事錄應以單一學生的單一事件為單位。如果必須描述數個學生的行為，則應另行記錄。

☪ 軼事錄的利弊

和其他評量方法相比較，軼事錄的最大優點是能夠瞭解自然情境下的行為。如果我們想要知道學生是否學會與人分享，觀察他實際的行為比測驗學生能否回答以下的是非題「好學生應懂得與人分享。」更能反映學生的學習狀況。很多情意方面的評量必須依賴日常的觀察。

軼事錄的另一個優點是它的彈性相當大。教師可根據前一刻的觀察結果隨時調整或修正未來的觀察重點與方向。對於幼童或缺乏溝通技巧的孩童，軼事錄也特別適用。當其他評量方式都不可行時，軼事錄顯得特別重要。

軼事錄能使教師更勤於觀察學生並注意到不尋常卻具有高度意義的事件。例如，一向膽怯的學生在課堂上發表他的數學解題策略。由於這類行為出現頻率低，往往易為其他評量方式所忽略，教師若養成做軼事錄的習慣則對此種不尋常但重要的行為的出現會有較高的警覺。

雖然使用軼事錄具有前述的優點，但是在一開始時也曾提到教育評量專家對它的實用性多半採保留的態度。這是因為記錄軼事錄相當費時費力，教師教學工作繁重的情況下，很難做完整的軼事錄。此外，能夠記錄自然情境下的行為是軼事錄的主要優點，不過這個優點也因而衍生出只能觀察到自發行為的限制。學生沒有表現某些行為可能是沒有適當的時機讓他表現，或是因為教師觀察的時間有限，因而只觀察到有限的行為樣本。

使用軼事錄的一個最大的限制是它比其他方式更容易受到教師主觀涉入的影響。理想上，軼事錄應忠實記錄發生的事件，但不可避免地教師的偏見常會影響其觀察。教師可經由訓練減低偏見對觀察的影響，但是卻不可能完全排除。因此，教師的自我省察能力就顯得十分重要，教師應時時注意自己在觀察時可能有的偏見，區分所觀察到的事件以及對事件的詮釋，時時自問同樣的觀察結果是否會因為發生在不同背景或性別的學生身上，而有完全不同的意義？

第五節 心智習性的評量

☪ 什麼是心智習性

「他不是不會做，就是粗心，每次考試少不了因為粗心被扣分。」從學習上來看，這個人有能力解決課業的問題，但是沒有學到力求精確。提倡「心智習性」的 Costa 和 Kallick 認為解決生活問題只有思考技能（thinking skills）是不夠的，還必須知道運用的時機，以及有心運用，後者即是所謂的心智習性（Costa & Kallick, 2000/ 2001a）。我們經常觀察到學生在學校的學習一旦脫離教學情境，所學來的思考技能就拋諸腦後，學生雖然學會了這些認知技能，但沒有養成使用的習慣，也不知何時當用，由此看來，習性是一種習慣，一種傾向或特質（dispositon），而心智習性的倡導是要將思考變成習慣，隨時檢查自己的思考，觀察別人的思考。

心智習性涉及能力、思考與性格等多面向。面對問題時，憑著個人的判斷，選擇自己認為是最明智而適當的行為，因此牽涉到價值觀（values）；它也是一種偏好（inclination），因為每個人都有喜好的行為模式；它也牽涉到對情境的敏感度（sensitivity），以便採取合適的舉動；它也是一種能力（capability），所有的行為需要有基本技巧；它還必須是一種長期的投入（commitment），能持續反省行為，以便改進下次的行為；它更是一種政策（policy）：讓我們習慣性的把個人明智行為積極融入行動、決策以及問題解決等過程中。

張稚美（2001）在「無所不談的心智習性」一文對心智習性有深入的描述：

> 「……要能使個人的『看法』付諸於行動，還是必須仰賴『心智習性』。因為心智習性的特質是它能提供我們動力，讓我們能夠

習慣性的突破觀望和等待，發揮同理心和彈性思考、積極的運用知識、技能和策略去策劃、質疑、形成可行的步驟、分析假設或評估資料、堅持到底來解決問題。」

Costa 和 Kallick（2000/ 2001a）和一群研究人員，針對一些行為舉止明智，優異以及效能高的人進行研究之後，提出了 16 項心智習性。這 16 項心智習性的內涵請參見新知補給站 11-1。

☾ 心智習性的評量

評量心智習性的首要步驟是思考想測量的是什麼？什麼是心智習性的成就指標？在 Costa 和 Kallick（2000/ 2001b）《評量和紀錄心智習性》一書逐一為 16 種心智習性做概括性的描述，並建議一些適合的評量方式。在這一節中，將以「堅持」這個習性為例，介紹心智習性的評量，讀者將發現前述所介紹的各種方法皆可運用在「堅持」的評量上。在教室的情境中，教師須結合教學內容、教室的文化特性來評估心智習性，因此，本節旨在提供一個情意特質評量的參考例子，在這個例子中所用到的各種評量方式應注意事項，仍請讀者參閱本書各相關章節。

㈠定義堅持

協助學生發展堅持特性的關鍵在於清楚知道「堅持」是什麼意思。學生表現哪些特定行為，表示他擁有了堅持的特性？Costa 和 Kallick 認為堅持力佳的學生具有下述幾個特性：

1. 持續努力直到目標達成為止。
2. 蒐集資料評估是否偏離方向。
3. 運用替代策略的頻率增加。
4. 能多方尋求資源。

補給站 **11-1**

心智習性

　　行為舉止明智的人具有一些獨特的特質,在遇到困難時,很自然地善用這些特質加以因應。這些心智習性很少單獨運作,通常依照問題的特定情境,同時運用數種心智習性,Costa 和 Kallick 雖然提出下列 16 項心智習性,但他們以為也許會有更多的心智習性。,以下就是 16 項心智習性:

1. 堅持(persisting)。
2. 控制衝動(managing impulsivity)。
3. 以瞭解和同理心傾聽(listening with outstanding and empathy)。
4. 彈性思考(thinking flexibly)。
5. 反省思考方式(後設認知)(thinking about thinking)。
6. 力求精確(striving for accuracy)。
7. 質疑並提出問題(questioning and posing problems)。
8. 應用舊知識於新情境(applying past knowledge to new situations)。
9. 以清楚、精準的態度來思考和溝通(thinking and communicating with clarity and precision)。
10. 用各種感官察覺(gathering data through all senses)。
11. 創造、想像、創新(creating, imagining, innovating)。
12. 保持好奇和讚嘆之心(responding with wonderment and awe)。
13. 願意冒險並且承擔後果(taking responsible risks)。
14. 有幽默感(finding humor)。
15. 能共同協力思考(thinking interdependently)。
16. 敞開心胸不斷學習(remaining open to continuous learning)。

　　5. 善用既有的經驗解決問題。

　　這些堅持的特質必須出現在各個學習領域中,數學課需要學生堅持,寫作、音樂、體育等課程也是一樣。教師如何透過教學過程中的

評量與回饋，提升學生的堅持習性？心智習性的培養，自我反省與自我評量能力的培養相當重要。除了教師的回饋外，學生能夠學會依照「精熟表現標準」自我檢測學習表現。其次，學生必須參與目標的設定，設定合理的目標，找尋達成目標的方法，隨時檢測是否偏離目標，這些都是達到自我學習的必備要件。因此，在定義堅持習性時，教師可以透過全班討論，找出「有堅持習性的人，會有什麼表現」。

㈡評量方式

　　本章提到的各種評量情意的方式，都能用來評量心智習性，檔案評量更是將各種評量證據匯集呈現學生心智習性成長情形的最佳工具。以下分別簡單說明如何運用這些評量方式進行「堅持」習性的評量：

1.檢核表與評分表

　　為了便於心智習性的評量，師生可以共同設計出表現的檢核表或評量表。這份檢核表不僅可以作為教師評量的依據，也可以作為學生的自我評量標準，教師也可以讓學生互相評比。檢核表的設計可以參考前述自我陳述量表的設計原則。表 11-3 試擬一個「堅持」習性的一般性評量表。教師可以配合課程活動，協助學生運用檢核表，評量習性的發展情形。

表 11-3　「堅持」的評量表

堅持的程度／向度	生手	學徒	熟練者	專家
盡力達成目標，不放棄	碰到困難，立刻放棄	會嘗試克服問題，但問題太難就會放棄	大部分情況下，能持續嘗試解決問題	總是持續努力克服所有的問題與障礙
確認方向	缺乏評估策略行為	有評估策略行為，但容易偏離方向	評估各種策略，很少偏離方向	評估各種策略，不會偏離方向
尋求資源	碰到問題，等待協助	尋求資源的方式單一	會尋求二種以上的資源	會多方尋求資源

2.軼事錄

教師可以針對每個學期或學年想要強化的心智習性,觀察並記錄學生重要的事蹟,定期將軼事錄的記載回饋給學生及其家長,也可請家長協助記錄學生成長的情形。

3.訪　談

透過團體晤談、團體討論或是個別晤談,引導學生進行心智習性的反省。對於低年級的學生透過團體討論能讓學生更清楚瞭解反省的角度與焦點,個別晤談可以幫助學生說出其心路歷程、澄清自己的想法。

4.學習日誌(learning journal, learning log)

學習日誌是請學生在學習活動後寫出他們的感受、學習秘訣、策略、改善方法、後續學習計畫等,它是幫助學生反省的有力工具,教師可依學生年齡設計參考問題,讓學生記錄學習的過程,定期蒐集學習日誌,與學生討論,並評估學生運用心智習性的情形。

5.學習檔案

教師也可運用檔案評量的方式,請學生將前述各種評量所獲得的資料,依照各項心智習性將檔案資料分類,評量心智習性之成長。例如,當教師給予學生具挑戰性功課時,要求學生在完成作業的過程,必須記錄與反省其運用心智習性的情形,此時,可能用到檢核表和學習日誌,而老師可能運用訪談和軼事錄方式蒐集學生學習過程資料。如果想要評量「堅持」習性的成長,那就從上述各評量資料找出能夠顯示「堅持」習性成長的相關證據,學生必須說明與解釋何以這些作品足以顯示「堅持」習性的成長。

第六節　結　語

情意的評量是教育評量中不可或缺的一環。進行情意評量應體認學生對揭露內心感受的疑慮。決定評量層面時應著重在教師能力所

及、可改變的相關感受。教師應努力發展好的情意評量工具並且嚴肅看待評量的結果。

　　情意評量的主要範圍為態度、興趣、動機、與學校相關的價值觀、偏好、學業自我概念及內外控等。對於學校的態度、學科的喜好度、學習的態度以及對自己的學習能力、自我的概念和與人的關係是學校情意評量的重點。晚近認知與情意評量之不可分割性逐漸受到學者的注意，心智習性是一個明顯的例子。

　　本章介紹三類情意評量的方式：自我陳述式、同儕評量及軼事錄。在自我陳述式的評量方面常用的有李克式量表及面談。前者主要是要求受測者對一系列的陳述句表達其看法。第二節說明了建構此種量表的基本步驟。面談可以多種形式進行，在方式上建議教師可嘗試團體晤談且由學生主持討論或當訪談員，面談過程應積極傾聽並記錄談話重點。「猜猜我是誰」和社會計量法是同儕評量的兩種方式。「猜猜我是誰」是呈現一系列的行為描述句，針對每個描述句請每個學生從班上找出符合該項描述的人，使用此項技術時，應避免採用負向描述句以免對班上氣氛造成負面的影響，對於學生的選擇應加以保密並要求學生不做事後的討論。

　　社會計量法要求學生挑選從事某項學習活動時的同伴。運用社會計量法時應遵循五項原則指設計導語。社會計量的結果通常以社會矩陣及社會圖的形式呈現。社會計量的結果有助於教師瞭解班級的人際關係及團體結構，不過教師應謹記這種評量形式的限制，謹慎的解釋評量結果。

　　軼事錄是記錄在自然情境下學生行為的簡便方法。在使用時應限定觀察的範圍或對象。使用軼事錄的一般原則為：事先決定所要觀察的是什麼，但同時留意不尋常的事件；避免過度的推論；記錄正向與負向的行為，並儘可能在觀察後立即做記錄；每件軼事錄本身須包含完整的訊息；每件軼事錄應以單一學生的單一事件為單位。軼事錄的優點為能夠瞭解自然情境下的行為、彈性大、使教師重視觀察、會注

意到不尋常但重要的事件。它的限制則是易受教師偏見的影響、費時費力、只觀察到有限的自發行為。

　　最後一節以心智習性為例，嘗試說明思考認知與情意範疇之交互關係，以往提到思考，總是重視「能力」面向的評量，心智習性的提出，則指出運用思考習慣面向的重要性，兩者間不容易清楚切割。運用本章第二節到第四節的各種評量方法，可以進行心智習性的評量，而學習檔案可組織這些評量資料，呈現出學生學習成長的情形。

思考問題

1. 教師是否應評量學生的情意？為什麼？列舉三個你認為教師應該最重視的學生特質並說明理由。
2. 回顧你的經驗並參考相關資料，你認為老師日常的觀察中，最常出現的偏誤有哪些？你如何減低這些問題對對觀察效度的影響？
3. 同儕評量有哪些優點？在使用時應注意哪些問題？
4. 在 16 種心智習性中，你覺得自己最需要加強的是哪一個？身為教師，哪 3 項心智習性是你覺得孩子應優先發展的？

參考書目

Costa, A. L. & Kallick, B.（2001a）。**發現和探索心智習性**（李弘善譯）。台北：遠流出版社。（原著出版於 2000 年）

Costa, A. L. & Kallick, B.（2001b）。**評量和紀錄心智習性**（李弘善譯）。台北：遠流出版社。（原著出版於 2000 年）

涂春仁（民 85）。**輔導輔助系統指引**。未出版。

國立教育資料館（民 84）。教育論壇：德育評量。**教育資料與研究**，2 期，頁 1～26。

張稚美（2001）。談無所不在的「心智習性」。**文教新潮**，6 卷，2 期。http://www.tw.org/newwaves/62/4-1.html

Anderson, L. W. & Bourke, S. F. (2000). *Assessing affective charactersitices in the school*. Mahwah, NJ: Erlbaum.

Bloom, B. S. (Ed.) (1956) *Taxonomy of educational objectives: The classification of educational goals: Handbook I, cognitive domain. Handbook II: affective domain.* New York ; Toronto: Longmans, Green.

Cantrell, V. L. & Prinz, R. J. (1985). Multiple perspectives of rejected neglected, and accepted children: Relationbetween sociometric status and behavioral characteristics. *Journal of Consulting and Clinical Psychology, 53*, 884-889.

Gredler, G. R. (1992). *School readiness: Assessment and educational issue.* Brandon, VT: Clinical Psychology Publishing Company. Chpater 6.

Li, A. K. F. (1986). Low peer interaction in kindergarten children: An ecological perspective. *Journal of Clinical Child Psychology, 15*, 26-29.

Linn, R. L. & Gronlund, N. (2000). *Measurement and assessment in teaching* (8th Ed.). Upper Saddle River, NJ: Prentice Hall. Chapter13.

Northway, M. L. (1952). *A primer of sociometry.* Toronto: University of Toronto Press.

Popham, W. J. (1990). *Modern educational measurement* (2nd Ed.). A practitioner's perspective. Englewood Cliffs, NJ: Prentice Hall.

Popham, W. J. (2001). *Classroom Assessment: What teachers need to know.* Needham Heights, Mass: Ally & Bacon. Chapter 10.

Stiggins R. J. (2001). *Student-involved classroom assessment.* New York: Macmillan.

第十二章

題目分析

張淑慧

第一節　題目分析的重要性

　　一份好的測驗，是由良好品質的題目所組成的，如何知道各個題目的品質？這必須藉由題目分析以提供訊息，而題目分析的功能，即是在於瞭解題目的品質，刪去或改寫品質不佳的題目，進而改善題目的品質，以達成提升測驗的品質的目的。

　　題目分析的方法，可分為主觀性與客觀性兩種，主觀性的判斷是指編題者本身或學科專家群，就個人的專業素養與過去的教學和出題經驗，主觀地判斷題目的品質，向度包括判斷某一題目是否太困難或太容易、文字表達是否清晰、題目數是否合理、錯誤選項的安排是否適當等。根據以上判斷結果，改寫或刪除品質不佳的題目，以提升測驗的品質。客觀的判斷，是指編題者根據統計分析的結果，客觀地判斷題目的品質，向度包括題目難度、鑑別度與選項分析，對每個題目作出保留、改寫或刪除的決定，以提升測驗的品質。

　　本章撰寫的結構為依序說明主觀的題目評鑑、客觀的題目分析（難度、鑑別度、選項分析），以及測驗總分分配，並舉兩個實際資料為例，說明題目分析的決策。

第二節　主觀的題目評鑑

☪ 主觀的題目評鑑

　　主觀的題目評鑑，可藉由檢核表而瞭解測驗的出題是否適當，可考量的評鑑向度表列於表 12-1：

表 12-1　主觀的測驗評鑑檢核表

〈測驗計畫〉	是	否
1.此測驗計畫是否適當顯示出教學目標和教學內容？	☐	☐
2.此測驗計畫是否標示清楚在每個教學目標和每個教學內容的重要性？	☐	☐
〈測驗題目〉		
3.適切性：題型是否適合測量學生的學習成果？	☐	☐
4.相關性：題目所要求學生做的反應是否與教學目標有相關？	☐	☐
5.清晰性：題目是否陳述清楚？	☐	☐
6.困難度：題目的難度是否適當？	☐	☐
7.題目的取樣對教學目標而言是否具有代表性？	☐	☐
〈測驗形式〉		
8.題型：題型的分配是否適當？	☐	☐
9.書寫：題目的書寫是否無誤？	☐	☐
10.作答：題目的作答說明是否清晰？	☐	☐

摘引自 *K. Linn* 一書。 pp. 316~317。

　　可由 3～7 人組成學科專家群，針對以上測驗計畫、測驗題目與測驗形式三向度，評估適切程度，專家群可採取通訊問卷填答的方式或召開會議共同討論，綜合專家群的評估結果，可對測驗品質有整體瞭解，並且對可能需要加強的方面，知道如何因應與改進，可針對每個題目作主觀評鑑，可參考表 12-2 的格式，或可自行設計表格（例如以五點量表取代二點量表）使用，同樣地，可用問卷通訊方式取得專家群意見，或藉由召開專家會議產生共識。

表 12-2　主觀的題目評鑑檢核表

題目	適當性		建議			理由
	適當	不適當	保留	刪除	修改	
第一題	☐	☐	☐	☐	☐	
第二題	☐	☐	☐	☐	☐	
第三題	☐	☐	☐	☐	☐	

第三節　客觀的題目分析

客觀的題目評鑑包括難度、鑑別度與選項分析。這三個量化的指標提供測驗編製者對題目性質的瞭解，依據測驗目的之不同，對題目作保留、修改或刪除的決定。

☾ 題目難度分析

所謂的難度，是指答對某題的人數（以百分比表示）。例如：施測的學生共有 40 人，其中 20 人答對題目#1，10 人答對題目#2，則第一個題目的難度為 0.5，第二個題目的難度為 0.25。顯然地第一個題目比第二個題目容易，因為第一題的答對人數比第二題為多，由此可知難度的數值愈大，表示題目愈容易。

當每題的難度計算出來之後，怎樣的難度範圍是合理的？這問題的答案是「視情況而定」，請參見表 12-3 舉例說明。

表 12-3　合理的難度範圍

例一
假設某測驗的用途在於選擇優秀學生獲得獎學金，則測驗的編製傾向於增加困難的題目，若有 10%的名額可獲獎學金，則全部題目的難度之平均值可安排在 0.1 左右。

例二
假設某測驗的用途在於評定學生是否已學到課程所教的基本能力，則測驗的編製傾向於增加容易的題目，老師認為答對 80%的題目表示及格的話，則測驗總分的分配傾向於偏態，全部題目的難度之平均可安排於 0.8 左右。

例三
假設某測驗的用途在於區分班上學生在某學科方面的個別差異，則測驗的編製傾向於安排各種難度值的題目，測驗總分的分配傾向於常態，全部題目的平均值可安排於 0.5 左右。

　　表 12-3 中三例的提出，旨在說明題目難度範圍的安排，會因測驗目的而有所不同，所列難度平均數值僅做參考，若考慮猜測因素，及學生由於猜測而答對題目的機率，通常為 1/5（就五選一的題目而言），則例三的實務做法將致使難度之平均升高為 0.7 左右。

　　除上述題目的平均難度與測驗目的有所關聯之外，各題目的難度之變異情形，也會影響測驗的總分分配，一般而言題目難度的變異情形大，則總分的變異情形也較大，因此在編製試題時，除了考慮難度平均值之外，也應考慮難度的變異情形，以判斷某題目難度的適切性，作日後保留、改寫、刪除該題決定。然而此決定亦須參考以下介紹的題目鑑別度指標。

☾ 題目鑑別度分析

　　所謂的鑑別度是指某題區辨高能力者（組）與低能力者（組）的程度，計算的方式有許多，在此介紹兩種，一為鑑別度指標 D（discrimination index），一為鑑別度（discrimination）。鑑別度指標的計算方式，請見表 12-4。

表 12-4　鑑別度指標的計算例題

題目	高分組答對率（%）	低分組答對率（%）	鑑別指標（D）
第一題	90	80	10
第二題	60	10	50
第三題	50	60	-10

D＝高分組答對率－低分組答對率。

　　表 12-4 中的高分組為全班總分的前 1/3 的學生，而低分組則為後 1/3 的學生，假設全班有 90 人，則高分組為前 30 人，低分組為後 30 人，第一題的 D 值為 10，表示此題鑑別度不高，第二題的 D 值為 50，表示此題的鑑別度不錯，第三題的 D 值為 -10，表示此題為相當異質的題目，與整份測驗所測向度不同，或者題意有誤導之處，一般而

言，D 值範圍為−100〜+100，我們預期 D 值為正值，而數值愈大表示題目鑑別度愈高。

鑑別度的第二種計算方式，應用統計學上的點二系列相關為指標，就測驗而言，特別名為「題目－總分相關」，一般電腦軟體能夠計算此一數值，範圍為−1〜+1，我們預期「題目－總分相關」為正值，且約在 0.4 以上為佳。

表 12-5　鑑別度的計算例題

學生作答			本題是否答對	總　分
001	C		0	32
002	A*	答對組	1	80
003	A*		1	90
004	B	答錯組	0	66
005	A*		1	76

註：作答人數為 100，高分組有 30 人，低分組有 30 人。
　　本題正確答案為 A。

由表 12-5 可知，5 名學生中有 3 人答對，以符號 1 表示，答錯的 2 人以符號 0 表示，因此學生形成答對組與答錯組，以下為計算鑑別度公式：

$$r\text{ 題目} - \text{總分} = \frac{\overline{X_1} - \overline{X_2}}{Sx} \sqrt{\frac{n_1 n_2}{n(n-1)}}$$

其中，$\overline{X_1}$ 為答對組所有考生的總分之平均

　　　　$\overline{X_2}$ 為答錯組所有考生的總分之平均

　　　　S_2 為全體考生總分的標準差

　　　　N_1 為答對組考生的人數

　　　　N_2 為答錯組考生的人數

　　　　N 為全體考生的總人數

將表 12-3 實際數值帶入公式中
答對組：

$$平均分數 = \frac{80 + 90 + 76}{3} = 82$$

答錯組：

$$平均分數 = \frac{32 + 66}{2} = 49$$

$$r\,題目-總分 = \frac{82-49}{19.49}\sqrt{\frac{3 \times 2}{5 \times (5-1)}} = 0.91$$

　　不論是鑑別度指標或是鑑別度的計算，數值雖不完全相同，但卻是接近的，兩種方式計算的鑑別度大小的排序應是相同的，當題目少且必須簡易計算時，可參考使用鑑別度指標，當題目多且計算機、電腦可方便使用時，可考慮使用鑑別度。

　　除了計算方便性的考量之外，測驗的編製目的也會影響對鑑別度的評鑑：

　　1. 若是編製常模參照測驗，郭生玉（民 74）提供鑑別度的評鑑標準，參見表 12-6。

　　2. 若是編製效標參照測驗，鑑別度的評鑑標準則與效標所界定的分界分數有關。

表 12-6　常模參照測驗的鑑別度評鑑

鑑別度指標	試題評鑑
0.40 以上	非常優良
0.30～0.39	優良，但可能須修改
0.20～0.29	尚可，但通常須修改
0.19 以下	劣，須淘汰或修改

引自郭生玉，民 74，頁 271。

☪ 題目選項分析

所謂選項分析，是指對選擇題的每一選項統計選擇人數，以瞭解正確選項被選擇的人數與錯誤選項對學生的誘答程度；因此，誘答選項吸引學生選擇的程度又稱為「誘答力」。參見表 12-7 說明：

表 12-7　選項分析計算實例

題目	選項(1)	選項(2)	選項(3)	選項(4)
第一題	10	9	80*	1
第二題	40*	2	8	40
第三題	12	15	10	63

*表示正確的答案選項。

　　為說明方便起見，上表假設作答人數為 100，第一題有 80 人選擇正確答案(3)，這是容易的題目，錯誤答案(1)與(2)各吸引了 10 人與 9 人選擇，而錯誤答案(4)僅有 1 人選擇，顯示錯誤答案(4)的誘答力低，若想增加此題的困難度，改寫錯誤選項(4)是可努力的方向。第二題有 40 人答對，這是較困難的題目，值得注意的是錯誤選項(4)誘答了 40 人，是相當多的人數，值得探究也許錯誤選項(4)是相當良好的錯誤選項，誘使觀念並未十分清楚的學生選擇了，也許題意有措詞不當誤導了學生所致，歸因的結果不同，自然對本題所作的決定也會不同，前者的話當然應保留此題，後者的話則應作適度的修改。第三題有 63 人答對，而三個錯誤選項誘答的人數差不多，可見誘答力相當，各錯誤選項功能是發揮的。值得注意的是學生選擇了選項(4)，他們是一群表示有部分正確觀念，但仍不是完全有正確觀念的學生，究竟是此題測量較高的認知層次？還是老師在上課時觀念解釋得不夠清楚？也必須作出專業判斷，若是前者可原題保留原樣，否則老師宜在課堂中再次釐清觀念。

☪ 難度、鑑別度與誘答力之間關係

　　難度、鑑別度與誘答力之間的關係是相互影響的，影響的方式是動態而微妙的，試以表 12-8 加以說明。

(一)難度與誘答力

　　由表 12-8 可知，原題目的錯誤選項與正確選項之間類似性高，學習未精熟的學生，較可能選項錯誤答案，但是當錯誤答案改為與正確選項類似性低的話，則學習未精熟的學生，較不可能選錯答案，因為誘答項似乎表面上看來顯然是錯誤的，由此可知當誘答項的誘答力高，則使題目困難度增加，反之，題目困難度降低。

(二)難度與鑑別度

　　由表 12-8 可知，原題目較為困難，答對的人中多為高分組，較少低分組的人，因此鑑別度較大為 0.6，當題目改寫為較容易的題目後，答對的人中仍以高分組的人為多，但是低分組的人也有相當多人，以致本題的鑑別度下降為 0.1，由此可知當題目的困難度降低時，會影響鑑別度有降低的趨勢。

(三)誘答力與鑑別度

　　由表 12-8 可知，當題目由錯誤選項的高誘答力改寫為低誘答力時，題目的鑑別度是降低的，這是與困難度降低是相同趨勢，顯示誘答力降低後，造成高分組與低分組皆有相當多數的人答對（困難度降低），而且兩組的答對人數接近所致（鑑別度降低），事實上本節所陳述的三種題目指標間的關係是簡化的，在實際測驗資料不論是改寫題幹，或是改寫誘答項或是兩者，皆會顯示出更複雜而動態影響的關係，似乎操弄誘答項是最容易影響題目難度的，連帶也影響其他二項題目指標，當然題目指標的理想程度，仍應歸因於測驗目的與認知向度上。

表 12-8　題目改寫前後對難度、鑑別度與選項分析之影響

題目改寫前：四川省的省會是：＿＿＿＿＿＿＿＿＿＿
A.成都
B.重慶
C.隆昌
D.內江
題目改寫後：四川省的省會是：＿＿＿＿＿＿＿＿＿＿
A.成都
B.寧波
C.銀川
D.哈爾濱

題目	選項分析	難度	高分組 答對率 － 低分組 答對率		鑑別度
改寫前	*A 47 B 17 C 25 D 1	0.52	$\dfrac{30}{30}$ －	$\dfrac{12}{30}$	0.6
改寫後	*A 80 B 6 C 2 D 2	0.89	$\dfrac{30}{30}$ －	$\dfrac{27}{30}$	0.1

註：本題正確答案為 A，作答人數為 90。

☾ 綜合題目分析結果所作的決策

　　如前所述難度、鑑別度與選項分析在概念上雖是獨立的，但是彼此有互相影響的關聯性，在題目分析時，雖然各自計算客觀數值，但最終仍須整合作出決策（保留、刪題、改題），以下例題說明整合的題目分析之決策，為了說明起見，所舉範例施測人數不多，因此數值的穩定度不足，若在實際情況下，施測人數會增加，將更利於作決策。首先舉例高職國貿科的經濟學，包括 2 個單元（供給與需求、價格單位）的測驗（見表 12-9、12-10），題目為 28 題，施測人數為 10 人。

表 12-9　國貿科題目難度分析表

題目難度分析								
一選擇題						二填充題		
題號	答對人數	難度%	題號	答對人數	難度%	題號	答對人數	難度%
1	10	100	11	5	50	1	6	60
2	10	100	12	9	90	2	4	40
3	10	100	13	7	70	3-1	5	50
4	9	90	14	7	70	3-2	6	60
5	3	30	15	4	40	4-1	1	10
6	8	80	16	9	90	4-2	1	10
7	9	90	17	9	90	三簡答題		
8	10	100	18	2	20	題號	答對人數	難度
9	8	80	19	4	40	1	4	40
10	10	100	20	5	50	2	5	50

表 12-10　國貿科題目鑑別度指標分析表

題目鑑別度指標分析：高分組 3 人，低分組 3 人								
題型	題目	高分組答對率%	低分組答對率%	鑑別度指標（D）		題目	高分組答對率%	低分組答對率%	鑑別度指標（D）
選擇題	#1	100	100	0		#16	100	66	34
	#2	100	100	0	選擇題	#17	100	66	34
	#3	100	100	0		#18	33	66	−33
	#4	100	100	0		#19	100	0	100
	#5	66	0	66		#20	100	0	100
	#6	66	66	0	填充題	#1	100	33	67
	#7	100	66	34		#2	100	0	100
	#8	100	100	0		#3-1	100	33	67
	#9	66	100	−34		#3-2	66	33	33
	#10	100	100	0		#4-1	33	0	33
	#11	66	66	0		#4-2	33	0	33
	#12	100	100	0	簡答題	#1	33	33	0
	#13	66	66	0		#2	100	33	67
	#14	100	33	67					
	#15	66	0	66					

結合難度、鑑別度與選項分析，可整理成表 12-11，整體的決策為刪除 3 題，修改 4 題，其餘題目保留，決策的判斷標準依據出題者對出題目的與專業內容的認知而訂，值得提醒的是這是一份平時測驗而非測驗公司發行的標準化測驗，標準化測驗有預試的分析，再整合為最後的測驗版本，平時測驗的題目無預試與正式測驗之分，因此決策的功能在於作為下次出題的參考。值得留意的是選擇題容易計算答對率，而建構題答對率的計算要特別處理，可採滿分為分界或任選一分數為分界，例如一題滿分 10 分的簡答題可以採取得 10 分者為答對，得 9 分以下者為答錯，再計算答對率，或可自訂另一標準，例如得分 6 分以上者為答對，得分 5 分以下者為答錯，再計算答對率。

接下來以高中英文為例，出題範圍是遠東出版的第一冊第五課，說明如表 12-12。

㈠高低分組的形成

受測者為隨機在班上抽測的 10 位同學，在取得測試結果後，根據其分數的落點而決定取 10 人中的前 4 與後 4 位作為計算的標準。

㈡出題的類型

由於是學期中的平時小考，其目的在於瞭解學生是否達成了學習目標，是以教學內容的內容效度為主，故採用效標參照的模式來加以設計題目類型。並因科目與教學目標的限制，將測驗內容設計著重於認知層面。

㈢決策依據

1. 難　度
由於此為平時小考之題目，故而難度不宜過高。本試題僅以 0.7 為命題取捨或修改的標準。

表 12-11　國貿科題目分析決策表

題型	範圍	題號	難度%	高分組答對率%	低分組答對率%	鑑別度指標 (D)	選項（*表示正確答案選項）				決策
							A	B	C	D	
選擇題	知識	1	100	100	100	0	0	0	0	*10	保留
	知識	2	100	100	100	0	0	0	*10	0	修改選項A
	知識	3	100	100	100	0	0	0	0	*10	保留
	知識	4	90	100	100	0	1	0	*9	0	保留
	知識	5	30	66	0	66	3	*3	1	3	修改題幹
	應用	6	80	66	66	0	2	0	*8	0	保留
	理解	7	90	100	66	34	0	*9	0	1	保留
	理解	8	100	100	100	0	*10	0	0	0	保留
	理解	9	80	66	100	−34	*8	0	0	2	刪除
	理解	10	100	100	100	0	*10	0	0	0	保留
	知識	11	50	66	66	0	0	2	*5	3	保留
	知識	12	90	100	100	0	0	0	*10	0	保留
	理解	13	70	66	66	0	*7	3	0	0	保留
	知識	14	70	100	33	67	*7	3	0	0	保留
	知識	15	40	66	0	66	0	6	0	*4	保留
	應用	16	90	100	66	34	0	0	*9	1	保留
	知識	17	90	100	66	34	1	*9	0	0	保留
	應用	18	20	33	66	-33	3	1	*2	4	刪除
	知識	19	40	100	0	100	0	*4	6	0	保留
	應用	20	50	100	0	100	2	*5	3	0	修改題幹
填充題	知識	1	60	100	33	67		6		4	保留
	知識	2	40	100	0	100		4		6	保留
	知識	3-1	50	100	33	67		5		5	保留
	知識	3-2	60	66	33	33		6		4	保留
	知識	4-1	10	33	0	33		1		9	保留
	知識	4-2	10	33	0	33		1		9	保留
簡答題	知識	1	40	33	33	0		4		6	修改問題
	應用	2	50	100	33	67		5		5	保留

表 12-12 英文題目分析決策表

出題範圍、題型分析			題目選項分析					客觀的題目分析				
範圍	題型	認知層次	A	B	C	D	誘答力	難度	鑑別度			決策
一									高分組	低分組	鑑別指標	保／刪／修
1	5-4	填充	知識	非選擇題				1	1	1	0	刪：難度太低，無鑑別度
2	5-4	填充	知識	非選擇題				0.7	1	0.5	0.5	保留
3	5-4	填充	知識	非選擇題				0.9	1	0.75	0.25	保留
4	5-4	填充	知識	非選擇題				0.9	1	0.75	0.25	保留
5	5-4	填充	知識	非選擇題				0.8	1	0.5	0.5	保留
6	5-5	填充	知識	非選擇題				0.9	1	0.75	0.25	保留
二												
1	5-4	選擇	理解	4*	4	1	1	2	0.4	0.75	0	0.75	保留
2	5-4	選擇	理解	2	7*	1	0	1	0.7	1	0.25	0.75	修：誘答項可修正（如修正成相近字或是字義相同但用法不同的選項。）
3	5-4	選擇	理解	1	0	1	8*	0.67	0.8	1	0.5	0.5	修：誘答項可修正（如上）
4	5-4	選擇	理解	1	5*	3	1	1.67	0.5	0.5	0.5	0	刪：難度中等，但鑑別度太低
5	5-4	選擇	理解	0	4	6*	0	1.33	0.6	0.75	0.25	0.5	刪：難度中等，但多個誘答項須修正
6	5-5	選擇	理解	4*	1	1	4	2	0.4	0.75	0	0.75	保留
7	5-5	選擇	理解	0	9*	1	0	0.33	0.9	1	0.25	0.75	修：誘答項可修正（如修正成相近字或是字義相同但用法不同的選項。）

8	5-2	選擇	理解	1	0	8*	1	0.67	0.8	1	0.25	0.75	保留
9	5-2	選擇	理解	9*	0	0	1	0.33	0.9	1	0.25	0.75	修：誘答項C可修正
10	5-1	選擇	理解	1	0	8*	1	0.67	0.8	1	0.5	0.5	保留
三													
1	5-4	選擇	應用	3	5*	1	1	1.67	0.5	0.5	0.75	0.25	修：難度宜再調降
2	5-4	選擇	應用	0	4	0	6*	1.33	0.6	0.75	0.5	0.25	修：難度宜再調降，誘答項須修正
3	5-4	選擇	應用	5*	0	3	2	1.67	0.5	0.5	0.5	0	刪：鑑別度為0
4	5-5	選擇	應用	7*	2	1	0	1	0.7	1	0.5	0.5	保留
5	5-5	選擇	應用	0	1	9*	0	0.33	0.9	1	0.75	0.25	保留
6	5-4	選擇	應用	0	3	3	4*	2	0.4	0.75	0.25	0.5	保留
7	5-4	選擇	應用	2	1	2*	5	2.67	0.2	0.25	0.25	0	保留
四													
1	5-1	是非	知識	T：6		F：4*			0.4	0.5	0.75	0.25	保留
2	5-1	是非	知識	T：7*		F：3			0.7	0.75	0.25	0.5	保留
3	5-1	是非	知識	T：6*		F：4			0.6	0.75	0.75	0	修正文句，降低難度
4	5-2	是非	知識	T：0		F：10*			1	1	1	0	修正文句，提升鑑別度
5	5-2	是非	知識	T：7*		F：3			0.7	0.5	0.75	−0.25	刪：鑑別度為負
五													
1	5-7	選擇	應用	0	3	5*	2	1.67	0.5	1	0	1	保留
2	5-7	選擇	應用	1*	2	6	1	3	0.1	0.25	0	0.25	保留

2.鑑別度

由高分群組與低分群組中，各取10人中的前4與後4人作為計算

標準，且因此小考為採效標參照的平時小考，不宜採取過高的鑑別度，故設定鑑別度為 0.25～0.75 間的題目。將兩極端鑑別度當作命題取捨或修改的標準。

3.題目選項分析

誘答項的分析，若有為零的選項，則須加以修改，讓誘答力提升，但不宜過於困難。

依據難度、鑑別度與選項分析結果，整體的決策為刪除 5 題，修改 8 題，其餘題目保留，表 12-12 特別之處在於也列出雙向細目表，是內容豐富的表格呈現方式。

第四節 測驗總分分配形式

理想的總分分配會依不同測驗目的而有不同，參見圖 12-1，假設測驗總分範圍為 0～100，若是常模參照型測驗，則理想的總分分配應是常態分配，即多數人的分數是集中於約 50 分之處，表示題目的平均難度適中。若是效標參照型測驗，則理想的總分分配可能是負偏態分配，即多數人的分數是高於及格分數 70 分以上的，但是也有可能是正偏態的，尤其是當測驗是用來遴選少數優秀的學生，即測多數人的分數是低於錄取分數 70 分的。因此觀察測驗總分的分配形式，也是檢核測驗編製是否符合編製目的的項目之一，當不符合期望的分配形式出現時，也可以知道改善測驗的方向，重新回到題目分析的階段作適當的選題。

圖 12-2 是國貿科 10 名學生的總分分配圖，學生的分數依照低分到高分的順序排列所得出。由圖中的分布情形可看出只有 3 名學生的分數在 80 分以上，跟一開始的教學目標希望達到 80%的學生分數在80 分以上是差距很大的，可見此測驗的困難程度超出原有的預期。

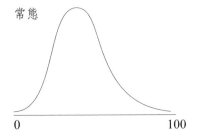

常模參照測驗

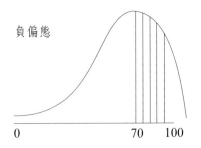

效標參照測驗（及格分數 70）

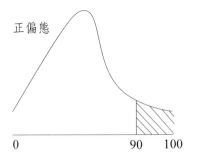

效標參照測驗（及格分數 90）

圖 12-1　不同測驗目的的總分分配

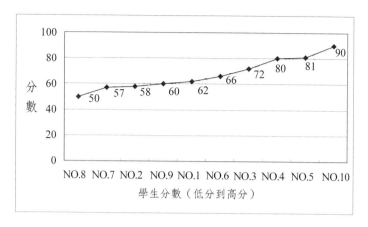

圖 12-2 國貿科測驗總分分配圖

　　圖 12-3 是英文科 10 名學生的測驗的總分分配圖，結果顯示為負偏態，與當初所設計的效標參照測驗的預期是符合的，多數學生的得分都在 60 分以上，由此可知此測驗是頗能符合當初編製題目之目的。

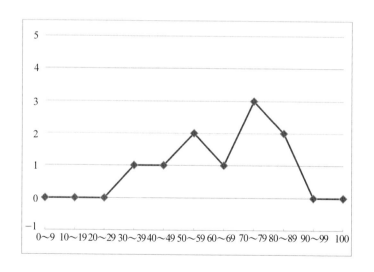

總分分配統計表

0～9	10～19	20～29	30～39	40～49	50～59	60～69	70～79	80～89	90～99	100
0	0	0	1	1	2	1	3	2	0	0

圖 12-3 英文測驗總分分配圖

第五節　結　語

　　題目分析不論是主觀或客觀的方式都有其重要性，若可能的話，先採行主觀的方式再佐以客觀方式應是較為周延的，此外，題目指標的數值呈現題目的性質，告訴我們題目的性質是什麼（what），但是為什麼（why）導致題目性質如此，則是學科專家和教師回到教學本身，包括教材、教學過程才能瞭解。因此作題目分析時，心理計量與學科內容兩方面的考量是缺一不可的，再者，題目性質間的相互影響，也是相當動態而微妙的，必須隨測驗的目的的不同，對所得「好」或「壞」的題目的判斷是不同的，因此題目分析必須附屬在確切認知測驗目的的方向上。

思考問題

1. 未經過題目分析過程的平時測驗經常在使用，究竟費時與費神的題目分析對出題有何貢獻？

2. 當平時測驗的總分分配顯示多數學生是不及格的時候，是否下次出題應降低測驗的困難程度，還是維持原有困難度的水準？換言之，出題難度應配合學生的程度呢？還是向升學的水準靠近？

3. 當班級學生數增加時，題目分析的計算愈顯不易，有哪些統計軟體可提供協助分析？如何操作？

4. 選擇題計算答對率頗容易，但是建構題該如何計算答對率呢？不同的分界分數是否會影響題目分析的結果？

5. 本章有哪些建議對你的出題有所幫助？

參考書目

Friedenberg, Lisa (1995). *Psychological Testing: Design, Analysis, and Use.* America: Allyn & Bacon.

Linn, R. L. (1999). *Measurement and assessment in teaching* (8th Ed.). Upper Saddle River, New Jersey: Prentice-Hall.

誌謝

感謝徐嘉玲提供國貿科資料、陳瑛瑛提供英文科資料。

第十三章

評量結果解釋

張郁雯

　　奕辰上小學後考第一次小考，在校門口看到媽媽，就興奮的報告她的戰果：「媽媽，我今天考了80分。」媽媽心想在一個禮拜前，她只認得幾個注音符號，一個禮拜的學習，考注音聽寫卻只錯了20%，值得鼓勵。因此，媽媽說：「奕辰好棒。」孰料，她的一位同學在一旁說：「80分好爛，我考100分，很多人都考90或100分。」不用說，奕辰臉色大變。

　　「我原本以為自己的推理能力很好，可是大學時去輔導中心做測驗，結果輔導員告訴我，我的推理能力是一般水準。從此之後，每當有人稱許我的推理能力，我都覺得他們弄錯了。」當這名學生敘述她的經驗時，我問她記不記得輔導員是否說過所謂的一般水準是和什麼團體比較的結果？她說：「沒有印象。」我之所以如此問是因為該生畢業自相當好的大學；所謂的一般水準究竟是指一般大學生、該大學的學生或是該年齡層的一般水準，其意義完全不同。

　　這兩個解釋分數的例子經常發生在我們的日常生活中。身為教師，不可避免的會接觸到學生的一些測驗分數，或必須對家長或學生解釋測驗分數。因此，瞭解測驗分數的意義便顯得十分重要。消極方面，可避免如第二個例子中不正確的分數解釋；積極方面，則能透過正確的解釋分數幫助學生更加瞭解自己。

　　首先，讓我們一起來看看測驗分數的特性：從第一個例子中我們發現不同的人對相同的分數有著截然不同的看法。這個例子說明了測驗分數的一個重要特性：代表心理測驗的數字本身缺乏明確的意義。當我們說甲的身高是180公分；乙的身高是160公分，我們不但很清楚的知道甲比乙高，而且是高20公分。不管是對20公分，160公分或是180公分，我們都明確知道它們所對應的長度。相反的，心理測

驗得分若沒有一個明確的參考架構便很難瞭解它的意義。

讓我們以一個實例來說明。某人問丙和丁的英文有多好時，丙說：「不錯啊！我的成績都在 80 分以上。」而丁說：「我比丙好些，我都考 90 分以上。」你能否清楚的告訴我，丙和丁英文說得多好，能閱讀哪種程度的英文文章？能寫出什麼樣的英文作文？你可不可以說丁的英文程度比丙好呢？答案是否定的。為什麼呢？我們必須要知道，他們兩個是不是考同一份考卷，如果不同，考卷難度是不是相同？還有在「信度」一章，我們學到分數是否達到真正的差異，必須考慮測量誤差的影響。除非我們釐清這些問題，否則很難清楚丙和丁的英文能力是否不同。

另外，心理測驗分數的測量單位，常隨著測驗工具而變動。因此，英文分數 10 分的差距往往不能等同於數學分數 10 分的差距。瞭解了心理測驗分數的特性後，讓我們來看看心理計量學者透過哪些方式使得分數變得容易理解與比較。

第一節　效標參照與常模參照的分數解釋

為了克服上述心理測驗的解釋問題，心理計量學者設計了各種表達測驗分數的方法。在這一章我們要一一介紹這些方法。一般而言，依照分數解釋所採用的參考架構，我們將測驗分為效標參照和常模參照兩類。上述第一個例子，奕辰的媽媽基本上是以答對題目數的百分比，以及參考了一週前奕辰的注音符號能力來解釋分數，重視的是奕辰會注音符號的程度。她認為答對 80% 的題目是可接受的表現。

奕辰的同學則是以班上同學的一般表現作為參考架構，因為他們認為奕辰的表現是好是壞必須與班上的同學作比較。由於大部分的同學得到的分數都比奕辰好，所以奕辰的表現並不理想。媽媽的解釋屬於效標參照的解釋方式，著重描述個人的測驗表現；奕辰的同學的解釋則為常模參照的解釋方式。

在效標參照的解釋中，最常用的形式是以答對百分比（Percentage-Correct Score）作為學生是否精熟的判準。答對百分比的計算方式是將答對題數除以全部的試卷題數。在課堂測試時，答對百分比通常和原始分數相同。所謂的原始分數指的是依照測驗所指示的計分方式計算所得的分數。課堂測驗的得分大部分是原始分數，但由於課堂測驗的總分常設為 100 分，因此，老師有時會根據題數加以配分。例如試卷若有 50 題選擇，則每題為 2 分，所以答對 35 題的學生，他的分數為70 分；這和他的答對百分比是相同的。

對教師而言，課堂考試的範圍明確，若能知道學生的答對百分比，就能推論學生對教學單元的熟練程度。但標準化的測驗若使用效標參照的解釋，答對百分比提供的訊息就顯得不足。通常測驗編製者需列出該測驗所欲測試的目標行為，並建立題目與目標行為的對照表，然後分析受測者在每個目標行為的作答情形，最後，以描述性陳述解釋其測驗表現。一個典型的效標參照解釋方式如：

「對於總和為 40 以內的加法問題小華全部會做，但是只能做對20%認識時間的問題。」

由於答對百分比取決於題目難度及題目的代表性。當題目很難時，答對百分比降低；反之，題目容易，答對百分比則提高。此外，題目是否具代表性，也影響我們對熟練度判斷的正確性。題目是否具代表性是屬於內容效度的問題。至於題目難度因素，若能知道團體一般的表現，則分數的意義可能更加清楚。

測驗該採取何種分數解釋方式須依測驗的目的而定。如果測驗主要目的為區分個別差異，如一般的升學篩選測驗，那麼與團體比較的常模參照是比較合適的方式。反之，如果測驗目的為檢定是否具備某種能力，如，讀寫基本能力檢定，則效標參照是比較適合的方式。

第二節　常　模

　　常模（Norm）參照的解釋是將個人的表現與團體的他人作比較。為了使分數容易解釋，多年來各種測驗發展了不同的分數表達方法。這些方法都涉及將原始分數加以轉換成衍生分數（Derived Score）。常見的衍生分數有百分等級、標準分數、心理年齡（Mental Age）和年級當量（Grade Equivalents）等。在使用測驗時，施測者將原始分數轉換為衍生分數的過程通常須使用測驗手冊中的常模。所謂常模指的是某個特定團體在測驗上的表現。一般的常模是以原始分數和衍生分數的換算表的形式表現，如表 13-1 虛擬常模的形式。

　　由於測驗的表現，可以參照不同團體的表現加以解釋，因此每個測驗可以有數個常模。以本章開頭的第二個例子為例，該學生的表現若要和一般的大學生比較，則須參考一般的大學生在這個測驗的表現；若要與同一所大學的學生比較，則須與該大學學生的常模相比較。每個測驗在發展之初，都會根據測驗的用途設定它所要測試的母群體，而測驗的常模就是這個母群體的代表性樣本的一般表現。舉例來說，測驗發展的目標是透過測驗瞭解全國各國中一年級學生的數學成就是否達到全國的一般水準，測驗的母群體是全國國中一年級的學生。建立常模時，最理想的情況是對所有的國中一年級的學生均加以測試，這在時間和成本上都不太可能。退而求其次則是抽取全國國一生的代表性樣本加以測試，建立全國性常模。

　　假設某教師想瞭解他所教的國一學生之數學表現是否達到台北市區的平均水準，採用上述測驗並無法得到答案。因為該測驗的常模只能告訴我們全國國一生的一般表現，除非該測驗也分別建立全國各地的區域性常模。過去有些智力測驗因為常模很久未曾更新，造成分數解釋上的困難，有些學校於是自行建立校內常模，此時分數的解釋是建立在該校當年度學生母群體。若某位學生的表現屬於智能低下，我

們只能說他的表現與該校學生相比是相當不好，除非瞭解該校學生的素質，否則無從瞭解該生是否真的智能不佳。

　　常模除了提供個人在團體的相對位置外，也提供個人在不同測驗表現間的可比較性。例如，當國文平均分數與英文平均分數不同時，我們很難由原始得分直接比較學生的國文與英文能力。透過適當的常模，我們可知學生的國文與英文在團體的相對位置。這種分數的比較能讓我們預測學生在不同領域的可發展性及瞭解學生的優點與缺點。此外，有關學生的成長與發展也常須透過學生在相同量尺上的得分才能加以比較。如果沒有常模，測驗的功能會大受限制。

　　身為教師要能有效解釋及使用評量結果，則須熟知各種常模的特性、優點以及限制。雖然常模種類多，但可概分成發展性常模（developmental norms）和組內常模（within-group norms）兩大類（Anastasi, 1988）。

第三節　發展性常模

　　發展性常模是以不同發展階段的人在測驗上的表現來解釋個人的測驗表現。例如，我們描述 5 歲的南南的智力表現時說：南南的智力相當於 7 歲兒童在這個測驗的表現。因此，它適用於會隨年齡而改變的人類特性。由於人類的許多特性到達某一年齡即趨於穩定，所以發展性常模較少用在成人行為。以下介紹兩種常見的發展性常模：心理年齡與年級當量。

☪心理年齡（mental age）

　　心理年齡是最常見的發展性常模。Binet 在 1908 年的比西量表（Binet-Simon Scale）中首先使用「心理水準」（Mental Level），之後量表的修訂與翻譯將心理水準改為心理年齡而沿用至今。

　　Binet 和 Simon 在 1908 年的量表的心理水準之建立是透過以下的

程序：先將所有題目施測於 3～13 歲的兒童，將 80%～90% 的一般 3 歲兒童能答對的題目視為 3 歲組的題目，80%～90% 的一般 4 歲兒童能答對的題目視為 4 歲組的題目，以此類推，則可得到 3～13 歲各年齡組的題目。

　　計分時先找出受測者全部題目均做對的最高年齡水準視為其心理年齡。例如，小傑做對 10 歲組的所有題目，但只做對 2 題 11 歲組的題目，則他的心理年齡為 10 歲。11 歲組的 2 個答對的題目則不予計分。到了比西量表第三版，Binet 才對較高年齡水準中答對的個別題目給予計分。以上述小傑的例子，則其心理年齡為 10 歲又 4.8 個月（11 歲組的題目共有 5 個，所以每通過一個 11 歲組的題目，心理年齡加 12/5 月）。

　　另外一種心理年齡的常模則是直接計算標準化的樣本中各年齡層的平均值，作為該測驗的年齡常模。例如 8 和 9 歲的一般兒童在某字彙測驗的平均得分分別為 23 分和 27 分。若小如在同一測驗得分為 23 分，則其心理年齡則為 8 歲。

　　心理年齡的缺點是單位大小不一，隨著生理年齡的增加，心理功能的差距變小。所以心理年齡 4 歲和 5 歲的差距遠大於 18 歲和 19 歲的差距。換句話說，一個 4 歲的兒童語言發展只有 3 歲，其發展落後程度遠大於一個 11 歲的兒童，語言發展只達 10 歲的兒童。因此，心理年齡通常不適用於超過 15 歲的人。此外，同樣是 6 歲兒童，個別差異仍是相當大，有些兒童的表現和 7 歲兒童一樣好，有些兒童則可能與 5 歲兒童一樣，使用心理年齡常模時應瞭解此一常模強調的是某個年齡的一般表現。

☪ 年級當量（grade equivalent）

　　年級當量是成就測驗常用的一種常模。它代表某個年級的學生在該測驗的典型表現。例如，剛上小學四及五年級的一般學生在語言測驗的平均得分分別為 37 分和 45 分。若小欣在該測驗的得分為 37 分，

則其年級當量為四年級。通常我們會和他實際的年級作比較，以瞭解他的學習成就。若小欣現在是五年級，則我們知道他的語文成就落後一個年級。

年級當量的優點是簡單易懂，不過年級當量也很容易被誤用，Linn 和 Gronlund（1995）特別指出六種對年級當量的錯誤假設和不當解釋。洞悉這些錯誤假設當能避免錯誤解釋年級當量。

第一種錯誤假設是誤以為常模是所有學生應該達到的標準；事實上對某一年級的學生，有 50% 的學生的表現會比年級當量好，另 50% 則比年級當量差，所以我們不該將常模視為所有學生都應達到的標準。學生的學習起點不同，測驗結果得到的年級當量的意涵也不同。若某四年級學生他的數學學習起點低於一般四年級的學生，經過一個學年，他的數學成績的年級當量為五年級。此時他的數學年級當量與其年級相符，是值得嘉許的現象。反之，原本四年級的學生他的數學學習起點遠優於一般學生，學期末他的數學成績年級當量為五年級。雖然他的數學年級當量與其年級相符，卻是值得檢討的現象。這個例子說明年級當量不是表現的標準。

第二種錯誤假設是將年級當量視為學生具有某個年級的能力。例如，一個三年級學生其數學成就測驗的年級當量為五年級，則認為應該讓他升級到六年級。這個誤解之所以發生是因為對測驗內容缺乏認識所致。當編製三年級的數學測驗，多數的題目是以三年級的課程為範疇，因此，某個學生的年級當量為五年級，是由於其答題速度較快較正確，如同五年級的學生做這份卷子的表現。不過由於這份卷子的範圍是三年級的課程，所以不意味他能做五年級數學課程範圍的題目。

第三種錯誤假設是所有的學生每年的學習都會進步一個年級。對於一般的學生而言，的確每年都進步一個年級，但對於極優秀或學習落後的學生，其進展或許會多於或少於一個年級。

第四種錯誤假設是誤將年級當量視為等距量尺。和心理年齡一樣，年級當量的測量單位大小不一。有些年級難度進階大，有些年級

難度差異小。

不同學科其成長型態並不相同,所以不同學科的年級當量不能相互比較,某個四年級學生的閱讀年級當量為 5.3 而數學年級當量為 4.7,我們不能說這個學生的閱讀能力優於數學能力,有可能兩者代表的是相同優異的表現。

最後一種錯誤則是將透過外插法求得的極端分數視為穩定的估計值。當極端分數高於或低於常模團體最高或最低年級的平均表現時,透過數學外插法所得到的年級當量並非代表實際該年級的一般表現,在解釋此種極端分數時須注意這個限制。

在台灣年級當量的使用並不普遍,既然年級當量有如此多的限制與容易導致誤用,也許未來發展測驗時應避免使用此種常模或者在測驗指導手冊有必要特別加以說明以減低錯誤解釋分數的可能性。

第四節　組內常模

一般而言,發展性常模屬於較粗略的分數解釋方式。這種分數形式較難做進一步的統計分析。因此,大部分的標準化測驗都會提供某些形式的組內常模。所謂組內常模顧名思義就是透過與某個團體的表現互相比較,找出個體的表現在團體中的相對位置。依照表達相對位置的方式,組內常模又因轉換方式不同而可進一步細分,以下介紹常見的幾種組內常模。

☆百分等級（percetile ranks, PR）

百分等級是使用最廣也最容易理解的組內常模。百分等級指的是在常模團體中原始分數低於某個分數的人數百分比。例如,某常模團體原始分數低於 30 分的人占 70%,曉明若考 30 分,參照此一常模他的百分等級就是 70,解釋為曉明的表現優於 70%的人。國中基本學力測驗除了提供量尺分數,也報告全國考生的百分等級,即所謂的PR值。

　　標準測驗的手冊通常會提供常模，使用者只須查表即可輕易將原始分數換算成百分等級。以表 13-1 虛擬的常模為例，若華華在這個數學成就測驗的原始得分為 22 分，查表結果其百分等級應為 64。在使用百分等級時，必須對常模團體所代表的母群之特性十分熟稔，如此才能正確解釋百分等級的意義。如果表 13-1 虛擬的常模是以全國小學四年級的代表性樣本所建立的，那麼華華的表現略優於一般的小學四年級學生。假設華華所就讀的學校學生的素質高於一般小學，若以華華學校的四年級學生建立一個百分等級常模，則可預期的是參照這個學校性常模，華華的百分等級會低於 64。這個例子也說明 2 個百分等級分數除非來自相同或類似的常模團體，否則無法比較。在本章一開始的第二個例子，分數的解釋未能指出所參照的常模團體之性質，使得分數的意義變得模糊，就是這種情況。

表 13-1　虛擬的小學數學成就測驗常模

四年級學生常模

原始分數	百分等級	標準九	年級當量	T 分數	常態曲線當量
33	99	9	——	73	99
32	99	9	——	72	99
31	98	9	小學以上	71	94
30	97	9	6.0	69	90
⋮	⋮	⋮	⋮	⋮	⋮
22	64	6	4.8	54	58
21	55	5	4.2	51	52
⋮	⋮	⋮	⋮	⋮	⋮
12	17	3	2.5	40	29
11	12	3	2.2	38	25
10	9	2	2.2	37	23
⋮	⋮	⋮	⋮	⋮	⋮
2	1	1	1	27	1
1	1	1	1	27	1

　　百分等級常模容易建立而且使用方便易於理解。它的最大缺點就是量尺的單位不等。居中的原始分數在轉換成百分等級的過程，差異會被放大；而兩端的原始分數的差異則會被壓縮。以表 13-1 為例，原始分數 33 和 32 對應的百分等級都是為 99，而原始分數 22 和 21 雖然差距也是 1 分，但轉化成百分等級則分別為 64 和 55，差距 9 個百分等級。瞭解百分等級的這個特性，在解釋百分等級分數時對於極端分數的些許差異應加以重視，而對居中的百分等級分數的些許差異則可忽略。為了避免單位不等影響分數解釋的正確性，標準測驗在報告百分等級的分數剖面圖時，經常採用常態百分等級圖，如圖 13-1。在縱軸上凸顯百分等級單位不等的特性，利用直方圖的高度反映 2 個百分等級的分數差距。單位不等的特性除了造成解釋上的問題，也使得百分等級分數很難做進一步的統計分析。

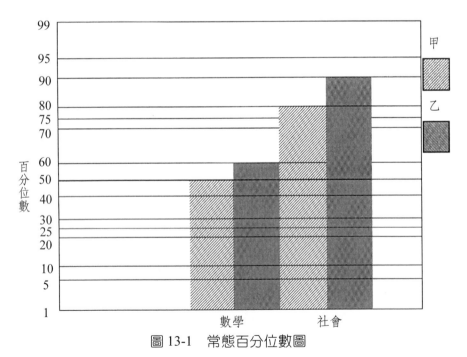

圖 13-1　常態百分位數圖

縱軸的刻度反映百分位數單位不等的特性。圖中甲乙二人在數學和社會學科都是相差 10 個百分點，但是在原始分數的差距上，二人在社會科的差距大於數學科。

☪ 標準分數（standard score）

　　標準分數是擁有最佳心理計量特性的一種衍生分數。標準分數以原始分數分配的標準差作為單位，呈現出個別分數與平均值的差距。這種分數轉換過程能夠保留分數間原有的相對差距大小。因此，若甲與乙原始分數的差距是乙與丙的 2 倍，那麼轉換成標準分數，甲與乙的差距仍是乙與丙的 2 倍。以下介紹標準分數的轉換方式以及將標準分數加以線性轉換而得的常模：T 分數和離差智商。

㈠ Z 分數

　　Z 分數是最常見的標準分數，即使測驗的分數不以標準分數呈現，許多分數都是先將原始分數轉成標準分數，再轉換成不同原點及單位的分數，如常用的智力分數。標準分數的計算方式是將原始分數減去平均值再除以標準差。其公式如下：

$$Z 分數 = \frac{X - M}{SD}$$

其中 X， M， SD 分別代表原始分數及原始分數的平均值和標準差。減去團體的平均值意為以平均值作為分數的原點，除以標準差即是以標準差作為分數的單位。因此，標準分數的平均值為 0（團體中每個人的分數都減去平均值再加以平均的結果會是 0）；標準差為 1。

　　讓我們舉一個例子說明標準分數的轉換。假設此次月考班上的平均為 80 分，標準差為 8 分。小彥考 76 分，若轉換成 Z 分數則是：

$$Z 分數 = \frac{X - M}{SD} = \frac{76 - 80}{8} = -0.5$$

就是說小彥的分數落在平均值以下 0.5 個標準差的位置。這種分數解

釋方式不容易理解。因此，除了呈現標準分數之外，經常輔以百分等級的解釋。

如果分數的分配呈常態，標準分數可以非常容易就轉換為百分等級的分數。只要查常態分配表，可以知道低於或高於某一Z分數的人數百分比。圖13-2呈現常態分配和Z分數的關係，由圖可知，若Z分數是1，則其百分等級應為84。也就是說如果分數分配呈常態，從Z分數可知其百分等級。Excel軟體的函數功能，也能輕易將原始分數轉成標準分數，同時也可將標準分數轉化成百分等級。

Z分數的缺點是當原始分數小於平均值，則會呈現負值。此外，為了保持精確性，Z分數須保留小數點以下一位數字。這兩點造成使用上的不便，所以標準化測驗很少直接採用Z分數，而是將Z分數再加以轉換。Z分數的另一個缺點是不容易向學生家長解釋分數的意義，在解釋分數時通常須將Z分數轉換成百分等級。當分數的分配不是常態時，Z分數無法經由常態分配表轉換成百分等級，分數的意義不容易理解。

(二) T分數

T分數是由Z分數加以線性轉換而得的標準分數。它的平均值是50，標準差是10。也就是說，T分數將原點設在50，如此一來可以免除分數出現負值，而放大分數的測量單位可以使得分數即使捨卻小數點也不影響精確性。可以想見T分數解決了Z分數的兩個使用不便的缺點。其轉換公式如下：

$$T = 10Z + 50$$

以前述小彥為例，他的Z分數是 −0.5，那麼他的T分數應為45。

如果分數分配是常態分配，那麼絕大部分的分數會落在20～80之間，由於這個分數範圍與常用的0～100範圍接近，T分數也容易被誤

解，例如，T分數 50 分、80 分分別是一般表現與相當優秀的表現，但一般習慣 0～100 分者容易誤以為前者未達及格標準，後者只能算還可以的分數。即便如此，和 Z 分數比較起來，T 分數更容易使用。在解釋 T 分數時，必須要注意的是，由於早先的 T 分數是種常態化標準分數（normalized standard score）（有關常態化標準分數與標準分數之差異請見常態化標準分數的說明），因而除非加以說明，在使用上兩者容易混淆。

㈢離差智商

現今智力測驗的常模多半將原始分數轉為標準分數，然後，再轉換為平均值 100，標準差 15（如魏氏智力測驗）或 16（如斯比智力量表）的標準分數。為了有別於以往的智商，故以離差智商稱之。這種以 100 為平均值，15（16）為標準差的量尺，已經成為智力測驗的不成文傳統，新發展的智力測驗，多半沿襲此一分數轉換傳統。

除了上述幾種常見的分數量尺外，不同測驗基於特殊考量，會採用不同的平均值與標準差。例如，美國大型的學術性向測驗，如SAT（Scholastic Assessment Tests）、GRE（Graduate Record Exam）以 500 為平均值，100 為標準差，分數的範圍介於 200～800 之間。

☾ 常態化標準分數

從分數形式看來，常態化標準分數的值與 Z 分數相似，分數多半介於 −4～4 之間。不過，常態化標準分數的轉換方式與百分等級的關係卻較為密切。原始分數轉為標準分數的過程是線性轉換，轉換後分數的分配型態與原始分數的分配相同。將原始分數轉換為常態化標準分數其目標是使得分數分配型態趨近於常態分配，所以通常涉及分配型態的改變。此種轉換過程是非線性轉換（nonlinear transformation）或稱面積轉換（area transformation），原始分數間原有的相對差距大小通常不再重現於常態化標準分數的量尺上。

計算常態化標準分數，首先須算出原始分數的百分等級，然後查閱常態分配表，根據百分等級找出對應的 Z 分數，即為此一原始分數的常態化標準分數。例如表 13-1，原始分數 22 分其百分等級為 64，而常態化標準分數則為 0.36。

(一)常態化 T 分數

將前述的常態化標準分數乘上 10 並加上 50，就是常態化 T 分數。McCall 在 1922 年所提出的 T 分數即是常態化 T 分數。為了避免誤用，在使用 T 分數時，應特別注意其轉換過程。上個例子的常態化標準分數為 0.36，其常態化 T 分數則為 54。

(二)標準九（stanine）

標準九是由美國空軍所發展的，所有的分數皆以個位數 1 到 9 加以表示，故稱標準九。你可想像將一個常態分配（如圖 13-2）縱切 8 次，得到九等分，除了 1 以下和 9 以上，每一等分在橫軸上的間距是相等的。標準九以 5 為平均值，標準差接近 2，而且除了 1 和 9，每一個分數涵蓋 0.5 個標準差的距離，5 分涵蓋 Z 分數 $-0.25 \sim 0.25$ 的範圍，標準九分數 6 則涵蓋 Z 分數 $0.25 \sim 0.75$ 的範圍，以此類推。

由原始分數轉換成標準九，首先須將分數轉換成百分等級，再透過表 13-2 將百分等級換算為標準九；或者直接將原始分數按大小直接加以排序，再利用表 13-2 計算每一標準九分數所對應的人數，最後決定該原始分數的標準九分數。舉例來說，如果總數為 150 人，原始分數排名第二十高分，若計算其百分等級應為 87，由表 13-2 累積百分比為 87，其標準九分數應為 7。我們也可以計算總數是 150 人時，標準九的分數是 9 分的人數是 6 人（150 × 4%），標準九 8 分和 7 分分別為 10 ～ 11 人及 18 人。因此也可得到排名第二十高分其標準九分數應為 7。在人數少的時候，人數的分配可能只能逼近表 13-2 的要求，因為原始分數相同者其標準九的分數也必須相同。例如 150 人中，第

六和第七高分的分數相同，按表 13-2，標準九的分數是 9 分的人數只能有 6 人，但是由於第六和第七高分有相同的原始分數，所以轉換成標準九都應是 9 分。

一般而言，標準九得到 4、5、6 分可視為一般表現，7、8 分則解釋為超出平均表現，9 則是卓越表現。同樣地，你可推論，2、3 分為低於平均表現，而 1 分是極差的表現。標準九的優點也正是它的缺點，因為標準九的分數只有單一數字，如前面的說明，4 分可解釋為一般表現，8 分是平均以上表現，很快就能學會分數解釋方式。

容易學的優點是以「不精確」作為代價。如果分數落於九等分的同一個等分，則其標準九都相同，原本個別差異的訊息因而漏失了。例如，Z 分數 −0.25 和 Z 分數 0.25 轉換成標準九都是 5，兩者間的差距可達 0.5 個標準差。簡而言之，標準九的限制是「訊息遺漏」。

表 13-2　標準九各分數對應的常態曲線百分比

	低分								高分
百分比	4	7	12	17	20	17	12	7	4
標準九	1	2	3	4	5	6	7	8	9
累積	4	11	23	40	60	77	89	96	100
百分比									

(三)常態曲線當量（normal curve equivalent, NCE）

常態曲線當量原先是美國教育界設計用來報告弱勢學生參與補救方案的進步情形。它是種常態化標準分數，以 50 為平均值，標準差是 21.06。常態曲線當量將常態曲線的基準線等分為 1～99 個單位。因此，常態曲線當量只有在 1、50 和 99 與百分等級對應相同的原始分數。在平均值以下，相同的原始分數對應的百分等級分數會低於常態曲線當量，而高於平均值則反是，百分等級會高於常態曲線當量。兩

者的關係在圖 13-2 可以更清楚的呈現出。

　　常態曲線當量的優點為可以比較同一學生在不同學科的表現；可以整合不同測驗的資料；可以比較學生在同一測驗的複本或不同層級測驗（例如，一個數學測驗可能有低、中、高年級三個版本）之表現；特別適合用於評估進步情形。

　　圖 13-2 呈現常態分配時各種不同型態分數的關係。當分數呈常態分配時，線性轉換的標準分數和常態化標準分數是相同的。因而，圖 13-2 無法顯示出 T 分數和常態化 T 分數的不同。事實上，若沒有常態分配的假設，我們將無從推論 Z 分數和百分等級、常態曲線當量及標準九等常態化標準分數的關係。所以，讀者須特別留意常態分配這個假設的重要性。

　　由圖 13-2 我們可以清楚的知道當原始分數在平均值之上 2 個標準差時，其 Z 分數為 2.0，T 分數為 70，百分等級為 98，常態曲線當量為 92，標準九是 9，離差智商 130（魏氏）或 132（斯比）。換言之，不同分數型態只是用不同方式表達相同分數在團體中的相對位置。

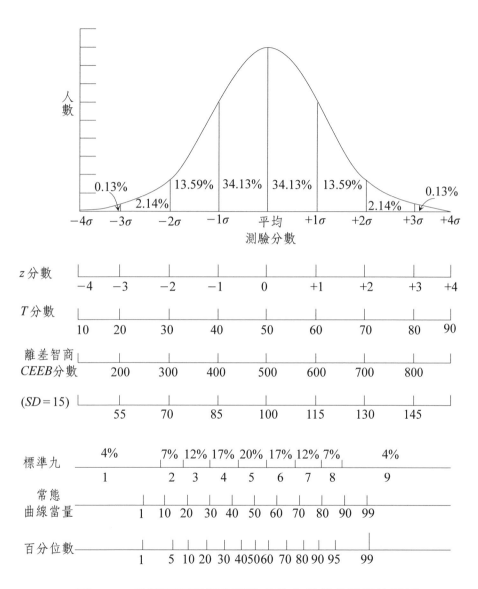

圖 13-2　各種不同形態的測驗分數在常態分配裡的關係

補給站　13-1

入學考試的量尺分數

　　國中基本學力測驗在民國90年登場後，歷年來，考生不斷的提出一些疑問，如量尺分數是什麼？將答對題數轉換成量尺分數真的公平嗎？對於這些問題王立行教授（民90）曾經在測驗年刊發表一篇「標準化入學考試量尺分數的心理計量問題研究」，仔細剖析國中基本學力測驗的量尺問題，對於國中基本學力測驗量尺有興趣的讀者，不妨參閱該文。

　　台灣兩個重大考試所採行的分數轉換方式十分不同。基本學力測驗的量尺分數是指以全體考生為常模將答對題數（不管答對的是哪些題數）轉換成衍生分數。而大學入學考試中的等級分數是將分數最高的前1%考生的平均數視為最高分，減去最低分後所得的全距，均分為15等距，即得15級分。

　　15級分的做法只是將原始分數的量尺粗分為更少的等級。假設某學科最高的前1%考生的平均數為95分，最低分為6分，則全距為90，均分為15級分，則每間隔6分是1個級分。如果某兩位考生分別考10分及11分，那麼轉為級分制，前者為1級分，後者卻為2級分。如果考慮原本採級分的做法是想要將測量誤差納入考量，避免分數的錙銖必較。然而，大學入學決策在分數的使用上往往並非依據單科的分數，而是級分的總分（亦即將各科級分相加），將原始分數轉換成粗略的級分分數，流失原始分數原本較豐富的測驗訊息，然後再將粗略的級分分數相加，從計量的角度來看，並非適宜的做法。

　　國中基本學力測驗的分數轉換，是引用美國大學測驗中心（American College Testing, ACT）的「等測量誤差轉換」，以四參數的 beta 複合二項式模式（four-parameter beta compound binomial model, Lord,1965，引自 Kolen & Hanson, 1989）估計三種分數的分配：原始分數、真分數及測量誤差，然後將原始分數進行 arcsine 非線性轉換（Freeman & Tu-key, 1950，引自 Kolen & Hanson, 1989），轉換的目的是想達到在同一科目上的每個分數的

測量標準誤都相等（有關測量標準誤的說明請參閱第四章「信度」）。國中基本學力測驗更進一步將每一科目的測量標準誤都調為相同。

國中基本學力測驗的量尺分數，產生幾個值得深究的議題。第一，分數轉換方式與測驗目標互相扞格。國中基本學力測驗顧名思義指的是檢測國中畢業生是否擁有應備的最基本能力。所以，適合的分數轉換應為效標參照而非常模參照，因為重點在個人是否具備了應有能力，而非和全體畢業生做比較。

第二，分數的轉換方式屬於非同形轉換（nonisomorphic transformation），原始分數與量尺分數間缺乏一對一的關係，不同的原始分數轉換後有相同的量尺分數。以今年（92學年度）的分數轉換為例，國文科答對11題以下（含11題）均得到量尺分數1分。這樣的轉換方式，無疑是降低測驗區辨考生水準的能力。

第三，由於測驗題目以低難度（有50%以上的考生答對）居多，分數分配形成負偏，轉換為量尺分數就造成在低分的部分有許多的原始分數被轉換成相同的量尺分數，而在高分的部分則是微小的差距被擴大的現象。例如，今年度的數學科分數轉換如表13-3：

表13-3　國中基本學力測驗數學科分數轉換對照表

答對題數	1-6	7	8	9	10	11	12	13	14	16	17
量尺分數	1	3	6	8	10	12	14	16	18	19	21	23
答對題數	19	20	21	22	23	24	25	26	27	28	29	30
量尺分數	27	29	31	33	35	37	40	42	45	48	51	55

答對6題以內都轉換成量尺分數1分，而只錯一題卻扣5分（這個現象也出現於其他科目），基本學力測驗的測量標準誤設定為3，換言之，以數學科而言，這一題之差視為是有意義的差距，果真如此嗎？我們可以想像許多情況下會使考生答錯一題，包括劃錯答案卡。此外，原本題目有31題，應可將所有考生分成32個等級，然而量尺分數卻縮小為27個等級。

其他的科目這種等級變少的情況更為嚴重如國文科原有 48 題，但量尺等級只有 38 個。

第四，將不同科目的標準誤調為相同，由於各科的信度不同，會導致各科的標準差也不同。入學決策所依據的是五科的總分，各科的標準差不同，意謂著將測量單位不同的分數相加，如此一來，標準差較大的科目，其加權值會擴大。

第五節　常模的評鑑

測驗常模可採用前述介紹的各種衍生分數，無論使用何種形式表達分數，其目的都是在使得分數的意義更加清楚。為了能夠達到此一目的，用來建立常模的團體（通稱為常模樣本，normative sample）必須具備某些特性。以下說明好的常模應具備的特性。在選擇測驗和解釋分數時，應特別注意測驗常模是否符合這些特性。

☪ 適切性

每個測驗在發展之初都有其想要達到的測驗目的，而常模樣本通常是依測驗目的而選取。通常為了使測驗能廣泛使用，會儘可能由涵蓋面廣的母群中抽取代表性樣本。然而，評量目的十分多元，有時則需要高特殊性的常模。因而，使用測驗時，考量常模能否符合測驗目的就顯得極其重要。舉例來說，一般的智力測驗除了建立全國性常模，通常還會依性別、年齡等變項分別報告次團體常模，以滿足各種不同使用需求。例如，當我們想知道受測者的測驗表現與同性別的人比較的相對位置，就須參照性別常模。假設智力測驗的目的在篩選智能發展遲滯者，也就是找尋發展明顯落後於一般人者，此種全國性常模可能足以滿足此一目的。不過，若是測驗目的是想為智能遲滯兒童

設計適當的教育計畫，那麼全國性常模可能不足以提供所需的訊息。設計教育計畫時，瞭解兒童的優缺點十分重要，而發展遲滯兒童的常模比較能夠滿足此種需要。同樣地，如果你使用一個由全國著名公立高中學生所建立的常模來解釋學生的學習成就，而未留意這個常模的特殊性，你會因而低估學生的表現水準。但是如果是大學學系利用成就測驗的表現甄選具學習潛力的高中生，則著名公立高中學生常模比全國的高中生常模更能提供相關訊息。這兩個例子說明在使用常模之前應先瞭解常模樣本，看看常模是否適用於將接受測驗的學生，是否符合測驗的目的。

☾ 代表性

　　一旦確立常模的適切性，緊接著要問的是常模取樣是否具代表性。隨機取樣是獲得代表性樣本的最佳方式。如果在實際上很難做到隨機取樣，那麼退而求其次樣本要能反映重要的次級團體的比例。例如，以全國高中生為母群的常模，要考慮性別、城鄉、學生家庭的社經地位、學校大小、地理區域等因素。好的常模樣本人數必須足夠大，這是因為人數多才能得到穩定的統計數值。其次，人數若是太少就比較難達到代表性的要求。

☾ 新近性

　　常模建立的時間是影響常模的有用性的一個重要因素。以往的研究發現智力測驗的分數有逐年提高的現象。Flynn（1984, 1987）系統性分析過去五十年來的智力表現，發現世界各地的智力平均分數提高了 15 分以上。因此，如果使用過於久遠的常模，則每個人的智力表現會偏高。另外，某些態度或人格特質會因時代而有所改變，如對同性戀的態度，現在一般的接受度比以往高，也就是說，某人在同性戀態度量表的得分如果與過去常模比較可能會視為對同性戀採取開放接受的態度，但若與現今常模相較，則可能其得分解釋為保守拒絕。這

些例子說明如果常模沒有適時更新，則可能會導致不正確的分數解釋。

　　一個好的評量工具在描述常模時，要清楚界定其母群；仔細說明取樣的方式、樣本的個數及其特性，如年齡、性別等；施測的過程與日期也須詳加說明。有了這些資訊使用者才能判斷常模的有效性。

第六節　解釋測驗分數的守則

　　教師無可避免地會碰到如何解釋測驗分數的問題，要能向學生正確的解說其測驗分數及幫助家長瞭解分數的意義，教師須對各種常模有基本的認識並知道其優缺點。除此之外，在解釋分數時應牢記下列各點。

　　一、解釋測驗分數時，應以測驗內容及形式解說受測者的表現。同一名稱的測驗，測量的內容及形式可能差異極大。例如智力測驗，有些考詞彙能力，有些則考圖形推理能力，有些則涵蓋數種不同的能力。因此，如果未能考慮測驗內容的變異，僅是一般性地陳述其智力表現如何，則可能誤導受測者。

　　二、應根據測驗的目的，適當地解釋測驗分數。在評鑑常模一節，我們曾說明不同的測驗目的，應採用不同的常模。如果在無恰當的參照常模下又無其他替代測驗可用，那麼對測驗結果採取保留的解釋；或者清楚說明所參照常模在分數解釋上的限制。

　　三、解釋分數時必須謹記所有的分數皆含有誤差，所以最好呈現區間分數而非某一特定值。在「信度」一章我們說明了測量標準誤的概念，在解釋分數時最好以觀察分數加減一個測量標準誤的區間呈現分數，如此可避免錯誤地高估測驗分數的精確性。將測量誤差納入考量，可避免根據微小的分數差距，做出完全不同的決策。

　　四、當進行測驗分數的比較時，應注意分數的可比較性。如果評量的重點是個人的教育成長，那麼需注意對個人所做的幾次評量，其評量工具的內容是否類似，各評量工具的的參照點（如效標或是常

模）是否性質相近。若是要比較個人在不同領域的優缺點，也要注意不同領域的評量工具的常模是否相似。根據性質差異極大的常模所得到衍生分數無法提供有意義的分數比較。

五、解釋測驗分數時，應將受測者其他的相關資料納入考慮，以提升解釋的恰當性。測驗分數只是瞭解個人的方式之一，而且測驗的表現會受到很多因素的影響，如受測者的教育背景、受測動機、情緒狀態及健康情形等等。因此，解釋分數時，必先瞭解受測者接受測驗時的狀態。其次，檢驗現有的相關資料與測驗表現的一致性。如果測驗表現與其他資料有明顯的出入，則應進一步瞭解造成差距的因素。

上述的守則不僅適用於標準化測驗的分數解釋，也適用於其他的教育評量上。教師們應時時提醒自己避免根據學生少量的行為樣本而作出重大的決定。

第七節　結　語

本章介紹兩種分數解釋的形式：常模參照及效標參照的分數解釋。在常模方面則介紹了兩大類：發展性常模以及組內常模。常見的發展性常模有心理年齡與年級當量。常用的組內常模則有百分等級、標準分數（T 分數、離差智商）、常態化標準分數（常態化 T 分數、標準九及常態曲線當量）。各類常模有其優缺點。常模的優劣可由其適當性、代表性及新近性加以判斷。教師應熟悉各種常模，認識其優缺點，在解釋分數時尚須瞭解測驗的目的、測驗內容及形式，將分數的誤差、可比較性及受測者的相關資料一併考量以提升分數解釋的適當性。

💡思考問題

1. 請各舉出兩個效標參照與常模參照的測驗或考試。
2. 如果一個測驗分數呈常態分配，平均值 36，標準差 3，請比較下述 5 個人

的測驗得分之高低：

小明：Z 分數 2.0

小燕：原始分數 41 分

小娟：T 分數 68

小玉：標準九 8 分

小峰：百分等級 95

3. 如果有位家長向你請教他的孩子智力測驗考了 85 分是什麼意思，你需要知道哪些額外的訊息，以便向家長解釋分數的意義？

4. 一份測驗的信度是 0.84，標準差為 15，甲生考 56 分，乙生考 62 分，請問你能否說乙生考得比甲生好？為什麼？

參考書目

王立行（民 90）。標準化入學考試量尺分數的心理計量問題研究。**測驗年刊**，48 輯，1 期，119-140 頁。

Anastasi, A. (1997). *Psychological testing* (7th Ed.). Upper Saddle River, NJ: Prentice Hall. Chapter 4.

Flynn, J. R. (1984). The mean IQ of Americans: Massive gains 1932 to 1978. *Psychological Bulletin*, *95*, 29-51.

Flynn, J. R. (1987). Massive IQ gains in 14 nations: What IQ tests really measure. *Psychological Bulletin*, *101*, 171-191.

Kolen, M. J., & Hanson, B. A. (1989). Scaling the ACT Assessment. In R. L. Brennan (ed.). Methodology used in scaling the ACT Assessment and P-ACT+ (pp. 35-55). Iowa City, IA: American College Testing.

Linn, R. L. & Gronlund, N. (2000). *Measurement and assessment in teaching* (8th Ed.). Upper Saddle River, NJ: Prentice Hall. Chapter 17.

Lyman, H. B. (1991). *Test scores and what they mean*. (5th Ed.). Englewood Cliffs, NJ: Prentice Hall.

第十四章

學期成績

吳毓瑩

　　一群大學畢業生準備出國讀書，向原來大學申請四年以來的各科成績單。看著各科的分數，有的 90 幾，有的 60 幾，他們正愁著該怎麼轉換成等第？因為國外研究所要的是他們四年各科的平均等第（Grade Point Average, GPA）。於是他們詢問教務處如何把分數換算成等第。不同的大學，得到不同的答案。「我們學校說 80 以上是 A，70 以上是 B，60 以上是 C。所以我的 GPA 算起來，高達 3.9。」「哇，你們學校這麼好！我們學校說 90 以上是 A，80 以上是 B，70 以上是 C。你看，我沒幾個 A 的。」

　　一個小學一年級的小朋友，期末時，帶著他的成績報告表回家。媽媽打開來看，發現各科都是甲，唯有美勞科是乙。媽媽心情有些複雜。媽媽自己小時候的等第是從優開始往下打，現在的學校，倒是從甲開始往下打。「現在的甲是以前的優，現在的乙是以前的甲。」媽媽要常常提醒自己，不忘搞混了。然則媽媽還是覺得，小學一年級美術得乙，有點說不過去。媽媽瞭解甲與乙的區別，於是打電話問級任老師，老師說，「林媽媽，你不用想太多，我們班的美勞老師，全班只給了 5 個甲。」

第一節　學期成績的意義與功能

　　在接近學期結束的時候，老師總是忙著看考卷、讀報告、算成績，而學生總是有些人無所謂，有些人心急地等著成績公布。學期成績代表整個學期的學習成果，本身含有什麼意義與功能呢？老師辛苦地打成績，學生焦慮或無所謂地等成績，所為何來呢？學期成績必定身負了某些使命，使得老師及學生的情緒都不得不受其影響。基本上學期總評量（是否先對學期總評量下一操作型定義）具有以下的目的：

☪ 溝　通

　　學期成績的目的在傳遞訊息，是教師與學生本人、學生家長或是校方的溝通管道，藉此傳達學生在學習告一段落時候的狀況。由於成績公布時，學期已經結束，因此對於即時上的教學改進，及學習促進，通常沒有太大助益。有學者認為（Frisbie & Waltman, 1992），如果不需要與家長或其他校外場合溝通表達學生的能力狀況，則期末成績根本可以完全不要。溝通之功能是學期成績在行政運作上的義務。

☪ 回　饋

　　儘管學期成績對於學生的學習沒有像檔案評量、實作評量、或是其他的形成性評量那樣可以監控學習過程，然而成績的高低，仍會相當影響學生的情緒，尤其對於高分與低分兩極端的學生而言。學習成績優秀者，得到老師的肯定，往往能激發繼續努力的動機，成績過低者，正向的反應是受到刺激，深刻反省，力求學習方法或能力上的突破，消極的反應可能是受到打擊，信心低落，甚而對於此科目或擔任教師產生強烈反感。這是學期成績在教育上的影響。

☪ 升遷處置

　　學期成績最現實的使用，便是在校內以此作為升級與否的依據、畢業後校外職場上以此作為僱用人員的參考、或是欲進一步進修時學校作為甄試篩選學生的考慮。此時學期成績就具體地影響學生離開學校後的工作及前途了。這一面向是學期成績的社會性功能。社會性功能通常針對特定能力與求才需要，對受試者或應聘者全體排序，依此序別給與機會及資源。故而，在此功能的影響下，學期成績就不能只給評語不給成績，成績評定時，也不能評給太多學生好成績，學生彼此之間必須要有區別性。

　　學期成績的功能大致上有上述三項。不同的功能有各自強調的要

素，那麼學期成績應該包含哪些變項，才能反映不同功能之各種需求？

第二節 學期成績所包含的內容

通常老師對學生的印象，不僅限於學科能力，在師生互動中，許多特質皆會影響老師對於一個學生表現上的描述，例如溝通表達、人際處理、情緒狀態、動機、努力等，而這些特質與學習成績的高低都有關係。

學生的整個學習歷程，大約有以下狀況：有的學生可能學習的成果普通，可是因為他的動機及努力，使他在這一學期中，進步很大；或是有的學生學習成果相當好，動機及努力也很夠，但是因為學習材料相對簡單，他的成績在班上已算是相當優秀了，因此若論進步的空間，自然就看不出有什麼大幅度的改變；也會有學生成果不好，且很努力，但是在學習狀況上無法突破，進步有限。面對這麼複雜的學習歷程，一個簡單的學期成績，實在也述說不清。如前言所描述的小學生，美勞成績得甲，是因為他的美勞能力為甲等？還是因為常常作品遲交，被老師扣分？一者是能力因素，一者是習慣或行為因素。在學期成績上，要不要包含這些與學習相關，然而卻不是能力本身的因素？一個老師在進行學期成績的評定時，要怎麼考慮這些變項？

我們認為完整的總結性評量，大致上應該可以分析出三個面向來描述學習狀況：

一、學習面：到目前為止的學習狀態，以認知或技能為核心的描述。

二、態度面：共同支持此學習狀態的心理特質，如學科興趣、動機、努力、信心、韌性、合作。

三、進步面：此學生從過去一段時間至今的進步情況。

學期成績在功能及使用上，與一般發生於學期中的評量，有很大不同。學期中的評量，多是作為學生與老師之間互相瞭解及改進學習

或是教學的工具，我們稱為形成性評量。而作為總結性評量的學期成績，除了是老師與學生之間的溝通工具外，還同時是學校與校外（包括家長、社會、行政機構）溝通學生學習狀況的工具。如果學期成績包含上段所述的其他學習因素，則我們要考慮這個成績是否能溝通清楚它所有的內涵？老師所評定的甲等，是不是與家長或是企業雇主所詮釋的甲等有一樣的意義？這個學校所評出的 90 分，與另一學校評出來的 90 分，或者說對於不同的老師而言，90 分的意涵是否一樣？如同我們在前言所看到的大學生申請成績單事件。一個成績的詮釋，有各種可能。將這個差別仔細分析，大概有三個來源：

一、成績的組成成分：成績的計算來自不同的成分及不同的比重，以致在溝通時，不盡傳達其意。

二、成績的評分標準：各個老師或各個學校的文化及風格不同，評分時的嚴苛標準，無法一致，以致發生不同學校畢業的學生之不平，或是不同授課老師之學生間的比較。

三、成績的詮釋：即使相同的成績，亦會因不同價值觀與思考點而產生出不一樣的詮釋結果，受到個人主觀判斷的影響極大，甚至於會有迥異的差距。

綜合考慮學期成績的溝通、回饋及升遷處置等功能，學期成績既然無法更改其詮釋彈性相當大的特質，則不如反過來思考，若它所包含的變項愈單純，就愈不容易造成溝通困難。尤其當學期成績只能用一個分數或等第去傳達學習狀況時，我們更難企以一個單純的分數負載過多的訊息。

回顧學習歷程的三個分析面向，有老師會認為其中可能最需要保留的就是學習狀況之描述，其他變項的重要性則次之，因為其他變項基本上乃在輔助學習的達成，而期末成績作為一個總評量，學習達成到什麼程度，應該是期末成績最應照顧到的面向。這樣的想法，反映了學習成就為主的價值判斷。但是對於一個企業雇主而言，他可以利用測驗與實作考驗來瞭解應徵者的能力，而最需要學校提供的訊息是

學習動機、努力與態度的評量，此重點便與成就為主的成績評量之取向不同。至於二者孰重孰輕，從未有定論。身為學生的老師，要深切明瞭：當我們看一群能力狀況都一樣的學生時，會幫助學生成功的必是努力、動機、與態度等；可是換一個角度，當我們看一群努力、動機、及態度都相當的學生時，會區辨他們成就的因素，就是能力高低了。不論認知或情意，皆會影響學生的學習狀況。有了這樣的認識，當我們將評量的情境置於教室中，評量的目的置於學習的回饋上，對於學生學習的啟迪最有幫助的，可能是以激發並幫助學生發揮潛力為最終目的的成績評等方式。

　　換句話說，學期成績最好的表達方式，應是要傳達前面所述的三個面向：學習面、態度面以及進步面的狀況。可是當教育制度、成績報告格式、及眾人觀念尚未能接受此想法時，學期成績最好只包含單純的學習面，也就是學生的能力狀況，才不致引發溝通上的誤解，而且儘可能在報告表上傳達此成績的成分，這也是目前較普遍的方式。第三節、第四節、與第五節將針對此評量方式，提出技術上的考量，並請讀者注意這些考量都是在學期總成績只有一個分數或等第代表的限制下，所作的取捨，並不表示我們認為學習首要在評定學生的學習狀況，忽略其他特質的影響。

第三節　學習成果評定如何考慮學習過程

　　期末成績在以學習面為考慮重點的前提下，學習過程是否應計入？是老師在計算成績時，首先會遇到的問題。也就是整個學期的各種評量結果，哪些要計入或不計入學習過程的成績？如果全部的學習過程皆計入成績，則我們假設一個在初始階段學習比較慢的學生，儘管在後來已能學得和同儕一樣地好，但必會因為全部成績計入而拉低總成績。換句話說，如果全部成績都列入計算的話，對於進步很大、

成績評量相關法令之更迭

　　我國小學課程標準是從民國 17 年，由教育部聘請專家組織委員會開始起草（教育部，民 51，頁 339），至民國 82 年止，共頒訂過二次的「暫行標準」和八次的「正式標準」。其中於民國 51 年第六次全面修訂的國民學校課程標準中，攸關學習成果的「成績考查」首度獨立增列於各科課程標準之後（教育部，民 51，頁 365），成績考查於焉成為教學歷程中的主角之一。直至民國 64 年課程標準改寫，「教學評鑑」於總綱中正式出現（教育部，民 64），而各科課程標準中「教學評鑑」之敘述則較民國 51 年詳細。此課程標準一直到民國 82 年才又再次修訂，隨著建構主義的倡行，民國 82 年課程標準除將「教學評鑑」之名改為「教學評量」之外，更加強調教學與評量間的關係。之後，評量的內涵在民國 89 年之九年一貫課程暫行綱要（教育部，民 89）中有了更清楚的立場。隨著民國 88 年新訂國民教育法施行細則第二十一條規定，與 89 年九年一貫課程暫行綱要之頒布，民國 90 年「國民中小學學生成績評量準則」於焉誕生，改寫了民國 73 年所公布的「國民中小學學生成績考查辦法」（教育部，民 73）。從法令的頒布可看出，對於評量辦法之規定，由五十年前教育部全權制訂與主導，到今日教育部公布準則，由各縣市自訂細則，學校得訂補充規定，透露出為了適應社會環境變遷，法令也逐漸鬆綁，精神亦發開放。詳細資料可參考林怡呈與吳毓瑩（民 92）。

後來的學習狀況很好的學生，反而不利，此點我們認為應須避免。可是若只計算後來的學習成果，又會對前面學得很好而後來退步的學生有影響，或是擔心學生發現平時成績不計入而在平時學習上漫不經心，只在重要考試中努力。這一點，老師要清楚考慮自己所強調的是學習最後所能達到的狀況，還是全部的平均學習狀況？而不同學習領域之間，又有不一樣的學科特質，國語領域中的所培養的語文能力，

從學期初到學期末，可連續看到學習者的改變進步狀況；而在數學及自然與生活科技領域的學習上，則目前中小學數理課程的安排，採用螺旋式盤旋而上之方式，同一學期的大單元之間，沒有學習上的階層關係，乃各自獨立發展，同一主題（例如實數）之學習狀況的改變，需貫穿不同的年段以得知。是以單一學期的學期成績報告上，如考量學期中與學期末的學習表現，就國語領域而言，看到的是學習的進步，就數學領域而言，看到的是不同大單元的表現成果。本節所謂學習過程的考量，乃是各單元內（如數學、自然與生活科技）、或單一領域內（如國語、英文、社會）學習的前後變化，而不是學期時間上的前後變化。

　　至於在原則上，如何適當考慮學習過程？首先老師應先區分形成性評量與總結性評量之不同。學習過程中的形成性評量，一般而言，重點在於回饋給老師及學生關於學習過程及教學歷程的狀況修正，作為學習及教學改進之參考。當學生仍處於練習、試誤、或是摸索的階段，形成性評量或是非正式評量的機會愈多，學生的學習成果就有可能愈好。但是給予的評量機會愈多，摸索、不成熟的想法被呈現的次數也就愈多，如果將之計入學期成績，反而使得期末的評等下降。所以平時表現老師可以考慮不列入期末的成績計算，或是挑選其中最好的幾次來計算，不至於給學生在初期接觸新知識時太大的壓力。

　　關於教師蒐集學習過程中的表現，本書在第十章「檔案評量」中，已有述及，其主要目的在於記錄學習歷程並瞭解學生的個人風格及特質，並幫助學生自我反省。這些表現不列入期末成績，基本上，也在減輕老師壓力，不用每個作品都一定要評定等第或是給予成績。我們認為最能激勵學生學習的，往往是較具體的回應與討論，這些能在檔案評量中充分發揮，卻是期末成績所辦不到的。

　　等第或成績的給予，就一學期的學習而言，已是一個封閉的結論，對於學習的助益，影響不大，反而對於情緒及動機的影響相當明顯，並波及下一個學期學習起點的態度。因此筆者特別提醒老師在形

成期末成績報告時，內心思索並假想一張代表學期學習成果的成績通知單，對於學生及家長的影響，同時更重要的，瞭解自我對於學習成績報告表的價值觀與立場。

第四節　分數形式的期末成績

關於學期成績的分數形式，一般共識是 60 分算及格，也就是 60 分以上表示此科目的學習成果是可以接受的。至於 70 多分、80 多分、或 90 多分的涵義，則莫衷一是，依據教師評分的嚴苛程度而定。關於分數形式的期末成績，筆者有以下建議。

☾ 及格分數的效標定義

60 分乃是一個判定及格與否的切分點，是否及格的重要性，不在於通過 60 分與否，而在於 60 分所代表的意義為何，此為第十三章「評量結果解釋」所提及的效標參照概念。教師要能清楚定義出及格與不及格間的分野，對於什麼是不及格的表現，有一個具體的說明，如此則在決定學生因為不及格須重修或留級時，才有一個公平的基準，不至於因為教師的題目過難，或是同儕的程度太好而遭致不幸的命運。

☾ 加權的考慮

及格分數以上之分數間的評定、比較與解釋，往往傾向於常模參照的觀點，亦即分數的高低來自於同儕間相對表現的結果。因此同儕團體的程度差別，自然影響所得分數在同儕中的地位。最後成績的計算，需將各式分數加權後相加。不同分數彼此間的相加結果，叫做複合分數（Composite Score）。其基本型態為：

$$C = \sum_{i=1}^{I} W_i \times X_i$$

C是學期的總分，X_i是每次評量的分數，W_i則是每次分數的加權。加權值必須總和為 1，$\sum_{i=1}^{I} W_i = 1$。加權之意義在於老師認為特定項目的分數，X_i 應占總分多少百分比。

　　利用加權的方式計算期末總分，須特別注意當各個分數的變異量不等時，而我們僅將原始分數乘以加權值後相加，等於是將一些不同尺度（scale）的觀察值相加。事實上，不同尺度的觀察值是不可以直接加減的。舉一個例子如下：

　　若有一個老師打算將兩次月考的成績等值相加，他的計算方式為：

$$X = 0.5 \times 月\,1 + 0.5 \times 月\,2$$

月 1 及 月 2 的平均值及標準差為：

	月 1	月 2
Mean	70	70
SD	10	5

　　根據這兩次月考的標準差之大小，我們可以瞭解，第一次月考的分數較為分散，大部分分配在 50～90 分之間。第二次月考的分數分配較為集中，大部分的分數都在 60～80 之間，要在第二次月考上獲得突破性的高分較不容易，似乎有一些難題是一般同學答不好的。若這一個班上有兩個學生，甲生及乙生，他們的分數分別為：

	月 1	月 2	各加權.5 後相加
甲生	85	75	80
乙生	75	85	80

　　若以老師所設定的加權公式計算平均，我們會發現甲生與乙生相

加後分數相等。然而若我們從常識判斷，則會發現第一次月考甲生比乙生高 10 分，而第二次月考乙生比甲生高 10 分，同樣相差 10 分，第一次月考分數較分散，相差的 10 分所超越的人數較少，相較之下，因為第二次月考的分數相當集中，相差的 10 分所超越的人數就多了，要得高分，如 85 分，較不容易。是故甲生與乙生雖然加權後得到同樣的 80 分，但是實質上他們的能力在班上的相對位置是不等的，乙生排序要比甲生的排序來得前面。如果在加權計算時沒有考慮全班成績的分散狀況，也就是標準差的大小未計入加權的公式中，則會造成甲生乙生加權後的總分相等，然而卻無法反映他們在班上的相對地位。

　　因此在權衡各項分數的比重計算總分時，也要一起考慮標準差的大小。修正的方式為將心目中的加權值 W_i 除以 X_i 之標準差 S_i，就是實際上可用於計算之加權值 CW_i。然後再將實際計算的加權值，以相同的比例配成 100%即可。

$$CW_1 : CW_2 = W_1/S_1 : W_2/S_2 = 1/10 : 1/5 = 1/3 : 2/3$$

以上例來說，此加權公式應修正為：

$$X = (1/3) \times 月\ 1 + (2/3) \times 月\ 2$$

　　甲生與乙生的分數分別為：78.33 及 81.66，如此較能反映學生在班上的相對地位與分數。雖然甲生與乙生最後計算出來的成績不同，但如考慮測驗工具的測量誤差，則二生之實際能力亦有可能沒有差別。上述之算法乃是在提醒研究者或實務工作者，在攸關重要資源分配時，分數加總之處理，可考量各分數之標準差與測量誤差。如果已有測驗結果的信度係數，則以上公式可考慮採用真實分數來計算。但如僅作為學期成績以發揮溝通功能，似可不必如此大費周章。

第五節　等第形式的學期成績

　　等第的意義通常比分數的意義來得明確。如果有一個學生說他的成績為 76 分，我們會先詢問這是哪一科的成績，是數學？還是國語？因為一般而言，大眾多認為數學整體得分較低而國語整體得分較高；其次可能再問他一般學生的平均分數，以作為了解 76 分涵義的參考，這是一般人在聽到某個分數的報告時，會先釐清的問題。而若此學生說他得到的學期成績是甲，那麼很明顯地，他的表現應是非常好，不論是數學的甲或是國語的甲。換句話說，分數所代表的能力範圍，溝通起來較模糊，視狀況如科目、全班平均而定，而等第所代表的能力範圍，在一般語彙中已有約定俗成的意思，較易達成溝通的目的，精神上較類同效標參照的意義。然而亦有某些學校依據學期成績的百分狀況，來劃分甲等到戊等的分數範圍。則此時的等第就是常模參照測驗的結果，只不過它的測量尺度要比分數來得大。

　　關於等第的評定，有很多方式，也各有優缺點。我們分別探討如下：

☾ 決斷分數的換算

　　有些老師在打等第時，清楚依照分數的分布範圍來評定。例如凡是學期成績 90 分及以上者，則給甲，80～90 者給乙，70～80 者給丙，依次往下推。此種方式最為簡單，老師的負荷也最輕，然而缺點也是出在決斷二字上。例如 89 分與 90 分只有 1 分之差，可是卻會使等第達到甲等與乙等之差，而甲與乙的距離，就不只是 1 分而已了。如果有老師認為 89 分可酌情給予甲，則 88 分又該如何看待？又造成了 88 分與 89 分只 1 分之差，卻是甲與乙的分別。老師平常在評定學習成果時，心中的量尺是連續的分數狀態，可是學期中所要求的是順序的等第狀態，就會造成如上述決斷分數與等第間轉換的困難。

☪ 各等第的人數比率

百分比的打法就是老師已預設好全班可以得到各個等第的學生人數百分比。例如從甲等到己等分別有 10%，20%，30%，20%，10%，10%的學生。這樣的想法根源於能力的高低是常態分配的假設，再將此鐘型曲線圖轉成較粗略的次數分配以定等第。這樣的假設，等於是忽略了學生的學習成果，也忽略了教師的教學成效。如果教育的目的是在培育學生，則培育後的結果，怎可預期就是鐘型的分配曲線？如果學期成績計算之後，大多數學生得分集中在高分數，此現象應該是教師所樂見的，可是如以百分比率視之，則僅能有10%的學生得到甲等，對於學生的表現似未能給予正向鼓勵。此方法一般多用於經費有限情況下，對學生的篩選或安置，在教學上較不適當。

☪ 分數漏洞法

此法所採取的等第評法是先不預設等第的高低分或是百分比，等到分數的分配情況出來後，在大約的等第之間尋找分數的分配是否有剛好次數很少或是沒有人在此分數間隔上，便以此段分數來作為等第的間隔。例如一個班級中分數的排列從高到低分別為 98，98，97，95，92，92，91，91，91，89，89，86，86，86，85，85，84，84，83，79，79，78，……由於沒有人得到 88 及 87，於是便以 89 及以上為甲，86 及以下為乙。這種算法，對於學生比較容易交代，因為較不會發生差 1 分就差 1 個等第的事。有老師曾感慨，在評等第時，最高興看到的就是分數的分配有漏洞之處，這樣等第可以給得比較乾脆而且心安。不過這種方法，完全受分數的分配來決定，實際上老師無法預期每一次的分配會長得什麼樣子，只為求取表面上的和平，讓學生無可爭論而已。

臨界分數的彈性

　　為了要彌補以上所說的各種等第評法的缺失，及避免老師給成績的為難，大部分老師會給自己一個彈性加減分的空間。一方面老師將此分數作為課堂參與的非正式觀察分數，另一方面作為相鄰等第的臨界分數加減分之用。在利用上相當方便，然而其隱藏在彈性分數背後的加減原則，我們有必要先予以釐清。大多時候，老師對於沒有爭議、不在臨界處的學生，不會特別考慮加減分數，因為他們已經很清楚地在某一個等第的範圍了，所以彈性分數多半發生在等第間的臨界學生身上。老師會因為學生動機很強、特別認真，而加上幾分以晉級，或是因為缺席太多、態度懶散，減他幾分以懲罰。像這樣發生在少數學生身上的加減分，是在解除老師打等第的尷尬困境，然而事實上凸顯出老師操控非能力面向的評分，較為個人價值取向。可是從另一個角度來看，這也讓學生知道老師評量時的價值取向，進一步影響學習態度，也是價值觀與教育理念的傳遞。教師評定成績時，一方面彰顯專業上的自主，一方面要避免濫用自主，其間的拿捏，是學期成績彈性給分中最困難也最藝術的部分，而老師事先給予學生與家長期末評量時採用的判準，應是較可克服之道。

依試題內容評定等第

　　此方法適合於以等第呈現考試結果之情境中，不適用於學期成績的評定。在我國基本學力測驗逐漸走向反映教學績效之功能時，便相當適合以此方法評定學生表現之等第，旨在鼓勵老師從試題內容的難易度思考等第，而不要從分數的分配思考等第。雖然在執行時有點瑣碎，然而相當切中分數與等第之間的關係Frisbie 和 Waltman（1992）。以一個測驗試卷為例，老師首先要釐清在這個單元學習之中（或數個整合的單元），甲、乙、丙、丁等各等第代表什麼表現，然後針對每一題估計大約什麼等第的能力就可將此題回答成功，愈高層次的題

目,其等第當然也就愈高了。題目等第的高低評定,當然要從老師教學的方法、教材內容、及教室中的學習狀況來判斷。每一題都判斷完畢後,將全部等第為丁的題目總分加起來,則這分數就是丁等與丙等之間的決斷分數,若將全部丁等與丙等題目分數加總,所得分數,就是乙等與丙等的決斷分數,若將乙、丙、丁等第的題目分數相加,則得到的分數就是優等與甲等的決斷分數了。如此方式,決斷分數會隨著題目的難易而變動,但是各等第的表現特質繼續保留,是從分數轉換為等第時理想的做法。

以下我們依據附錄一的自然科考卷,作一個演示。

單元	題號	配分	評等	單元	題號	配分	評等
六	一～1	3	戊	七	二～5	3	甲
六	一～2	3	丁	七	二～6	3	乙
七	一～3	3	戊	八	二～7	3	丙
七	一～4	3	戊	八	二～8	3	丙
七	一～5	3	戊	八	二～9	3	乙
七	一～6	3	乙	八	二～10	3	甲
八	一～7	3	丁	七	三～1	6	乙
八	一～8	3	丙	七	四～1	4	乙
八	一～9	3	丁	八	五～1	3	丁
八	一～10	3	丁	八	六～1	6	甲
六	二～1	3	戊	八	七～1	3	丁
六	二～2	3	丁	六	八～1	8	丁
七	二～3	3	丙	六	九～1	4	戊
七	二～4	3	丙	六	十～1	6	丁

$$\Sigma 戊 = 19$$
$$\Sigma 丁 + \Sigma 戊 = 35 + 19 = 54$$
$$\Sigma 丙 + \Sigma 丁 + \Sigma 戊 = 15 + 54 = 69$$

$$\Sigma 乙 + \Sigma 丙 + \Sigma 丁 + \Sigma 戊 = 19 + 69 = 88$$

$$\Sigma 甲 + \Sigma 乙 + \Sigma 丙 + \Sigma 丁 + \Sigma 戊 = 12 + 88 = 100$$

所以得分在 88 分以上者為甲等

得分在 69～88 分之間者為乙等

得分在 54～69 分之間者為丙等

得分在 19～54 分之間者為丁等

得分在 19 分以下者為戊等

第六節　學期總評量的效度想法

　　等第的評定，沒有最理想的做法，不過倒有較適切的做法。要談等第，首先應擺脫等第是分數另一種形式的想法，同時也要摒棄分數就是鐘型常態分配的觀念。當我們將評量的結果置於常態分配的狀態下思考時，就容易出現如下的想法：考題要有難有易，以使得出來的分數有變異，成常態分配。其實這想法，深受評量的目的在篩選及比較的意圖所影響。要使一個測驗的區辨度強，首先測驗的變異量要夠大，而且最好要符合常態分配的假設。然而在教室中進行的評量，目的絕不在篩選及排序，而是在幫助學生學習，因此常態分配、區辨度及變異大，都不是教室評量所追求的目標。要建構等第，最好能夠每一個作品或表現，都以等第呈現，如此，老師在評定各個學生及每一次的變化，才能愈來愈清楚學生的成長。如此則能排除常態分配影響，及避免在結算時，面臨決斷分數訂定的困難。

　　若要以等第成品結算總等第時，教師可採用全部的等第作為原始資料，由低到高排序之後，採計中位數（排序後位於中間的等第，如有偶數等第，則取中間兩個等第的平均）作為學期成績的代表；或是選取表現最好的 20%作品、或是看最後 1/4 學期的表現，再計算其中的中位數，作為集中趨勢的代表；或是看其進步的幅度等，這些取捨都與老師的個人價值觀有關。筆者建議學期成績若是採用分數的形

式，則老師對於學生每次表現的評量準則最好放在分數的量尺上思考與評定；若是學期成績採用等第，則老師可將學生每次表現的評定方式置於等第的量尺上，如此在期末整理成績時，不致於產生從分數轉換成等第時的難以抉擇。

等第作為教室評量的學期總結報告，更要釐清其用途，否則會如同本章前言所舉的大學成績換算的例子般，同樣的分數，因為老師給分的嚴苛，或是不同大學的規定，造成換算等第時的出入。等第的目的如第一節所述，在溝通、傳達、回饋及安置。能溝通什麼？傳達什麼？回饋什麼？及依據什麼來安置？都是等第必須包含重要的內容。如同前言提及的一年級小朋友美勞得到甲，則甲的等第要溝通的應該不只是他的分數大約排在第十五名，或是他的學期成績平均為 83 分，所以得甲，這些都無法提供這小朋友往後學習改進的訊息。若更往上一層想，評量的功能已如第二章所述，從孩子的角度而言，學期評量的回饋是她／他進一步學習的後設機制，可幫助他／她反省及回顧學習情況，以適時適當調整學習的腳步。因此學期的總結性評量，究竟應該是分數形式、等第形式、還是整體的敘述形式？任一種形式的成績背後皆有一個未說出來的前提，而他們各會達成什麼樣的功能，都有待進一步研究。

老師每一個學期都要進行學期總成績的評定，不論上一段中所述哪一種評定方式最恰當，研究的結果如何，老師是不能等待研究結果出來之後再決定自己要如何評定學期成績的。等第作為一種學習能力的描述，在執行上，也必須符合我們在第三章中所談到的效度概念，我們認為這是老師應該有的思慮。因此接下來，我們將以 Messick（1992）提出來的效度漸進矩陣為基底，討論學期總評量的效度面向。此矩陣以建構效度為核心，逐漸加上一層層的思考。在這矩陣中，關於學期成績，我們有四個面向要考慮：

一、學期成績詮釋的證據基礎──建構效度。

二、學期成績詮釋的影響基礎──建構效度及價值隱含。

三、學期成績使用的證據基礎——建構效度及使用適切。

四、學期成績使用的影響基礎——建構效度及社會後果。

我們將以自然學習領域的學期等第評量為例，討論以下四個面向：

☾ 詮釋的證據基礎——建構效度

這個面向就是我們前面所強調的，等第本身所要傳達的能力內容。老師必須思考在學科上就一整個學期而言，希望同學學習到什麼？有什麼樣的變化？繼而將這些內容更具體化去區分不同的程度，而對甲等的、乙等的、丙等的、戊等的以及不及格的表現，都有一個清楚的圖像。因而在詮釋等第時，不論是哪一個等第，老師都能提出具體的證據，例如美術課中作品構圖的美感、鑑賞作品的感受力、或是創意的發揮等。若以國小五年級的自然科為例，自然老師強調孩子在自然科目中的學習應該是這樣的（林妮芙與吳欣黛，民86.4整理記錄）：

面向	欲達成的學習結果
認知學習	1. 對自然科課程內容的知識能嫻熟瞭解 2. 能運用所學的自然知識於日常生活上 3. 能運用獲得自然科知識的方法，自行獲得更多知識 4. 能確實做到課前預習、課後複習
實驗操作	1. 能依分配的號次循序領用並歸還實驗用品 2. 能小心使用實驗器具並在洗淨後歸還 3. 能細心、耐心、實地操作，進行實驗 4. 能運用操作、控制變因的方式操作實驗
合作學習	1. 能和小組成員共同合作、分配工作、合力進行實驗 2. 能和小組成員共同完成所指定的小組作業 3. 能在小組之內踴躍討論發言、提供意見 4. 能代表小組上台發表實驗結果
情意態度	1. 能熱心尋找並提供補充資料 2. 養成細心探究、敏銳觀察的習慣 3. 隨時具有關心自然、關心周遭生活環境的情意 4. 養成主動吸收自然科學資訊的能力和習慣

釐清學期評定中應包含什麼樣的面向之後，對於學生所得到的評定的詮釋，就不單單只是一個分數或是一個等第，還應回到原先在構念上的設想，清楚描述出這樣的成績所傳達出什麼狀況的學習。

☾✶ 詮釋的影響基礎——建構效度及價值隱含

至於以上所談的成績的詮釋，以及在建構時所定下的評定內容或範圍，老師通常會有理由支持為什麼這種表現叫做不及格，或是為什麼這一項要作為考評的內容。當老師在陳述自己這樣想的理由，他／她等於也是在檢視自己的價值體系。例如，自然課的老師會將桌面是否收拾整齊作為實驗成績的一部分，或是將學生課堂上的討論作為表現的一部分，有些老師很在意作業是否準時交，有些老師特別看重學習的動機勝於學到的能力等。上述林老師特將合作學習視為一個學習面向，有別於本章前面的看法將之視為情意特質的一部分，這就是林老師的價值取向，特別強調組內的合作。讀者可看到只是一個成績，背後卻有各種的理由與想法，這些想法其由來，又與老師的成長背景、受教方式、及人格特質密切相關。因此檢視成績詮釋背後的價值系統能讓學生清楚知道老師的評定方式及理由，也讓老師瞭解自己有什麼個人的價值加在學生身上。而價值體系的澄清，有助老師與學生、同事、及家長之間的討論與分享，將上一段我們所強調的評分內容的決定過程透明出來。這些都算是有依據可以深入探討背後的價值系統。至於其他沒有具體成果呈現可據以探討的價值觀，常常發生於老師評分間的一剎那，或是老師未明述的評定內容，都相當有賴老師自己的反省。

☾✶ 使用的證據基礎——建構效度及使用適切

這一個面向的效度概念，在思考我們利用學期成績作任何事情或決定時，是否適切及合理。這個考量，也是基於建構效度的證據已充足完備的前提下來進行的。為什麼建構效度要先完備呢？因為我們在

使用學期成績作任何決定處理或安置時，必先詮釋這個成績所代表的意含，然後根據這個意涵及詮釋的結果，進一步思考如何處理。所以如果建構效度不夠完備者，必定詮釋扭曲無效，而利用這無效的詮釋所作的任何決定，自然無理可循。所以等第的使用是否適切，必基於建構效度的合理。然而，相對而言，學期成績的使用目的，也會影響老師建構分數時的考量。例如成績的結果是要來決定學生留級與否，那麼老師就要自己先定義清楚，所謂的留級是因為學生沒有學會老師所教的？還是因為學生不具備某些基本的能力？若是前者，則學期成績的內容在建構效度上，必須反應老師教學的內容；若是後者，則學期成績必須在內容上反映出基本能力應有的範圍與內容。因此使用的目的與建構的內容息息相依。要達成有效性，就必須二者互相配合。老師在思考學期成績時，必須全面瞭解學期成績的用途，而與建構效度的內容互相呼應。以使一個成績，在詮釋時及使用上，都能達成學生學習的最大福利。

使用的影響基礎──建構效度及社會後果

　　學期成績在使用上及詮釋上雖然適切及合理，然而執行學期總評量及使用學期成績時，有一個良心上的面向必須考慮，就是社會後果面向，意指學期成績對於學生及老師所造成的意圖內或是意圖之外的影響。考量後果影響之意，即在摒除行政或教學立場，認為學習成績傳達了教學效能或是達成行政決策的目的就是有效的學期成績。如果為了要達成上述目的，而致造成不好的後果，則有效性如何，仍須再探討。從這個角度來看，學期成績的等第打法或是分數打法，究竟是功是過，仍有待進一步研究。而若在學期末時，不給學生一個分數或是一個等第，取而代之的是一段具體的學習狀況敘述，帶給老師及學生的影響又會是什麼？有些學校會給兩個成績／等第，一個是能力上的描述，一個是態度上的描述，這樣就對學生最好嗎？恐怕也不盡然。一個能力是甲等的學生，也許看到態度是優等時會更加傷心，因

為表示他已盡全部之力，又有動機、又很認真，可是極限就在甲等了。以往後果的考量，不是效度的範圍，往往造成詮釋清楚且使用適切的評量，其實對於學生的學習是反效果的情況。現在從後果的考量上，清楚要求進行評量的人，要對自己、學生、家長及社會負責，評量的工作不是達成溝通回饋的目的就好，他還必須繼續思考是否造成負向後果，例如對於性別不同的不平等待遇，或是對於弱勢族群的威脅。後果的探討，一方面也與使用的適切性互相連結，使用的適切性較著重目標的達成及當下的合理性，而社會後果的探討較偏向使用之後的影響，以及在目的之內與之外的所有震盪衝擊，其位置是在使用的適切性之後來評估使用的前後影響。

第七節　結　語

學期成績的評定，並無特定方法或是特定的面向，教師在其中的自主性相當大。自主性大的另一個面向，就是教師必須有專業的知識及良心。本章提供教師評定等第時的一些參考依據，及釐清等第的特質與影響。閱讀本章時，請讀者共同參閱第一章至第四章所提及的概念，以充分瞭解圍繞在學期成績周圍，對於學生學習上、及理論專業上的考量。

思考問題

1. 綜觀上述在學期成績評定的理論思考與方法應用的意見，目前你自身的教學場域係採用上述哪一種方式進行學期成績的評定？而在閱讀本章之後，你是否察覺到可茲作為改進教學現況的觀點，或是產生了哪方面的啟示？

2. 請選定一門學科，以 Messik（1992）之「效度漸進矩陣」理論為基底，設計該學科之學期成績評定標準，需包含成績「詮釋的證據基礎」、「詮釋的影響基礎」、「使用的證據基礎」、「使用的影響基礎」等四個面向的考量，並可作為期末成績報告的補充說明資料，達到溝通回饋與改進的目的。

3. 學習評量的回饋是孩子進一步學習的後設機制，可以幫助孩子反省及回顧學習狀況。如果你要給學生學期總成績，你會用何種形式呈現？是分數形式還是等第形式？或是整體敘述形式？並請你設計一張給學生家長的「學期成績通知單」，你要如何設計？成績單裡面該包含哪些東西呢？

4. 你或許聽過，某位老師的 XX 課，他的期末考非常的難，學生都不會寫。幾乎全班都被當掉，及格的學生只有一、兩位，而且那一、兩位學生的成績才只有 60 幾分。如果你是學校的教務主任，現今有學生家長打電話來向你反應類似上述這件事，你要如何向這位老師反應？你會提出哪些理由來告訴他學期成績的適切性與重要性？

5. 關於成績換算等第的方式，某地方政府教育局列出一換算表格如 14-1。請評論之。

表 14-1　五等第之轉換標準

等第	標準參照評量標準	常模參照評量標準	對照標準差
甲	90 分以上	學生評量結果表現優異高於能力指標或一般標準甚多	1.5δ以上
乙	80 分以上未滿 90 分	學生評量結果表現良好較諸能力指標或一般標準略佳	$.5\delta\sim1.5\delta$
丙	70 分以上未滿 80 分	學生評量結果表現符合能力指標或一般標準	$-.5\delta\sim.5\delta$
丁	60 分以上未滿 70 分	學生評量結果表現尚能符合通過能力指標或一般標準	$-1.5\delta\sim-.5\delta$
戊	未滿 60 分	學生評量結果表現未能通過能力指標或一般標準之要求	-1.5δ以下

（作者註：感謝蕭玉佳、林怡呈、林俊吉提供思考問題）

參考書目

林怡呈與吳毓瑩（民92）。多元評量概念在課程標準演變中之定向與意義。教育研究資訊雙月刊。11，6，5-32。

教育部（民 51）。**國民學校課程標準**。台北：正中。

教育部（民 64）。**國民小學課程標準**。台北：正中。

教育部（民 73）。**國民中小學學生成績考查辦法**。台北：作者。

教育部（民 82）。**國民小學課程標準**。台北：作者。

教育部（民 89）。**國民中小學九年一貫課程暫行綱要**。台北：作者。

教育部（民 90）。**國民中小學成績評量準則**。台北：作者。

Frisbie, D. A. & Waltman, K. K. (1992). Developing a personal grading plan. *Educational Measurement: Issues and Practice, 11* (3), 35-42.

Messick, S. (1992). Validity of test interpretation and use. In M. C. Alkin (Ed.), *Encyclopedia of educational research* (6th Ed., Vol. 4, pp. 1487-1495). New York: Macmillan.

附錄一 自然科定期成績考查試題案例

台北市××區××國民小學	八十四學年度	第三學月定期成績考查試題				
	下學期					
科目	自然科學	年級	五年　　班	座號	姓名	成績

一、是非題：30%

　　1.（　　）黴菌的菌絲會分泌一些物質來分解澱粉作為養料。

　　2.（　　）黴菌的孢子是靠人力來傳播。

　　3.（　　）綠色植物的葉片能行光合作用。

　　4.（　　）玉米、花生的種子含有澱粉。

　　5.（　　）在室內擺放綠色植物可以淨化空氣。

　　6.（　　）藍色化學指示劑遇氧時，會由藍色變為綠色。

　　7.（　　）影子愈短表示太陽高度角愈大。

　　8.（　　）天氣熱是太陽高度角比較小的關係。

　　9.（　　）每天日出的高度角都相同。

　　10.（　　）一天中氣溫最高的時候是中午十二點左右。

二、選擇題：30%

　　1.（　　）癬和香港腳是哪一種生物在人體上生長的結果？
　　　　　　　(1)霍亂菌　(2)黴菌　(3)大腸菌　(4)濾過性病毒。

　　2.（　　）製造麵包要用哪一種菌？
　　　　　　　(1)黑黴菌　(2)青黴菌　(3)酵母菌　(4)白黴菌。

　　3.（　　）植物行光合作用需哪一種氣體？
　　　　　　　(1)氧氣　(2)氫氣　(3)氮氣　(4)二氧化碳。

　　4.（　　）水蘊草在水中所冒出的氣泡是：
　　　　　　　(1)氧氣　(2)水蒸氣　(3)澱粉　(4)二氧化碳。

　　5.（　　）下面哪一種植物不能行光合作用？

　　　　(1)玫瑰　(2)榕樹　(3)水草　(4)蕈類。

　6. (　) 植物行光合作用後，哪種物質可以使碘液變為藍紫色？

　　　　(1)氧氣　(2)澱粉　(3)水　(4)二氧化碳。

　7. (　) 太陽位置高，地面受光熱強是何原因？

　　　　(1)光反射　(2)光斜射　(3)光直射　(4)光亂射。

　8. (　) 晝長夜短是在哪一季？

　　　　(1)春　(2)夏　(3)秋　(4)冬　季。

　9. (　) 太陽位置愈高表示：

　　　　(1)晝愈長　(2)晝愈短　(3)晝夜一樣長。

　10. (　) 為什麼夏天天氣炎熱？

　　　　(1)太陽位置低　(2)太陽距地球近　(3)太陽變大了　(4)光熱增強。

三、下列哪一種實驗方式是安全正確的，請在（　）「√」：6%

①（　　　）　　②（　　　）　　③（　　　）

四、植物對陽光有正常反應的是哪一個圖？請在□內打「√」：4%

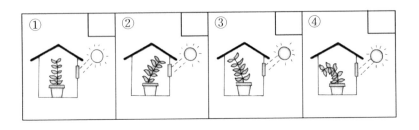

五、根據下面的竿影圖，哪一個角是高度角？請在（　　）內打「√」：
　　3%

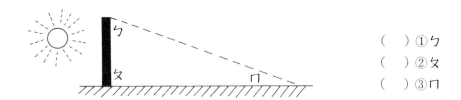

（　　）①ㄅ
（　　）②ㄆ
（　　）③ㄇ

六、下圖是一年四季太陽中午的位置和日照情形，請根據此圖回答下列問
　　題：6%

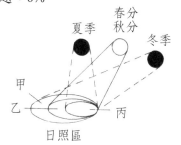

(1)哪一個日照區的溫度最高？ 答：
(2)太陽在哪一季高度角最小？ 答：
(3)哪個日照區物體影子最短？ 答：
　　此區域太陽是直射或斜射？
(4)哪一季日照區最廣？　 答：
(5)哪個日照區內氣候溫和？ 答：

七、下列各種日照方式，溫度如何？依溫度高低填上 1. 2. 3.：3%

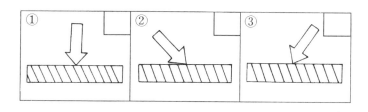

八、請將對應的答案號碼填入（　　）中：8%

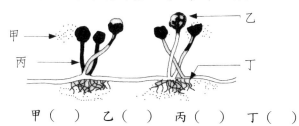

①孢子囊　　②孢子
③直立菌絲　④假根
⑤孢子囊枝　⑥莖
⑦匍匐枝　　⑧果實

甲（　　）乙（　　）丙（　　）丁（　　）

九、下列四塊麵包中,哪一塊麵包的黴菌會長得比較快?請在□中打
「√」:4%

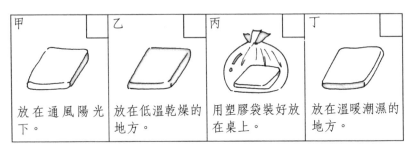

十、對於黴菌的生長環境,請回答下列各題,對的畫「○」,不對的畫
「✗」,沒有關係的畫「 」:6%

( )①潮濕、溫暖、光亮的地方。

( )②人少、安靜的山上。

( )③潮濕、溫暖、黑暗的地方。

( )④乾燥、低溫、光亮的地方。

( )⑤潮濕、高溫、光亮的地方。

( )⑥室外、多風、不開花的地方。

附錄二　黃敏老師之「閱讀及寫作」學習檔案評分規準

(一)自我檢核項目（做到的項目請打√）

1. 檔案封面
   □封面設計切合主題
   □版面設計美觀、富創意
   □清楚標明作者及指導老師

2. 檔案前言
   □寫一封給讀者的推薦信
   □附照片的自我介紹

3. 檔案目錄
   □目錄繕寫完整（含日期）
   □目錄字體美觀整齊
   □目錄格式簡單明瞭

(二)檔案內容評量項目

評量項目		自我評量				家長評量				教師評量			
		有待努力	還不錯啦	表現很好	一級棒！	有待努力	還不錯啦	表現很好	一級棒！	有待努力	還不錯啦	表現很好	一級棒！
閱讀	1. 涵蓋不同類型閱讀材料												
	2. 主動作閱讀的記錄												
	3. 閱讀紀錄表完整且清楚												

結構 (寫作)	1.寫作內容切合 主題									
	2.寫作內容有創 意									
	3.寫作時段落分 明									
字句 (寫作)	1.寫作時用字正 確									
	2.寫作時標點符 號正確									
	3.寫作時能善用 佳句									
修改 (寫作)	1.呈現出寫作作 品的修改過程									
	2.認真修改自己 寫作紀錄									
反省	3.包含多元的回 饋與感想									
	4.針對他人回饋 內容新省思， 提出自己的感 想									

㈢老師的一句話

附錄三　利用 Excel 進行資料分析

在此附錄裡，我們介紹如何利用 Excel 所提供的「分析工具箱」來進行相關分析（效標關連效度）、信度分析（內部一致性alpha係數），與製作雙變項散佈圖。讀者若對 Excel 的分析不瞭解的話，可以參見坊間的 Excel 書籍，或王文中著之「統計學與 Excel 資料分析之實習應用」第五版，博碩文化出版。

一、啟動 Excel 之「分析工具箱」，以利資料分析。

作法

　1. 檢閱你的電腦是否已經掛上「資料分析」的功能。按「工具」，拉下看是否有「資料分析」？如圖 1 所示。

圖 1

2.圖1並沒有「資料分析」。因此可選取「增益集」，得到如圖2，勾選「分析工具箱」。此時再檢視「工具」，將可以看到「資料分析」，也就可以進行資料分析。

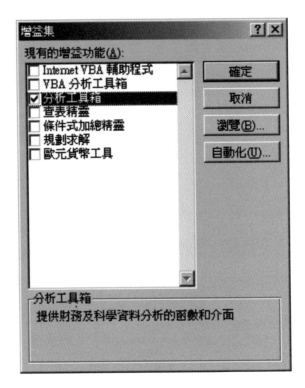

圖2

二、相關分析（第三章）

1.現欲計算25位學生的智力測驗分數與學期成績的相關，如圖3鍵入資料。

	A	B	C
1	座號	智力測驗	學期成績
2	1	110	92
3	2	91	60
4	3	105	88
5	4	108	76
6	5	90	70
7	6	88	64
8	7	121	83
9	8	82	78
10	9	96	94
11	10	116	95
12	11	89	55
13	12	106	81
14	13	76	59
15	14	80	83
16	15	114	97
17	16	116	97
18	17	107	89
19	18	95	65
20	19	109	81
21	20	98	89
22	21	100	86
23	22	104	78
24	23	82	72
25	24	124	85
26	25	93	83

圖 3

2. 選取「工具」、「資料分析」、「相關係數」，如圖 4，得到圖 5。

圖 4

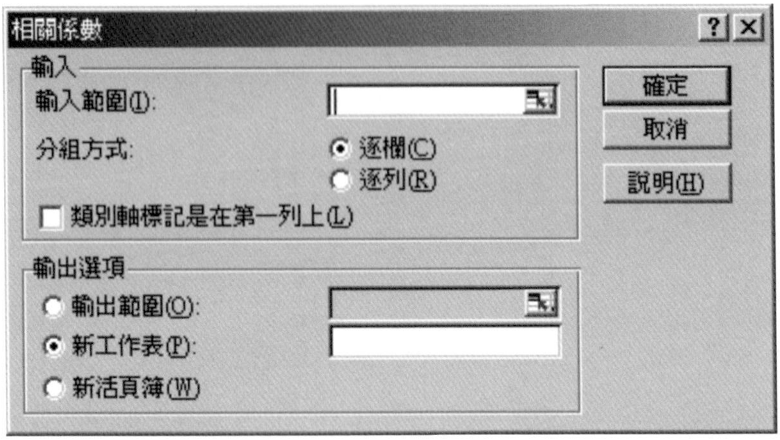

圖 5

3.如圖 6 鍵入適當值。按「確定後」得到圖 7，其相關係數為 0.634。

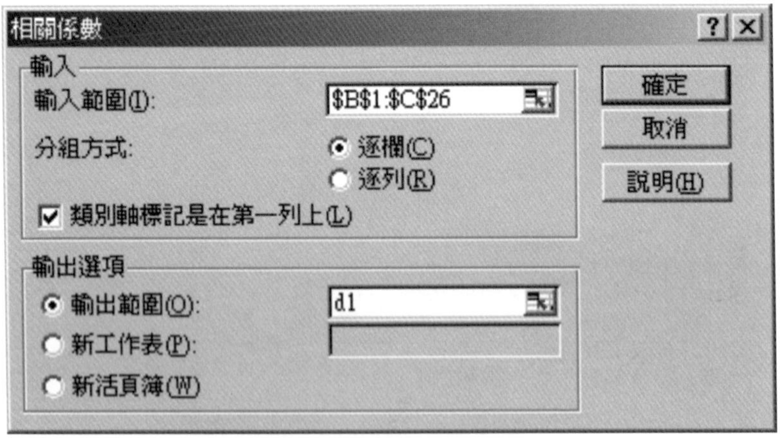

圖 6

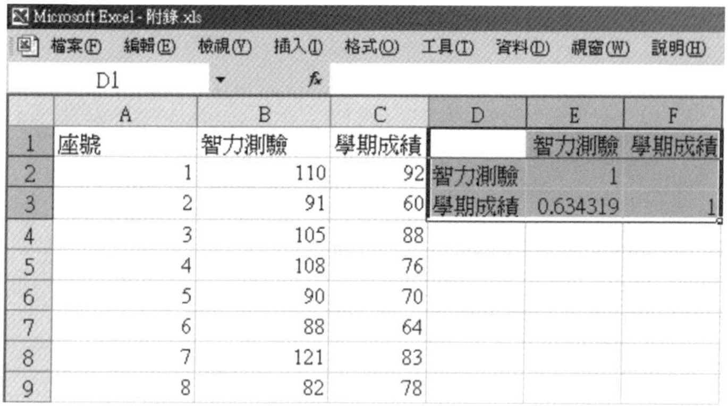

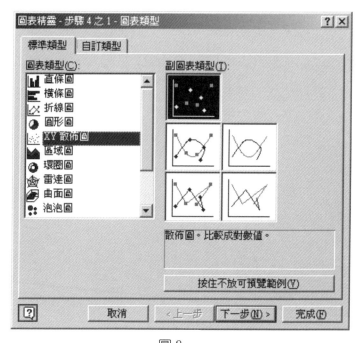

圖 7

三、散佈圖（第三章）

*1.*回到資料檔，選取「插入」、「圖表」、選取「XY散佈圖」，得到圖8。

圖 8

2.按「下一步」後，得到圖9，鍵入資料位址。

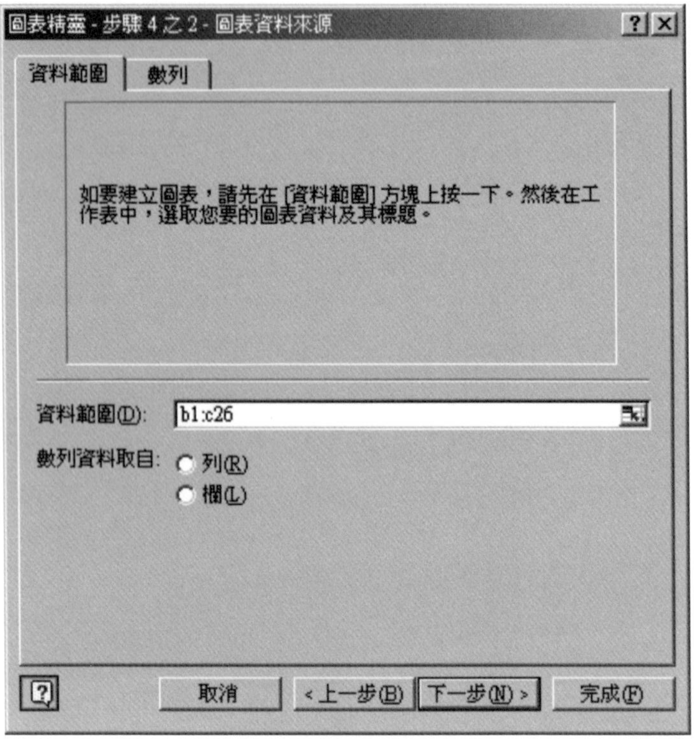

圖9

3.然後依指示最後可以得到圖 10。

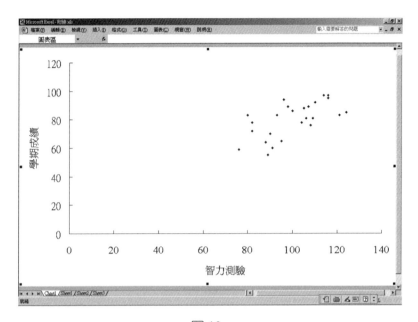

圖 10

四、信度分析（第四章）

在此利用 Excel 計算 Alpha 係數。假設有 25 位考生回答 10 題選擇題，答錯得 0 分，答對得 1 分。雖然以對錯（0 和 1 計分）為例子，但讀者可以自行延伸至多分題（如計算題、李克特氏量尺等）。

1. 將學生的作答資料鍵入，如圖 11。

編號	Item 1	Item 2	Item 3	Item 4	Item 5	Item 6	Item 7	Item 8	Item 9	Item 10
1	0	0	1	1	1	0	1	0	0	1
2	1	1	1	1	1	1	1	0	1	1
3	1	1	1	1	1	0	1	1	1	1
4	1	1	1	1	0	0	0	1	0	0
5	1	1	1	1	1	0	1	1	1	1
6	1	0	0	1	1	1	1	0	1	0
7	0	1	0	1	1	1	1	0	1	1
8	1	1	1	1	1	0	1	0	0	1
9	1	1	0	0	1	1	1	1	1	1
10	1	1	1	1	1	1	0	1	1	0
11	1	1	1	0	1	0	1	1	1	1
12	1	0	1	1	0	1	1	1	1	1
13	1	1	1	1	1	1	0	1	0	1
14	1	1	1	1	1	0	1	1	1	1
15	1	1	1	0	0	0	0	0	0	0
16	0	0	1	1	0	1	1	1	0	1
17	1	1	1	1	1	1	1	1	1	1
18	1	1	0	0	1	0	1	1	1	1
19	1	1	1	1	0	1	1	1	1	1
20	0	0	1	1	0	0	0	0	0	0
21	1	1	1	1	0	0	1	1	1	1
22	1	1	0	1	0	1	0	1	1	1
23	1	1	1	0	1	1	1	0	0	1
24	1	1	1	1	1	1	1	1	0	0
25	1	1	1	1	1	1	1	1	1	0

圖 11

2.在 B27 的欄位上計算第一題的變異數，鍵入「＝VARP (B2 :K26)」，然後將游標移至B27 的右下角，游標會出現加號，表示可以移動。然後拖曳至 K27，則所有題目的變異數可以馬上算出，如圖 12。

	A	B	C	D	E	F	G	H	I	J	K
1	編號	Item 1	Item 2	Item 3	Item 4	Item 5	Item 6	Item 7	Item 8	Item 9	Item 10
2	1	0	0	1	1	1	0	1	0	0	1
3	2	1	1	1	1	1	1	1	0	1	1
4	3	1	1	1	1	1	0	1	1	1	1
5	4	1	1	1	1	0	0	0	1	0	0
6	5	1	1	1	1	1	0	1	1	1	1
7	6	1	0	0	1	1	1	1	0	1	0
8	7	0	1	0	1	1	0	1	0	1	0
9	8	1	1	1	0	1	0	1	0	0	1
10	9	1	1	0	0	1	1	1	1	1	0
11	10	1	1	1	1	1	1	0	1	1	0
12	11	1	1	0	1	0	1	0	1	1	1
13	12	1	0	1	1	0	1	1	1	1	0
14	13	1	1	1	1	1	1	0	1	0	1
15	14	1	1	1	1	1	0	1	1	1	1
16	15	1	1	1	0	0	0	0	0	0	1
17	16	0	0	1	1	0	1	1	1	0	1
18	17	1	1	1	0	1	1	1	1	1	1
19	18	1	1	0	0	1	0	1	1	1	1
20	19	1	1	1	1	0	0	0	1	1	1
21	20	0	0	1	1	0	0	0	0	0	1
22	21	1	1	1	1	0	0	0	0	0	0
23	22	1	1	0	1	0	1	0	1	1	1
24	23	1	1	1	0	1	1	1	0	0	1
25	24	1	1	1	1	1	1	1	1	0	0
26	25	1	1	1	1	1	1	1	1	1	0
27	變異數	0.1344	0.16	0.1824	0.1344	0.2304	0.2496	0.2304	0.2304	0.24	0.24

圖 12

3. 接著計算每位學生的得分。在 L2 上鍵入「＝SUM (B2: K2)」，然後同樣複製至所有學生，如圖 13。

	A	B	C	D	E	F	G	H	I	J	K	L
1	編號	Item 1	Item 2	Item 3	Item 4	Item 5	Item 6	Item 7	Item 8	Item 9	Item 10	分數
2	1	0	0	1	1	1	0	1	0	0	1	5
3	2	1	1	1	1	1	1	1	0	1	1	9
4	3	1	1	1	1	1	0	1	1	1	1	9
5	4	1	1	1	1	0	0	0	1	0	0	5
6	5	1	1	1	1	1	0	1	1	1	1	9
7	6	1	0	0	1	1	1	1	0	1	0	6
8	7	0	1	0	1	1	0	1	0	1	0	5
9	8	1	1	1	1	1	0	1	0	0	1	7
10	9	1	1	0	0	1	1	1	1	1	1	8
11	10	1	1	1	1	1	1	0	1	1	1	8
12	11	1	1	0	1	0	1	0	1	1	1	7
13	12	1	0	1	1	0	1	1	1	1	0	7
14	13	1	1	1	1	1	1	0	1	0	1	8
15	14	1	1	1	1	1	0	1	1	1	1	9
16	15	1	1	1	0	0	0	0	0	0	0	3
17	16	1	0	1	0	1	0	1	1	1	0	6
18	17	1	1	1	1	1	1	1	1	1	1	10
19	18	1	1	0	0	1	0	1	1	1	1	7
20	19	1	1	1	1	0	0	1	0	1	1	7
21	20	0	0	1	1	0	0	0	0	0	0	2
22	21	1	0	1	1	0	0	1	0	0	0	4
23	22	1	1	0	1	0	0	1	1	1	1	7
24	23	1	1	1	0	1	1	1	0	0	1	7
25	24	1	1	1	1	1	1	1	0	1	0	8
26	25	1	1	1	1	1	1	1	1	1	0	9
27	變異數	0.1344	0.16	0.1824	0.1344	0.2304	0.2496	0.2304	0.2304	0.24	0.24	

圖 13

4. 計算題目變異數的總和。在適當欄位，如 L27 中鍵入「＝SUM(B27: K27)」。接著計算學生得分的變異數，可在適當欄位，如 L28 鍵入「＝VARP (L2: L26)」。

5. 接著利用 alpha 的公式計算信度，在適當欄位，如 L29 中鍵入「＝10/9*(1-L27/L28)」，得到 alpha 係數為.527，如圖 14。

	A	B	C	D	E	F	G	H	I	J	K	L
1	編號	Item 1	Item 2	Item 3	Item 4	Item 5	Item 6	Item 7	Item 8	Item 9	Item 10	分數
2	1	0	0	1	1	1	0	1	0	0	1	5
3	2	1	1	1	1	1	1	1	0	1	1	9
4	3	1	1	1	1	1	0	1	1	1	1	9
5	4	1	1	1	1	0	0	0	1	0	0	5
6	5	1	1	1	1	0	0	1	1	1	1	9
7	6	1	0	0	1	1	1	1	0	1	0	6
8	7	0	1	0	1	1	0	1	0	1	0	5
9	8	1	1	1	1	1	0	1	0	0	1	7
10	9	1	1	0	0	1	1	1	1	1	1	8
11	10	1	1	1	1	1	1	0	1	1	0	8
12	11	1	1	1	0	1	0	1	1	1	1	7
13	12	1	0	1	1	0	1	1	1	1	0	7
14	13	1	1	1	1	1	1	0	1	0	1	8
15	14	1	1	1	1	1	0	1	1	1	1	9
16	15	1	1	1	0	0	0	0	0	0	0	3
17	16	0	0	1	1	0	1	1	1	0	1	6
18	17	1	1	1	1	1	1	1	1	1	1	10
19	18	1	1	0	0	1	0	1	1	1	1	7
20	19	1	1	1	1	0	0	0	1	1	1	7
21	20	0	0	1	1	0	0	0	0	0	0	2
22	21	1	1	1	1	0	0	0	0	0	0	4
23	22	1	1	0	1	0	1	0	1	1	1	7
24	23	1	1	1	0	1	1	1	0	0	1	7
25	24	1	1	1	1	1	1	1	0	0	1	8
26	25	1	1	1	1	1	1	1	1	1	0	9
27	變異數	0.1344	0.16	0.1824	0.1344	0.2304	0.2496	0.2304	0.2304	0.24	0.24	2.032
28												3.8656
29											alpha	0.5270419

圖 14

人 名 索 引

一、西文人名

A

Airasian　54

Alfred Binet　4

Archbald　234, 239

B

Baker　232

Baron　231

Bloom　39

Brow　228

Brown　40

C

Chase　228

Chi　228

Collins　40

Compione　228

Costa　42, 49

Csikszentmihalyi　40

D

Deweck　41, 227

Dewey　41, 264

Duguid　40

Dunbar　232, 262

F

Feltovich　228

Francis Galton　3

Frederiksen　258

G

Gardner　39-40, 228

Glaser　228

Goleman　35, 55

Green　258

Gronlund　54, 279, 288

H

Herman　263

Hoover　262

J

Jams McKeen Cattell　4

K

Kallick　42, 49

Karl Pearson　4

Kellaghan　260-261

Koretz　262

L

Lajoie　228

Lazear　34

Lesgold　228

Linn　54, 232, 263, 279, 288

Lohman　227, 242

Lu　262

Lubart　40

M

Madaus　54, 260, 261

Messick　257-259

Moss　262

N

Newmann　234, 239

Nitko　36, 47, 50

P

Parker　40

Q

QUASAR　262

Quellmalz　279

R

Resnick　231

S

Schoenfeld　41, 227

Shavelson　263

Snow　227, 262

Sternberg　40

Stiggins　30, 37, 290, 295

Suen　262

W

Welch　262

Whitehead　39, 257

Wiggins　33, 226, 229, 232, 262

二、中文人名

七劃

吳欣黛　254, 320, 423

吳美麗　262

呂金燮　27, 221, 250

宋文菊　256

李虎雄　259

李思明　254

八劃

卓娟秀　262

九劃

洪之昀　251

十劃

席家玉　256

徐美英　250

桂怡芬　76, 91, 255

十一劃

張長柏

張敏雪　252

連瑞奇　252

陳文典　259, 261

陳怡如　251

陳義勳　259

陳聖泰　254

陳濱興　249

十二劃

曾文雄　262

曾惠敏　252

十三劃

詹元智　247

鄒慧英　252

十四劃

蔡菁玲　247

十七劃

蕭雅萍　255

簡茂發　259

簡琇芳　253

漢 英 索 引

一劃

一般的評分規準（general scoring rubric） 281

二劃

人際溝通評量（interpersonal-communication assessment） 137

三劃

工作項目（items or tasks） 61

工作範圍（task domain） 71

四劃

不同的角色需求（multiple role） 233

天花板效應（ceiling effect） 173

互動交會（transactions） 318

內外控 333

內容取樣 102, 104, 107, 120

內容取樣誤差 123

內容效度 64

內容異質性 107

內部一致性係數 104

內部結構（internal structure） 82

分數侷限偏誤（range-restriction error） 153

反應心向（response set） 166

反應歷程（response process） 81

心理年齡 384-385

心理表徵（mental representation） 227

心理動作（psychomotor） 134

心理測驗 6

心智習性 42, 329, 349

心智習性（habit of mind） 41, 227

月暈效果（halo effect） 153

比西量表 5

比率量尺（ratio scale） 11

比較性 261

五劃

主要概念（big idea） 272

古典測驗理論 116

另類評量（alternative assessment） 230

四階層（4-level） 281

外插法 388

平行版本 102

平行測驗 103

正偏態 373

母群範圍 68

生手 227

由下而上（bottom-up） 226

由上而下（top-down） 226

目的（purpose） 318

六劃

再測信度 99

同化（assimilation） 19

同時效度 65

同時效標 73

同質性　104

同儕評量　337, 354

名義量尺（nominal scale）　9

地板效應（floor effect）　173

多元處方箋理論（Prescriptive assessment）　43

多元評量　44

多元評量（multiple assessment）　19

多元練習（multiple practice）　233

多向度　234

多向度量表（multidimensional scale）　280

多重的選擇題（multiple multiple-choice items）　195

多重是非題（multiple true-false items）　194

安置決策　50

年級當量　384-385

成就　52, 62

成就決策　50

有效化歷程（validation）　59

百分等級　384

自我陳述　354

自我陳述式　331

自我概念　333

自我應驗（self-fulfilling prophecies）　15

自我驗證（confirmation bias）　263

自然知識　38

自評表　286

行為樣本　103

七劃

判斷（judgement）　318

完形主義（Gestalts）　226

形成性評量　51

折半法　104

折半信度　123

李克式量表　354

李克特氏量尺（Likert-type scale）　10

沒有定義　239

系統效度　257

系統誤差　97-98

八劃

事實性知識（factual knowledge）　135

卷宗評量　17

奇偶折半　104

定義不清　238

定義清楚　236

直接性　230

社會互動　233

社會支持（social support）　10

社會計量法　337, 339, 354

社會矩陣　341, 354

社會圖　341, 354

表面的知識　31

表現（performance）　229

表現中心　273

表現本位評量（performance-based assessment）　229

近遷移（near transfer）　242

非線性轉換　393

九劃

信度　97, 262

信念（belief）　227

信度係數　99

信賴區間　126

前測　50

客觀（objective）　7

建構反應評量（constructed-response assessment）　136

建構性題目　203

建構效度　64

後果效度　259

後設認知　42

後設認知知識（meta-cognitive knowledge）　135

後測　52

思考習性　329

恆定誤差　97-98

挑選反應評量（selected-response assessment）　136

相對誤差　120

美國教育測驗服務中心　260

背景前提（antecedents）　318

衍生分數　384

負面後果（adverse consequence）　85

負偏態　373

面談　337

面積轉換　393

十劃

個人化評量（individual assessment）　18

原始分數　383

原型反應（prototype）　281

展示（exhibits）　318

弱結構（ill-structured）　226, 232

效果（self-fulfilling prophecies）　15

效度　98, 263

效度係數　75

效度概化（validity generalization）　84

效標　72

效標參照　382

效標參照測驗　364

效標參照評量　123

效標關聯　72

效標關聯效度　65

時間誤差　123

特定項目的評分規準（specific scoring rubric）　282

真分數理論　99

真實性　230

真實性（authenticity）　240

真實性評量（authentic assessment）　230

真實評量（authentic assessment）　19

缺點本位（deficit base）　34

能力本位（competence-based）　300

記錄　287

訊息處理（information process）　226

十一劃

偏誤　97-98

動態評量（dynamic assessment）　17

動機　333

問答　203

堅持　351

基模（schema）　227

專門知識帶（bands of expertise）　280

專家　227

專家效度　69

常態分配　33, 373

常態分配本位　32

常態分配表　392

常態化標準分數　393

常態曲線當量　395

常態百分等級圖　390

常模　384

常模參照測驗　364

常模樣本　400

情意（affective）　134

情境學習（situated learning）　226

接近性　280

推理策略　227

推論（inference）　241

教師效能　80

教學回饋　47

教學決策　48

教學前決策　50

深度的知識　31

猜猜我是誰　337, 354

符合度　114, 120

組內常模　385, 388

連結理論（associationism）　226

速度測驗　107

透明度　257

陳述性知識　31

十二劃

單一評量（single assessment）　19

提名技術　337

智慧教導系統（intelligent tutoring system）　6

測量（measurement）　8

測量尺度（measurement scale）　9

測量標準誤　125

測驗（testing）　6

發展性常模　385

發現問題　40

程序性知識（procedural knowledge）　135

等同係數　102-103

等距量尺（interval scale）　10

答對百分比　383

結果（outcomes）　319

結構化面談（structured interview）　152

結構完整（well-structured）　225

結構度　235, 276

絕對分數　114

絕對誤差　120

虛假評量（spurious assessment）　19

評分者信度　113

評分表　352

評分規準　278

評量　61, 352

評量（assessment）　6

評量回饋螺旋　49

評量的標的　271

評量指標　37

評量流程圖　274

評量計畫（assessment plan）　133

評鑑　292

評鑑（evaluate）　60

診斷決策　50-51

軼事錄　331, 345, 353, 354

量表　291

十三劃

填充　203

意義性　257

新奇（novel）　242

新奇度　276

概化　262, 279

概化係數　115, 117

概化理論　116

概念性知識（conceptual knowledge）　135

概念構圖　227

經濟效益　260

解決問題　40

逼真　279

過程性　232

過程性知識　31

電腦適性測驗（computerized adaptive testing）　5

預測效度　65

預測效標　73

十四劃

實用性　280

實作　229-230

實作評量　83, 229, 271

實作評量（performance assessment）　137, 229

實例庫（examplar library）　282

實務　115

態度　333

構念中心　272

監控　51

監控決策　50

認知（cognitive）　134

認知科學　228

認知模式（Cognitive Model for Assessing Portfolio, CMAP）　317

認知複雜度（cognitive complexity）　241

誤差　97, 102

誘答力　365

遠遷移（far transfer）　242

十五劃

僵化的知識（inert knowledge）　39

價值（value）　60

價值觀　333

寬鬆偏誤（leniency error）　153

彈性　234

數個誘答選項（distractors）　159

標的社會圖　343

標準（standards）　318

標準九　394

標準分數　384, 391

標準化（standardization）　7

標準化測驗　388

標準本位　32

標準測驗　225

常模參照　382

範疇分數　123

練習效果　103

線性轉換　393

複本　102

複本立即信度　103

複本延宕信度　103

複本信度　103

課程經營　260

調適（accommodation）　19

適切性　280

　　　　十六劃

學習　62

學習日誌　353

學習成果　133

學習歷程　61

擁有權（empowerment）　240

機構化評量（institutional assessment）

18

歷史面向（historical）　318

歷程面向（process）　318

興趣　333

輻合與區辨（convergent and discriminant evidence）證據　83

選項（alternatives）　159

選項分析　361

隨機誤差　97-98, 101

靜態評量（static assessment）　17

　　　　十七劃

檔案（portfolio，或稱卷宗）　299

檔案評量（portfolio assessment）　17, 300

檢核表　288, 352

總結性評量　52

簡答　203

離差智商　391

　　　　十八劃

題幹（stem）　159

　　　　十九劃

穩定及等同係數

穩定係數　99, 102, 120

關係人面向（stakeholder）　318

難度　276, 361

　　　　二十劃

議題（issues）　318

　　　　二十二劃

鑑別度　361

鑑別度指標　362

二十三劃

變異數　121

變異數分析　115, 117

二十四劃

觀察分數　99

英　漢　索　引

4-level　四階層　281

A

accommodation　調適　19

adverse consequence　負面後果　85

affective　情意 134

alpha 係數　107

alternative assessment　另類評量　230

alternatives　選項　159

antecedents　背景前提　318

assessment plan　評量計畫　133

assessment　評量　6

assimilation　同化　19

associationism　連結理論 226

authentic assessment　真實性評量　230

authentic assessment　真實評量　19

authenticity　真實性　240

B

bands of expertise　專門知識帶　280

belief　信念　227

big idea　主要概念　272

bottom-up　由下而上　226

C

ceiling effect　天花板效應　173

cognitive complexity　認知複雜度　241

Cognitive Model for Assessing Portfolio,

CMAP　認知模式　317

cognitive　認知　134

competence-based　能力本位　300

computerized adaptive testing　電腦適性
測驗　5

conceptual knowledge　概念性知識
135

confirmation bias　自我驗證　263

constructed-response assessment　建構反
應評量　136

convergent and discriminant evidence　輻
合與區辨證據　83

Cronbach's alpha 係數　107

D

deficit base　缺點本位　34

distractors　數個誘答選項　159

dynamic assessment　動態評量　17

E

empowerment　擁有權　240

evaluate　評鑑　60

examplar library　實例庫　282

exhibits　展示　318

F

factual knowledge　事實性知識　135

far transfer　遠遷移　242

floor effect　地板效應　173

G

general scoring rubric 一般的評分規準 281

Gestalts 完形主義 226

H

habit of mind 心智習性 41, 227

halo effect 月暈效果 153

historical 歷史面向 318

I

ill-structured 弱結構 226, 232

individual assessment 個人化評量 18

inert knowledge 僵化的知識 39

inference 推論 241

information process 訊息處理 226

institutional assessment 機構化評量 18

intelligent tutoring system 智慧教導系統 6

internal structure 內部結構 82

interpersonal-communication assessment 人際溝通評量 137

interval scale 等距量尺 10

issues 議題 318

items or tasks 工作項目 61

J

judgement 判斷 318

K

KR-20 公式 107

L

leniency error 寬鬆偏誤 153

Likert-type scale 李克特氏量尺 10

M

measurement scale 測量尺度 9

measurement 測量 8

mental representation 心理表徵 227

meta-cognitive knowledge 後設認知知識 135

multidimensional scale 多向度量表 280

multiple assessment 多元評量 19

multiple multiple-choice items 多重的選擇題 195

multiple practice 多元練習 233

multiple role 不同的角色需求 233

multiple true-false items 多重是非題 194

N

near transfer 近遷移 242

nominal scale 名義量尺 9

novel 新奇 242

O

objective 客觀 7

outcomes 結果 319

P

performance assessment 實作評量 137, 229

performance 表現 229

performance-based assessment 表現本位評量 229

portfolio assessment 檔案評量 17, 300

portfolio，或稱卷宗　檔案　299

Prescriptive assessment　多元處方箋理論　43

procedural knowledge　程序性知識　135

process　歷程面向　318

prototype　原型反應　281

psychomotor　心理動作　134

purpose　目的　318

R

range-restriction error　分數侷限偏誤　153

ratio scale　比率量尺　11

response process　反應歷程　81

response set　反應心向　166

Rulon 的方法　106

S

schema　基模　227

selected-response assessment　挑選反應評量　136

self-fulfilling prophecies　自我應驗　15

self-fulfilling prophecies　效果　15

single assessment　單一評量　19

situated learning　情境學習 226

social support　社會支持　10

Spearman-Brown 公式　106

Spearman-Brown 預測公式　105

specific scoring rubric　特定項目的評分規準　282

spurious assessment　虛假評量　19

stakeholder　關係人面向　318

standardization　標準化　7

standards　標準　318

static assessment　靜態評量　17

stem　題幹　159

structured interview　結構化面談　152

T

T Score　T 分數　391

task domain　工作範圍　71

testing　測驗　6

top-down　由上而下　226

transactions　互動交會　318

V

validation　有效化歷程　59

validity generalization　效度概化　84

value　價值　60

W

well-structured　結構完整　225

Z

Z Score　Z 分數　391

٢

國家圖書館出版品預行編目資料

教育測驗與評量：教室學習觀點/王文中等合
著.--二版.--臺北市：五南圖書出版股份有限
公司,2004.09
　面；　公分.
　含索引
　ISBN 978-957-11-3715-5（平裝）
1.教學法
521.3　　　　　　　　　　93015033

1IBB

教育測驗與評量—教室學習觀點

作　　者 — 王文中　呂金燮　吳毓瑩

　　　　　　張郁雯　張淑慧（5.2）

發 行 人 — 楊榮川

總 經 理 — 楊士清

總 編 輯 — 楊秀麗

副總編輯 — 黃文瓊

責任編輯 — 李敏華

出 版 者 — 五南圖書出版股份有限公司

地　　址：106台北市大安區和平東路二段339號4樓

電　　話：(02)2705-5066　傳　真：(02)2706-6100

網　　址：https://www.wunan.com.tw

電子郵件：wunan@wunan.com.tw

劃撥帳號：01068953

戶　　名：五南圖書出版股份有限公司

法律顧問　林勝安律師

出版日期　1999年11月初版 一 刷
　　　　　2004年 3 月初版十一刷
　　　　　2004年 9 月二版 一 刷
　　　　　2023年 3 月二版十五刷

定　　價　新臺幣600元

版權所有‧欲利用本書內容，必須徵求本公司同意※

五南
WU-NAN

全新官方臉書

五南讀書趣

WUNAN
Books
since1966

Facebook 按讚

1 秒變文青

f 五南讀書趣 Wunan Books

★ 專業實用有趣
★ 搶先書籍開箱
★ 獨家優惠好康

不定期舉辦抽獎
贈書活動喔！！

經典永恆·名著常在

五十週年的獻禮 ── 經典名著文庫

五南，五十年了，半個世紀，人生旅程的一大半，走過來了。

思索著，邁向百年的未來歷程，能為知識界、文化學術界作些什麼？

在速食文化的生態下，有什麼值得讓人雋永品味的？

歷代經典·當今名著，經過時間的洗禮，千錘百鍊，流傳至今，光芒耀人；

不僅使我們能領悟前人的智慧，同時也增深加廣我們思考的深度與視野。

我們決心投入巨資，有計畫的系統梳選，成立「經典名著文庫」，

希望收入古今中外思想性的、充滿睿智與獨見的經典、名著。

這是一項理想性的、永續性的巨大出版工程。

不在意讀者的眾寡，只考慮它的學術價值，力求完整展現先哲思想的軌跡；

為知識界開啟一片智慧之窗，營造一座百花綻放的世界文明公園，

任君遨遊、取菁吸蜜、嘉惠學子！